Do Combate aos Crimes Financeiros e Tributários

Do Combate aos Crimes Financeiros e Tributários

SINGELAS CONTRIBUIÇÕES PARA A REFORMA TRIBUTÁRIA

2022

Coordenadores:
Ives Gandra da Silva Martins
James Henrique Lins Santos

ALMEDINA

DO COMBATE AOS CRIMES FINANCEIROS E TRIBUTÁRIOS
SINGELAS CONTRIBUIÇÕES PARA A REFORMA TRIBUTÁRIA

COORDENADORES: Ives Gandra da Silva Martins e James Henrique Lins Santos

DIRETOR ALMEDINA BRASIL: Rodrigo Mentz
EDITORA JURÍDICA: Manuella Santos de Castro
EDITOR DE DESENVOLVIMENTO: Aurélio Cesar Nogueira
ASSISTENTES EDITORIAIS: Isabela Leite e Larissa Nogueira

DIAGRAMAÇÃO: Almedina
DESIGN DE CAPA: FBA

ISBN: 9786556274614
Fevereiro, 2022

Dados Internacionais de Catalogação na Publicação (CIP)
(Câmara Brasileira do Livro, SP, Brasil)

Do combate aos crimes financeiros e tributários :
singelas contribuições para a reforma tributária / coordenadores Ives Gandra da Silva Martins,
James Henrique Lins Santos. -- São Paulo : Almedina, 2022.

Vários autores.
Bibliografia.
ISBN 978-65-5627-461-4

1. Crime fiscal 2. Crime fiscal - Brasil 3. Direito processual penal - Brasil
4. Persecução penal - Brasil 5. Processo penal I. Martins, Ives Gandra da Silva.
II. Santos, James Henrique Lins.

22-97807 CDU-343.1(81)

Índices para catálogo sistemático:
1 Brasil : Direito processual penal 343.1(81)
Eliete Marques da Silva - Bibliotecária - CRB-8/9380

Este livro segue as regras do novo Acordo Ortográfico da Língua Portuguesa (1990).

EDITORA: Almedina Brasil
Rua José Maria Lisboa, 860, Conj.131 e 132, Jardim Paulista | 01423-001 São Paulo | Brasil
editora@almedina.com.br
www.almedina.com.br

SOBRE OS COORDENADORES

Ives Gandra da Silva Martins
Professor Emérito das Universidades Mackenzie, UNIP, UNIFIEO, UNIFMU, do CIEE/O ESTADO DE SÃO PAULO, das Escolas de Comando e Estado-Maior do Exército – ECEME, Superior de Guerra – ESG e da Magistratura do Tribunal Regional Federal – 1ª Região; Professor Honorário das Universidades Austral (Argentina), San Martin de Porres (Peru) e VasiliGoldis (Romênia); Doutor Honoris Causa das Universidades de Craiova (Romênia) e das PUCs-Paraná e Rio Grande do Sul, e Catedrático da Universidade do Minho (Portugal); Presidente do Conselho Superior de Direito da FECOMERCIO – SP.

James Henrique Lins Santos
Jurista, Palestrante e Escritor, Pós-graduado em Direito Público com ênfase em gestão pública pela Damásio, Direito Digital e *Compliance*, pela Damásio, Direito Tributário pela ESA/AM, Política e Estratégia pela Associação dos Diplomados da Escola Superior de Guerra – ADESG.

SOBRE OS AUTORES

Antônio Ernani Pedroso Calhao
Pós-doutor pelo Programa de Pós-Doutoramento em Democracia e Direitos Humanos do Ius Gentium Conimbrigae/Centro de Direitos Humanos da Universidade de Coimbra – Portugal. Doutor em Direito. Advogado. Professor da Faculdade de Direito da Universidade Presbiteriana Mackenzie – SP. Membro da Academia Paulista de Letras Jurídicas e seu Vice-Presidente. Membro da Academia Mackenzista de Letras – SP.

Barbara Pivotto Cabrera Mano
Bacharel em Direito pela Universidade Presbiteriana Mackenzie, UPM. Foi Secretária-geral do Grupo de Estudo "Segurança Jurídica e Liberdade Econômica" da Faculdade de Direito da UPM. Advogada e Consultora Jurídica.

Carlos Alberto de Moraes Ramos Filho
Doutor em Direito pela Pontifícia Universidade Católica de São Paulo – PUC-SP. Mestre em Direito pela Universidade Federal de Pernambuco – UFPE e pela Universidade Federal de Santa Catarina – UFSC. Professor da Faculdade de Direito da UFAM. Professor do Programa de Pós-Graduação em Direito (PPGDir) da UFAM. Professor da Escola Superior da Magistratura do Amazonas (ESMAM). Procurador do Estado do Amazonas. Advogado.

Carlos Roberto Nascimento Junior
Advogado especialista em Direito público e Direito tributário.

Claudio Joel Brito Lóssio
Professor, CEO SNR Sistemas Notarial e Registral – empresa premiada pelo GPTW – *GreatPlacetoWork* em 2019 e 2020, Sênior *Software Developer*. Mestre e Doutorando em Ciências Jurídicas pela UAL – Universidade Autónoma de Lisboa – Portugal, Mestrando em Engenharia de Segurança Informática pelo IPBeja – Portugal. Advogado com Pós-Graduação em Direito Digital e *Compliance* pela Damásio, Pós-Graduação em Direito Penal e Criminologia pela URCA, Direito Notarial e Registral pela Damásio, MBA em Gestão de TI pela UNIFACEAR, docente visitante na Escola Judiciária EdésioFernandes EJEF – TJMG, Certificado DPO pela Universidade de Nebrija – Madrid – Espanha, Membro Pesquisador no LabUbiNET do IPBeja Portugal em Cloud Forensics e Segurança Ofensiva. Parecerista na Revista Unisul de Fato e de Direito. Palestrante. Idealizador do grupo de pesquisa Juscibernética. Autor da Obra Manual Descomplicado de Direito Digital. Organizador e autor da obra Cibernética Jurídica: estudos sobre o direito digital pela EDUEPB, Autor de diversos artigos científicos e capítulos de livro. Eterno aprendiz.

Edison Carlos Fernandes
Advogado, doutor em Direito pela PUC/SP, professor da FGV Direito SP, do CEU Law School e do Departamento de Contabilidade da USP.

Fausto Martin De Sanctis
Desembargador Federal do TRF3.

Hélcio Honda
Advogado, Sócio fundador da sociedade Honda, Teixeira, Araujo, Rocha Advogados. Graduado em Direito pela PUC-SP, com extensão universitária pela USP em "Direito Tributário Atual" e especialista em Direito Empresarial pela Universidade Mackenzie (1989. Foi juiz do Tribunal de Impostos e Taxas do Estado de São Paulo (de 2004 a 2008). Diretor titular do Departamento Juridico da FIESP e CIESP, Vice-Presidente do Conselho Superior de Assuntos Jurídicos e Legislativos (Conjur) da Fiesp; conselheiro do Conselho Superior da Câmara de Conciliação Mediação e Arbitragem da Fiesp/Ciesp; Conselheiro efetivo do Conselho Superior de Direito da Fecomércio SP e Presidente da Comissão Especial De Direito Tributário Da OAB SP em 2016. Reconhecido pelos serviços prestados à Força Aérea

Brasileira com a medalha "Mérito Santos Dumont" (Portaria 798/SCGC de 31.5.17. Recebeu ainda a Láurea de Reconhecimento pelos serviços prestados a advocacia em 2018 pela OAB SP. Agraciado com a Comenda do Círculo Militar de São Paulo com a Ordem do Mérito Circulista, no grau de Oficial em 2020. Concluiu seminário e curso de inverno na Universidade de Paris I Panthéon – Sorbonne (2011). Participou doscursos "Executive seminar in global advocacy and international lobbyngna George Washington University (2018)" e "Washington and the World: leadership lessons from Washington na Georgetown University (2019). Vice-Presidente do InCEC (Instituto Cristão de Ensino e Cultura), braço de capacitação e assistencialismo da Igreja Batista do Povo. Certificado pela Universidade hebraica de Jerusalém no curso "The significance of the Dead Sea Scrolls: archaelogy, history, literatureandreligion" (2020).

Heleno Taveira Torres
Advogado e Professor Titular de Direito Financeiro da Faculdade de Direito da USP.

Helom César da Silva Nunes
Doutorando em Direito (PUC-MG), Professor (FAMETRO) e Defensor Público integrante do Programa de Estímulo ao Aperfeiçoamento Profissional (DPE-AM).

Ives Gandra da Silva Martins
Professor Emérito das Universidades Mackenzie, UNIP, UNIFIEO, UNIFMU, do CIEE/O ESTADO DE SÃO PAULO, das Escolas de Comando e Estado-Maior do Exército – ECEME, Superior de Guerra – ESG e da Magistratura do Tribunal Regional Federal – 1ª Região; Professor Honorário das Universidades Austral (Argentina), San Martin de Porres (Peru) e VasiliGoldis (Romênia); Doutor Honoris Causa das Universidades de Craiova (Romênia) e das PUCs-Paraná e Rio Grande do Sul, e Catedrático da Universidade do Minho (Portugal); Presidente do Conselho Superior de Direito da FECOMERCIO – SP.

James Henrique Lins Santos
Jurista, Palestrante e Escritor, Pós-graduado em Direito Público com ênfase em gestão pública pela Damásio, Direito Digital e *Compliance*, pela Damásio,

Direito Tributário pela ESA/AM, Política e Estratégia pela Associação dos Diplomados da Escola Superior de Guerra – ADESG/AM.

João Bosco Coelho Pasin

Possui estágio pós-doutoral em Direito Público (Direito Tributário e Financeiro) realizado na Universidad de Valladolid, UVA. Doutor em Direito pela Universidad de Salamanca, USAL, título revalidado pela Pontifícia Universidade Católica de São Paulo, PUC-SP. Mestre em Direito Político e Econômico pela Universidade Presbiteriana Mackenzie, UPM. Especialista em Direito Tributário pelo Centro de Extensão Universitária, CEU (Instituto Internacional de Ciências Sociais, IICS). Especialista em Direito Financeiro pela USAL. Professor Convidado do Instituto Brasileiro de Direito Tributário, IBDT. Membro Titular da Cadeira nº 16 da Academia Paulista de Letras Jurídicas. Membro Titular do Instituto Histórico e Geográfico de São Paulo, IHGSP. Membro Honorário da Ordem dos Economistas do Brasil, OEB. Advogado e Consultor Tributário em São Paulo.

Marilene Talarico Martins Rodrigues

Advogada, sócia da Advocacia Gandra Martins, Especialista em Direito Tributário pelo Centro de Extensão Universitária CEU Law School, Membro do Conselho Superior de Direito da FECOMÉRCIO – SP, Membro do IASP, Membro da Diretoria da Academia Brasileira de Direito Tributário – ABDT, Membro do Instituto Brasileiro de Direito Tributário – IBDT, Membro da Academia Paulista de Letras Jurídicas – APLJ, Membro da União de Juristas Católicos de São Paulo – UJUCASP, Membro do Conselho Superior de Orientação do Instituto Brasileiro de Estudos de Direito Administrativo Financeiro e Tributário – IBEDAFT.

Maurilio Casas Maia

Doutor em Direito Constitucional (UNIFOR) e Mestre em Ciências Jurídicas (UFPB). Professor (UFAM) e Defensor Público (DPE-AM).

Otávio Gomes Figueiró

Advogado especialista em Direito Tributário.

Renata Fonseca de Andrade

Advogada – Brasil e Estados Unidos. Diretora de *Compliance* e Proteção de Dados. Mestre pela Universityof Wisconsin-Madison Schoolof Law, LLM--MLI USA (2006). Bacharel em Ciências Jurídicas e Sociais pela Faculdade de Direito da Universidade Mackenzie (1989) e especialização em Governo pela Escola de Governo, prof. Fábio Konder Comparato (2000). Presidente da Comissão de Anticorrupção e *Compliance* da OAB/SP Pinheiros. Especialista em Anticorrupção e *Compliance*, em atendimento à Legislação Anticorrupção (FCPA, UK Anti-BriberyAct e Lei Brasileira 12.846/2013). Professora e consultoria nas áreas da Governança, Risco e *Compliance*, Relações Governamentais, Contratos, Mitigação de Riscos, Data Protection/ Data Privacy. Professora de *Compliance* Financeiro, Direito Comparado e de Direito Proteção de Dados nos cursos de MBA *Compliance* da Universidade Presbiteriana Mackenzie; UFSCar; LL.M e Pós Graduação das escolas de Direito da FGV-Rio, UNIFOR e Damásio-SP. Publicações livros: Manual de *Compliance* IARC, 2017; Do Combate à Improbidade Administrativa, Ed. Aufiero, 2018; Governança, *Compliance* e Cidadania, Ed. Revista dos Tribunais, 2018; 20 anos da Lei de Combate à Lavagem de Dinheiro, Ed. Roncarati, 2017 e artigos na Revista LEC. Coordenadora e professora do Curso e Certificação *Compliance* Financeiro da LEC/FGV, Professora nos cursos de certificação *Compliance* Proteção de Dados CCPD e Investigações Internas Corporativas CIIC da LEC/FGV e Professora do Curso e Certificação em *Compliance* CEC do IARC/ESENI.

Renata Souza Rocha

Advogada, sócia da sociedade Honda, Teixeira, Araujo, Rocha Advogados. Graduada em Direito pela Universidade Mackenzie, com especialização em Direito Tributário pela PUC/SP e em Direito Empresarial pela FGV/SP. Foi Conselheira do Conselho de Recursos da Previdência Social (CRPS) e do Conselho Administrativo de Recursos Fiscais (CARF) de 2008 a 2012. Membro da Comissão de Direito Tributário da OAB/SP em 2016. Mestranda em Direito Internacional pela Universidade de Toulouse – França.

Ricardo Antunes Silva

Advogado, Palestrante e Fundador do escritório RS Antunes Advogados e Associados, Master of Law in Direito dos Mercados Financeiro e de Capitais pela Insper/SP, Pós-graduado em Direito Processual pela PUC/MG,

Direito Digital e *Compliance*; Direito Tributário; e Direito Notarial, pela Damásio, Engenharia de Redes e Sistema de Telecomunicações, MBA em Data Center e Computação na Nuvem pela UNIP, MBIS em Segurança da Informação na UNIP.

NOTA DA COORDENAÇÃO

A presente obra examina o perfil idealizado pelo Constituinte de 1988 e expresso pelo seu redator, Senador Bernardo Cabral, sobre as relações ideais entre Fisco e contribuinte.

Todos os autores procuram propor medidas que ao potencializar a arrecadação de impostos, tornam, de outro lado, mais adequado, justo e republicano o papel do contribuinte, que deve ser respeitado como propulsor do desenvolvimento nacional.

A união do Fisco e do contribuinte como parceiros do mesmo objetivo, é o desiderato maior da presente obra, em que se procura o que deve ser sempre o elemento mais relevante do Direito, que é o ideal de justiça.

Manaus/São Paulo, primavera de 2021.

PREFÁCIO

James Lins em sua longa caminhada – incansável na sua luta – pede minha contribuição no combate à corrupção, aos crimes financeiros e tributários e à imoralidade pública.

A corrupção é, sem dúvida, um dos maiores males que assola a humanidade, porque cruel, ela contribui para a dor na fila dos hospitais, na mesa vazia do desvalido, eis que, sorrateira, cresce e se desenvolve na escuridão do analfabetismo. Eis aí a razão pela qual se deve combatê-la, lutando no exercício de regate da cidadania, pouco importando se a tarefa é difícil. Sim, porque as mãos que a praticam, embora sujas, não deixam pegadas na quase totalidade das vezes.

Como é sabido, a corrupção é um fenômeno que se globalizou, motivando, como decorrência, diversas experiências internacionais de investigação e de punição que se notabilizaram. As mais conhecidas, sem dúvida, em primeiro lugar, a da Itália, no que se convencionou chamar "Operação Mãos Limpas", e na do Brasil, "Operação Lava Jato", as quais, por instrumentos legais próprios, confirmaram respaldos legais à competência, à coragem e à perseverança dos responsáveis pelas investigações, resultando na condenação que atingiu parlamentares, empresários, governadores e um ex-presidente da República.

Por essa razão, creio que há, na atualidade, um notável sobressalto cívico: o redespertar da sensibilidade social e institucional para os valores da moralidade e do respeito no interesse público, que marcam os comentários e as ações de inúmeros segmentos da sociedade, nos últimos anos. Os poderes do Estado têm-se tornado conscientes de que lhes incumbe retomar seu papel de condutores da administração pública, com isenção, retidão, impessoalidade, transparência, credibilidade e eficácia. Os cidadãos – pouco importa em que ponto do Planeta e de que extração social ou econômica – exigem dos responsáveis pelos números públicos: zelo, dedicação e, sobretudo, presteza nas decisões, pois quanto mais se vê uma autoridade, mais se vê a forma como ela se omite. E nenhuma liderança se afirma pela omissão, esse subproduto do nada e do não.

Impõe-se o dever de colocar clareza e limpidez nos princípios e, para tanto, requer perseverança nos objetivos e uma ilibação de conduta. Até porque palavras não bastam e sim ações. O exemplo que ostenta o Poder Judiciário, com a Operação Lava Jato, desfraldou, aos olhos do mundo, uma dupla realidade incontestável.

De uma parte, o elevado grau de saturação do povo com a criminalidade, mormente com a assim chamada criminalidade de "colarinho branco" e com a impunidade que eu chamo de "filho bastardo da acomodação com o crime".

De outra parte, comprova-se que a capacidade de um poder do Estado, a altiva e pertinente ação da Justiça, assumindo a responsabilidade de realizar a inédita ação saneadora – em particular nos redutos da política e da alta finança – amiúde ao abrigo da investigação e de castigo; não raro, acobertados pelo manto sutil dos comparsas complacentes no abuso do Poder Público e na espoliação do Estado.

É de todo oportuna, imperiosa, vigorosa a expressão de um enérgico grito de basta, a exigir um ponto final à impunidade, à cavilosa proteção mútua de certos homens que, sob pretexto de cuidar dos interesses de todos só o faziam em benefício próprio e em detrimento da sociedade.

Basta! Basta!

José Bernardo Cabral

Relator-geral da Assembleia Nacional Constituinte
que elaborou a Constituição Federal de 1988.

SUMÁRIO

INTRODUÇÃO

A presente obra busca tratar acerca da temática do Direito Tributário e Financeiro, por artigos.

Além disso, tenciona contribuir com algumas sugestões para a tão pretendida Reforma Tributária, que tramita no Congresso Brasileiro no momento.

São diversos assuntos e sugestões para a reforma, como a taxação das *Big Techs*, regulamentação dos jogos online e sites de apostas.

Na presente obra, encontram-se princípios tais quais da justiça tributária, da culpabilidade, do crime de apropriação indébita de tributo indireto, além de considerações sobre delitos e penas na ordem tributária, demonstrações financeiras como instrumento de prova no processo penal tributário, aspectos criminais da aplicação indevida de benefícios fiscais e financeiro-fiscais.

Não se deixou de lado, também, a discussão a respeito dos criptoativos e dos crimes financeiros, cibernéticos, *dark web*, assim como do combate à lavagem de dinheiro.

Por fim, constam ainda os crimes contra o sistema financeiro/tributário, e os efeitos prejudiciais da corrupção sobre os direitos humanos, relacionando-os também à Lei n. 12.846/2013 anticorrupção.

Os autores envolvidos são de áreas diversas, mas que se propuseram a contribuir com seu conhecimento em seus artigos para que tais pontos de vistas sejam conhecidos, analisados e até mesmo aproveitados.

1
DOS DELITOS E DAS PENAS NA ORDEM TRIBUTÁRIA: ALGUMAS CONSIDERAÇÕES NECESSÁRIAS

João Bosco Coelho Pasin
Barbara Pivotto Cabrera Mano

"Então ele lhes disse:
Dai pois a César o que é de César,
e a Deus o que é de Deus."
Mateus 22:21

Introdução

Enquanto "potestade normativa"[1] ou "potestade impositiva"[2], o "poder de tributar" deve ser exercido pelo Estado-Fiscal em sua justa medida, ou seja, respeitando todas as limitações constitucionais aos quais deve se

[1] Refere-se ao exercício legislativo sobre certa e determinada matéria, sendo indelegável e facultado a quem detém a "competência tributária ativa", é dizer, a aptidão para instituir tributos e sobre eles legislar.

[2] Consiste no exercício da gestão tributária pela Administração Pública especializada e seus agentes fazendários, sendo passível de delegação e compulsório para os titulares da "capacidade tributária ativa", ou seja, a aptidão para arrecadar os tributos e fiscalizar o cumprimento das obrigações tributárias. Sendo, pois, a lição de EzioVanoni muito oportuna e complementar ao nosso conceito, senão vejamos: "La potestà d'imposizione si puòdefiniresecondonoi come ilpoterespettante ad un ente pubbliconeiconfrontidi tutti coloro cheappartengono a quell'ente per vincolipolitici, sociali, economici, al fine diprocurarsi i mezzi per l'esplicazionedell'attività publica." (*ElementidiDirittoTributario. AltriSaggidiDirittoFinanziario. Opere Giuridiche.* Vol. II.Milano: Giuffrè, 1962, p. 37).

sujeitar, que são tão responsáveis por assegurarem a efetivação dos direitos e as garantias dos "cidadãos-contribuintes" em harmonia com os princípios gerais de justiça fiscal, isto porque, do contrário, tal poder será tido como manifestamente "arbitrário" – contrário à lei[3] – e nocivo à "liberdade econômica" – derivada do grau de "autonomia da vontade" concedido por um ordenamento jurídico interno[4] –, assim contribuindo de forma invariável para o reconhecimento de sua própria ilegitimidade e, ainda, para um maior grau de ineficácia das regras do sistema tributário vigente em relação aos agentes econômicos inseridos na sociedade civil, notadamente tão prejudicados pela insegurança jurídica no âmbito tributário.

À evidência, o "pacto social" deve ser responsável pela existência dos "Estados 'Democráticos' de Direito", pela estabilidade das "obrigações tributárias" na prática e, ainda, por justificar a própria essência e existência da tributação, ainda que de forma rudimentar e bem anterior ao próprio surgimento das concepções de Estado, Direito e Democracia.

Na Antiguidade, antes do advento das *Polis* e Ligas Gregas, assim como do declínio viking e da ascensão do Império Romano, as ordas – bandos de semi-nômades (fixavam-se, conforme suas necessidades, em distintos pontos de uma mesma região ao longo do ano) – existentes entre os rios Tigre e Eufrates impunham um modelo tácito e socialmente implícito de tributação aos seus integrantes, sob o qual todos os membros do bando

[3] A "arbitrariedade legal" não se confunde com a "arbitrariedade supralegal". A primeira consiste na contrariedade à "lei formal", enquanto "ser". Por sua vez, a segunda consiste na contrariedade da "lei formal" ao "justo" no plano ideal do "dever-ser", ou seja, da justiça no plano ideal do direito natural.

[4] É evidente a reduzida liberdade (econômica, política, religiosa, etc) existente e experimentada pela sociedade civil em alguns países, tais como: Cuba, Venezuela ou Coréia do Norte. Sendo, pois, certo que o tamanho da economia de um país e o seu peso na economia internacional não garantem níveis internos de liberdade política e/ou política e/ou religiosa satisfatório(s), ainda que a liberdade econômica possa favorecer e fomentar as demais liberdades. Contudo, em países como a Austrália, a Alemanha, a Inglaterra, o Japão, a Coréia do Sul, os Estados Unidos da América, EUA, também é evidente o nível elevado de liberdade existente, principalmente quando aferimos que a confiança depositada pelo Estado – e pelos governantes – nos indivíduos e nas empresas é muito mais elevada, posto que, sem dúvida, a "autonomia da vontade" é mais prestigiada pelos legisladores; e, assim, torna-se maior por força das regras dos ordenamentos jurídicos – menos proibitivos (regulatórios apenas no estritamente necessário) e mais permissivos (em verdade, por vezes, até incentivadores ativos das iniciativas privadas no domínio econômico, sobretudo do empreendedorismo empresarial; noutras, asseguram a proatividade dos particulares).

deveriam ter alguma aptidão e função de modo à contribuírem de alguma forma – servindo os demais em prol do coletivo (pescando, caçando, cultivando grãos, cozinhando, tecendo etc).

Com razão, analisando a relevância da tributação no domínio econômico ao longo da história da humanidade, o professor Ives Gandra da Silva Martins e Othon Sidou reconhecem em paralelo e de forma convergente a "função social da imposição tributária"[5] e a "natureza social do tributo"[6], respectivamente.

Hodiernamente, reconhecendo que a "imposição de tributos" pelo Estado-Fiscal gera uma "carga tributária desmedida"[7] – ao menos, no Brasil – e constitui um "mal necessário" – assim como o próprio Estado (patrimonialista ou não-patrimonialista)[8] e talvez a própria "democracia"[9]– e

[5] Cf. *Teoria da Imposição Tributária.* 2ª. ed. São Paulo: Ltr, 1998, pp. 163 a 294.

[6] Vid. *A Natureza Social do Tributo.* 2ª. ed. Rio de Janeiro: Forense, 1978.

[7] É o que defende o prof. Ives Gandra da Silva Martins em sua Teoria da Imposição Tributária – primeira tese defendida na área do Direito na Universidade Presbiteriana Mackenzie, UPM, sob a orientação do professor Bernardo Ribeiro de Moraes. Vid. op. cit. pp. cit.

[8] Os "Estados patrimonialistas" podem prescindir da tributação ou optar por cargas tributárias baixas, isto porque, possuem significativas receitas públicas originárias como, por exemplo, aquelas provenientes do monopólio na produção e venda do petróleo, do óleo e do gás. Hoje, existem alguns poucos Estados patrimonialistas e quase todos se situam no Oriente Médio. Por seu turno, os "Estados não-patrimonialistas" dependem das receitas públicas derivadas – notadamente, daquelas geradas pela imposição dos tributos – para assegurarem a manutenção de seus fins.

[9] É evidente que a democracia atual está em crise no mundo. Talvez a adoção de uma educação comprometida com o resgate de valores olvidados por boa parte das pessoas possa ser um primeiro e importante passo em prol de um futuro mais alvissareiro para a democracia e, também, para o próprio Estado. Afinal, este depende daquela para ser verdadeiro em sua essência: sua concepção libertária, que é fiel a um tradicional modelo de "Estado Democrático de Direito"; e não, por mais que possa ter as suas próprias regras de direito, a um Estado totalitário – e de exceção (dotados de ordenamentos jurídicos legais, mas totalmente arbitrários, sob o ponto de vista supralegal da justiça e do direito natural, segundo Gustav Radbruch descreveu em 1946 na sua obra *Arbitrariedad Legal y Derecho Supralegal*) – no qual a democracia inexiste ou resta desprezada, levando aos "exageros" de seus governantes como, por exemplo, ocorreu nos regimes de Fidel Castro, Pol Pot no Camboja e Adolf Hitler – historicamente, casos típicos em que a legislação como um todo durante um período foi modificada para justificar os "desejos estatais", e assim transformar abominações contra os "direitos humanos fundamentais" – feliz expressão lançada e defendida por Manoel Gonçalves Ferreira Filho (cfr. *Direitos Humanos Fundamentais.* 3ª. ed. São Paulo, Saraiva, 1999) – em situações meramente legais perante o ordenamento jurídico, ainda que materialmente injustas (é interessante observarmos que todos os crimes perpetrados por estes regimes foram cometidos em prol do suposto "bem comum"

não deve ser mais vista mais apenas como sendo "sempre injusta" – como, por exemplo, ocorria no passado na era dos malfadados "tributos confiscatórios" impostos pela metrópole romana ou pelos senhores feudais (não à toa, após séculos de repúdio à imposição tributária, surgiria no início do século XX a ideia de uma interpretação *in dubio pro contribuinte*, que evoluiria para uma concepção exegética mais equilibrada e acertada: a interpretação *in dubio pro justitia tributaria*, segundo o professor Eusebio González García e Teresa González Martínez)[10] –, ainda que pontualmente possa ser reconhecida pelos tribunais como arbitrária na prática, ou seja, como sendo ilegal ou inconstitucional, exsurge para o Estado contemporâneo o "direito de punir" toda e qualquer conduta contrária à legislação tributária, de modo particular; e ao ordenamento jurídico como um todo, de modo geral; desde que se respeite os direitos e garantias individuais, existindo a prévia previsão legal da infração administrativa e/ou penal, além da possibilidade de instauração do devido processo legal administrativo e/ou judicial para assegurar o contraditório e a ampla defesa ao interessado.

De longa data, a atuação do Estado e de seus agentes, mormente referida ao exercício do poder de punir as infrações administrativas e/ou penais contra a ordem tributária, constitui um tema polêmico ao envolver uma certa pitada de moralidade e outra de legalidade, uma vez que a sanção convencionada e imposta ao infrator pode transcender à esfera administrativa; e, assim, acabar repercutindo até mesmo na esfera penal, inclusive podendo culminar na imposição de uma pena mais severa: a privativa de liberdade, após o exaurimento do devido processo legal.

Neste contexto, a relação entre o "*jus puniendi*" e o "*jus libertatis*" é dialética e acaba por justificar a necessidade de existência do próprio Estado, uma vez que o homem precisa de leis para regular suas ações na sociedade civil, assim como a própria organização e o funcionamento estatal devem estar sujeitos às necessárias limitações. Enfim, esta equação não é fácil de ser analisada, nem resolvida, mas o equilíbrio entre o "*jus puniendi*" e o

e dos supostos "interesses gerais", que são conceitos interessantes, amplamente utilizados entre os administrativistas e, sem dúvida, vinculados teleologicamente às conveniências pessoais e de grupos, ainda que sejam passíveis de duras críticas dado os seus relativismos casuísticos, principalmente quando identificada a falta de razoabilidade e a ausência de uma verdadeira justiça em tais regimes).

[10] *Direito Tributário: Elementos de Teoria Geral.* Tradução e Notas: João Bosco Coelho Pasin. São Paulo: RIDEEL, 2010.

"*jus libertatis*" é o fator determinante do "grau de justiça" verificado *in loco* nas ações humanas e estatais, inclusive no âmbito tributário e financeiro.

Ao longo deste estudo reflexivo nos pautaremos por estas premissas maiores, tão relevantes para traçarmos nossas considerações nos planos teórico – jurídico-doutrinário – e pragmático – socioeconômico. Para tanto, analisaremos com atenção a natureza jurídica e a função das sanções previstas para as infrações administrativas e os crimes contra a ordem tributária no Brasil, desde uma perspectiva comparada e nos pautando sempre por uma análise lógica e dedutiva, por vezes, dissociada do direito positivo em prol da consecução dos "princípios gerais de justiça fiscal", mormente para a apresentação de prescrições necessárias e dirigidas aos nossos doutrinadores, julgadores e legisladores.

1. Obrigação tributária: natureza, classificação e finalidade

Constituindo o marco central do fenômeno impositivo-tributário, as obrigações tributárias devem concorrer para assegurar a cobertura dos gastos públicos e a manutenção dos fins do Estado, ainda que possam estar totalmente desprovidas de um conteúdo pecuniário.

No plano da moralidade, a existência de toda e qualquer obrigação tributária encontra sucedâneo numa constatação: o fato de que, por força do "pacto social", todos os membros da sociedade civil devem contribuir para a "cobertura dos gastos públicos" na medida de suas "possibilidades econômicas", respeitando-se, sempre, o "mínimo existencial", é dizer, o valor correspondente à riqueza mínima e indispensável para o indivíduo e sua família sobreviverem com o mínimo de dignidade humana, assim como para a empresa funcionar com o mínimo de liberdade econômica.

Ainda no plano da moralidade, devemos ressaltar que a atuação das Administrações Tributárias e de seus agentes – para além da atuação dos demais poderes em matéria tributária (legislativo e judiciário) – está sujeita aos ditames do "princípio da moralidade", segundo o *caput* do artigo 37 da Constituição Federal de 1988. Noutras palavras, enfatizamos que a moralidade dos atos administrativos fazendários – além dos atos de parlamentares e julgadores – foi erigida em fator de controle da legalidade em matéria tributária por força do atual texto constitucional.

Ademais, no plano da legalidade, tal assertiva resta evidente quanto ao cumprimento das "obrigações tributárias principais"[11], uma vez que estas

[11] Vid. arts. 113 e 114, CTN.

constituem sempre "obrigações de dar" e possuem "inequívoco conteúdo pecuniário" relativo ao "crédito tributário"[12], ou seja, ao *quantum debeatur* correspondente ao valor líquido do tributo, da multa, dos juros de mora ou da correção monetária[13]. Contudo, a assertiva não resta tão evidente quanto ao cumprimento das "obrigações tributárias acessórias"[14] – deveres instrumentais e/ou formais (obrigações de dar, fazer ou não fazer) –, isto porque, estes nem sempre guardam direta relação com a arrecadação e a necessidade de cobertura dos gastos públicos. Sendo, por exemplo, o caso daquelas obrigações tributárias acessórias cumpridas pelos sujeitos beneficiados por imunidades tributárias, uma vez que tais deveres acabam concorrendo na prática para a realização pela iniciativa privada e/ou manutenção de alguns dos fins precípuos do Estado, tais como, a educação, a cultura, a liberdade religiosa, a pluralidade partidária, a unidade do pacto federativo etc.

Sobre a nitidez, enquanto fenômeno socioeconômico, a natureza jurídica – e, por óbvio, também moral – de toda e qualquer obrigação tributária impõe a efetivação dos mandamentos estabelecidos pelos princípios gerais de justiça fiscal, em especial, quanto à arrecadação e à fiscalização.

2. Princípios gerais de justiça fiscal: parâmetros da justa imposição tributária

Além de nortearem o exercício da potestade impositiva – arrecadação e fiscalização (gestão tributária ativa) –, os princípios gerais de justiça fiscal também devem nortear o exercício da potestade normativa em matéria tributária, ou seja, tais princípios devem orientar todo o exercício do poder de tributar, inclusive quanto ao estabelecimento de suas limitações e ao respeito aos direitos individuais.

Quanto aos princípios gerais de direito fiscal no contexto da União Europeia, EU, os professores José Luis Pérez de Ayala e Miguel Pérez de Ayala Becerril fazem uma brilhante análise tópico-histórica e tratam de destacar os seus pontos mais relevantes, a saber:

> "El informe Neumark (1962) supuso la primera gran reflexión sobre el proyecto de armonización fiscal comunitaria y en general, puede decirse que

[12] Vid. art. 139, CTN.

[13] Vid. art. 161, CTN.

[14] Vid. arts. 113 e 115, CTN.

su filosofía harmonizadora aún se mantiene, al menos, en el área de la imposición indirecta. Las líneas de actuación que se deducían del informe pueden resumirse en las que a continuación se indican:

1. Predominio absoluto de la imposición indirecta en la línea armonizadora para limitar las distorsiones al comercio y la competencia desleal de los productos nacionales.

2. Concepción 'etapista' del proceso armonizador. Los avances se harían paso a paso.

3. El I.V.A. se configuraba como el tributo estrella de la armonización fiscal. Sus características eran la más apropiadas en un mercado integrado:

– Neutralidad respecto a las decisiones económicas.

– Proporcionalidad en la carga tributaria.

– Desgravaciones a la exportación.

4. Las 'accisas' o impuestos especiales debían armonizarse a la par que el I.V.A., reduciendo su número y simplificando sus características, así como homogeneizándolas en el territorio comunitario.

5. El '*droitd'apport*' no era un tributo racional y debería, en consecuencia, suprimirse.

Todo este planteamiento debería ir dirigido por el órgano motor de la Comunidad, la Comisión de las Comunidades Europeas."[15]

Para além desta análise e dos seus destaques, devemos reconhecer que Fritz Newmark(1900-1991) reconhece os princípios gerais de justiça fiscal – generalidade, igualdade, proporcionalidade, congruência, transparência, economicidade, factibilidade, conveniência e continuidade – ao longo de vários dos seus escritos – artigos e livros – nos quais os examina de forma pontual e detalhada[16].

No Brasil, historicamente, sentimos a falta de uma diretiva suprapartidária para nortear a política tributária nacional com os princípios gerais de justiça fiscal adotados e as ações fazendárias necessárias e esperadas.

Contudo, hoje, percebemos que os legisladores e as suas bancadas – aliás, muitas são mais fortes que muitos dos próprios partidos políticos com representantes no Congresso Nacional – devem ter a devida sensibi-

[15] *Fundamentos de Derecho Tributario*. 5ª. ed. Madrid: Derecho Reunidas, 2002, pp. 402 e 403.

[16] Vid. Coelho Pasin, João Bosco (Derecho Tributario y Ética: La Moral de La Justa Imposición. Buenos Aires: Heliasta, 2010, p. 73 *et seq*).

lidade à atual conjuntura socioeconômica e as suas perspectivas de futuro no momento da instituição das leis tributárias e das demais com efeitos no âmbito tributário.

De modo geral, o tamanho da carga tributária deve ser ponderado à luz dos gastos públicos. Daí, pois, ser quase sempre "desmedida", principalmente em países como o Brasil.

De modo particular, mas sem nunca deixar de considerar a totalidade dos mencionados gastos, as pressões tributárias setoriais devem ser conformadas através da adoção de uma política tributária concebida de acordo com as necessidades de todos e cada um dos setores da economia e de seus segmentos – serviços (transporte, construção, informática, alimentação etc), agronegócio (pecuária, agricultura, psicultura etc), industrial (naval, aeronáutico, aeroespacial, nanotecnológico etc), entre outros –, ainda que os estímulos e subsídios dados a um segmento possam estar em constante – e necessário – contraste com a sobretaxação verificada em outros.

Igualmente, também não se pode ignorar o fenômeno da repercussão do ônus tributário sobre os "consumidores"[17] de bens e serviços, é dizer, o efeito em cascata da tributação indireta, que ao ser desmedido pode acabar sendo nefasto para a economia ou, sendo o caso, apenas para um de seus setores[18].

Em linhas gerais, toda e qualquer política tributária interna não pode deixar de atender aos ditames de responsabilidade fiscal, assim como às necessidades socioeconômicas.

[17] Cf. PENCO, Á. A., "La noción de consumidor y su tratamiento en el derecho comunitario, estatal y autonómico. Breve referencia al concepto de consumidor en el derecho extremeño", *Anuario de la Facultad de Derecho*, nº 18, 2000, p. 310 e FERNANDEZ GIMENO, J. P., "Los consumidores y usuarios como sujetos afectos a una especial tutela jurídica", en *Derecho Privado de Consumo*, Coordinación a cargo de REYES LÓPEZ, M. J., Valencia: Tirantloblanch, 2005, pp. 97 a 99.

[18] Achille Donato Giannini esclarece: "Dada la infinita cadena de relaciones económicas y la libre formación de los precios de las cosas y de los servicios, es natural que el contribuyente obligado, según la ley tributaria, a pagar el impuesto por el hecho de poseer una cosa o de desarrollar una actividad (es decir, el 'contribuyente percutido', según la terminología de los hacendistas'), tienda a transferir la carga do tributo a otras personas con las cuales entra en relación a causa de la cosa poseída o de la actividad desarrollada mediante el aumento do precio de los productos que él vende, de los servicios prestados o de las unidades su ministradas." (*Instituciones de Derecho Tributario*. Trad. Fernando Sainz de Bujanda. Madrid: Editorial de Derecho Financiero, 1957,pp. 132 e 133).

No Brasil, por exemplo, a necessidade de uma efetiva reforma administrativa para reduzir os gastos públicos é urgente, como pressuposto indispensável para a viabilização de uma ampla reforma constitucional do sistema tributário nacional.

3. Fundamentos da justiça penal e pena privativa de liberdade

Assim como ocorre no Direito e Processo Tributário, a legalidade pode ser apontada como sendo o princípio jurídico mais relevante na seara do Direito e Processo Penal.

Trata-se de princípio constitucional expresso, constante do artigo 5º da Constituição Federal de 1988, a saber:

> "II – ninguém será obrigado a fazer ou deixar de fazer alguma coisa senão em virtude de lei;"

Igualmente, o Princípio da Legalidade em matéria penal, restou ratificado ao estar consagrado pelo texto do Código Penal brasileiro, recepcionado pela atual ordem constitucional, a saber:

> "Art. 1º Não há crime sem lei anterior que o defina. Não há pena sem prévia cominação legal."

Desta forma, não há crime, nem pena, sem prévia previsão legal. Ademais, para a aplicação da pena – artigo 33, §2º*et seq* do Código Penal[19], há uma regra *ex lege* a ser seguida – inclusive, quanto às penas privativas de liberdade (artigo 33 *et seq* do Código Penal) – para se garantir o justo cumprimento da pena pelo indivíduo.

O princípio da legalidade é importante e tem importantes corolários, como a tipicidade e a proporcionalidade.

O Direito Penal pauta-se pela legalidade e tem caráter residual em relação aos demais campos da Ciência Jurídica (Direito Civil, Administrativo,

[19] *§ 2º – As penas privativas de liberdade deverão ser executadas em forma progressiva, segundo o mérito do condenado, observados os seguintes critérios e ressalvadas as hipóteses de transferência a regime mais rigoroso: (Redação dada pela Lei nº 7.209, de 11.7.1984)*
a) o condenado a pena superior a 8 (oito) anos deverá começar a cumpri-la em regime fechado;
b) o condenado não reincidente, cuja pena seja superior a 4 (quatro) anos e não exceda a 8 (oito), poderá, desde o princípio, cumpri-la em regime semi-aberto;
c) o condenado não reincidente, cuja pena seja igual ou inferior a 4 (quatro) anos, poderá, desde o início, cumpri-la em regime aberto.

Tributário, etc), porque versa sobre a liberdade individual do indivíduo na medida em que esta pode ser limitada como forma de punição *ex lege* pelo cometimento de certa e determinada infração, após o exaurimento do devido processo legal, sempre em *ultima ratio*. Motivo pelo qual, nem toda a conduta responsável por infringir o ordenamento jurídico é merecedora de tipificação no âmbito penal. Não sendo, assim, em virtude deste caráter residual, função do Direito Penal punir condutas insignificantes, além de ações sem capacidade para lesionar um bem jurídico[20].

À evidência, existe uma inegável e direta relação entre a proporcionalidade e o caráter residual do Direito Penal, que é responsável por afetar *a priori* a definição dos tipos penais e *a posteriori* a adoção das sanções e, até mesmo, a dosimetria das penas.

Definitivamente, não é coerente punir uma conduta que tem um reduzido potencial ofensivo com punições severas ou deixar de punir quem cometeu um crime gravíssimo. Aliás, a pena privativa de liberdade, por exemplo, há de ser adotada apenas em relação aos tipos penais merecedores de sanções mais severas, enquanto crimes mais brandos possam ser

[20] Destacamos o seguinte julgado sobre o "princípio da insignificância": "PENAL. APELAÇÃO CRIMINAL. CRIME CONTRA A ORDEM TRIBUTÁRIA. DÉBITO FISCAL INFERIOR A VINTE MIL REAIS. AUSÊNCIA DE LESIVIDADE A BEM JURÍDICO RELEVANTE. APLICAÇÃO DO PRINCÍPIO DA INSIGNIFICÂNCIA. ATIPICIDADE FÁTICA. 1. Apelação da Defesa contra sentença que condenou o réu como incurso no artigo 1º, III, da Lei 8.137/90 à pena de dois anos de reclusão, em regime aberto, e dez dias-multa.2. Reconhecida a ausência de lesividade a bem jurídico relevante, aplica-se à espécie o princípio da insignificância.3. Embora a denúncia mencione que "ao perceber o rumo da fiscalização, a qual pretendia verificar todas as 2ªs vias das notas fiscais... os representantes da empresa recusaram-se a apresentar as notas... foi apresentado boletim de ocorrência alegando extravios das notas... impedindo, desta forma o levantamento do total devido", não imputa ao réu o crime de falta de atendimento de exigência de autoridade, tipificado no **parágrafo único** do artigo 1º da Lei 8.137/1990, mas apenas e tão somente o crime de falsificação de nota fiscal, com a finalidade de redução ou supressão de tributo, tipificado no inciso III do referido dispositivo legal. Assim, é de se considerar o crédito tributário apurado com base na conduta de "calçamento" de notas ficais, no valor total de R$ 8.938,30 conforme apurado pela fiscalização.4. A Lei 10.522/2002, em seu artigo 20, com a redação dada pela Lei nº 11.033/2004, afastou a execução de débitos fiscais de valor igual ou inferior a R$ 10.000,00, demonstrando a falta de interesse fiscal da Administração Pública relativo a tributos que não ultrapassem este limite monetário. A Portaria MF nº 75, de 22/03/2012, majorou o valor anteriormente fixado para R$ 20.000,00.5. A incidência do princípio da insignificância leva à atipicidade fática. Precedentes do Superior Tribunal de Justiça e da Primeira Turma do Tribunal Regional Federal da 3ª Região.6. Apelação provida (BRASIL, 2013).

sancionados por penas alternativas de direito. Ademais, seria certamente desproporcional a tipificação – e a consequente imposição de sanção – na esfera penal de comportamentos contrários à legislação civil, mercantil e/ou tributária, por exemplo, que tenham um inequívoco e reduzido potencial ofensivo.

Enquanto medida de justiça penal, a tipificação penal em *ultima ratio* dos crimes contra a ordem tributária com a previsão legal de penas privativas de liberdade deve sempre corroborar para a consecução da justiça fiscal, isto porque, a satisfação de toda e qualquer obrigação tributária deve contribuir em *prima ratio* para a concretização do bem comum e, neste contexto, o crédito tributário constitui um bem jurídico público corretamente tutelado pelo Direito Penal.

Para além dos crimes contra a ordem tributária, as infrações à legislação tributária atípicas ao Direito Penal são passíveis de sanções na esfera administrativa, desde que se encontrem previstas em lei formal – instituída por um parlamento legítimo para tanto em razão do exercício da potestade normativa típica. Outrossim, asseveramos que normas complementares – decretos do executivo, atos normativos, regulamentos, portarias, instruções normativas, respostas às consultas tributárias, decisões normativas etc (provenientes do exercício de uma potestade normativa atípica) – não podem instituir sanções administrativas para infrações à legislação tributária em razão da matéria em questão estar sujeita à reserva de lei formal.

4. Deveres morais e jurídicos: conectando o direito natural ao direito positivo (tributário e penal)

4.1. A moral nos deveres penais: os dilemas éticos

O Direito acompanha as (re)evoluções ou os retrocessos sociais e/ou econômicos. Cada sociedade, em um determinado período histórico, possui um ordenamento jurídico positivo sujeito à constante modificação dado o labor dos membros dos três poderes, além da interferência e do peso das ideias dos doutrinadores[21].

[21] Na época da Alemanha nazista, como já dissemos, o Direito se tornou um mecanismo de violação dos "direitos humanos fundamentais", na medida em que era legalmente autorizado a matança de judeus, por exemplo. No Brasil, em 1934, a legislação autorizou o voto da mulher. Tanto o retrocesso que gerou a morte de milhões de judeus, como o avanço que permitiu o voto das mulheres, são manifestações da mutabilidade do direito.

Nesse cenário, a história alimenta o direito com os seus acontecimentos socioeconômicos, em todos os seus aspectos. Na medida em que a sociedade se desenvolve ou há um retrocesso, o direito também evolui: favorecendo ou prejudicando os indivíduos e as empresas. Toda transformação experimentada pela sociedade civil reflete a modificação de valores relativos, isto porque, os valores absolutos como, por exemplo, a vida e a liberdade, são intangíveis e não podem ser objeto de relativizações por nenhum dos Poderes, nem por ninguém, exceto nos casos de conflito entre eles. Hipótese na qual deve prevalecer o valor vinculado ao bem jurídico maior[22].

Portanto, o direito positivo – direito posto ou convencionado – muda ao longo da história, como resultado da mudança de mentalidade dos membros da sociedade civil, assim como de seus governantes, legisladores e juízes, sobre os valores absolutos e relativos.

O crime de aborto é um exemplo da percepção dos valores no âmbito jurídico. Numa perspectiva deontológica, o valor da vida é nitidamente superior à liberdade individual da mulher, e por isso há o crime previsto no artigo 124 do Código Penal[23]. Na colisão de "direitos humanos fundamentais", há o sopesamento dos valores, e um deles prevalece. Apesar de não ser o tema deste capítulo, entendemos que o valor da vida se sobrepõe ao valor de liberdade individual da mulher, subsistindo o crime de aborto. Entendimento que é favorável à vida – indubitavelmente, desde o momento da concepção – e, sem dúvida, contrário à jurisprudência do Supremo Tribunal Federal, STF, responsável por autorizar a prática do "homicídio intrauterino" – segundo denuncia o professor Ives Gandra da Silva Martins[24] – em certos e determinados casos supostamente justificados de forma legal.

Após serem sopesados na criação do direito positivo, os valores devem ser graduados e colocados em hierarquia. Isso significa que aqueles que são de maior importância, serão tratados com o maior cuidado, e como conse-

[22] Bom exemplo de mutação do ordenamento jurídico lastreada por um valor relativo para a sociedade civil corresponde à extinção do crime de adultério do Código Penal, uma vez que ao longo dos anos esse crime deixou de ser fato típico para o Direito Penal. Lembrando que, no passado, os adúlteros eram punidos com a imposição de pena privativa de liberdade.

[23] Art. 124 – Provocar aborto em si mesma ou consentir que outrem lhe provoque:Pena – detenção, de um a três anos.

[24] Vid. https://gandramartins.adv.br/artigo/o-supremo-e-o-homicidio-uterino/ (consulta em 12.02.2021, às 16h42min).

quência terão uma pena maior. Quando o valor do bem jurídico lesado ou ameaçado possuir uma grande e significativa importância para a sociedade civil, a pena tenderá a ser a maior de todas; e tal situação estará de acordo com a proporcionalidade, enquanto corolário do "princípio da igualdade" – em verdade, "isonomia vertical" ou "igualdade socioeconômica" –, nos dizeres do cientista político Giovanni Sartori[25].

No Brasil, os crimes contra a ordem tributária são sancionados com penas privativas de liberdade. Assim, por suposição, foram equiparados aos demais crimes com idêntica pena, ou seja, aos crimes de homicídio, latrocínio, roubo, estupro etc. Contudo, tais condutas típicas não parecem ser semelhantes e os valores envolvidos são bem diferentes: enquanto no homicídio se protege a vida, na sonegação se protege o direito do Estado-Fiscal quanto ao crédito tributário. Portanto, temos *in casu* uma situação contraditória, uma vez que diante de uma mesma sanção – "pena privativa de liberdade" – temos situações deflagradoras nas quais diferentes bens jurídicos – "vida" e "erário" – são lesados.

4.2. A moral nos deveres tributários: os paradigmas éticos

Os deveres tributários estão estabelecidos ao longo de toda a extensão da legislação tributária, segundo exsurgem do Código Tributário Nacional, CTN, e são em certa e importante medida ratificados pela legislação penal especial, notadamente quando se referem a bens jurídicos mais relevantes pelos legisladores.

Na esfera penal, a Lei nº 8.137/90 dispõe sobre os crimes contra a ordem tributária. Os crimes previstos nessa lei, apesar de serem deveres tributários, caso não sejam cumpridos, terão sanção na esfera penal, além de a priori poderem sofrer alguma sanção meramente administrativa, como a imposição de uma multa ou da suspenção de um benefício fiscal, por exemplo.

É importante não olvidarmos que o Direito deve ser visto em sua unidade, e apesar de existir uma esfera penal e outra tributária, além de outras esferas, todas se correlacionam, principalmente *in casu* quando se tratam dos deveres tributários mais relevantes.

Posto isto, além dos crimes contra a ordem tributária, devemos inferir que outros crimes podem decorrer de práticas ilícitas na esfera tributária, como a emissão de uma nota fiscal falsa, que caracteriza crime inequí-

[25] *Elementos de Teoría Política*. Vers. María Luz Morán. Madrid, Alianza, 1999, pp. 101 e 102.

voco de falsidade[26]; ou, ainda, o não repasse à Receita Federal do Brasil, RFB, do valor retido na fonte a título de imposto sobre a renda e os proventos de qualquer natureza, IRRF, que caracteriza o crime de apropriação indébita[27].

Casuisticamente, podemos nos deparar com dilemas éticos no momento da aplicação da pena em casos de cometimento de crimes de sonegação fiscal, uma vez que a transcendência socioeconômica dos fatos típicos deve ser devidamente aferida pelo órgão julgador não apenas com base na legalidade, mas em linha direta com o princípio da isonomia vertical.

Na prática, por exemplo, duas empresas concorrentes no mesmo setor, com o mesmo porte e sujeitas aos mesmos tributos podem sonegar por distintos motivos: uma por necessidade, inclusive para não demitir; e outra no afã de fazer crescer o seu faturamento e os seus lucros. Neste caso, resta nítido que a liberdade econômica não pode ser exercida com irresponsabilidade; e, ainda, que ambas as empresas cometeram o crime de sonegação fiscal, ainda que apenas a "empresa gananciosa" mereça ser exemplarmente punida dada eventual caracterização da excludente de ilicitude – por inexigibilidade de conduta diversa – da "empresa necessitada" enfrentando dificuldades financeiras.

Neste ponto, muito oportuna é a clássica lição de Cesare Beccaria, a saber:

> "Quando as leis são exatas e claras, o dever do juiz fica limitado à constatação do fato. Se são necessários destreza e habilidade na investigação das provas de um delito, se são requeridas clareza e exatidão no modo de apresentar-se o resultado, para julgar de acordo com esse mesmo resultado, é suficiente o simples bom senso: guia menos enganador do que todo o saber do juiz acostumado a procurar apenas os culpados por toda parte e levar tudo ao sistema que adotou segundo os seus estudos"[28].

Portanto, o juiz deve buscar sempre *in casu* a consecução da justiça, a materialização do justo – "dando a cada um o que é seu" a partir do mais puro "estado anímico", segundo a singela e sábia concepção aristotélica[29] –,

[26] Vid. art. 172, Código Penal brasileiro.

[27] Vid. art. 168, Código Penal brasileiro.

[28] *Dos Delitos e Das Penas*. 7ªed. São Paulo: Editora Martin Claret, 2012, p. 25.

[29] Vid. *Ética à Nicômaco*. São Paulo. Nova Cultural: 1996.Ademais, segundo Aristóteles, "(...) o homem sem lei é injusto e o respeitador da lei é justo; evidentemente todos os atos legítimos

conforme o definido em lei, o interpretado a partir da mesma ou, sendo o caso, o recurso à analogia com a aplicação dos princípios gerais do direito. Afinal, caso a caso, a realização da justiça pode não se limitar apenas ao ato do juiz de "dizer o direito" e dependerá de um "juízo de equidade" mais acurado, isto porque, "...quando uma situação é indefinida a regra também tem de ser indefinida, como acontece com a régua de chumbo usada pelos construtores em Lesbos; a régua se adapta à forma da pedra e não é rígida, e o decreto se adapta aos fatos de maneira idêntica."[30]

5. Responsabilidade administrativa e responsabilidade penal

No Direito Penal, a responsabilidade é subjetiva e decorre da comprovação do dolo ou da culpa, exceto nas hipóteses ressalvadas em lei, como se verifica no caso contemplado pelo parágrafo único do artigo 3º, da Lei 9.605/98, admitida pelos tribunais pátrios[31], cujo teor é o seguinte:

são, em certo sentido, atos justos, porque os atos prescritos pela arte do legislador são legítimos, e cada um deles dizemos nós, é justo. Ora nas disposições que tomam sobre todos os assuntos, as leis têm em mira a vantagem comum, quer de todos, quer dos melhores ou daqueles que detém o poder ou algo desse gênero; de modo que, em certo sentido, chamamos justos aqueles atos que tendem a produzir e a preservar, para a sociedade política, a felicidade e os elementos que a compõem. E a lei nos ordena praticar tanto os atos de um homem corajoso (...) quanto a de um homem morigerado (...) e os de um homem calmo (...); e do mesmo modo com respeito às outras virtudes e formas de maldade, prescrevendo certos atos e condenado outros; e a lei bem elaborada faz essas coisas retamente, enquanto as leis concebidas às pressas fazem menos bem." (*A Política*. Trad. Torrieri Guimarães. São Paulo, Martin Claret, 2002. p.65)

30 É o que afirma Aristóteles (*Ética à Nicômaco.* São Paulo. Nova Cultural: 1996, p. 34).

31 Neste sentido, temos este julgado: "APELAÇÃO CRIMINAL. CRIMES CONTRA O MEIO AMBIENTE. POLUIÇÃO. RISCO À FAUNA AQUÁTICA. SUFICIÊNCIA PROBATÓRIA. POSSIBILIDADE DE RESPONSABILIZAÇÃO DA PESSOA JURÍDICA. Possibilidade constitucional expressa da pessoa jurídica se submeter à responsabilidade penal. Inteligência do artigo 225, § 3º, da Constituição Federal, e do artigo 3º da Lei 9.605/98. SUFICIÊNCIA PROBATÓRIA. CONDENAÇÃO MANTIDA. Se revela imperativa a condenação quando a prova técnica indica, com suficiência, a poluição do curso d'água, com risco potencial à fauna aquática, o que basta para configuração do crime de que trata o artigo 54 da Lei 9.605/98. Crime de poluição que independe de resultado naturalístico, considerando que a infração possuía natureza dúplice (de perigo e de dano) expressamente indicada em seu texto. Precedentes. DESCLASSIFICAÇÃO PARA A FIGURA CULPOSA. O crime de poluição de que trata o artigo 54 da Lei Ambiental não exige elemento subjetivo específico, sendo inaplicável a figura de seu § 1º quando a prova demonstra que o acusado, de modo ciente e voluntário, lançava líquidos e dejetos orgânicos oriundos de sua atividade no curso d'água havido no terreno de sua empresa. DOSIMETRIA PENAL. Variáveis judiciais que indicam a adoção da penalidade no piso normativo. Pena de multa aplicada à empresa que resta mantida, atendidos

> "**Art. 3º.** As pessoas jurídicas serão responsabilizadas administrativa, civil e penalmente conforme o disposto nesta Lei, nos casos em que a infração seja cometida por decisão de seu representante legal ou contratual, ou de seu órgão colegiado, no interesse ou benefício da sua entidade.
>
> **Parágrafo único.** A responsabilidade das pessoas jurídicas não exclui a das pessoas físicas, autoras, co-autoras ou partícipes do mesmo fato."

Para além desta exceção, temos outra: a prevista pelo artigo 225, §3º da Constituição Federal de 1988, que também autoriza uma exceção à responsabilidade penal subjetiva[32].

Ademais, apontadas estas duas exceções, temos que a responsabilidade penal dependerá do elemento subjetivo nos demais crimes, inclusive naqueles contra a ordem tributária. É dizer, em regra, que o agente só será responsabilizado na esfera penal, caso possa ser demonstrada sua culpa ou o seu dolo em relação ao crime contra a ordem tributária.

6. Os crimes contra a ordem tributária: espécies destacadas e discussões

A Lei nº 8.137/90 estabelece as espécies de crimes contra a ordem tributária, que podem ser classificados como formais ou materiais.

Devemos destacar o tipo penal previsto pelo artigo primeiro de mencionada lei, como sendo um crime material, exceto na hipótese levantada por Cinthia Rodrigues Menescal Palhares, a saber:

os princípios da proporcionalidade e da suficiência. SUBSTITUIÇÃO DA PENA PRIVATIVA DE LIBERDADE POR MEDIDAS RESTRITIVAS DE DIREITO. A imposição de prestação de serviços à comunidade, na atual redação do Código Penal, apenas exige o cumprimento de 01 hora de tarefa por dia de condenação, não sendo possível a manutenção da restrição contida na sentença, que determinou a jornada semanal de 07 horas de tarefas. Ponto específico da sentença afastado. APELO PARCIALMENTE PROVIDO" [Apelação Crime Nº 70075125484, Quarta Câmara Criminal, Tribunal de Justiça do RS, Relator: Sandro Luz Portal, Julgado em 30/08/2018). (TJ-RS – ACR: 70075125484 RS, Relator: Sandro Luz Portal, Data de Julgamento: 30/08/2018, Quarta Câmara Criminal, Data de Publicação: Diário da Justiça do dia 17/09/2018], BRASIL,2018.

[32] Art. 225. Todos têm direito ao meio ambiente ecologicamente equilibrado, bem de uso comum do povo e essencial à sadia qualidade de vida, impondo-se ao Poder Público e à coletividade o dever de defendê-lo e preservá-lo para as presentes e futuras gerações. § 3º As condutas e atividades consideradas lesivas ao meio ambiente sujeitarão os infratores, pessoas físicas ou jurídicas, a sanções penais e administrativas, independentemente da obrigação de reparar os danos causados.

"Na hipótese das condutas previstas pelo artigo 1º da Lei nº 8.137/90, após intensas discussões, está pacificada em nossa doutrina a feição de crime material ou de resultado, no qual exige-se a falta ou redução no pagamento do tributo, resultado vislumbrado pelo agente. Na hipótese de descumprimento de obrigação acessória, estaremos diante de crime formal, pois o tipo aperfeiçoa-se apenas com a conduta do contribuinte em desacordo com o dever estabelecido pela lei tributária."[33]

Ademais, o parágrafo único do artigo primeiro da Lei nº 8.137/90[34], merece ser analisado com mais atenção dado o seu grau de indeterminação e, por óbvio, sua suposta ofensa por insuficiência descritiva da hipótese delitiva à tipicidade cerrada, enquanto corolário do princípio da legalidade.

[33] *Crimes Tributários: Uma visão prospectiva de sua despenalização.* Rio de Janeiro: Lumen Juris, 2004, p. 150. Sendo, pois, que tal posição já foi ratificada pelo Superior Tribunal de Justiça em recente julgado: "RECURSO ORDINÁRIO EM HABEAS CORPUS. DELITO TRIBUTÁRIO. ARTIGO 2º, INCISO II, DA LEI Nº 8.137/90. CRIME FORMAL. IMPOSSIBILIDADE DE RECONHECIMENTO DA PRESCRIÇÃO. QUESTÕES SUSCITADAS NA IMPETRAÇÃO A SEREM ESCLARECIDAS. CAUSAS DE SUSPENSÃO E INTERRUPÇÃO. RECURSO ORDINÁRIO PROVIDO EM PARTE.1. O entendimento deste Superior Tribunal de Justiça em relação aos crimes insculpidos no artigo 1º, incisos I a IV, da Lei 8.137 /90 é de que são considerados crimes materiais, ou seja, é necessária a redução ou supressão do tributo e, consequentemente, a constituição do crédito tributário definitivo como condição para a persecução penal, ao menos no que toca aos incisos I a IV do referido dispositivo.2. Ao contrário, no que diz respeito aos crimes tipificados no artigo 2º, inciso II, da Lei nº 8.137/90, é remansosa a jurisprudência deste Sodalício em afirmar que são formais, ou seja, independe de um resultado naturalístico para sua consumação, sendo que sua aplicabilidade se dá justamente naqueles casos em que a apuração fiscal identificou a omissão ou a declaração falsa antes do dano. 3. No entanto, não há como proceder ao reconhecimento da prescrição quando pendente de esclarecimentos questões importantes sobre a natureza da obrigação tributária e a verificação de eventuais marcos suspensivos ou interruptivos previstos na legislação, como, por exemplo, a existência de refinanciamento da dívida. 4. Recurso provido em parte para reconhecer que o delito previsto no art. 2º, inciso II, da Lei nº 8.137/90 é de natureza formal, e não material, como afirmado no acórdão recorrido, devendo o Tribunal a quo avançar nos temas propostos pela impetração, notadamente acerca da possibilidade de se verificar eventuais marcos suspensivos ou interruptivos da prescrição penal" RECURSO ORDINÁRIO EM HABEAS CORPUS, RHC, 50014449-60.2017.4.04.0000 RS 2017/0080630-3 (BRASIL, 2017).

[34] *Parágrafo único. A falta de atendimento da exigência da autoridade, no prazo de 10 (dez) dias, que poderá ser convertido em horas em razão da maior ou menor complexidade da matéria ou da dificuldade quanto ao atendimento da exigência, caracteriza a infração prevista no inciso V.*

Igualmente, resta imperioso lembrar que não há possibilidade de cometer um crime dessa natureza de forma culposa, segundo o sempre atual magistério de Celso Ribeiro Bastos e Francisco de Assis Alves:

> "Todos os crimes previstos na Lei nº 8.137/90 tem o dolo como elemento essencial. Tais ilícitos só existem sob a forma dolosa. A conduta dos crimes tributários, portanto, configura-se quando o agente deseja produzir o resultado que se sabe penalmente punível (dolo direto ou específico), ou quando assume o risco de que tal resultado, contrário à lei, venha a se produzir (dolo eventual)"[35].

Adicionalmente, neste contexto, devemos ter sempre em conta que todos os crimes contra a ordem tributária só podem ser praticados por particulares, é dizer, por pessoas físicas e por pessoas jurídicas de direito privado, sem prejuízo da prática de outros crimes por agentes públicos, por exemplo.

Outro ponto interessante de discussão diz respeito à possibilidade, ou não, de verificação de verdadeiro *bis in idem* quanto à aplicação comum de sanções administrativas e penais, notadamente com a cominação de multas e a condenação por crimes contra a ordem tributária.

A questão não é tão simples na teoria, ainda que nos pareça lógica em sua resolução na prática, isto porque, o *bis in idem* não é no caso verdadeiro, mas apenas aparente dada a natureza jurídica dispare e a finalidade diversa das sanções administrativa e penal.

Os artigos 1º, 2º e 3º da Lei nº 8.137/90 estabelecem penalidades pecuniárias, enquanto multas penais – com natureza e finalidade estritamente punitiva (ou, ainda, educativa para os mais ingênuos) –, ou seja, com natureza jurídica distinta das multas administrativas – com caráter reparatório ou punitivo[36].

[35] MARTINS, Ives Gandra da Silva. Org. *Crimes Contra Ordem tributária*.3ª ed. São Paulo: Revista dos Tribunais, RT, 1998, p. 86.

[36] Neste sentido, temos a posição majoritária da doutrina, inclusive de Cinthia Palhares (Op. cit. p.158). Ademais, Hugo de Brito Machado predica: "*Seja como for, a questão da possibilidade de cumulação de sanções administrativas e sanções penais é a que se oferece como ponto de maior dificuldade, para cuja superação nos parece deve prevalecer a busca de realização da finalidade de cada sanção, sendo admissível, portanto, a cumulação de sanções com finalidades diversas*" (*Crimes contra a Ordem Tributária*. 2ª ed. São Paulo: Atlas, 2008, p. 104).

Aqui, devemos abrir parênteses para dizer que as multas tributárias têm natureza administrativa, podem ser moratórias ou punitivas, e estão sujeitas à limites objetivos de 20% e 100%, respectivamente, sobre os valores considerados como principais, justamente para afastar a possibilidade de confisco. Neste sentido, temos a posição do Supremo Tribunal Federal, STF, a saber:

> "AGRAVO REGIMENTAL NO AGRAVO DE INSTRUMENTO. TRIBUTÁRIO. MULTA MORATÓRIA DE 30%. CARÁTER CONFISCATÓRIO RECONHECIDO. INTERPRETAÇÃO DO PRINCÍPIO DO NÃO CONFISCO À LUZ DA ESPÉCIE DE MULTA. REDUÇÃO PARA 20% NOS TERMOS DA JURISPRUDÊNCIA DA CORTE."[37]

Para além destas questões, destacamos que o ilícito tributário não se confunde com a prisão civil[38]; e, ainda, que nenhum crime contra a ordem tributária tem o confisco, como sanção estabelecida para punir o infrator.

[37] Supremo Tribunal Federal. Acórdão nº AG.REG. NO AGRAVO DE INSTRUMENTO 727.872 Rio Grande do Sul, 2015

[38] De forma completa, Barbara Pivotto Cabrera Mano explica:
"É ilícita a prisão civil do depositário infiel, qualquer que seja a modalidade de depósito (artigo 5º, LXVII, Constituição Federal).
A Magna Carta só autoriza a hipótese de prisão civil do devedor de alimentos, isto porque, a hipótese de prisão do depositário infiel, goza de previsão expressa e segue vigente, mas é ineficaz por força da Súmula Vinculante 25 do Supremo Tribunal Federal. Não pode a lei infraconstitucional criar outra situação. Nos parece que tal situação não seria de uma prisão penal, já que a função dela se parece mais com a prisão civil.
Ao criar uma possibilidade de prender o contribuinte que comete os crimes do artigo 1º ou 2º da Lei nº8.137/90, o legislador não só utilizou do maior meio de coerção para arrecadar tributos. Ele não apenas intimidou o contribuinte a não cometer tais crimes, como criou uma inconsistência no nosso ordenamento jurídico.
Devemos levar em conta o princípio da intervenção mínima do Estado na vida do indivíduo. Conforme analisamos anteriormente, o Direito Penal deve ser a *ultima ratio*, e neste caso, pelo menos inicialmente, a ideia que nos passa é que o legislador deu um instrumento muito perigoso nas mãos do fisco.
A vontade de arrecadar do Estado não deve ser maior do que o direito fundamental à liberdade individual. Tal situação ensejaria um Estado ditatorial, que suga dos contribuintes o máximo que consegue, e não observa o processo legislativo nem a hierarquia das leis.
O Direito Penal não pode ser um meio de cobrança de tributos. Entendemos que é necessário coagir o indivíduo para que ele pague o valor devido, mas tal mecanismo nos parece exagerado. Ademais, caso o indivíduo não pague, e consequentemente seja preso, qual a contribuição que ele nos dá? Será apenas mais um gasto para o Estado, que além de não receber o valor devido, ainda terá os gastos de sua prisão.

Contudo, a ideia de "confisco legal" poderia ser uma alternativa de proposição legislativa à impossibilidade de adoção da regra *pecunia non olet* no sistema tributário do Brasil[39], isto porque, não nos parece justo a tributação apenas do resultado econômico de atividades imorais/ilícitas nos mais diversos casos, inclusive com o aval do Supremo Tribunal Federal, STF. Em verdade, aqueles que auferem proventos econômicos com tais atividades deveriam ter os seus bens subtraídos, assim como ocorre no caso do confisco das terras nas quais são cultivadas maconha e coca, por exemplo. Tratar-se-ia, assim, da adoção pelo ordenamento jurídico brasileiro de mais uma forma efetiva de confisco legal, enquanto medida excepcional estritamente penal, até porque a Constituição Federal de 1988, CF-88, veta o efeito confiscatório na tributação[40].

Conclusões

a) Visando assegurar a liberdade econômica, o Estado-Fiscal deve guiar suas ações com base nos princípios gerais de justiça tributária: generalidade, igualdade, proporcionalidade, congruência, transparência, economicidade, factibilidade, conveniência e continuidade;
b) Pautando-se pela necessidade imbricada de cobrir os gastos públicos indispensáveis e assegurar a liberdade econômica, a justa imposição tributária é responsável pela conformação de uma carga tributária equilibrada e bem distribuída sobre todos os setores produtivos da economia;
c) Contribuindo para a segurança jurídica e a liberdade econômica, a justa imposição tributária legitima a legislação tributária vigente e confere eficácia às obrigações tributárias;

O Estado deve receber os tributos, mas se realmente deseja que a pena privativa de liberdade seja um mecanismo utilizado pelo fisco para receber o tributo, deve fazer isso obedecendo nosso sistema jurídico. Quando se cria uma hipótese em lei infraconstitucional, devemos sempre observar a Constituição Federal. Mais ainda, apesar de não ser objeto do nosso trabalho a prisão do depositário infiel, pois tal tema já foi amplamente discutido e consolidou-se que é possível, o Pacto de San José da Costa Rica impede tal prisão. Com isso, até a prisão do depositário infiel, que já está prevista na Constituição Federal, ainda possui alguns críticos, imagine o que uma prisão por lei infraconstitucional não pode fazer com a segurança jurídica de uma sociedade." (*Pena Privativa de Liberdade nos Crimes Contra a Ordem Tributária*. Monografia Inédita. São Paulo: Faculdade de Direito da Universidade Presbiteriana Mackenzie, 2008, pp. 51 a 53).

[39] Vid. art. 118, Código Tributário Nacional, CTN.

[40] Vid. inciso VI, art. 5º da Constituição Federal de 1988, CF-88.

d) Além dos princípios gerais da justa imposição e de outras garantias, os princípios de índole constitucional da legalidade e da moralidade são indispensáveis à essência de toda e qualquer atuação estatal em matéria tributária. Razão pela qual, no Brasil, a tributação dos proventos econômicos obtidos com a promoção de atividades imorais e/ou ilícitas não deveria ser ratificada pelo Supremo Tribunal Federal, STF, em que pese a aparente ofensa ao princípio da isonomia invocada como justificativa para tal entendimento, isto porque, a hermenêutica constitucional clássica desautoriza a aplicação de um princípio em detrimento total de outro na hipótese de conflito no momento da aplicação das normas constitucionais;

e) Na Ciência Jurídica, o equilíbrio buscado na dialética verificada entre o *"jus puniendi"* – considerado como *"ultimaratio"* no Direito Penal – e o *"jus libertatis"* – enquanto *"prima ratio"* no Direito Natural – figura como uma das tónicas da discussão sobre própria razão de ser do Estado, inclusive no âmbito tributário. Devendo, pois, o *"jus puniendi"* não prejudicar a liberdade econômica, nem cercear os direitos e garantias individuais, exceto em último caso para assegurar a tutela de um bem jurídico maior, como se verifica no caso do direito fazendário quanto à arrecadação tributária, por exemplo;

f) Dentre as garantias *ex lege* concebidas para facilitar a satisfação extraordinária das obrigações tributárias, as sanções penais devem ser empregadas em *ultima ratio*, ou seja, apenas e tão somente quando outras medidas de garantia restarem a *priori* frustradas como, por exemplo, os programas de regularização tributária, os parcelamentos especiais, o arrolamento de bens e direitos, o protesto extrajudicial, a inscrição no CADIN, a inscrição na dívida ativa, a medida cautelar fiscal, a execução fiscal etc;

g) No Brasil e em alguns outros países, a tipificação penal do ilícito tributário com a cominação da pena privativa de liberdade constitui a principal medida de garantia a favor do crédito tributário, isto porque, representa o mais efetivo meio legal de coerção dos sujeitos passivos de obrigações tributárias. Contudo, reconhecemos que a existência dos crimes contra a ordem tributária no ordenamento jurídico brasileiro não contribui para a justa imposição tributária, mas apenas para a eficácia do sistema tributário nacional vigente;

h) Por possuírem naturezas jurídicas e finalidades diversas, a cumulação de sanções administrativas e penais é possível na prática em relação a uma mesma pessoa. Não havendo, pois, a possibilidade – em sede de defesa – de se invocar o *bis in idem* para afastar uma das sanções, ainda que possa ser a menos gravosa;
i) Após a realização de uma reforma administrativa, uma ampla reforma tributária poderá ser realizada no Brasil. Somente, assim, poderemos passar a ter uma justa imposição tributária com um verdadeiro "Estado 'Democrático' de Direito": sem dúvida, menos preocupado em garantir a tributação – em verdade, com a fiscalização – e mais comprometido com a efetivação dos "direitos humanos fundamentais" e a defesa da "liberdade econômica", notadamente por ser a concretização dos direitos econômicos o pressuposto mais importante para a efetivação dos demais direitos;
j) Para além destas reformas esperadas e necessárias, eventual e ulterior reforma da legislação penal poderá rever e abolir a previsão das penas privativas de liberdade nos crimes contra a ordem tributária. Contudo, eventual nova medida responsável por reduzir o grau de coerção sobre os sujeitos passivos de obrigações tributárias, só seria possível de ser implementada no Brasil se o grau de eficácia da legislação tributária fosse melhorado na prática ou, ainda, caso viesse a ser logrado o máximo grau de excelência, é dizer, a justa imposição.

Referências

BECCARIA, Cesare. Dos Delitos e Das Penas. 7ª ed. São Paulo: Editora Martin Claret, 2012.

COELHO PASIN, João Bosco. DerechoTributario y Ética: La Moral de La Justa Imposición. Buenos Aires: Heliasta, 2010.

FERNANDEZ GIMENO, J. P., "Los consumidores y usuarios como sujetosafectos a una especial tutela jurídica", en*Derecho Privado de Consumo,* Coordinación a cargo de REYES LÓPEZ, M. J., Valencia: Tirantloblanch, 2005.

GIANNINI, Achille Donato. *Instituciones de Derecho Tributario.* Trad. Fernando Sainz de Bujanda. Madrid: Editorial de Derecho Financiero, 1957.

GONZÁLEZ GARCÍA, Eusebio. GONZÁLEZ MARTÍNEZ, María Teresa. *Direito Tributário: Elementos de Teoria Geral.* Tradução e Notas: João Bosco Coelho Pasin. São Paulo: RIDEEL, 2010.

MACHADO, Hugo de Brito, Crimes contra a Ordem Tributária. 2ª ed. São Paulo: Atlas, 2008.

MARTINS, Ives Gandra da Silva. Crimes Contra Ordem tributária. 3ª ed. São Paulo: editora Revista dos Tribunais, 1998.

______. *Teoria da ImposiçãoTributária.* 2ª. ed. São Paulo: Ltr, 1998.

PALHARES, Cinthia Rodrigues Menescal. Crimes Tributários: Uma visão prospectiva de sua despenalização. Rio de Janeiro. Editora Lumen Juris, 2004.

PENCO, Á. A., "La noción de consumidor y sutratamientoenelderechocomunitario, estatal y autonómico. Breve referencia al concepto de consumidor enelderechoextremeño", in *Anuario de laFacultad de Derecho*, nº 18, 2000.

PÉREZ DE AYALA, José Luis. PÉREZ DE AYALA BECERRIL, Miguel. *Fundamentos de Derecho Tributario*. 5ª. ed. Madrid: Derecho Reunidas, 2002.

PIVOTTO CABRERA MANO, Barbara. *Pena Privativa de Liberdade nos Crimes Contra a Ordem Tributária*. Monografia Inédita. São Paulo: Faculdade de Direito da Universidade Presbiteriana Mackenzie, 2008.

RADBRUCH, Gustav. Arbitrariedad Legal y Derecho Supralegal. Buenos Aires: AbeledoPerrot, 1946.

SARTORI, Giovanni. *Elementos de Teoría Política*. Vers. María Luz MORÁN. Madrid, Alianza, 1999.

VANONI, Ezio. *ElementidiDirittoTributario. AltriSaggidiDirittoFinanziario. Opere Giuridiche.* Vol. II.Milano: Giuffrè, 1962.

2
OS EFEITOS DELETÉRIOS DA CORRUPÇÃO SOBRE OS DIREITOS HUMANOS

ANTÔNIO ERNANI PEDROSO CALHAO

Introdução

Ao refletir como a corrupção atinge frontalmente aos direitos humanos, em especial quando por meio de uma governança corporativa, seja em uma aliança espúria com empresários ou mesmo *inter pares*, mormente porquanto vise a obtenção de vantagens pessoais em face de interesses privados, é lamentável perceber que ainda apenas uma parte de seus feitos seja trazida à lume, em especial no que concerne ao seu alcance pela fundamental aplicação da pena e, sobretudo, pela necessária restituição dos valores desviados aos cofres públicos.

Neste momento em que, guiado pelo Direito, teço estas linhas para analisar tais comportamentos, também sou movido pelo clamor de justiça que suplica, protesta e reclama de minha parte um posicionamento, haja vista dia após dia testemunhar o desregramento moral no que concerne ao ignóbil gerenciamento do erário em detrimento de sua função específica, sobretudo em *terras brasilis*, traduzindo o desprezo que se nutre pelas leis, pelos princípios que norteiam a correta aplicação dos recursos financeiros públicos, sobretudo às esteios luminares da democracia.

Não à toa, chega-me ao pensamento as preciosas lições do Padre António Vieira por ocasião do Sermão do Bom Ladrão, pelas quais me permito lançar mão para ilustrar o jaez de tamanha indignidade face à alteração dos rumos por quem ocupe o ofício público, desvirtuando sua função original, maculando valores sempiternos.

A corrupção, como fenômeno social que é, atravessou os milênios solidificando a obtenção ilícita de benefícios a partir dos recursos públicos, em prejuízo ao suprimento das necessidades do povo. Os corruptos, sempre os teremos entre nós, agindo às ocultas, mediante a aplicação de subterfúgios, ávidos que são pelo aumento do patrimônio próprio em detrimento dos cidadãos; estes, sim, que deveriam se locupletar com os benefícios resultantes de investimentos nas áreas da educação, da saúde e da segurança.

O Padre António Vieira exemplifica a impiedade de tal furto ao comparar os corsários do mar com os de terra. Dizia que aqueles, contingentes, deles se poderia defender-se, em especial por dependerem dos ventos. Aos da terra, assinalou Vieira, "sempre têm por si a monção", salientando a constância do periódico vento de ciclo anual. Deles, não se pode defender. E concluí, "[...] o corsário do mar pode o que pode: os da terra podem o que querem, e por isso nenhuma presa lhes escapa".[1]

Em que pese esta realidade anunciada por Vieira, os instrumentos legais de combate à corrupção têm sido cada vez mais aprimorados, haja vista a grave lesão impressa diretamente sobre os direitos humanos, submetendo populações à fome, à privação de necessidades básicas, resultando em um *modus vivendi* cruel e desumano.

No entanto, pode-se dizer também que, mediante uma deturpação do poder político, os interesses de grupos se renovam a cada dia, imprimindo a bandeira dos direitos humanos apenas aos seus internos, aos seus cidadãos.

O artigo ora em destaque, após a apresentação da difícil abordagem do conceito de corrupção, tomando por base a multidisciplinariedade que lhe recaem as diferentes visões do fenômeno, abordará algumas vertentes em busca da compreensão dos fatos pelos quais corrupção, Estado, democracia e Direitos Humanos se entrelaçam, proporcionando o desvirtuamento de seus conceitos primevos.

Em primeiro turno, apresentados os conceitos de corrupção, sobretudo alguns instrumentos legais de combate entre as organizações internacionais, cumpre-nos recorrer à compreensão de por que a corrupção ocorra, suas consequências diretas e, sobretudo, como acaba por agredir os direitos humanos.

Em segundo turno, ainda buscar-se-á apontar as razões pelas quais existe a corrupção do Estado e no Estado, e nesse tom desvelar-se o jogo

[1] VIEIRA, Padre António. Sermão do Bom Ladrão (1655). Domínio Público. Disponível em: <http://www.dominiopublico.gov.br/download/texto/fs000025pdf.pdf>. Acesso em 06 fev 2018.

desonesto havido entre grupos e governabilidades ilegítimas, resultando em uma verdadeira tirania, haja vista a ilegitimidade decorrente da desonestidade de seus dirigentes perverta o real e único compromisso democrático para com a sociedade.

Ato contínuo o artigo trará a realidade do poder político que fora capturado pelo poder invisível, a saber, o poder que busca o retorno à administração patrimonialista, que visa permanecer pelo viés unilateral e autoritário, em especial ao se aliar a empresas que se apresentam como agentes corruptores, ora um, ora outro, fazendo com que a transparência seja, quando muito, apenas um discurso de campanha eleitoral ou missão empresarial, respectivamente. Serão, portanto, expostas as maneiras como as empresas ocupam um papel fundamental neste lamiré, contribuindo para imprimir a mutação do sistema.

Por fim, procurar-se-á demonstrar a crise e o risco da democracia contemporânea em face dos populismos de esquerda e de direita, estes que radicalizam mediante propostas que se dizem justificadas em face do mundo tal qual como se encontra. A democracia liberal ou populismo de direita, por seu viés, demonstra o poder se deslegitimar em face da captura por interesses de grupos. De outro lado, a versão progressista ou populismo de esquerda, a pregar uma democracia radical, ou agonista, na trilha dos filósofos da Escola de Frankfurt.

1. Conceito de corrupção

Sendo um fenômeno social que se perpetuou no tempo, não há uma só civilização que tenha deixado de experimentar os dissabores de seus resultados – e aqui leia-se, sobretudo, aqueles a quem ela atinge em face da deturpação de suas funções e do desvio de recursos públicos, negando-lhes os benefícios delas decorrentes.

Filósofos na antiguidade já tratavam do tema, tendo em vista a sua existência desde que o ser humano se organizou social e politicamente. Platão afirmava que o Estado ideal seria aquele regido pela ética de seus governantes, contudo, ao se debruçar sobre a realidade, concluíra que a supremacia dos interesses privados em detrimento dos interesses públicos era o que fazia o Estado corrupto.[2] Já naquela época, o abuso de autoridade, o depoimento falso e o peculato eram conhecidos atos de corrupção.

[2] PLATÃO. *A República*. 2ª ed. São Paulo: Martins Fontes. 2006.

Aristóteles via a corrupção como a "mudança que vai de algo até o não ser desse algo; absoluta quando vai da substância ao não ser da substância, específica quando vai para a especificação oposta", demonstrando a completa alteração da naturalidade que se espera das atitudes, dos fatos, dos resultados, enfim.[3]

Remetendo-nos à simples concepção de algo que se degrade, que se deturpe, que se adultere, no entanto, é por derivação, em sentido figurado, por atos que demonstrem a degradação de hábitos e a adulteração de meios e fins quando ocupados os cargos públicos, mediante abuso de poder para "subornar uma ou mais pessoas em causa própria ou alheia", como bem define o dicionarista Antônio Houaiss[4], onde se encontra o conceito mais aplicado ao termo.

Uma unanimidade entre os doutrinaristas, a definição de corrupção não é tão simples quanto possa parecer, tendo em vista a sua variedade de perspectivas que a possam conceituar. Segundo se depreende da lição do professor de Ciências Sociais da Universidade da Califórnia, o Dr. Mark J. Farrales[5], ao questionar o que é, enfim, a corrupção, haja vista o intenso despertar pelo tema na virada do milênio, tão simples quanto possa parecer a pergunta, afirma não haver uma resposta clara e fácil.

Segundo o professor emérito de Ciência Política na Universidade de Bolonha, Gianfranco Pasquino, na obra de Norberto Bobbio, "assim se designa o fenômeno pelo qual um funcionário público é levado a agir de modo diverso dos padrões normativos do sistema, favorecendo interesses particulares em troca de recompensa".[6]

Ainda segundo Pasquino, distingue-se a corrupção por três grupos, a saber: "a recompensa oculta que mude a favor do corruptor o sentir de um funcionário público; o nepotismo; e o peculato por desvio, apropriação e destinação de fundos públicos ao uso privado".[7]

[3] Aristóteles. *Exame das Duas Repúblicas de Platão*. In. Tratado da Política. São Paulo: Martins Fontes, 1998.

[4] Houaiss, Antônio. *Dicionário Houaiss da língua portuguesa*. 1ª ed. – Rio de Janeiro: Objetiva, 2009.

[5] Farrales, Mark Jorgensen. *What is corruption? A History of Corruption Studies and the Great Definitions Debate*.University of California, San Diego.Version: June 8, 2005.Disponívelem: <http://papers.ssrn.com/sol3/papers.cfm?abstract_id=1739962>. Acesso em: 06 fev 2018.

[6] Pasquino, Gianfranco. *Corrupção*. In. Bobbio, Norberto. Dicionário de Política. Tradução de João Ferreira e outros. 2ª ed. – Brasília: Editora Universidade de Brasília. 1986, p. 291.

[7] Ibid. 1986, p.292.

Nesta linha também, por exemplo, entre tantos outros doutrinadores em áreas diversas do conhecimento, o Dr. Joshua V. Barr, professor de Direito e Ciência Política da Universidade da Pensilvânia e da Universidade da Carolina do Sul, nos Estados Unidos da América.[8]

Cumpre-nos, afirmar, portanto, ser a corrupção uma maneira em que se exerce domínio, pela qual o agente público influencia para a prática de ações ilícitas e ilegais, a fim de se obter vantagens pessoais.

Ao tomarmos de empréstimo o estudo da corrupção pela visão multidisciplinar, as diversas áreas do conhecimento que por sobre o fenômeno se debruçaram, a exemplo da ciência política, cada qual pôde produzir suas próprias definições do fenômeno por sua própria ótica.

A título de exemplo para a disciplina escolhida por destaque, os cientistas políticos atribuem a corrupção ao abuso de poder estatal, sobretudo quando se revela ausente um mecanismo de controle que seja eficaz.

Por outro lado, cumpre ressaltar que todos, sejam sociólogos, cientistas políticos, juristas, entre outros, concordam que se trate de uma ação eivada de degradação, deturpação, adulteração, assim como dissemos anteriormente, em face do descumprimento das leis no âmbito das esferas do funcionalismo público, adotando-se uma postura ilegal e, sobretudo imoral, para se alcançar vantagens pessoais.

2. Abordagem dos tratados e leis internacionais para o combate à corrupção

Entre os diversos instrumentos legais de combate à corrupção, apontamos a Convenção das Nações Unidas de Combate à Corrupção (UNCAC) como o mais preciso entre todos os documentos elaborados.[9] O documento se originou da Convenção das Nações Unidas contra o Crime Organizado Transnacional (UNCTOC), esta que foi a primeira convenção das Nações Unidas a enfrentar a corrupção. Compreendida a corrupção como instrumento a serviço do crime organizado, a Assembleia Geral percebeu a necessidade da criação de um instrumento jurídico internacional contra

[8] Barr, Joshua V.; Finke, Jorge; Pinilla, Edgar Michael. *A Legal Perspective on the Use of Models in the Fight Against Corruption*. South Carolina Journal of International Law and Business: Vol. 8: Iss. 2, Article 5, 2012. Disponível em: <http://scholarcommons. sc.edu/scjilb/vol8/iss2/5>. Acesso em: 06 fev 2018.

[9] UNODC. Convenção das Nações Unidas contra a Corrupção. Disponível em: <https://www. unodc.org/lpo-brazil/pt/corrupcao/convencao.html>. Acesso em 08 fev 2018.

a própria corrupção. Esta conscientização, no entanto, não surgiu de imediato, resultando após uma década de debates internacionais contra a corrupção. Segundo a *United Nations Office on Drugs and Crime* (UNODCA), ao se tornar o primeiro instrumento jurídico anticorrupção, obriga os países signatários a criminalizarem os atos de corrupção que abrangem funcionários públicos autóctones e alóctones, assim como os de corporações internacionais públicas.[10]

Outro instrumento legal significativo, sendo um dos precursores no combate à corrupção é a Convenção sobre o Combate da Corrupção de Funcionários Públicos Estrangeiros em Transações Comerciais Internacionais, da Organização de Cooperação e de Desenvolvimento Económico (OCDE), sediada em Paris, tendo em sua agenda o combate à corrupção e à evasão fiscal. Ratificada pelo Brasil em 15 de junho de 2000 e promulgada pelo Decreto Presidencial nº 3.678, de 30 de novembro de 2000, a Convenção determina, segundo o Ministério da Transparência e da Controladoria Geral da União, que em todos os Estados signatários se considere por delito criminal "o oferecimento, a promessa ou a doação de vantagem pecuniária ou de outra natureza a um funcionário público estrangeiro". Isto, obviamente, por meio de sua ação ou omissão no desemprenho de suas funções oficiais, com fins de facilitação ou recusa em transações de negócios internacionais que tenham sua condução.[11]

Ato contínuo apresentamos a *Foreing Corrupt Practices Act* (FCPA). A Lei de Práticas Corruptas no Exterior. A FCPA é uma lei federal norte-americana, promulgada em 1977, para coibir práticas empresariais que se serviam de expediências ilegais a fim de alcançarem benefícios em seus negócios.

Neste diapasão, a lei visa impedir pagamentos, ofertas de pagamento em dinheiro ou por quaisquer outros bens a funcionários públicos, entre outras autoridades, que tivessem a intenção de obter vantagens financeiras ilícitas, ou mesmo agir no sentido de coibir o avanço de transações

[10] HECHLER, Hannes. et. al. *Can UNCAC Address Grand Corruption?* A political economy analysis of the UN Convention against corruption and its implementation in three countries. U4 Anti-Corruption Resource Centre Report. October 2011. Norway: Chr. Michelsen Institute (CMI). Disponível em: <http://www.u4.no/publications/can-uncac-address-grandcorruption/>. Acesso em: 08 fev 2018.

[11] BRASIL. *Convenção sobre o Combate da Corrupção de Funcionários Públicos Estrangeiros em Transações Comerciais Internacionais da OCDE*. Ministério da Transparência e da Controladoria Geral da União. Disponível em: <http://www.cgu.gov.br/sobre/perguntas-frequentes/articulacao-internacional/convencao-da-ocde>. Acesso em: 08 fev 2018.

comerciais, mediante poder inerente ao cargo que ocupem. A exigência passa pela transparência das transações, sobretudo no que concerne ao gerenciamento de registros contábeis, sob o rigor das penas nas esferas cíveis e criminais.[12]

Na esfera da Organização dos Estados Americanos (OEA) consta a Convenção Interamericana contra a Corrupção, com os propósitos de promover e fortalecer o desenvolvimento, por cada um dos Estados Partes, mecanismos necessários para prevenir, detectar, punir e erradicar a corrupção, além de promover, facilitar e regular a cooperação entre os Estados Partes a fim de assegurar a eficácia das medidas e ações adotadas para prevenir, detectar, punir e erradicar a corrupção no exercício das funções públicas, bem como os atos de corrupção especificamente vinculados a seu exercício.

Para tanto, a Convenção elenca não menos que doze medidas preventivas, determinando especificamente cinco atos que compreendem corrupção.[13]

No Brasil, o Decreto-presidencial nº 4.923 de 18 de dezembro de 2003, que dispõe sobre o Conselho de Transparência Pública e Combate à Corrupção, e dá outras providências, integrando a estrutura básica do Ministério da Transparência e Controladoria-Geral da União, segundo consta da Lei nº 13.502, de 1º de novembro de 2017, que estabelece a organização básica dos órgãos da Presidência da República e dos Ministérios. O conselho é composto, paritariamente, por representantes da sociedade civil organizada e representantes do governo federal.[14]

3. Causas da corrupção e sua agressão aos direitos humanos

A agressão que a corrupção proporciona aos Direitos Humanos é inegável. Fácil identificar o ato, entretanto, conforme expusemos anteriormente, difícil a definição do fenômeno; contudo passamos à busca das razões que

[12] UNITED STATES. *A resource guide to the U.S. Foreign Corrupt Practices Act.* Criminal Division of the U.S. Department of Justice and the Enforcement Division of the U.S. Securities and Exchange Commission – Washington,2012. Disponível em: <https://www.justice.gov/sites/default/files/criminal-fraud/legacy/2015/01/16/guide.pdf>. Acesso em: 08 fev 2018.

[13] OAS. *Convenção Interamericana contra a Corrupção.* Departamento de Assuntos Jurídicos Internacionais. Disponível em: <http://www.oas.org/juridico/portuguese/treaties/b-58.htm>. Acesso em 08 fev 2018.

[14] BRASIL. *Decreto Presidencial nº 4.923 de 18 de dezembro de 2003.* Dispõe sobre o Conselho de Transparência Pública e Combate à Corrupção. Disponível em: <http://www.planalto.gov.br/ccivil_03/decreto/2003/D4923.htm>. Acesso em: 08 fev 2018.

levam à ocorrência da corrupção, suas consequências diretas, expressas especialmente pela agressão aos direitos humanos.

Estão entre algumas das causas da corrupção a ineficiência administrativa, instabilidade política e o subdesenvolvimento da economia. Michael Johnston, professor de Ciência Política da Universidade de Yale aponta pelo menos duas elucidações para justificar o fenômeno.[15] A primeira por um viés personalista, inerente ao caráter da natureza humana, daí a lição de John Locke no sentido da necessidade de uma sociedade civil instituída pela criação de normas que desenvolvam a liberdade humana e o crescimento da sociedade.[16] E, por derradeiro, o cientista político sugere a justificativa institucional, e aqui, cumpre-nos ressaltar, passa pela causa da ineficiência administrativa anteriormente mencionada, dando ensejo à prática da corrupção por seus dirigentes, utilizando-se das lacunas encontradas nas leis.

Não há quem divirja da ideia de que os desvios de recursos públicos venham a impactar os direitos humanos. A esta realidade, em qualquer país, desenvolvido ou não, em qualquer esfera de poder. Em especial nos países em desenvolvimento, a indecorosa atitude por parte de quem detenha o poder faz com que o impacto seja percebido nitidamente quando enormes quantias de dinheiro são más administradas ou mesmo desviadas, jamais chegando às áreas fundamentais a que se destinariam, tais como saúde, educação e segurança. Em países asiáticos, sul-americanos e africanos, a mesma quadratura impede o crescimento saudável da sociedade organizada, proporcionando estados de degradação humana, em total oposição à Declaração dos Direitos Humanos.

No aspecto da saúde, porquanto resulte em atendimentos e instalações hospitalares precários, seja pela ausência de leitos, seja falta de treinamento de profissionais, seja pela escassez de material, inclusive, neste aspecto convém ressaltar, o Brasil segue de forma contraditória, na contramão da Política Pública de Humanização da Saúde implantada pelo próprio Governo Federal. Chega-se ao absurdo de tratamentos e exames clínicos em caráter de urgência serem agendados para um ano depois da consulta, esta que não raro sujeita idosos e mulheres com crianças de colo a enfrentarem filas desde a madrugada para conseguirem uma senha de

[15] JOHNSTON, Michael. *Political corruption and public policy in America*. Monterey: Brooks/Cole. 1982.

[16] LOCKE, John. *The Second Treatise on Civil Government*. Prometheus Books. 1986.

atendimento, não bastassem os inúmeros casos de morte devido ao longuíssimo prazo a que o sistema de saúde brasileiro submete os pacientes. Dito isto, importa dizer também que saúde se faz com fornecimento de água potável e saneamento básico, mas o que se vê é o descaso ocasionado pelos desvios de recursos.

Tal indiferença, igualmente se vê retratada na seara da educação, onde escolas públicas são apresentas de norte a sul do país em péssimo estado de conservação, com refeitórios muitas das vezes oferecendo merenda escolar de baixo teor nutritivo às crianças, comprometendo seu crescimento físico e intelectual. Da mesma forma, mantimentos e materiais escolares acabam por sofrer deterioração devido à ineficiência administrativa de distribuição pela excessiva burocracia, esta, também uma causa que dá ensejo aos atos de corrupção.

Nesse diapasão, não bastassem professores receberem baixos salários, enquanto políticos se locupletam de vantagens das mais absurdas que a máquina administrativa lhes proporciona, e aqui cumpre dizer, por legislação em causa própria, deixam de receber treinamentos, não têm acesso a cursos de aperfeiçoamento, tampouco proporcionando-os a mínima possibilidade de compra de livros para o seu aprimoramento, impossibilitando-os, portanto, de terem uma vida digna, sobretudo valorizada nesta que é a mais nobre das profissões, porquanto formadora de pensadores e profissionais de toda sorte.

Ao falarmos do aspecto da segurança, ainda nos mantendo em terras brasileiras, as consequências seguem nefastas, não apenas porque ao sofrer com os desvios de recursos públicos por parte dos governantes, seja para desviá-los a outros projetos de menor importância, seja para transferir a setores atingidos pela má administração, mas, sobretudo pelo próprio desvio em decorrência da corrupção em subornos e contratos superfaturados, faz com que esta, como em outras áreas de fundamental importância para a população, sobretudo a de baixa renda, vivencie as agruras da parca estrutura, essencial em termos de treinamento psicológico, estratégico e social, causando, não raro, a deterioração moral entre os seus integrantes. O que dirá, então, quando o assunto é o sistema penitenciário, submetido às mais degradantes formas de tratamento humano, resultando na impossibilidade de qualquer reeducação e reintegração ao seio da sociedade. Quem sofre com isso direta e indiretamente, senão a população que se vê refém da violência urbana, não fosse tão somente o impedimento de experimentar as benesses de uma vida civilizada, preconizada pelos valores democráticos que fundamentam a sociedade organizada.

Saindo um pouco do cenário nacional para o mundo, contudo mantendo-nos na mesma linha de reflexão, que se ressalte a opinião da alta comissária dos Direitos Humanos, Navi Pillay, ao apontar que entre 2000 a 2009, US$ 8,44 bilhões foram a soma de "fluxos financeiros ilícitos nos países em desenvolvimento". Em seu pronunciamento, feito durante o Painel de Alto Nível sobre a Corrupção, Pillay destacou que por volta de 870 milhões de pessoas passam o dia inteiro sem comer absolutamente nada, sendo a maioria, crianças, "cujos direitos à alimentação e à vida são negados" devido ao fenômeno da corrupção. E destacou ainda a alta comissária durante o Painel, que o suborno e o desvio de recursos ocasionam um aumento de até 40% a nível global, aos custos de projetos de fornecimento de água potável e saneamento às populações carentes. No mesmo tom, a agressão que se apresenta quando dos desvios de dinheiro dos cofres públicos, que poderiam ser aplicados na educação, atendendo às necessidades de desenvolvimento, tirando milhares de pessoas da pobreza, proporcionando educação às crianças. Por fim, ressaltou não ter dúvidas de que a corrupção se apresente como um obstáculo importante a ser transposto, sobretudo mediante a aplicação de regras rígidas no combate ao fenômeno, porquanto seja imprescindível sua extirpação para o "desenvolvimento humano e de direitos civis, políticos, econômicos, sociais e culturais".[17]

Correspondente a esse entendimento, também a opinião da Procuradora-Geral da República, Dra. Raquel Dodge, durante a 30ª Reunião do Conselho Nacional de Direitos Humanos, em Brasília, em 2017. Afirmou a Dra. Raquel: "A corrupção é uma ameaça perigosa aos direitos humanos. Quando a combatemos, estamos defendendo os direitos humanos, porque a corrupção tira investimento de áreas como saúde e educação".[18] No mesmo diapasão, o ex-Presidente do Supremo Tribunal Federal, Ministro Ayres Brito, em entrevista ao jornalista Josias de Souza, falando sobre as causas da corrupção e em especial sobre a Operação Lava Jato, que tem

[17] ONU News. *Custos anuais da corrupção podem alimentar 80 vezes os famintos*. Disponível em: <https://news.un.org/pt/story/2013/03/1431461-custos-anuais-da-corrupcao-podem-alimentar-80-vezes-os-famintos-diz-onu>. Acesso em: 08 fev 2018.

[18] DODGE, Raquel. *A corrupção é uma ameaça perigosa aos direitos humanos*. Jornal Estado de São Paulo. 29/09/17. Disponível em: <http://politica.estadao.com.br/blogs/fausto-macedo/a-corrupcao-e-uma-ameaca-perigosa-aos-direitos-humanos-alerta-raquel/>. Acesso em 08 fev 2018.

colocado poderosos empresários e políticos brasileiros na cadeia. Afirmou o Ministro Ayres Brito: "Os assaltantes do erário são os meliantes mais prejudiciais à ideia de vida civilizada". E continua: "O dinheiro que desce pelo ralo da corrupção é o que falta para o Estado desempenhar bem o seu papel no plano da infraestrutura econômica, social, educação de qualidade, saúde etc".[19]

Não cumprindo com suas obrigações, em especial quando inerentes ao campo dos direitos humanos, o Estado ao praticar ou fechar os olhos aos atos de corrupção, deixando de combatê-los onde quer que se encontrem e por quem quer que seja que os pratique, não respeita e não protege o cidadão, afrontando o seu acesso a direitos inalienáveis, tais quais os mencionados anteriormente, e não raro, permitindo que danos os alcancem de forma irreparável. Não à toa, o Estado viu a necessidade de repactuar com a sociedade a proteção aos direitos humanos, que na história encontra linha divisória delimitada pelo Direito Internacional dos Direitos Humanos, logo após a 2ª Grande Guerra. Suas razões acostavam-se inicialmente no direito à paz. Ato contínuo pela proteção do homem contra os abusos do Estado, reforçando as liberdades civis e políticas e, por fim, pelas perspectivas de garantia aos direitos econômicos, sociais e culturais.

Perante a linha anteriormente mencionada, as liberdades básicas enumeradas pelo pensamento do filósofo John Rawls, a saber, as liberdades da pessoa, sobretudo a proteção contra a opressão psicológica e a agressão física, a liberdade política e a liberdade de expressão e reunião, a liberdade de consciência e de pensamento, entre outras.[20] No mesmo tom, a menção de Rawls aos bens primários, que na compreensão de sua obra, enuncia-os como "direitos, liberdades e oportunidades, assim como renda, riqueza e bases sociais de auto respeito".

Por eles, Rawls atribui justiça social e bem-estar. Em especial pelo bem primário de bases sociais de autorrespeito, o tem por mais importante, porquanto proporcione ao homem o sentimento de ser respeitado e valorizado, trazendo-lhe a confiança para empreender a vida, tendo voz ativa. Entre os bens primários sociais listados por Rawls, além das próprias liber-

[19] Brito, Ayres. *Para ex-presidente do STF, facção de 'assaltantes do erário' é pior que PCC.* Blog do Josias. 22/01/2017. Disponível em: <https://josiasdesouza.blogosfera.uol.com.br/2017/01/22/para-ex-presidente-do-stf-faccao-de-assaltantes-do-erario-e-pior-que-pcc/>. Acesso em: 08 fev 2017.

[20] Rawls, John. *Uma Teoria da Justiça.* 2. ed. São Paulo: Martins Fontes, 2002.

dades básicas já mencionadas, também a liberdade de emprego, prerrogativas de cargos e responsabilidade, renda e riqueza, e as bases sociais de autoestima. Assim, os bens primários ofertam base para a formação de uma sociedade democrática e bem-ordenada.

Por definição, a corrupção tem um propósito discriminatório e um efeito discriminatório, que resulta na anulação ou no prejuízo do exercício do direito à vida, à educação e à saúde. A corrupção, por si só, distingue e exclui direitos, obstruindo o homem de vivenciar a essência dos direitos humanos. Ao conceder a alguém um direito diferenciado, anulando a igualdade de tratamento, permanece tão somente nesta esfera, não alcançando outros direitos humanos. No entanto, quando mediante corrupção, se viola o direito humano de educação, de saúde, de alimento, de água, de saneamento básico, agride toda a formação como pessoa humana, dando ao indivíduo a certeza de não valorização, tirando-lhe qualquer perspectiva de autoestima.

Obstruindo o indivíduo ao acesso a uma boa educação, deixa de proporcionar o pleno desenvolvimento de sua personalidade humana, de seu sentido de dignidade, enfraquecendo o seu entendimento e o seu respeito pelos direitos humanos e liberdades fundamentais. Assim também quando mediante atos de corrupção, que se resumem em desvios de recursos públicos, contribuindo, por exemplo, para o sucateamento da infraestrutura médico hospitalar do sistema de saúde, não assegura a criação de condições que proporcionem assistência médica adequada, sobretudo às pessoas mais pobres.

Ao combater a corrupção, portanto, garante-se a observação do cumprimento efetivo dos direitos humanos, ratificando-se assim, a responsabilidade social do Estado. Por este entoar, coíbe-se a discriminação, efetivando-se a igualdade de acesso à saúde de qualidade, à educação que não encontra causa para o mau desempenho escolar, garantindo os princípios fundamentais dos direitos humanos pelos vieses civis, sociais, políticos, econômicos e culturais. Em consonância aos bens primários enumerados por Rawls, tais direitos se encontram garantidos pelo Pacto Internacional sobre os Direitos Econômicos, Sociais e Culturais, assinado pelo Brasil.[21]

[21] BRASIL. Decreto n. 591, de 6 de julho de 1992. Pacto Internacional sobre Direitos Econômicos, Sociais e Culturais. Promulgação. Disponível em: <http://www.planalto.gov.br/ccivil_03/decreto/1990-1994/D0591.htm>. Acesso em 09 fev 2018.

4. Um estado desonesto e um poder político capturado pelo poder invisível

Os direitos humanos, portanto, como se pôde depreender, acabam por se colocar eles próprios como um ponto a ser considerado no combate à corrupção, enquanto se adote a transparência, a não-discriminação e a efetiva participação do homem na sociedade, parâmetros que vão ao encontro de seus princípios fundamentais. De outra forma, continuar-se-ia a preponderância de um jogo desonesto havido entre grupos e governabilidades que se demonstram ilegítimas, haja vista a distorção de seu real compromisso com a sociedade, resultando, em uma verdadeira tirania. O fenômeno, longe de ser regional, tem seus braços estendidos por todo o globo. Não apenas lhes dá causa a má função do cargo público ocupado, mas também por meio de empresas.

Por que existe a corrupção do Estado e no Estado? Como dissemos nas linhas iniciais do presente artigo, entre algumas das causas da corrupção estão a ineficiência administrativa, a instabilidade política e o subdesenvolvimento da economia. Tais pontos proporcionam terreno fértil para a desonestidade, que por sua vez, se mostra como comparada a uma espécie de tirania, mormente praticada por grupos empresariais, políticos em meio a um sistema de governabilidade que empreendem pelo fenômeno da corrupção o amealhar de recursos públicos em proveito próprio, obtendo assim, não raro, uma maneira de voltar a usar os recursos desviados para a compra de políticos e empresários, valendo-se do poder econômico em tempos de campanha política. Ora pois...

E como não falar de democracia em todo esse contexto? A democracia moderna é uma reinvenção da democracia dos antigos, porquanto naqueles tempos não se falava em direitos como se os têm atualmente reconhecidos. Os Estados Unidos, por exemplo, ao recriar a democracia, teceu rígidos parâmetros para seu exercício. Não à toa, para Thomas Jefferson que governou os Estados Unidos, toda a arte de governar consiste em ser honesto. Em artigo escrito para o jornal Folha de São Paulo, ainda em meados dos anos 90, o megaempresário Antônio Ermírio de Moraes[22] escrevia compreender a democracia como um "processo lento, baseado em longas cadeias de erros e acertos –sendo que a descoberta dos erros é tão impor-

[22] MORAES, Antônio Ermírio de. *A lição de Thomas Jefferson*. Folha de São Paulo. 04/12/94. Disponível em: <http://www1.folha.uol.com.br/fsp/1994/12/04/opiniao/6.html>. Acesso em: 09 fev 2018.

tante quanto os resultados dos acertos". E concluía ele, afirmando que a transparência que despontava entre os brasileiros seria fundamental para o progresso democrático.

Aqui, questionamos: poder-se-ia afirmar que um Estado desonesto detém um poder ilegítimo, porquanto traia seu compromisso de servir à sociedade, obstruindo o acesso a direitos fundamentais tendo em vista a prática da corrupção? Sabe-se bem que, e já o comentamos anteriormente, uma das faces mais cruéis de uma situação como esta é a descrença e o desencantamento que se apoderam do pensamento coletivo. O reflexo de um Estado corrupto é uma atitude social massiva de desvalor que passa imperar no seio da sociedade. Mas, enfim, o Estado desonesto traduz um poder legítimo?

A este contexto, uma análise anterior. Ingresso ao poder mediante eleições democráticas, tem-se um poder legítimo, contudo, ao adotar medidas ao longo de seu curso, que traduzam disparidades para com o que estrutura o Estado de Direito, e aí se tem presente também o fenômeno da corrupção, sabe-se, há mecanismos jurídicos para destituir o governo em curso. Contudo, resta-nos o aspecto ético, sim, pois, mesmo adotando medidas que possam ser ilegais, tais atos podem ser considerados necessários, e vistos pela comunidade como legítimos, assim como o contrário também é verdadeiro, sendo vistas determinadas medidas como injustas e eticamente reprováveis.

Em face desta realidade, questionamos ainda: Que elemento nos une enquanto nação? Qual o sentimento que ainda nos mantém coesos enquanto um povo? Que crenças e valores, em um contexto de corrupção sistêmica e endêmica, ainda sobrevivem? Estas preocupações têm grande relevância quando se constata que, no regime democrático, o Estado não pode quebrar o vínculo de confiança com a sociedade. Em sentido político, o Estado ao romper com os valores cívicos, éticos e morais degrada a dimensão pública, porquanto se afasta da condição basilar de uma democracia que é a virtude da honestidade. Aqui, ressalto o já mencionado pelo empresário Antônio Ermírio de Moraes, ao referir-se ao presidente americano Thomas Jefferson, constitucionalista que governou os EUA, de 1801 a 1809, afirmando que toda a arte de governar consiste em ser honesto.

Um Estado desonesto, portanto, é, sim, um poder ilegítimo, porquanto trai seu compromisso de servir à sociedade. Na expressão do Prof. José Renato Nalini, "Quando os de cima não dão o exemplo, os de baixo se sentem liberados", ressaltando ainda a expressão do filósofo espanhol novecentista Jaime Balmes, que afirmou: "Não nos esqueçamos que, quando o Poder dirige sua mira para o bem pessoal de quem o exerce, já degenerou em tirania".[23]

Aqui, resta-nos a reflexão quanto aos fatos do poder político que fora capturado pelo poder invisível, a saber, o poder que busca o retorno à administração patrimonialista, que visa permanecer pelo viés unilateral e autoritário, em especial por aliar-se a empresas que se apresentam como agentes corruptores, fazendo com que a transparência seja, quando muito, apenas um discurso vazio. Norberto Bobbio aponta as promessas não cumpridas pela democracia, desde seus primórdios oitocentistas.[24] Toda luta contra a opacidade do poder político que permeia o ideário das Revoluções Liberais, ainda está por se concretizar. A almejada transparência, o dever de visibilidade, de cognoscibilidade e de controle soberano do povo ainda não saiu do texto legal.

Atente-se ao papel fundamental do Poder Legislativo na fiscalização das contas do Estado. Ao que nos consta, desde a implantação da República do Brasil, somente com impeachment da ex-Presidente Dilma Roussef é que o TCU e o Congresso apontaram irregularidades nas contas do Poder Executivo. A pergunta que se faz é a seguinte: Que Poder Legislativo é este que deixa de cumprir a sua missão principal que é o da representação da sociedade em uma democracia? O que temos, no ontem e no hoje, e provavelmente no amanhã, pode-se se chamar democracia?

O poder invisível na democracia parlamentar parece ser a tônica no jogo político que leva à perda de sua credibilidade. Uma das estratégias mais utilizadas é a definição de maioria apenas pelas lideranças de bancadas. Ora, nesse contexto, a manipulação dos senhores líderes será sempre no interesse privado e nunca no interesse público. O parlamentar, isoladamente, não possui independência para votar de acordo com o seu representado.

Nessa linha, subornos, desvios de verbas em benefício dos partidos, entre outras artimanhas, determinando coalisões, comprometendo a inde-

[23] NALINI, José Renato. *Quando os de cima não dão o exemplo, os de baixo se sentem liberados, diz o presidente do TJ-SP.* Jornal Estado de São Paulo. 02/02/15. Disponível em: <http://politica.estadao.com.br/blogs/fausto-macedo/quando-os-de-cima-nao-dao-o-exemplo-os-de-baixo-se-sentem-liberados-diz-presidente-do-tj-sp/>. Acesso em 10 fev 2018.

[24] BOBBIO, Norberto. *O futuro da democracia. Uma defesa das regras do jogo.* Tradução: Marco Aurélio Nogueira. Rio de Janeiro: Paz e Terra, 1986.

pendência de suas funções, sobretudo em conluio com empresas que vão desde o pequeno ao grande porte, em qualquer esfera de governo, tudo acaba por contribuir para perpetrar uma agressão direta aos direitos humanos, indecorosa e indecente em todos os sentidos, sobretudo por impingir aos mais pobres um estado de penúria cruel e inaceitável.

Outrora já meditávamos na questão em que se mostra clara a versão formal de poder político atual, existindo uma ambivalência da atuação do Estado: um público e o cidadão na porta da frente, e um público de clientes na porta dos fundos. Em outro sentido, infere-se um comportamento promíscuo do sistema político, no qual pessoas e partidos atuam como sócios, visando interesses nada republicanos. Foi então que levantamos a questão: que legitimação é essa, formada por grupos de pressão em associação com o Estado, sempre parciais, que não representam a totalidade da sociedade? A explicação, respondíamos, nos parece intuitiva quando se avalia a captura do poder por interesses setoriais da sociedade.

Enfim, é comum, portanto, que o Estado seja capturado por interesses econômicos, e a linha entre política e negócios privados se torna tênue, dirigindo interesses empresariais. Também a captura do poder judiciário tem a atenção da dominação econômica empresarial, e este é um ponto em que se ressalta somente a independência para a aplicação das sanções judiciais poderá fazer frente aos desmandos testemunhados em todo o mundo. O fato é que mecanismos de combate à corrupção devem ser independentes. O papel da sociedade civil, assim como a mídia, também exerce papel importante nesse combate, perseguindo e apontando conflitos de interesses em contextos em que funcionários públicos se vejam envolvidos por negócios privados ou mesmo com a política.

As empresas, sabe-se, são os principais agentes corruptores do Estado. Expor-se-á, a seguir, mediante um exemplo concreto, como o mundo corporativo age no sentido de cooptação do poder político visando interesses privados. As corporações empresariais e seus prepostos desconhecem limites e aí reside uma das fontes mais conhecidas de corrupção e desrespeito aos direitos humanos. Na África, milhões perdem suas vidas em guerras causadas pela ganância de empresas que não desejam pagar o preço justo por recursos naturais. Na Europa e na Ásia, milhões adoecem vítimas de níveis de poluição que somente a insensatez do lucro a qualquer custo os explica. Nos EUA, milhões perdem suas casas e seus empregos por conta da especulação financeira de algumas poucas corporações.

Fiquemos apenas no caso africano. O caso do Coltan e a guerra do Congo.[25] O 'Coltan' é a combinação de duas palavras que correspondem aos minerais, columbita e tantalita, dos quais se extraem metais mais cobiçados do que o ouro. Pois bem, Ruanda e Uganda ocupam militarmente parte do território congolês. O Coltan é essencial para as novas tecnologias, estações espaciais, naves tripuladas que se lançam no espaço e às armas mais sofisticadas. Segundo dados da ONU a guerra liderada por Ruanda e Uganda já vitimou 5 milhões de seres humanos. Foram identificadas 157 empresas ocidentais envolvidas, e calculou-se que um telefone celular fabricado com matéria-prima daquela região custa a vida de duas crianças. Pasmem: sequer sabemos os nomes destas empresas! Esse é um pequeno exemplo de como o poder invisível destrói seres humanos.

5. A crise e o risco da democracia diante dos populismos de esquerda e de direita

Em linha finais, apenas para sinalizar rumos que pretendemos discorrer com mais profundidade futuramente, nos afastemos um pouco da ideia romântica da legitimidade democrática de um poder voltado ao bem-estar social. Por quê? Como pensar e encarar a democracia quando vivenciamos tempos de impacto de populismos de direita e de esquerda? Nesse diapasão, também agridem os direitos humanos, à medida em que adotem linhas de governabilidade que não raro se revestem de discriminação.

De um lado, na versão da democracia liberal ou populismo de direita, o poder se deslegitimou porque capturado por interesses de grupos. Há claramente um predomínio de forças conservadoras agindo neste sentido. Daqui se projetam posições exacerbadas visando reinventar a política apelando para os efeitos da desindustrialização, do desemprego em razão do crash falimentar em cadeia. Os culpados? Imigrantes, terrorismo, causando xenofobia e islamofobia, para dizer o mínimo.

Essa visão conservadora concorda com a paz e os direitos humanos, contudo em uma visão de paz de portas fechadas. Todos insulados, fechados, mediante barreiras. É como se dissessem: "nossos direitos não podem ser tocados". Vai daí o *Brexit*, na Inglaterra, e o *Trumpismo* nos Estados Unidos.

[25] REVISTA FÓRUM SEMANAL. *Os "Minerais de Conflito" do Congo*. Por Vinicius Gomes. 06/06/14. Disponível em: <https://www.revistaforum.com.br/digital/150/os-minerais-de-conflito-congo/>. Acesso em: 10 fev 2018.

De outro lado, a versão progressista ou populismo de esquerda, que prega uma democracia radical, ou agonista, na trilha dos filósofos da Escola de Frankfurt. Despontam os já mencionados, Chantal Mouffe e Ernest Laclau.[26] Convém salientar que a proposta de Rawls e Habermas[27], quanto à "razão pública" ou aos "consensos racionais", não se considera os antagonismos como um dado inerente da vida social. Qualquer consenso é necessariamente parcial e latente. A ideia, portanto, é radicalizar, porque o consenso democrático só é possível com a hegemonia do povo. Que os mecanismos de combate à corrupção possam considerar estes aspectos.

Beck menciona a presença cada vez maior de estados de exceção relacionados com os riscos; e os limites dos seguros e do controle dos riscos. Quanto ao estado de exceção, conceito trabalhado por Giorgio Agaben, Beck afirma que, devido ao impacto dos riscos globais, os Estados, mesmo no ocidente, estão mais autoritários, mas são ineficientes quando se trata de lidar com as diferentes ameaças e perigos globais.[28]

Conclusões

Os esforços atuais são significativos na direção de se coibir a corrupção, em especial pela aplicação dos instrumentos de combate, políticas públicas e regimes de responsabilidade corporativa por violações dos direitos humanos. No entanto, sabemos, há que se caminhar muito para se garantir que grandes corporações empresariais, fortes agentes que são em união a governantes e funcionários públicos corruptos, alcancem, compreendam e promovam a valorização dos axiomas democráticos, sobretudo na frágil esfera dos países em desenvolvimento. Fortalecendo valores democráticos, imprimindo consciência para com o respeito aos direitos humanos, os instrumentos legais internacionais se mostram esteio importante na prevenção a práticas corruptas, em especial nos países em desenvolvimento, que não raras vezes não possuem garantias mínimas de responsabilidade,

[26] Laclau, Ernesto. *A polarização entre a democracia liberal e a democracia agônica se resolve com a introdução da lógica da hegemonia, como categoria central do discurso desconstrução, pragmatismo e hegemonia*. Chantal Mouffe (Org.). Tradução Victor Dias Maia Soares. 1. ed. Rio de Janeiro: Mauad X, 2016.

[27] Habermas, Jürgen. *Inclusão do outro*. Disponível em: <https://books.google.com.br/books?hl=pt-BR&lr=&id=0l8ufT8Xiz4C&oi=fnd&pg=PA11&ots=_M_yjleQXs&sig=bEpLN75IZn1vOJBN30gk9Qvjba0&redir_esc=y#v=onepage&q&f=false>. Acesso em 10 fev 2018.

[28] Beck, U. *World at Risk*, Cambridge: Polity Press, 2008.

protegendo cidadãos e também investidores, proporcionando vida digna aos homens, assim como possibilidades para que empresas responsáveis se firmem como o padrão que leva em consideração negócios fundamentados em qualidade e preço, ao invés de se submeterem a regimes de subornos, reduzindo a corrupção no mundo. A agressividade política, dominada por elites políticas, ainda muito a teremos entre nós, contudo, não se pode em momento algum arrefecer a crença na substituição de seus termos, cruéis que sempre se mostraram, sobretudo com os menos abastados, em que pese causarem consequências nefastas no seio de toda a sociedade. Alianças políticas espúrias devem ser reveladas e combatidas, não apenas por meio dos revelados instrumentos jurídicos, com o apoio forte de um judiciário independente tal qual organizações de controle, mas, especialmente pelo posicionamento do povo, este para quem o Estado e a legitimidade do poder surgem para lhe servir, proporcionando o equilíbrio que se traduz pelo bem-estar social.

Referências

ARISTÓTELES. *Exame das Duas Repúblicas de Platão.* In. Tratado da Política. São Paulo: Martins Fontes, 1998.

BARR, Joshua V.; FINKE, Jorge; PINILLA, Edgar Michael. *A Legal Perspective on the Use of Models in the Fight Against Corruption.* South Carolina Journal of International Law and Business: Vol. 8: Iss. 2, Article 5, 2012. Disponível em: <http://scholarcommons. sc.edu/scjilb/vol8/iss2/5>. Acesso em: 06 fev 2018.

BECK, U. *World at Risk,* Cambridge: Polity Press, 2008.

BOBBIO, Norberto. *O futuro da democracia.* Uma defesa das regras do jogo. Tradução: Marco Aurélio Nogueira. Rio de Janeiro: Paz e Terra, 1986.

BRASIL. *Decreto n. 591, de 6 de julho de 1992.* Pacto Internacional sobre Direitos Econômicos, Sociais e Culturais. Promulgação. Disponível em: <http://www.planalto.gov.br/ccivil_03/decreto/1990-1994/D0591.htm>. Acesso em 09 fev 2018.

BRASIL. *Decreto n. 4.923 de 18 de dezembro de 2003.* Dispõe sobre o Conselho de Transparência Pública e Combate à Corrupção. Disponível em: <http://www.planalto.gov.br/ccivil_03/decreto/2003/D4923.htm>. Acesso em: 08 fev 2018.

BRASIL. *Convenção sobre o Combate da Corrupção de Funcionários Públicos Estrangeiros em Transações Comerciais Internacionais da OCDE.* Ministério da Transparência e da Controladoria Geral da União. Disponível em: <http://www.cgu.gov.br/sobre/perguntas-frequentes/articulacao-internacional/convencao-da-ocde>. Acesso em: 08 fev 2018.

BRITO, Ayres. *Para ex-presidente do STF, facção de 'assaltantes do erário' é pior que PCC.* Blog do Josias. 22/01/2017. Disponível em: <https://josiasdesouza.blogosfera.uol.com.br/2017/01/22/para-ex-presidente-do-stf-faccao-de-assaltantes-do-erario-e-pior-que-pcc/>. Acesso em: 08 fev 2017.

DODGE, Raquel. *A corrupção é uma ameaça perigosa aos direitos humanos.* Jornal Estado de São Paulo. 29/09/17. Disponível em: <http://politica.estadao.com.br/blogs/fausto-macedo/a-corrupcao-e-uma-ameaca-perigosa-aos-direitos-humanos-alerta-raquel/>. Acessoem 08 fev 2018.

FARRALES, Mark Jorgensen. *What is corruption?A History of Corruption Studies and the Great Definitions Debate.* University of California, San Diego. Version: June 8, 2005. Disponívelem: <http://papers.ssrn.com/sol3/papers.cfm?abstract_id=1739962>. Acesso em: 06 fev 2018.

HABERMAS, Jürgen. *Inclusão do outro.* Disponível em: <https://books.google.com.br/books?hl=pt-BR&lr=&id=0l8ufT8Xiz4C&oi=fnd&pg=PA11&ots=_M_yjleQXs&sig=bEpLN75IZn1vOJBN30gk9Qvjba0&redir_esc=y#v=onepage&q&f=false>. Acessoem 10 fev 2018.

HECHLER, Hannes. et. al. *Can UNCAC Address Grand Corruption?A political economy analysis of the UN Convention against corruption and its implementation in three countries.* U4 Anti-Corruption Resource Centre Report. October 2011. Norway: Chr. Michelsen Institute (CMI). Disponível em: <http://www.u4.no/publications/can-uncac-address-grandcorruption/>. Acesso em: 08 fev 2018.

HOUAISS, Antônio. *Dicionário Houaiss da língua portuguesa.* 1ª ed. – Rio de Janeiro: Objetiva, 2009.

JOHNSTON, Michael. *Political corruption and public policy in America.* Monterey: Brooks/Cole. 1982.

LACLAU, Ernesto. *A polarização entre a democracia liberal e a democracia agônica se resolve com a introdução da lógica da hegemonia, como categoria central do discurso desconstrução, pragmatismo e hegemonia.* Chantal Mouffe (Org.). Tradução Victor Dias Maia Soares. 1. ed. Rio de Janeiro: Mauad X, 2016.

LOCKE, John. *The Second Treatise on Civil Government.* Prometheus Books. 1986.

MORAES, Antônio Ermírio de. *A lição de Thomas Jefferson.* Folha de São Paulo. 1994. Disponível em: <http://www1.folha.uol.com.br/fsp/1994/12/04/opiniao/6.html>. Acesso em: 09 fev 2018.

NALINI, José Renato. *Quando os de cima não dão o exemplo, os de baixo se sentem liberados, diz o presidente do TJ-SP.* Jornal Estado de São Paulo. 02/02/15. Disponível em: <http://politica.estadao.com.br/blogs/fausto-macedo/quando-os-de-cima-nao-dao-o-exemplo-os-de-baixo-se-sentem-liberados-diz-presidente-do-tj-sp/>. Acesso em 10 fev 2018.

OAS. *Convenção Interamericana contra a Corrupção.* Departamento de Assuntos Jurídicos Internacionais. Disponível em: <http://www.oas.org/juridico/portuguese/treaties/b-58.htm>. Acesso em 08 fev 2018.

ONU NEWS. *Custos anuais da corrupção podem alimentar 80 vezes os famintos.* Disponível em: <https://news.un.org/pt/story/2013/03/1431461-custos-anuais-da-corrupcao-podem-alimentar-80-vezes-os-famintos-diz-onu>. Acesso em: 08 fev 2018.

PASQUINO, Gianfranco. *Corrupção.* In. BOBBIO, Norberto. Dicionário de Política. Tradução de João Ferreira e outros. 2ª ed. – Brasília: Editora Universidade de Brasília. 1986, p. 291.

PLATÃO. *A República.* 2ª ed. São Paulo: Martins Fontes. 2006.

RAWLS, John. *Uma Teoria da Justiça.* 2. ed. São Paulo: Martins Fontes, 2002.

______, John. *Justiça como equidade: uma concepção política, não metafísica*. São Paulo: Lua Nova, 1992.

REVISTA FÓRUM SEMANAL. *Os "Minerais de Conflito" do Congo*. Por Vinicius Gomes. 06/06/14. Disponível em: <https://www.revistaforum.com.br/digital/150/os-minerais-de-conflito-congo/>. Acesso em: 10 fev 2018.

THIRY-CHERQUES, Hermano Roberto. *John Rawls: a economia moral da justiça*. 2011, vol.26, n.3, pp.551-564. ISSN 0102-6992. Disponível em: <http://www.scielo.br/scielo.php?script=sci_arttext&pid=S0102-69922011000300007>. Acessoem 08 fev 2018.

UNITED STATES. *A resource guide to the U.S. Foreign Corrupt Practices Act*. Criminal Division of the U.S. Department of Justice and the Enforcement Division of the U.S. Securities and Exchange Commission. – Washington, 2012. Disponível em: <https://www.justice.gov/sites/default/files/criminal-fraud/legacy/2015/01/16/guide.pdf>. Acessoem: 08 fev 2018.

UNODC. *Convenção das Nações Unidas contra a Corrupção*. Disponível em: <https://www.unodc.org/lpo-brazil/pt/corrupcao/convencao.html>. Acesso em 08 fev 2018.

3

COMBATE AOS CRIMES CONTRA O SISTEMA FINANCEIRO NACIONAL/TRIBUTÁRIO, AOS ATOS DE CORRUPÇÃO E DE IMPROBIDADE: OS REFLEXOS SOBRE A COLETIVIDADE NECESSITADA E O INTERESSE INSTITUCIONAL DA DEFENSORIA PÚBLICA

Helom César da Silva Nunes
Maurilio Casas Maia

Introdução

O presente texto buscará introduzir um debate ainda muito esquecido: o interesse do "Estado Defensor" em prevenir e inibir a lesão às coletividades necessitadas em razão da prática de crimes contra a ordem tributária, econômica, relações de consumo e contra o Sistema Financeiro Nacional, bem como por atos de improbidade e corrupção. Ou seja, estará em enfoque as consequências dos crimes previstos na Lei n. 8.137/1990 e na Lei n. 7.492/1986. A Lei n. 8.137/1990 traz a definição de crimes contra a ordem tributária, econômica e relações de consumo. Crimes como *sonegação, fraude e conluio* se destacam negativamente nesse cenário. Noutro passo, a Lei n. 7.492/1986 prevê os crimes contra o Sistema Financeiro Nacional (SFN) – tais como a lavagem de dinheiro (art. 1º), falsificação de moeda (art. 2º), divulgação de informação falsa ou incompleta (art. 3º) e gestão fraudulenta (art. 4º).

Os crimes citados no parágrafo anterior, por óbvio, possuem consequências sociais nefastas no regime de fixação e manutenção de políticas públicas, as quais são geralmente mantidas a partir da arrecadação tributária. E quem seriam os mais urgentemente carentes das políticas públicas com repercussão social? Sem dúvidas, as *coletividades necessitadas*.

Desse modo, servindo-se de premissas firmadas em estudos anteriores[1], o presente texto pretende introduzir a temática do *interesse defensorial* para inibir ou prevenir crimes que, como aqueles previstos nas leis n. 8.137/1990 e n. 7.492/1986, findam por impactar agressivamente no custeio de políticas públicas e, desse modo, impedir a execução eficiente da proteção das coletividades vulneráveis.

Por outro lado, qualquer vínculo da Defensoria Pública com o combate à corrupção, improbidade ou aos crimes impactantes sobre coletividades vulneráveis, deve se pautar *no interesse dos vulneráveis* e no *resguardo de direitos humanos*, rechaçando todo e qualquer intuito meramente populista, irracional ou punitivista.

Com efeito, o alerta acima exposto também se inspira em ELISA CRUZ[2] para quem, com acerto, os estudos sobre o combate à corrupção não devem desconsiderar os alertas de cientistas sociais, políticos e econômicos. Por outro lado, o presente estudo também não desconsidera o indicativo de proteção internacional dos direitos humanos por meio da *Resolução n. 1/2018 da Comissão Interamericana de Direitos Humanos* (CIDH) e o teórico que primeiro sistematizou os debates sobre Defensoria Pública e combate à corrupção, MARCOS LOPES GOMES[3]-[4] no Brasil.

[1] Trata-se aqui de versão ampliada, atualizada e modificada de artigo produzido a partir de pesquisa com o título "A legitimidade coletiva da Defensoria Pública para coibição da corrupção lesiva aos necessitados e vulneráveis", apresentada ao "*Seminário Internacional Sistema Penal, Corrupção e Direitos Humanos*", realizados pela PUC-Minas, nos dias 24 e 25 de outubro de 2019, sendo o texto apresentado oralmente por Helom Nunes.

[2] "Sobre o destaque conferido à corrupção como o principal dos males que afeta o Brasil, essas tendências parecem desconsiderar as análises feitas por cientistas sociais, teóricos políticos e economistas das manifestações de junho de 2013 e suas consequências até hoje. Além disso, deve-se ressaltar que na história do Brasil o combate à corrupção aparece em vários momentos de crise institucional do país, desde a fundação da República e em todos os golpes militares e institucionais, inclusive no de 1964, quando os militares tomaram o poder pela última vez." (CRUZ, Elisa. Opinião: Qual deve ser o papel da Defensoria Pública no combate à corrupção? *Consultor Jurídico*, de 15 de julho de 2018. Disponível em: <https://www.conjur.com.br/2018-jul-15/elisa-cruz-qual-papel-defensoria-combate-corrupcao#_ftn3>. Acesso em: 3 mai. 2020).

[3] GOMES, Marcos Vinicius Manso Lopes. Tribuna da Defensoria: Combate à corrupção deve ser prioridade institucional da Defensoria Pública. *Consultor Jurídico*, de 3/7/2018. Disponível em: <https://www.conjur.com.br/2018-jul-03/tribuna-defensoria-combate-corrupcao-prioridade-institucional-defensoria>. Acesso em 4/5/2020.

[4] GOMES, Marco Vinicius Manso Lopes. *Direitos Humanos e Princípios Institucionais da Defensoria Pública.* São Paulo: 2ª ed. Saraiva Educação, 2019.

Certamente, a corrupção constantemente é apontada como um problema sistêmico no Brasil, com potencial para afetar brasileiros por todos os cantos do país. E, não raras vezes, os mais prejudicados pelos atos de corrupção e improbidade são aqueles mais vulneráveis e necessitados. Por esse motivo, o presente estudo tem por objetivo analisar a legitimidade institucional da Defensoria Pública em relação à possibilidade de atuação para coibição de atos de corrupção impactantes e lesivos aos necessitados e direitos humanos.

Com o intuito supracitado, em primeiro plano será apresentado o direito fundamental à assistência jurídica conectado ao acesso à Justiça. Em seguida, a Defensoria Pública e o modelo público de assistência jurídica serão expostos desde suas raízes constitucionais, perpassando pelo debate da autonomia da Defensoria Pública para desembocar no desenvolvimento da legitimidade institucional-coletiva da Defensoria Pública, tanto no ordenamento jurídico, quanto na jurisprudência. Por fim, será especificamente tratada a legitimidade institucional da Defensoria Pública para coibir e abrandar os efeitos da corrupção em desfavor das coletividades necessitadas, inclusive pelo aspecto difuso.

Outrossim, o presente texto não pretende esgotar a temática. Contudo, pretende-se incentivar mais debates e análises acerca da lesão causada às coletividades necessitadas por atos de corrupção e sobre qual seria o papel do Estado Defensor dentro desse cenário.

1. A assistência jurídica gratuita: o acesso à justiça como direito fundamental e efetivador dos direitos humanos

O Acesso à Justiça é um direito fundamental previsto na Constituição da República, sendo a concepção segundo a qual a lei não excluirá da apreciação do Poder Judiciário lesão ou ameaça a direito (art. 5º, XXXV, da CRFB/1988) uma importante vertente constitucional positivada.

Contudo, tal direito fundamental não pode ser considerado apenas uma obrigação negativa do Estado (não impedir a propositura de ações, exercício do direito de petição), mas deve ser compreendido também como um esforço positivo (ações prestacionais) para que o Acesso à Justiça seja efetivo. Nesse cenário, o artigo 5º, LXXIV, da CRFB/1988 estabelece que o Estado prestará assistência jurídica integral e gratuita aos que comprovarem insuficiência de recursos.

Como se vê, existe ordem constitucional para que o Estado desenvolva a política pública de assistência jurídica gratuita, não podendo ser compreendido tal serviço como mero ato de caridade ou piedade, como já fora outrora compreendido. Neste sentido, GONZÁLEZ[5] afirma:

> "Sua posição topográfica no catálogo dos direitos fundamentais confirma essa ideia, conferindo ao acesso à justiça o mesmo regime jurídico-constitucional dos demais direitos fundamentais, inclusive no tocante à sua aplicação direta e imediata (art. 5º, §1º, CF/88), além da proteção contra eventuais reformas constitucionais, por estar previsto como cláusula pétrea (art. 60, §4º, IV, CF/88)".

Com efeito, o acesso à justiça é uma das vertentes de materialização da dignidade da pessoa humana (art. 1º, III, da CRFB/1988), quando possibilita ao ser humano a consecução dos seus direitos e homenageia a prevalência dos direitos humanos, objetivo brasileiro nas relações internacionais. Assim, o *acesso à justiça é um direito fundamental* que decorre da própria *dignidade* da pessoa humana e de sua materialização de forma prioritária e estratégica, realizando a ordem constitucional promocional dos direitos humanos.

Esclarecido que a assistência jurídica é um direito fundamental expresso (CRFB/1988, art. 5º, LXXIV) e que demanda ações prestacionais por parte do Estado, resta saber quais os modelos existentes, bem como a escolha brasileira.

1.1. A Defensoria Pública pós-Constituição de 1988

Na doutrina brasileira, são listados os seguintes modelos de assistência jurídica: *Pro bono*, *Judicare*, *SalariedStaff* (público) e o Misto (ou híbrido).

No modelo *pro bono*, a prestação de assistência judiciária gratuita é marcadamente caritativa e realizada por profissionais liberais (advogados), sem nenhuma espécie de contraprestação por parte do Estado. Neste aspecto, a assistência se expressa mais como ato de solidariedade.

Por sua vez, no modelo *Judicare* a assistência judiciária é estabelecida como um direito para todas as pessoas que se enquadrem nos termos da lei. Trata-se da atuação por advogados particulares pagos pelo Estado. Popularmente, quando atuam nesta situação, os advogados são reconhecidos

[5] GONZÁLEZ, Pedro. A dimensão político-democrática do Acesso à Justiça e da Assistência Jurídica Gratuita. In: ALVES, Cleber Francisco; GONZÁLEZ, Pedro. *Defensoria Pública no Século XXI*: novos horizontes e desafios. Rio de Janeiro: Lumen Juris, 2017, p. 99.

como advogados dativos, tratando-se de atuação subsidiária à Defensoria Pública, nos termos do Estatuto da Advocacia (EOAB, art. 22, § 1º[6]) e por lógica constitucional (art. 134). Cumpre deixar registrada a crítica feita por Holden Macedo da Silva[7] ao modelo *judicare:*

> "Não há especialização e visão de todo; a remuneração dos advogados tende a ser baixa; pois as tabelas normalmente são fixadas pelo Estado; não há efetivo acesso aos Tribunais Superiores, à opinião consultiva e às instâncias extrajudiciais e administrativas, ou seja, a assistência não é integral; o controle de qualidade do serviço prestado é inexistente ou dificultoso, sem parâmetros; os gastos tendem a ser maiores".

No *Salaried Staff Model*, a assistência jurídica gratuita é prestada por agentes públicos remunerados pelo Estado. Há uma instituição responsável por isso. Sobre o modelo *salaried staff model*, Holden Macedo da Silva[8] entende existir duas submodalidades:

> "Na primeira delas, o próprio poder público opta pela criação de organismos estatais destinados à prestação direta dos serviços de assistência judiciária (e eventualmente também de assistência jurídica extrajudicial), contratando para tanto, advogados, que, neste caso, manterão vínculo funcional com o próprio entre público. Tais organismos estatais normalmente são chamados de Defensorias Públicas. Na segunda submodalidade desse modelo, os serviços podem ser prestados por entidades não estatais, via regra sem fins lucrativos, que recebam subsídios dos cofres públicos para custeio de suas despesas, inclusive para o pagamento dos advogados contratados cujo vínculo empregatício será estabelecido com essas respectivas entidades e não com o Estado".

Por fim, há o modelo misto ou híbrido para o qual a assistência jurídica integral é prestada por uma combinação entre os modelos *Judicare* e *Sala-*

[6] Lei n. 8.906/1994, "Art. 22. (...) § 1º O advogado, quando indicado para patrocinar causa de juridicamente necessitado, no caso de *impossibilidade* da Defensoria Pública no local da prestação de serviço, tem direito aos honorários fixados pelo juiz, segundo tabela organizada pelo Conselho Seccional da OAB, e pagos pelo Estado." (g.n.)

[7] SILVA, Holden Macedo da. *Princípios Institucionais da Defensoria Pública.* Brasília: Fortium, 2007, p. 12-13.

[8] SILVA, Holden Macedo da. *Princípios Institucionais da Defensoria Pública.* Brasília: Fortium, 2007, p. 12-13.

ried Staff Model. Daí, o cidadão[9] teria a opção sobre o método de assistência judiciária que recairá a sua escolha.

Expostos brevemente os modelos existentes, surge a indagação: Qual o modelo escolhido pelo Estado brasileiro? A resposta é encontrada no artigo 5º, LXXIV c/c o artigo 134 da CRFB/1988. Tais dispositivos estabelecem o direito fundamental à assistência jurídica integral gratuita aos necessitados, delegando tal incumbência à Defensoria Pública, instituição permanente, função essencial à Justiça. Logo, o *Salaried Staff Model é o* modelo brasileiro para concretização da assistência jurídica gratuita constitucionalizada.

Em harmonia com o texto constitucional, o § 5º do art. 4º[10] da LC n. 80/1994 (com redação dada pela Lei n. 132/2009), dispõe que a assistência jurídica integral e gratuita custeada ou fornecida pelo Estado será exercida pela Defensoria Pública. Em conformidade, Frederico Rodrigues Viana de Lima[11]:

> "A Defensoria Pública é o reflexo da adoção, pelo Brasil, do *salaried*Sta*ff model* de prestação de assistência judiciária gratuita, porquanto consubstancia instituição designada pela constituição com o fim específico de auxiliar juridicamente os carentes de recursos financeiros, sendo aparelhada com uma complexa estrutura organizacional e aprovisionada de agentes públicos cuja missão se traduz na proteção jurídica aos hipossuficientes".

Note-se, ainda, que a assistência jurídica gratuita prestada pelo Estado deve ser exercida *exclusivamente* pela Defensoria Pública, conforme assevera Gustavo Corgosinho[12]:

> "impõe-se que reconhecer que, hodiernamente, não é mais permitido ao Estado, em nenhuma das esferas, criar outro órgão público ao qual seja dada a

[9] Neste texto, a expressão "cidadão" é utilizada como aquele destinatário dos direitos fundamentais. Não se ignora, por oportuno, as lições do professor Ronaldo Brêtas, o qual prefere utilizar as expressões "povo" e "sujeito constitucional", pois ensina que a nomenclatura "cidadão" deve ser restrita aquele que possui capacidade para votar e ser votado.

[10] LC n. 80/1994, "Art. 4º (...) § 5º A assistência jurídica integral e gratuita custeada ou fornecida pelo Estado será exercida pela Defensoria Pública."

[11] Lima, Frederico Rodrigues Viana de. *Defensoria Pública*. Salvador: Editora Juspodivm, 2010, p. 58.

[12] Corgosinho, Gustavo. *Defensoria Púbica*: Princípios Institucionais e Regime Jurídico. 2ª ed. Belo Horizonte: Arraes Editora, 2014, p. 43.

incumbência de prestar a *assistência judiciária*, e muito menos a *assistência judiciária integral e gratuita aos necessitados*, fora do âmbito da Defensoria Pública, posto que a iniciativa violaria os princípios institucionais de *unidade* e *indivisibilidade*, havendo, inclusive, na Lei Orgânica mineira, previsão expressa no sentido de que "o exercício da assistência jurídica aos necessitados é privativo da Defensora Pública" – Art. 5º, §3º, da Lei Complementar n. 65/2003 – tratando-se de verdadeiro monopólio em *âmbito estatal*, o que não impede de forma alguma, em nossa opinião, a atuação dos núcleos de assistência das instituições de ensino jurídico e das organizações da sociedade civil"

Com efeito, a estruturação de uma instituição destinada à prestação de serviços jurídicos com corpo de membros voltados para tal missão repercute em uma melhor qualidade e especialização. A diferença entre o *serviço* da assistência jurídica e a *instituição* encarregada de prestá-la deve ser destacada, sendo analisada por Marcos Lopes Gomes[13]:

> "De acordo com o modelo público, os defensores públicos são agentes remunerados pelo Estado, refutando eventuais modelos corporativistas e demandistas, uma vez que apresentam novos contornos, com uma atuação não somente demandista, como também preventiva e informativa; não somente individual, como também coletiva, multidisciplinar e participativa; não somente pontual, como também democrática e estratégica"

Como se vê, o *Salaried Staff Model* é o modelo previsto pelo Estado[14], sendo missão da Defensoria Pública[15], instituição com a incumbência de efetivação do direito fundamental à assistência jurídica integral, buscando garantir o acesso à justiça de forma qualificada.

[13] GOMES, Marco Vinicius Manso Lopes. *Direitos Humanos e Princípios Institucionais da Defensoria Pública*. São Paulo: 2ª ed. Saraiva Educação, 2019, p. 161.

[14] Embora o modelo escolhido constitucionalmente, não se ignora que diante do número deficiente de defensores públicos e inexistência da instalação da Defensoria Pública em grande parte das unidades jurisdicionais, a realidade é marcada pelos modelos pro bono e *judicare*.

[15] Nos autos da ADI n. 4.163, o Ministro Marco Aurélio de Mello declarou que "a delegação de advogados não-defensores à assistência jurídica a cidadãos de baixa renda entra em conflito direto com dispositivos constitucionais. "Não imagino a mesma delegação (de terceiros) no exercício da defesa do Estado, no papel do Ministério Público, com um advogado fazendo às vezes do agente apontado pela Constituição". Anotações a partir da obra *Defensoria Pública*, escrita por Amélia Soares da Rocha (Atlas, p. 100-101).

Ademais, no mister de prestação da assistência jurídica integral, a Defensoria Pública é instituição permanente, essencial à função jurisdicional do Estado, incumbindo-lhe, como expressão e instrumento do regime democrático, fundamentalmente, a orientação jurídica e a promoção dos direitos humanos – sendo esses dos termos do art. 134 da CRFB/1988. A partir desse enfoque deve-se compreender a amplitude das funções constitucionais outorgadas à Defensoria Pública.

Ao ser considerada instituição *permanente*, essencial à função jurisdicional, a Defensoria Pública alcança a qualidade de *cláusula pétrea*, não podendo ser diminuída, nem retirada do sistema de justiça constitucional. Aliás, a Defensoria Pública, embora não faça parte da função judiciária é também indispensável e essencial para que o Estado exerça a função jurisdicional.

Ser "*expressão*" do regime democrático implica que a Defensoria Pública envide todos os esforços possíveis para fortalecimento e manutenção da democracia. Assim, muitas vezes, a Instituição deverá atuar de forma *contra majoritária* para assegurar as liberdades individuais, os direitos de participação contra qualquer forma de discriminação. Neste aspecto, servem de referências as atuações defensoriais aos migrantes, encarcerados, idosos, mulheres em situação de violência doméstica, entre outros grupos vulneráveis.

Quanto à *orientação jurídica*, esta antecede e, muitas vezes, dispensa a atuação em processos judiciais, na medida em que o esclarecimento sobre o direito ou de sua inexistência pode evitar frustrantes demandas temerárias, além possibilitar o protagonismo do cidadão em soluções extrajudiciais. Com a orientação jurídica prévia, mesmo quando indispensável a propositura de processos judiciais, tais iniciativas serão muito mais conscientes e profícuas. Sem dúvidas, além de tudo isso, a orientação jurídica traz *economia* pessoal e financeira ao sistema de justiça, livrando as partes de "desvios produtivos"[16] com a perda de tempo em processos que não produzirão resultados positivos.

Noutro passo, a promoção, prevalência e efetivação dos direitos humanos é atuação inegociável da Defensoria Pública, constituindo sua natureza constitucional (art. 134) e objetivo (art. 1º, 3º-A, III, LC n. 80/1994).

[16] DESSAUNE, Marcos. *Teoria aprofundada do Desvio Produtivo do Consumidor*: o prejuízo do tempo desperdiçado e da vida alterada. 2ª ed. Vitória: Edição Especial do Autor, 2017.

Decerto, a atuação na concretização de direitos sociais, atuação em prol de comunidades vulneráveis organizacionalmente e a educação em direitos são instrumentos fundamentais para a efetivação dos direitos humanos.

Esclarecido brevemente o papel institucional da Defensoria Pública, é imperioso examinar a importância da autonomia funcional e organizacional da Instituição para efetivação do seu papel constitucional.

1.2. Autonomia administrativa e organizacional: O querer do constituinte e razões de reconhecimento à Defensoria Pública

A Defensoria Pública possui ampla autonomia constitucional.

Ter *autonomia organizacional* implica no autogoverno institucional, dissociado da Função administrativo-executiva[17]. Assim, a instituição promoverá a própria gestão[18], tão somente em observância à própria Constituição e as Leis[19]. À Defensoria Pública, malgrado apenas de forma expressa a partir da Emenda Constitucional n. 45/2004, desde o Constituinte originário foi reconhecida a autonomia organizacional. Ora, a topografia originária da Constituição já colocou a Defensoria Pública no Capítulo IV ("Das Funções Essenciais à Justiça"), sem vínculo direto com outra função estatal, portanto em posição distinta de qualquer dos Poderes, em sinal eloquente que a Instituição já era detentora de autonomia[20], porquanto não

[17] Expressão extraída das lições de Montesquieu. Segundo Ronaldo Brêtas de Carvalho Dias, de modo equivocado, tem-se difundido as expressões "Separação dos Poderes", "Poder Legislativo", "Poder Executivo" e "Poder Judiciário". Entrementes, não há que falar na existência de "Poderes", uma vez que o Poder é uno. Atento a isso, neste texto, são utilizadas as expressões "função legislativa", "função administrativa" e "função judiciária". Sobre o assunto, sugere-se a leitura da obra Processo Constitucional Brasileiro escrita por Ronaldo Brêtas, Editora Del Rey. p. 18.

[18] "A autonomia administrativa permite à Defensoria Pública praticar, de maneira independente e livre da influência dos demais Poderes Estatais, atos próprios de gestão, tais como adquirir bens e contratar serviços, estabelecer a lotação e a distribuição de seus membros da carreira e seus servidores..." (ESTEVES, Diogo, SILVA, Franklyn Roger Alves. *Princípios Institucionais da Defensoria Pública*. 2ª ed. Rio de Janeiro: Forense, 2017, p. 88).

[19] "A autonomia administrativa pode ser resumida na capacidade atribuída a determinado órgão para assumir integralmente a condução e a gestão dos seus próprios interesses e negócios, subordinando-se apenas e tão somente ao seu regime jurídico-administrativo" (CORGOSINHO, Gustavo. *Defensoria Púbica*: Princípios Institucionais e Regime Jurídico. 2ª ed. Belo Horizonte: Arraes Editora, 2014, p. 65).

[20] "se, de um lado, não se logrou incluir expressamente na Constituição a autonomia da Instituição e o tratamento jurídico estatutário semelhante ao do Ministério Público e da

possuía seu interesse atrelado a nenhum outro ente estatal, como ocorre com a Advocacia Pública.

Observação importante sobre o querer consciente do constituinte em reconhecer a autonomia à Defensoria Pública é extraída do fato de apenas os juízes, os membros do Ministério Público e da Defensoria Pública terem recebido a prerrogativa da inamovibilidade no Sistema de Justiça. Assim, era interesse do Poder Constituinte originário[21] reconhecer autonomia às 3 (três) carreiras nacionalizadas e interiorizadas do Sistema de Justiça, na medida em que qualquer atentar contra a inamovibilidade, por via reflexa, viola a própria autonomia e vice-versa. De qualquer forma, a Emenda Constitucional n. 45/2004 lançou fim a qualquer dúvida, ao incluir na redação do artigo 134 da Constituição da República, o seguinte parágrafo:

> "§ 2º Às Defensorias Públicas Estaduais são asseguradas autonomia funcional e administrativa e a iniciativa de sua proposta orçamentária dentro dos limites estabelecidos na lei de diretrizes orçamentárias e subordinação ao disposto no art. 99, § 2º."

Atento ao Constituinte reformador, o legislador infraconstitucional tratou de proceder as adequações necessárias na Lei Orgânica Nacional da Defensoria Pública (LONDEP) – Lei Complementar n. 80/1994. Assim, a edição da LC n. 132/09 deu nova redação ao texto da LONDEP, que no tocante à autonomia administrativa e organizacional:

> "Art. 97-A. À Defensoria Pública do Estado é assegurada autonomia funcional, administrativa e iniciativa para elaboração de sua proposta orçamen-

Magistratura, por outro, a natureza jurídica e a envergadura da Defensoria Pública ficaram implicitamente fixados nas várias referências do texto constitucional, nomeadamente sua localização no texto e o tratamento remuneratório descrito no art. 135. De fato, a inclusão da Defensoria Pública no capítulo das Funções Essenciais à Justiça, topologicamente fora dos capítulos destinados aos três Poderes tradicionais, significa a completa desvinculação em relação àqueles, sinônimo de autonomia administrativa." (Rocha, Jorge Bheron. Defensoria Pública autônoma é escolha consciente e coerente da Assembleia Nacional Constituinte de 1987-88. Disponível em: <http://www.adpec.org.br/defensoria-publica-autonoma-e-escolha--consciente-e-coerente-da-assembleia-nacional-constituinte-de-1987-1988/>. Acesso em: 04 Ago: 2019).

[21] Casas Maia, Maurilio. Simetria Constitucional entre carreiras jurídico-processuais nacionalizadas e interiorizadas: os debates sobre equiparação entre judicatura, Ministério Público e Defensoria Pública. *Revista Jurídica Consulex*, Brasília (DF), v. 435, p. 60 – 63, Mar. 2015.

tária, dentro dos limites estabelecidos na lei de diretrizes orçamentárias, cabendo-lhe, especialmente:

I – abrir concurso público e prover os cargos de suas Carreiras e dos serviços auxiliares;

II – organizar os serviços auxiliares;

III – praticar atos próprios de gestão;

IV – compor os seus órgãos de administração superior e de atuação;

V – elaborar suas folhas de pagamento e expedir os competentes demonstrativos;

VI – praticar atos e decidir sobre situação funcional e administrativa do pessoal, ativo e inativo da Carreira, e dos serviços auxiliares, organizados em quadros próprios;

VII – exercer outras competências decorrentes de sua autonomia."

Ante o ordenamento constitucional e legal exposto, dúvidas inexistem acerca da autonomia organizacional e administrativa da Defensoria Pública.

Com efeito, a autonomia não é mera opção constitucional ou privilegio, mas indispensável para que a Defensoria Pública possa exercer o *múnus* constitucional, uma vez que por atuar em grande parte contra o próprio Estado-Executivo, um *custo político* é gerado, potencialmente acarretando incompreensões e retaliações por parte da função administrativa[22]. Sobre a importância da autonomia para o enfrentamento dos obstáculos de Acesso à Justiça, enfatiza Amélia Soares da Rocha[23]:

"Sem independência, a defesa do pobre é meramente formal e, mais grave, legitimadora da condição de desigualdade, que ainda é inconveniente, a muito espaços de poder, posto que a verdadeira defesa, como há muito advertia

[22] A necessidade de autonomia administrativa, financeira e organizacional da Defensoria Pública foi reconhecida pelo então relator constituinte Bernardo Cabral (AM), o qual advertiu que a "a autonomia conferirá a essas instituições um importante desvinculação do Poder Executivo, com o qual não guardam qualquer relação de afinidade institucional, além de propiciar um fortalecimento da instituição e da consequente atuação institucional". Sobre o tema, ver: A singularidade da Defensoria Pública para a autonomia institucional pós-88: Uma promessa Constituinte e um débito histórico (quase) quitado, de autoria de Maurílio Casas Maia. In: Autonomia & Defensoria Pública. Salvador: Editora Juspodivm. 2018 p. 57-78.

[23] Rocha, Amélia Soares da. *Defensoria Pública*: Fundamentos, Organização e Funcionamento. São Paulo: Atlas, 2013, p. 95-96.

> Nabuco, tem reflexos nos alicerces de nossa pátria, e a alteração dessa realidade não interessa a todos. A questão é muito simples e objetiva: A igualdade, na prática, causa muito incômodo e só poderá ser alcançada se a instituição tiver real independência e força no enfrentamento dos clássicos obstáculos ao acesso à justiça".

Ainda que prevista no ordenamento constitucional e por todos os fundamentos justificáveis, a autonomia defensorial foi objeto de debate no Supremo Tribunal Federal (STF). No primeiro semestre de 2012, 4 (quatro) julgamentos foram realizados, ocasiões em que, de forma unânime, o STF se manifestou pela autonomia: (I) No julgamento da *ADI n. 3.569*, foi declarada inconstitucional qualquer norma que vinculasse a Defensoria Pública do Estado de Pernambuco a uma Secretaria de Estado, uma vez que tal situação, tiraria a liberdade de agir contra o próprio Poder Público; (II) No julgamento da *ADI n. 4.163* foi declarada inconstitucional a obrigatoriedade de convênio entre a Defensoria Pública do Estado de São Paulo e a Ordem dos Advogados do Brasil – Seção São Paulo; (III) As ADIs n. *3965* (Minas Gerais) e (IV) *4056* (Maranhão) foram examinadas conjuntamente e em tal julgamento se decidiu ser indevida qualquer subordinação da Defensoria Pública ao Governador do Estado. Segundo a Ministra Carmem Lúcia Antunes Rocha, relatora da ADI n. 3965, a autonomia decorre do fato de ser a Defensoria Pública "um dos alicerces do Estado Democrático de Direito, não podendo, por isso, subordinar-se a órgão específico do Poder Executivo"[24].

Como se vê, a autonomia prevista no ordenamento jurídico é reconhecida também pela jurisprudência do Supremo Tribunal Federal, sendo fundamental para o cumprimento efetivo da missão constitucional da Defensoria Pública.

1.3. A legitimidade institucional da Defensoria Pública: do ordenamento jurídico à jurisprudência dos tribunais superiores

A Defensoria Pública é uma das funções essenciais à Justiça na Constituição (art. 134), ao lado de outros órgãos, tais como Ministério Público (art. 127-130), Advocacia Pública (art. 131-132) e Advocacia (art. 133). Nesse contexto, o "Estado Defensor" está incumbido da assistência jurídica em prol

[24] Item 8, página 13, da íntegra do voto lançado na ADI em comento.

de quem não dispõe de recursos e da defesa dos direitos humanos. Desse modo, a Defensoria Pública é uma *garantia institucional*[25] dos incisos LXIV e XXXV da Constituição, viabilizando o acesso à Justiça e à jurisdição. Contudo, conforme antedito, a Defensoria Pública não recebeu autonomia expressa do constituinte originário e – em razão de sua vocação institucional *singular*[26] para a autonomia após 1988 –, sobrevieram três importantes emendas constitucionais, a EC n. 45/2004 (autonomia às Defensorias Públicas estaduais), a EC n. 69/2012 (Defensoria Pública distrital) e a EC n. 74/2013 (Defensoria Pública da União) –, em cenário constitucional no qual se vai reforçando o *amadurecimento institucional* da Defensoria Pública brasileira. Tal autonomia é deveras importante ao combate a atos lesivos aos interesses dos necessitados, conforme se verá.

Constitucionalmente, a Defensoria Pública é vocacionada, primordialmente, à assistência jurídica dos necessitados, em todos os graus e instâncias, bem como à defesa dos direitos humanos. *A EC n. 80/2014*[27], por seu turno, alterou o art. 134[28] da Constituição consignando claramente algumas atribuições cultivadas há anos pela Defensoria Pública: a promoção dos direitos humanos e a defesa dos necessitados, *agora também na modalidade coletiva de maneira expressa*. Não se pode olvidar, contudo, que o texto constitucional originário de 1988 deixava em aberto por qual modalidade, individual ou coletiva, dar-se-ia a defesa dos necessitados. Com isso, entende-se que a legitimidade coletiva da Defensoria Pública era passível de extração do texto originário da Constituição.

[25] FENSTERSEIFER, Tiago. *Defensoria Pública na Constituição Federal*. Rio de Janeiro: Forense, 2017, p. 193.

[26] CASAS MAIA, Maurilio. A singularidade da Defensoria Pública para a Autonomia Institucional pós-88: Uma Promessa constituinte e um débito histórico (quase) quitado. In: ROCHA, Bheron. CASAS MAIA, Maurilio. BARBOSA, Rafael Vinheiro Monteiro. *Autonomia e Defensoria Pública*: aspectos constitucionais, históricos e processuais. Salvador: JusPodivm, 2017, p. 57-78.

[27] Nova redação conferida pela EC n. 80/2014: "Art. 134. A Defensoria Pública é instituição permanente, essencial à função jurisdicional do Estado, incumbindo-lhe, como expressão e instrumento do regime democrático, fundamentalmente, a orientação jurídica, a promoção dos direitos humanos e a defesa, em todos os graus, judicial e extrajudicial, dos direitos individuais e coletivos, de forma integral e gratuita, aos necessitados, na forma do inciso LXXIV do art. 5º desta Constituição Federal."

[28] Redação originária da Constituição: "Art. 134. A Defensoria Pública é instituição essencial à função jurisdicional do Estado, incumbindo-lhe a orientação jurídica e a defesa, em todos os graus, dos necessitados, na forma do art. 5º, LXXIV)".

No ordenamento jurídico infraconstitucional, o destaque vai para a Lei Federal n. 8.078, de 11/9/1990, o Código de Defesa do Consumidor (CDC). No CDC, no inciso III[29] do art. 82, os *órgãos despersonalizados* – conceito no qual a Defensoria Pública está inserida segundo o STJ (REsp n. 555.111/RJ) –, passam a ter legitimidade coletiva em favor do consumidor quando harmônico com suas finalidades.

Noutro passo, anteriormente à EC n. 80/2014, a Lei Federal n. 11.448/2007 modificou o art. 5º da Lei da Ação Civil Pública (LACP – Lei n. 7.347/1985). Desse modo, tornou-se expressa a legitimidade da Defensoria Pública para ações coletivas. E naquele mesmo ano, a Associação dos Membros do Ministério Público (CONAMP) propôs a Ação Direta de Inconstitucionalidade (ADI) n. 3943 junto ao Supremo Tribunal Federal (STF). Sinteticamente, a CONAMP atribuiu a pecha de inconstitucional à legitimidade coletiva da Defensoria Pública porque supostamente usurparia atribuição ministerial, pretendendo limitar a Defensoria à atuação individual. Anos depois, em 2015, o STF julgou improcedente a ADI n. 3943 e negou, tempos depois, os Embargos de Declaração da CONAMP, a fim de confirmar a constitucionalidade da legitimidade coletiva da Defensoria Pública. O julgamento da ADI n. 3943 repercutiu no entendimento firmado nos Embargos de Divergência em Recurso Especial n. 1192577/RS, pela qual o maior órgão de uniformização do STJ (a Corte Especial), considerou que atuação coletiva da Defensoria Pública é pautada pelo conceito de *necessitado* em sentido amplo.

Outro importante fator de legitimação coletiva da Defensoria Pública, anterior à EC n. 80/2014, é a *Lei Orgânica Nacional da Defensoria Pública* (LONDEP). Originalmente, tal lei trazia a representação postulatória por defensores públicos em prol de associações legitimadas coletivamente. Todavia, por meio da LC n. 123/2009, a LONDEP clarificou a legitimidade coletiva defensorial, medida essa repetida com a atualização da Lei de Execução Penal (LEP), em 2010, atribuindo legitimação coletiva da Defensoria Pública na execução penal. Por fim, não se olvide ainda a legitimidade institucional expressa da Defensoria Pública para os Mandado de Injunção Coletivos[30].

[29] CDC, "Art. 82. Para os fins do art. 81, parágrafo único, são legitimados concorrentemente: (...) III – as entidades e órgãos da Administração Pública, direta ou indireta, ainda que sem personalidade jurídica, especificamente destinados à defesa dos interesses e direitos protegidos por este código;"

[30] Lei n. 13.300/2016, "Art. 12. O mandado de injunção coletivo pode ser promovido: (...) IV – pela Defensoria Pública, quando a tutela requerida for especialmente relevante para a

Em síntese, esse é o quadro normativo da legitimidade coletiva da Defensoria Pública. Seguindo agora especificamente quanto à legitimidade da Defensoria Pública para a propositura de ações coibidoras e reparadoras da corrupção.

1.4. A lesão às Coletividades Necessitadas e a legitimidade coletiva e penal da Defensoria Pública em prol do combate à corrupção e aos crimes contra a ordem tributária e o Sistema Financeiro Nacional

As expressões "necessitados" e "direitos humanos" são conceitos essenciais à compreensão da legitimidade institucional da Defensoria Pública. Por isso, é primordial compreender o atual conceito de *coletividade necessitada*[31] *para que se possa falar na legitimidade defensorial para fins de propositura de medidas de combate e coibição à corrupção. O primeiro paradigma interpretativo do conceito de Coletividade Necessitada* é o STF, no julgamento da ADI n. 3943, expondo os referenciais para a compreensão de tal conceito:

> "Ementa: Ação Direta de Inconstitucionalidade. Legitimidade ativa da Defensoria Pública para ajuizar Ação Civil Pública (Art. 5º, Inc. II, da Lei n. 7.347/1985, alterado pelo Art. 2º da Lei N. 11.448/2007). Tutela de Interesses Transindividuais (Coletivos *Strito Sensu* e Difusos) e Individuais Homogêneos. Defensoria Pública: Instituição Essencial à Função Jurisdicional. Acesso À Justiça. *Necessitado: Definição segundo Princípios Hermenêuticos Garantidores da força normativa da Constituição e da máxima efetividade das normas constitucionais*: Art. 5º, Incs. XXXV, LXXIV, LXXVIII, da Constituição da República. Inexistência de norma de exclusividade do Ministério Público para ajuizamento de Ação Civil Pública. Ausência de prejuízo Institucional do Ministério Público pelo reconhecimento da legitimidade da Defensoria Pública. Ação Julgada Improcedente." (STF, ADI 3943, Rel. Min. Cármen Lúcia, Tribunal Pleno, j. 7/5/2015, Acórdão Eletrônico DJe-154, divulg. 5-8-2015, p. 6-8-2015).

Aliás, o próprio STF conduziu ao esclarecimento das balizas da legitimação coletivo-defensorial na mesma ADI n. 3943:

promoção dos direitos humanos e a defesa dos direitos individuais e coletivos dos necessitados, na forma do inciso LXXIV do art. 5º da Constituição Federal."

[31] Sobre o tema, vide: Barletta, Fabiana Rodrigues. Casas Maia, Maurilio. Idosos e Planos de Saúde: Os Necessitados Constitucionais e a Tutela Coletiva Via Defensoria Pública – Reflexões sobre o conceito de Coletividade Consumidora após a ADI 3943 e o ERESP 1192577. *Revista de Direito do Consumidor*, v. 106, p. 201-227, Jul.-Ago. 2016.

"(...) A legitimidade da Defensoria Pública para ajuizar Ação Civil Pública não está condicionada à comprovação prévia da hipossuficiência dos possíveis beneficiados pela prestação jurisdicional. (...)." (STF, ED na ADI 3943, Rel. Min. Cármen Lúcia, Tribunal Pleno, j. 18/5/2018, p. 1/8/2018).

Ainda no âmbito do STF, merece menção o julgamento com repercussão geral no Recurso Extraordinário (RExt) n. 733.433, quando é possível constatar a existência de necessitados difusos:

"Direito Processual Civil e Constitucional. Ação civil pública. *Legitimidade da Defensoria Pública para ajuizar ação civil pública em defesa de interesses difusos*. Interpretação do art. 134 da Constituição Federal. Discussão acerca da constitucionalidade do art. 5º, inciso II, da Lei nº 7.347/1985, com a redação dada pela Lei nº 11.448/07, e do art. 4º, incisos VII e VIII, da Lei Complementar nº 80/1994, com as modificações instituídas pela Lei Complementar nº 132/09. *Repercussão geral reconhecida*. Mantida a decisão objurgada, visto que comprovados os requisitos exigidos para a caracterização da legitimidade ativa. Negado provimento ao recurso extraordinário. Assentada a tese de que *a Defensoria Pública tem legitimidade para a propositura de ação civil pública que vise a promover a tutela judicial de direitos difusos e coletivos de que sejamtitulares, em tese, pessoasnecessitadas*."(STF, RE 733433, Rel. Min. Dias Toffoli, Tribunal Pleno, j. 4/11/2015, g.n.).

Por sua vez, a Corte Especial do STJ também visualiza de maneira ampla a *coletividade necessitada* que deflagra a legitimidade institucional coletiva da Defensoria Pública, *in verbis*:

"Embargos de Divergência no Recurso Especial nos Embargos Infringentes. Processual Civil. Legitimidade da Defensoria Pública para a propositura de Ação Civil Pública em favor de idosos. Plano de saúde. Reajuste em razão da idade tido por abusivo. Tutela de interesses individuais homogêneos. *Defesa de necessitados, não só os carentes de recursos econômicos, mas também os hipossuficientes jurídicos*. Embargos de Divergência acolhidos.

1. Controvérsia acerca da legitimidade da Defensoria Pública para propor ação civil pública em defesa de direitos individuais homogêneos de consumidores idosos, que tiveram seu plano de saúde reajustado, com arguida abusividade, em razão da faixa etária.

2. A atuação primordial da Defensoria Pública, sem dúvida, é a assistência jurídica e a *defesa dos necessitados econômicos, entretanto, também exerce suas atividades em auxílio a necessitados jurídicos*, não necessariamente carentes de recursos econômicos, como é o caso, por exemplo, quando exerce a função do curador especial, previsto no art. 9º, inciso II, do Código de Processo Civil, e do defensor dativo no processo penal, conforme consta no art. 265 do Código de Processo Penal.

3. No caso, o direito fundamental tutelado está entre os mais importantes, qual seja, o direito à saúde. Ademais, o grupo de consumidores potencialmente lesado é formado por idosos, cuja condição de vulnerabilidade já é reconhecida na própria Constituição Federal, que dispõe no seu art. 230, sob o Capítulo VII do Título VIII ("Da Família, da Criança, do Adolescente, do Jovem e do Idoso"): "A família, a sociedade e o Estado têm o dever de amparar as pessoas idosas, assegurando sua participação na comunidade, defendendo sua dignidade e bem-estar e garantindo-lhes o direito à vida." 4. "*A expressão 'necessitados'* (art. 134, caput, da Constituição), que qualifica, orienta e enobrece a atuação da Defensoria Pública, deve ser entendida, no campo da Ação Civil Pública, *em sentido amplo, de modo a incluir, ao lado dos estritamente carentes de recursos financeiros – os miseráveis e pobres -, os hipervulneráveis* (isto é, os socialmente estigmatizados ou excluídos, as crianças, os idosos, as gerações futuras), enfim todos aqueles que, como indivíduo ou classe, por conta de sua real debilidade perante abusos ou arbítrio dos detentores de poder econômico ou político, 'necessitem' da mão benevolente e solidarista do Estado para sua proteção, mesmo que contra o próprio Estado. Vê-se, então, que a partir da ideia tradicional da instituição forma-se, no Welfare State, um novo e mais abrangente círculo de sujeitos salvaguardados processualmente, isto é, adota-se uma compreensão de minushabentes impregnada de significado social, organizacional e de dignificação da pessoa humana" (REsp 1.264.116/RS, Rel. Ministro HERMAN BENJAMIN, SEGUNDA TURMA, julgado em 18/10/2011, DJe 13/04/2012).

5. O Supremo Tribunal Federal, a propósito, recentemente, ao julgar a ADI 3943/DF, em acórdão ainda pendente de publicação, concluiu que a Defensoria Pública tem legitimidade para propor ação civil pública, na defesa de interesses difusos, coletivos ou individuais homogêneos, julgando improcedente o pedido de declaração de inconstitucionalidade formulado contra o art. 5º, inciso II, da Lei nº 7.347/1985, alterada pela Lei nº 11.448/2007 ("Art. 5º – Têm legitimidade para propor a ação principal e a ação cautelar: ... II – a Defensoria Pública").

6. Embargos de divergência acolhidos para, reformando o acórdão embargado, restabelecer o julgamento dos embargos infringentes prolatado pelo Terceiro Grupo Cível do Tribunal de Justiça do Estado do Rio Grande do Sul, que reconhecera a legitimidade da Defensoria Pública para ajuizar a ação civil pública em questão." (STJ, EREsp 1192577/RS, Rel. Min. LAURITA VAZ, Corte Especial, j. 21/10/2015, DJe 13/11/2015).

Desse modo, a conclusão à qual se chega é: a *coletividade necessitada*, legitimadora da Defensoria Pública, é interpretada em sentido amplo quando houver discussão sobre *direitos humanos e necessidades sociais* que vulnerabilizem os sujeitos em sociedade. É exatamente de tal ponto que se deve esclarecer a legitimidade institucional-coletiva da Defensoria Pública para atuação em favor das pessoas afetadas pela corrupção, improbidade, crimes tributários e contra o sistema financeiro.

Uma vez compreendido que a Defensoria Pública tem por missão a defesa dos necessitados tanto nos aspectos individual e coletivo, é necessário observar até que ponto e quais instrumentos podem ser utilizados para o exercício do seu mister.

Ora, atos de corrupção pública e improbidade lesionam os destinatários dos recursos públicos do Estado, os quais são, em grande parte, *necessitados sociais e econômicos* – como no caso da saúde pública e da educação pública, mas não somente. *Difusamente*, as coletividades se servem também dos recursos públicos aplicados em estradas e saneamento básico. Desse modo, a corrupção com verbas públicas afeta a coletividade *difusamente* de forma até mesmo a criar um *outro grupo social vulnerável* – qual seja, aquele carente dos serviços públicos que deixam de ser realizados por conta da corrupção – que é merecedor de proteção especial do Estado, conforme lógica do artigo 4º, XI[32], da LC n. 80/1994. Decerto, o interesse da Defensoria Pública surge cristalino da legislação e da interpretação decorrente dos entendimentos do STF (ADI n. 3943 e RE-Rg n. 733.433) e do STJ (EREsp n. 1192577).

De mais a mais, a Lei Orgânica da Defensoria Pública não apresentou qualquer limite financeiro à atuação institucional-coletiva do Estado

[32] LC n. 80/1994, "Art. 4º São funções institucionais da Defensoria Pública, dentre outras: (...) XI – exercer a defesa dos interesses individuais e coletivos da criança e do adolescente, do idoso, da pessoa portadora de necessidades especiais, da mulher vítima de violência doméstica e familiar e de outros grupos sociais vulneráveis que mereçam proteção especial do Estado;"

Defensor. Ao contrário, dentro da lógica da *cláusula legal de potencial benefício aos hipossuficientes*[33], a função e legitimação institucional da Defensoria Pública deve ser compreendida de forma ampla, na exata inteligência da Lei Complementar n. 80/1994 (após a redação dada pela Lei n. 132/2009) – com ênfase nos incisos VII[34] e X[35] do art. 4º.

Portanto, há autorizativo legal para a legitimidade coletiva defensorial para o combate à corrupção (e fenômenos afins) – esse fenômeno socialmente indigesto que aprofunda a *desigualdade social*[36]-[37] tão nociva às camadas mais vulneráveis da população, travando o desenvolvimento social[38] e o progresso dos necessitados. Desse modo, quando tal ato corrupto e ímprobo afetar o *interesse dos necessitados* que legitima a Defensoria Pública a atuar, a atuação defensorial será medida impositiva com o escopo de se executar ampla, efetiva e adequadamente sua função institucional de defesa dos necessitados. Assim sendo, a Defensoria Pública não pode ser alijada do uso de instrumentos como a ação de improbidade e afins no combate

33 Casas Maia, Maurilio. Custos Vulnerabilis Constitucional: O Estado Defensor entre o REsp 1.192.577-RS e a PEC 4/14. *Revista Jurídica Consulex*, Brasília, n. 417, p. 55-57, 1º jun. 2014. p. 56.

34 LC n. 80/1994, ""Art. 4º – São funções institucionais da Defensoria Pública, dentre outras: (...) VII – promover ação civil pública *e todas as espécies de ações capazes* de propiciar a adequada tutela dos direitos difusos, coletivos ou individuais homogêneos quando o resultado da demanda puder beneficiar grupo de pessoas hipossuficientes;" (g.n.)

35 LC n. 80/1994, "Art. 4º – São funções institucionais da Defensoria Pública, dentre outras: (...) X – promover a mais ampla defesa dos direitos fundamentais dos necessitados, abrangendo seus direitos individuais, coletivos, sociais, econômicos, culturais e ambientais, *sendo admissíveis todas as espécies de ações capazes de propiciar sua adequada e efetiva tutela*". (g.n.)

36 "(...) o desafio que se apresenta é conduzir a Defensoria Pública ao patamar de instrumento da insatisfação das massas populares contra os agentes públicos prevaricadores e ímprobos, uma vez que, *sem probidade administrativa não há dignidade da pessoa humana e nem redução de desigualdades sociais.* Sem probidade do agente público verdadeiramente inexiste o nosso autoproclamado Estado Democrático de Direito. É visando à defesa da própria democracia que a Defensoria Pública soma seus esforços na defesa da probidade e lisura na administração pública e na conduta de seus agentes". (Kirchner, Felipe. Kettermann, Patrícia. A legitimidade da Defensoria Pública para o manejo de Ação Civil Pública por ato de Improbidade Administrativa. *Revista dos Tribunais*, São Paulo, vol. 929, p. 361-415, Mar. 2013, g.n.).

37 Gonçalves Filho, Edilson Santana. *Defensoria Pública e a tutela coletiva de Direitos*: Teoria e prática. 2ª ed. Salvador: Juspodivm, 2020, p. 238.

38 Sendo a corrupção "um dos maiores entraves ao desenvolvimento social", a tutela da probidade administrativa poderá interessar à Defensoria Pública – nesse sentido: Boson, Erik Palácio. *A Defensoria Pública e a tutela jurisdicional da Moralidade Administrativa*. Salvador: Juspodivm, 2016, p. 105.

à *corrupção nociva aos vulneráveis*, mormente por lhe ser atribuída a missão, intervenção e alcunha de *Custos vulnerabilis*[39] – a Defensoria Pública como guardiã constitucional dos vulneráveis[40].

Não bastasse tudo o quanto foi ponderado até aqui quanto à ordem jurídica interna, registra-se no plano internacional a *Resolução n. 1/2018 da Comissão Interamericana de Direitos Humanos*, a qual destaca o papel dos órgãos do Sistema de Justiça no combate à corrupção, inclusive defensores públicos, *in verbis*:

> "1. Independência, imparcialidade, autonomia e capacidade dos *sistemas de justiça* (...) iv. Promover canais de cooperação efetiva entre promotores, juízes, *defensores públicos* e a polícia, bem como outras instituições que possam ter em seu poder informações relevantes para casos relacionados a atos de corrupção."[41]

Assim, de modo claro, os defensores públicos são lembrados pela CIDH no combate à corrupção. Contudo, há mais a ser dito: Sendo a Defensoria Pública a guardiã constitucional dos Direitos Humanos (art. 134), em especial dos mais vulneráveis, nada mais natural que a mesma possa se mover para inibir danos à população que deve emancipar e proteger – tal afirmação ganha reforço, quando à CIDH, também no *Resolução n. 1/2018*, reconhece *que a corrupção impacta negativamente na efetivação dos direitos humanos*, como é transcrito:

> "Considerando que a corrupção é um fenômeno complexo que afeta os direitos humanos em sua totalidade – civis, políticos, econômicos, sociais, culturais e ambientais – e o direito ao desenvolvimento; enfraquece a gover-

[39] Expressão criada e desenvolvida a partir dos seguintes trabalhos: (1) CASAS MAIA, Maurilio. Custos Vulnerabilis Constitucional: O Estado Defensor entre o REsp 1.192.577-RS e a PEC 4/14. Revista Jurídica Consulex, Brasília, n. 417, p. 55-57, 1º jun. 2014. (2) ______. Luigi Ferrajoli e o Estado Defensor enquanto magistratura postulante e Custos Vulnerabilis. Revista Jurídica Consulex, Brasília, v. 425, p. 56-58, Out. 2014.

[40] CASAS MAIA, Maurilio. A legitimidade coletiva da Defensoria Pública para a tutela de segmentos sociais vulneráveis. In: MARQUES, Cláudia Lima. GSELL, Beatel. (Org.). Novas Tendências de Direito do Consumidor: Rede Alemanha-Brasil de pesquisas em Direito do Consumidor. São Paulo: Editora Revista dos Tribunais, 2015, p. 431-459.

[41] Tradução livre do original: "1. Independencia, imparcialidad, autonomía y capacidad de los sistemas de justicia (...) iv. Promover canales de cooperaciónefectiva entre fiscales, jueces, defensores públicos y lapolicía, así como otrasinstituciones que puedantenerensu poder información relevante para los casos relacionados conactos de corrupción."

nança e as instituições democráticas, promove a impunidade, mina o estado de direito e exacerba a desigualdade."[42]

Obviamente, qualquer atuação da Defensoria Pública no combate à *corrupção não poderá se pautar no mero punitivismo midiático* e nem se afastar do respeito aos direitos fundamentais – ressalta, nesse sentido, Marcos Lopes Gomes[43]:

> "Não se busca colocar a Defensoria Pública no palco central, em virtude de uma sociedade do risco ou discurso do medo. (...) Da mesma forma, não é demais ressaltar que todo combate à corrupção, por óbvio, deverá observar os direitos fundamentais e respeitar as instituições públicas. Esse delicado tema deverá sempre observar as garantias processuais, como contraditório e ampla defesa, atuando-se com cautela e proporcionalidade, tal como prevê um Estado Democrático Constitucional."

Assim sendo, no cenário das lesões aos interesses dos vulneráveis e aos direitos humanos decorrentes de atos improbidade e corrupção (e atos afins) não somente a intervenção institucional de terceiro da Defensoria Pública (*Custos Vulnerabilis*)[44], como também a *legitimação ativa* da Defensoria Pública está plenamente justificada no cenário constitucional e legal, mormente porque a Lei lhe faculta a utilização de *qualquer meio jurídico que possa beneficiar vulneráveis* e proporcionar-lhes tutela adequada – LC n. 80/1994 (art. 4º[45], VII[46] e X[47]).

[42] Tradução libre do original: "Considerando que lacorrupción es uncomplejo fenómeno que afecta a losderechos humanos ensuintegralidad – civiles, políticos, económicos, sociales, culturales y ambientales-, así como al derecho al desarrollo; debilita lagobernabilidad y lasinstituciones democráticas, fomenta laimpunidad, socava el Estado de Derecho y exacerba la desigualdade". (Resolução n. 1/2018-CIDH).

[43] GOMES, Marco Vinicius Manso Lopes. *Direitos Humanos e Princípios Institucionais da Defensoria Pública*. São Paulo: 2ª ed. Saraiva Educação, 2019, p. 160.

[44] Defendendo o interesse institucional da Defensoria Pública para intervenção *Custos Vulnerabilis*nas Ações de Improbidade Administrativa: NEVES, Daniel Amorim Assumpção. *Manual de Processo Coletivo*. 4ª ed. Salvador: Juspodivm, 2020, p. 228.

[45] LC 80/1994, "Art. 4º São funções institucionais da Defensoria Pública, dentre outras: (...) VII – promover ação civil pública e *todas as espécies de ações capazes* de propiciar a adequada tutela dos direitos difusos, coletivos ou individuais homogêneos quando o resultado da demanda *puder beneficiar grupo de pessoas hipossuficientes*; (..) X – promover a mais ampla defesa dos direitos fundamentais dos necessitados, abrangendo seus direitos individuais, coletivos,

Ademais, na *esfera processual penal*, não se pode olvidar da excepcional legitimidade penal prevista para que a Defensoria Pública assuma posições como *assistência do Ministério Público* e até mesmo a *legitimidade ativa da ação penal*, subsidiariamente, atuando assim como *amiga da comunidade de vítimas*[48] *(Amicus Communitatis* ou *AmicustCommunitas*[49]) a partir da legitimidade prevista no art. 80[50] do Código de Defesa do Consumidor e expan-

sociais, econômicos, culturais e ambientais, sendo *admissíveis todas as espécies de ações capazes de propiciar sua adequada e efetiva tutela;*"

[46] "(...) o art. 4º, VII – juntamente com o art. 83 do CDC – institui o chamado princípio da não taxatividade, o qual assegura que quaisquer formas de tutela serão admitidas para a efetividade dos direitos coletivos. Ao determinar que é função institucional da Defensoria Pública "promover ação civil pública e todas as espécies de ações capazes de propiciar a adequada tutela dos direitos difusos, coletivos ou individuais homogêneos", o ordenamento define que qualquer tipo de ação pode ser adaptada para a tutela transindividual de direitos. (...) Do ponto de vista sistemático, a primeira questão a ser salientada é a seguinte: uma vez que o direito à probidade administrativa detém a natureza de direito difuso, o princípio da não taxatividade permite o ingresso de demanda coletiva pela Defensoria Pública para apurar e punir os atos de improbidade, como é o caso do ajuizamento de ação civil pública. Forte nas premissas do pensamento sistemático é de todo evidente que, quando a LC 80/1994 (hierarquicamente superior à Lei 8.429/1992) capacita a Defensoria Pública para o ingresso de "todas as espécies de ações capazes de propiciar a adequada tutela dos direitos difusos", está diretamente capacitando a Instituição para o manejo de ação coletiva para coibir ato de improbidade baseado na Lei 8.429/1992. Seria uma contradição lógica e uma erronia técnica pretender que uma lei ordinária (Lei 8.429/1992 – LIA) negue vigência ao estabelecido em uma Lei Complementar (LC 80/1994)." (Kirchner, Felipe. Kettermann, Patrícia.A legitimidade da Defensoria Pública para o manejo de Ação Civil Pública por ato de Improbidade Administrativa. *Revista dos Tribunais*, São Paulo, vol. 929, p. 361-415, Mar. 2013).

[47] Citando o inciso X do art. 4º da LC n. 80/1994, como um dos fundamentos da tutela da moralidade administrativa pela Defensoria Pública: Boson, Erik Palácio. *A Defensoria Pública e a tutela jurisdicional da Moralidade Administrativa*. Salvador: Juspodivm, 2016, p. 95.

[48] Sobre esse tema, vide: Casas Maia, Maurilio. Novas intervenções da Defensoria Pública: *custos vulnerabilis*e o excepcional *amicus communitatis* no direito processual penal. In: Silva, Franklyn Roger Alves (Org.). *O Processo Penal Contemporâneo e a perspectiva da Defensoria Pública*. Belo Horizonte: CEI, 2020, p. 125-159.

[49] Expressão cunhada por Daniel Gerhard: Gerhard, Daniel. Casas Maia, Maurilio. O defensor-hermes, o amicus communitas: a representação democrática dos necessitados de inclusão discursiva.*Informativo Juridico In Consulex*, Brasília, v. 22, p. 11-12, 1º Jun. 2015.

[50] CDC, "Art. 80. No processo penal atinente aos crimes previstos neste código, bem como a outros crimes e contravenções que envolvam relações de consumo, poderão intervir, como assistentes do Ministério Público, os legitimados indicados no art. 82, inciso III e IV, aos quais também é facultado propor ação penal subsidiária, se a denúncia não for oferecida no prazo legal."

dida para outros direitos difusos e coletiva a partir do art. 117 do CDC e do art. 21[51] da Lei da Ação Civil Pública. Embora o tema seja novo e polêmico, a teoria jurídica[52]-[53] já expõe os contornos dessa possibilidade legal potencialmente útil no combate aos crimes impactantes sobre as coletividades necessitadas, tais como os crimes contra a ordem tributária e o Sistema Financeiro Nacional. Por outro lado, não se visualiza qualquer sobreposição ou usurpação às funções do Ministério Público de *Dominus Litis* penal (CRFB/1988, art. 129, I) e de *Custos Legis* – isso em razão de a posição defensorial, nesse caso, atrelar-se aos interesses da vítima (e não da ordem jurídica como é o caso ministerial), bem como porque a eventual posição do "Estado Defensor" de "amigo da comunidade de vítimas" é *subsidiária* (para propor a ação penal) ou de "parte secundária" (no caso da assistência do Ministério Público).

Outrossim, não se pode deixar de fora do lastro de atribuições constitucionais da Defensoria Pública, enquanto instituição, o *combate à corrupção lesiva aos direitos humanos e vulneráveis*, isso, claro, sem excluir eventual necessidade de *representação postulatória* por defensor público do acusado de corrupção, com atuação lastreada na colisão de interesses (LC n. 80/1994, art. 4º-A, V) e no indisponível direito de defesa das convenções de Direitos Humanos, situação essa que só demonstra a importância da autonomia, independência funcional, inamovibilidade e outras garantias dos defensores públicos na ordem jurídica interna. Em síntese, a atuação defensorial sempre se pautará no respeito aos direitos fundamentais e no devido processo legal, inclusive no cenário do combate à corrupção e improbidade.

1.4.1. Um pouco do cenário jurisprudencial

No cenário jurisprudencial, a matéria aqui discutida é ainda nova. Contudo, a temática possui importantes referenciais quanto à legitimidade da Defen-

[51] Lei n. 7.347/1985, "Art. 21. Aplicam-se à defesa dos direitos e interesses difusos, coletivos e individuais, no que for cabível, os dispositivos do Título III da lei que instituiu o Código de Defesa do Consumidor."

[52] Silva, Franklyn Roger Alves. Legitimação Não Tradicional da Ação Penal – A Tutela de Bens Jurídicos por Outras Instituições Públicas. Revista Brasileira de Direito Processual Penal, Porto Alegre, vol. 3, n. 1, p. 367-404, jan./abr. 2017.

[53] Cacicedo, Patrick. Crítica científica a "Legitimação não tradicional da ação penal": Defensoria Pública e a tutela de direitos por meio do direito penal – uma recusa. Revista Brasileira de Direito Processual Penal, Porto Alegre, vol. 3, n. 1, p. 407-416, jan./abr. 2017.

soria Pública na propositura de ações de improbidade. Nesse contexto, Emerson Garcia e Rogério Pacheco Alves[54] ressaltam: "(...) *todos os atos de improbidade administrativa afetam* a sociedade como um todo, também, e *sobretudo, os menos favorecidos*" (g.n.), desse modo, concluem ser inafastável[55] o uso das ações improbidade para a tutela das coletividades necessitadas. Nessa mesma toada, Diogo Esteves e Franklyn Roger[56]: "A improbidade Administrativa, por versar sobre aspectos da probidade e da moralidade administrativa alcançam interesses de toda sociedade, incluindo os hipossuficientes, que evidenciaria o interesse institucional na apuração do ato lesivo".

No âmbito dos tribunais, o TJ-RS[57] e o TJ-PB[58] possuem precedentes favoráveis à legitimação da Defensoria Pública para ações de improbi-

[54] GARCIA, Emerson. ALVES, Rogério Pacheco. *Improbidade Administrativa*. 9ª ed. São Paulo: Saraiva, 2017, p. 958.

[55] "(...) a ação de improbidade é uma *inafastável ferramenta da atribuição constitucional de velar pelos interesses transindividuais dos necessitados*". (GARCIA, Emerson. ALVES, Rogério Pacheco. *Improbidade Administrativa*. 9ª ed. São Paulo: Saraiva, 2017, p. 958, g.n.).

[56] ESTEVES, Diogo. SILVA, Franklyn Roger Alves. *Princípios Institucionais da Defensoria Pública*. 3ª ed. Rio de Janeiro: Forense, 2018, p. 444.

[57] "AGRAVO DE INSTRUMENTO. CONSTITUCIONAL E ADMINISTRATIVO. AÇÃO CIVIL *PÚBLICA* POR ATO DE *IMPROBIDADE* ADMINISTRATIVA. *LEGITIMIDADE* DA *DEFENSORIAPÚBLICA*. A conjunção da Constituição Federal com as leis nº 7.347/85 (art. 5º, II, com a redação que lhe deu a Lei nº 11.448/07), Lei Orgânica da *Defensoria Pública* (artigos 1º, 3º e 4º, com a redação que lhe deu a LC nº 132/09) não deixa dúvidas acerca da *legitimidade* da *Defensoria Pública* para a propositura de ação civil *pública* não apenas na defesa dos necessitados, em atenção às suas finalidades institucionais, mas também na tutela de todo e qualquer direito difuso, coletivo ou individual homogêneo, na forma da lei. É manifesta a *legitimidade* da *Defensoria Pública* para as ações coletivas que visem garantir, modo integral e universal, a tutela de direitos difusos, coletivos ou individuais homogêneos, e garantir, acima de tudo, o postulado da dignidade da pessoa humana, que é um dos fundamentos do nosso Estado Democrático de Direito. Hipótese concreta em que a Ação Civil *Pública* ajuizada pela *Defensoria Pública* visa apurar supostos atos de *improbidade* administrativa cometidos por administradores da APAE – Associação de Pais e Amigos dos Excepcionais. *Legitimidade* ativa reconhecida. Decisão a quo que indeferiu pedido de extinção da lide sem resolução de mérito que vai confirmada. RECURSO DESPROVIDO. VOTO VENCIDO. (TJ-RS, Agravo de Instrumento nº 70034602201, Primeira Câmara Cível, Rel. Carlos Roberto Lofego Canibal, J. 19-5-2010).

[58] "APELAÇÃO. *AÇÃO CIVIL PÚBLICA POR ATO DE IMPROBIDADE ADMINISTRATIVA* C/C PEDIDO DE LIMINAR. RECONHECIMENTO DA ILEGITIMIDADE ATIVA DA DEFENSORIA PÚBLICA. EXTINÇÃO DO FEITO, COM FULCRO NO ART. 267, VI, DO CÓDIGO DE PROCESSO CIVIL VIGENTE À ÉPOCA. SUBLEVAÇÃO DA PROMOVENTE. PRESSUPOSTOS RECURSAIS DE ADMISSIBILIDADE. EXAME À LUZ DO CÓDIGO

dade. Ademais, considerando-se o combate à improbidade como *interesse difuso* e que a Defensoria Pública tem legitimidade para defesa de tais interesses conforme entendimento do STF em repercussão geral (RE-RG n. 733.433), cabe à Defensoria Pública tal atuação protetiva das coletividades necessitadas atingidas pelos resultados nefastos da corrupção e de atos de improbidade. Tanto assim que o TJRS[59] não admitiu o Recurso Extraordinário contra[60] a legitimação da Defensoria Pública para ações de improbidade com base nas conclusões do *Tema n. 607 de Repercussão Geral* do STF. Por outro lado, o STJ também sinaliza que a relação entre a legitimidade da Defensoria Pública, o microssistema processual coletivo e as ações de improbidade – conforme se destaca:

> PROCESSUAL CIVIL. RECURSO ESPECIAL. *LEGITIMIDADE DA DEFENSORIA PÚBLICA* PARA AJUIZAR AÇÃO CIVIL PÚBLICA. ART. 134 DA CF. ACESSO ÀJUSTIÇA. DIREITO FUNDAMENTAL. ART. 5º, XXXV, DA CF. ARTS. 21 DA LEI7.347/85 E 90 DO CDC. MICROSSISTEMA (...). RELEVÂNCIA SOCIAL E JURÍDICA DO DIREITO QUE SE PRETENDE TUTELAR. (...) 2. *Os arts. 21 da Lei da Ação Civil Pública e 90 do CDC, como normas de envio, possibilitaram o surgimento do denominado Microssistema ou*

DE PROCESSO CIVIL DE 1973. *LEGITIMIDADE ATIVA RECONHECIDA*. ALTERAÇÃO DO ART. 5º, DA LEI 7.347/85. *PREVISÃO EXPRESSA ACERCA DA LEGITIMIDADE DA DEFENSORIA PÚBLICA. ART. 2º, DA LEI 11.448/2007. PRECEDENTE DO SUPREMO TRIBUNAL FEDERAL*. PROVIMENTO DO APELO. RETORNO DOS AUTOS À ORIGEM. – "Aos recursos interpostos com fundamento no CPC/1973 (relativos a decisões publicadas até 17 de março de 2016) devem ser exigidos os requisitos de admissibilidade na forma nele prevista, com as interpretações dadas, até então, pela jurisprudência do Superior Tribunal de Justiça", nos moldes do Enunciado Administrativo nº 02, do Superior Tribunal de Justiça. – A nova redação dada pela Lei nº 11.448/2007, ao art. 5º da Lei nº 7.347/85, prevê, expressamente, a legitimidade da Defensoria Pública para propor Ação Civil Pública. – Diante do reconhecimento da legitimidade ativa, devem os autos retornarem ao Juízo de origem para o prosseguimento da marcha processual. Vistos". (TJPB, processo nº 00077250320148150181, Rel. Des. Frederico Martinho da Nóbrega Coutinho, j. 21-10-2016, g.n.).

[59] "RECURSO EXTRAORDINÁRIO. *IMPROBIDADE* ADMINISTRATIVA. AÇÃO CIVIL *PÚBLICA. DEFENSORIAPÚBLICA. LEGITIMIDADE*. TEMA 607 DO STF. NEGADO SEGUIMENTO AO RECURSO." (TJ-RS, Recurso Especial e ou Extraordinário, Nº 70039048939, Primeira Vice-Presidência, Rel. Maria Isabel de Azevedo Souza, Redator: Almir Porto da Rocha Filho, J. 5-9-2018).

[60] No STJ, recurso com a mesma finalidade teve seguimento negado em 1/8/2012, sob relatoria do Min. Benedito Gonçalves (Recurso Especial 1.248.571/RS).

Minissistema de proteção dos interesses ou direitos coletivos amplo senso, com o qual se comunicam outras normas, como os Estatutos do Idoso e da Criança e do Adolescente, a Lei da Ação Popular, a *Lei de Improbidade* Administrativa e outras que visam tutelar direitos dessa natureza, de forma que os instrumentos e institutos podem ser utilizados para "propiciar sua adequada e efetiva tutela" (art. 83do CDC). (...). 4. A Lei 11.448/07 alterou o art. 5º da Lei 7.347/85 para incluir a Defensoria Pública como legitimada ativa para a propositura da ação civil pública. Essa e outras alterações processuais fazem parte de uma série de mudanças no arcabouço jurídico-adjetivo com o objetivo de, ampliando o acesso à tutela jurisdicional e tornando-a efetiva, concretizar o direito fundamental disposto no art. 5º, XXXV, da CF. (...)". (STJ, REsp: 1106515/MG 2008/0259563-1, Rel. Min. Arnaldo Esteves Lima, j. 16/12/2010, T1, DJe 2/2/2011).

Em suma, é importante o acolhimento jurisprudencial da legitimação da Defensoria Pública para a tutela protetivas de coletividades necessitadas afetadas negativamente por atos de corrupção e de improbidade, revelando-se como natural confluência lógica dos entendimentos já firmados no âmbito institucional-coletivo pelo STF (ADI n. 3943 e RE-RG 733.433) e STJ (EREsp n. 1192577).

Conclusões

A Defensoria Pública é órgão constitucionalmente incumbido da defesa dos direitos humanos e dos necessitados. Em tal missão, necessita confrontar, por muitas vezes, com outros órgãos públicos. Por essa razão, a Defensoria Pública é uma garantia institucional do acesso à justiça e vem recebendo reforço, tais como a ampliação da autonomia, novas atribuições e poderes processuais e extrajudiciais, inclusive a partir no novo Código de Processo Civil[61].

A atribuição coletiva da Defensoria Pública vem passando por amadurecimento com o passar dos anos. Contudo, tal atribuição era passível de extração a partir dos conceitos jurídicos indeterminados e abertos do texto constitucional originário. Aliás, o Código de Defesa do Consumidor (CDC), de 1990, foi o ponto normativo essencial para os primeiros deba-

[61] Sobre o tema, ver: CASAS MAIA, Maurilio. A Defensoria Pública no novo Código de Processo Civil (NCPC): Primeira Análise. *Revista de Processo*, São Paulo, n. 265, p. 301-341, Mar. 2017.

tes sobre o tema, o que foi reforçado com a LC n. 80/1994, com a alteração da Lei da Ação Civil Pública, em 2007, com a reforma da Lei de Execução Penal em 2010 e, principalmente, com a EC n. 80 que elevou a legitimidade coletivo-defensorial à categoria expressa em 2014.

No cenário jurisprudencial, o destaque vai para o STF e suas decisões vinculantes na ADI n. 3943 e no RExt n. 733.433-RG, os quais reconhecem a existência de coletividades necessitadas, inclusive difusamente, por se tratar de uma interpretação ampla. No STJ, a Corte Especial também seguiu o mesmo caminho e projetou sobre as coletividades necessitadas a visão para além do critério econômico, visualizando ali os vulneráveis e hipervulneráveis, bem como os necessitados jurídicos.

No cenário das *coletividades difusamente necessitadas*, os cidadãos indeterminados (ou não) são afetados pelas consequências de crimes contra a ordem tributária – como a diminuição da arrecadação para custear políticas públicas –, contra o Sistema Financeiro e por atos de corrupção. Nesse cenário, os cidadãos afetados vão desde os mais pobres que possam utilizar o sistema público de saúde ou educação, ou mesmo aqueles afetados por desvios de verbas para asfaltamento e iluminação de ruas, integram o conceito de *coletividades difusamente necessitada* e, por isso, deflagram a legitimidade institucional da Defensoria Pública para o combate à corrupção. Viu-se, ademais, que a Resolução n. 1/2018 da CIDH reforça a legitimação dos defensores públicos para atuação em prol da inibição da corrupção lesiva aos direitos humanos e vulneráveis, existindo precedentes positivos à legitimação da Defensoria Pública em ações de improbidade administrativa.

Ademais, na *esfera penal*, a Defensoria Pública possui uma legitimidade legal pouco utilizada como *"amiga da comunidade de vítimas"* (*Amicus Communitas*ou *Communitatis*) para assumir papéis de assistência ministerial e até mesmo a legitimidade penal ativa subsidiária propondo ações penais como decorrência do art. 80 do CDC com aplicação expandida para a tutela de outros direitos coletivos com base no art. 21 da LACP, medida essa com potencial para ser usada no combate aos crimes contra ordem tributária e contra o Sistema Financeiro Nacional. Outrossim, ressaltou-se inexistir qualquer usurpação às funções ministeriais de *dominus litis* penal (CRFB/1988, art. 129, I) e *Custos Legis*, porquanto a eventual posição defensorial de "amiga da comunidade de vítimas" é *subsidiária* (para propor a ação penal) ou de "parte secundária" (no caso da assistência do Ministério

Público). Assim, a Defensoria Pública não seguiria vinculada à proteção da ordem jurídica, como é o caso do Ministério Público, mas sim aos interesses da comunidade de vítimas – funções substancialmente distintas.

Por fim, não é crível que, lesionadas as coletividades necessitadas e os direitos humanos por atos de corrupção, de improbidade e crimes que afetam o custeio de políticas públicas, a Defensoria Pública seja obrigada a permanecer inerte e amordaçada quando a mesma foi criada exatamente para proteger e emancipar os interesses dessas categorias constitucionalmente protegidas.

Referências

ALVES, Cleber Francisco; GONZÁLEZ, Pedro. *Defensoria Pública no Século XXI*: novos horizontes e desafios. Rio de Janeiro: Lumen Juris Direito, Lumen Juris.

BARLETTA, Fabiana Rodrigues. CASAS MAIA, Maurilio. Idosos e Planos de Saúde: Os Necessitados Constitucionais e a Tutela Coletiva Via Defensoria Pública – Reflexões sobre o conceito de Coletividade Consumidora após a ADI 3943 e o ERESP 1192577. *Revista de Direito do Consumidor*, v. 106, p. 201-227, Jul.-Ago. 2016.

BOSON, Erik Palácio. *A Defensoria Pública e a tutela jurisdicional da Moralidade Administrativa*. Salvador: Juspodivm, 2016.

BURGUER, Adriana Fagundes. KETTERMANN, Patrícia. LIMA, Sérgio Sales Pereira. (Org.). *Defensoria Pública:* O reconhecimento Constitucional de uma metagarantia. Brasília: ANADEP, 2015.

CACICEDO, Patrick. Crítica científica a "Legitimação não tradicional da ação penal": Defensoria Pública e a tutela de direitos por meio do direito penal – uma recusa. Revista Brasileira de Direito Processual Penal, Porto Alegre, vol. 3, n. 1, p. 407-416, jan./abr. 2017.

CASAS MAIA, Maurilio. A Defensoria Pública no novo Código de Processo Civil (NCPC): Primeira Análise. *Revista de Processo*, São Paulo, n. 265, p. 301-341, Mar. 2017.

______. A legitimidade coletiva da Defensoria Pública para a tutela de segmentos sociais vulneráveis. In: MARQUES, Cláudia Lima. GSELL, Beatel. (Org.). *Novas Tendências de Direito do Consumidor*: Rede Alemanha-Brasil de pesquisas em Direito do Consumidor. São Paulo: Editora Revista dos Tribunais, 2015, p. 431-459.

______. A singularidade da Defensoria Pública para a Autonomia Institucional pós-88: Uma Promessa constituinte e um débito histórico (quase) quitado. In: ROCHA, Bheron. CASAS MAIA, Maurilio. BARBOSA, Rafael Vinheiro Monteiro. *Autonomia e Defensoria Pública*: aspectos constitucionais, históricos e processuais. Salvador: JusPodivm, 2017, p. 57-78.

______. Custos Vulnerabilis Constitucional: O Estado Defensor entre o REsp 1.192.577-RS e a PEC 4/14. *Revista Jurídica Consulex*, Brasília, n. 417, p. 55-57, 1º jun. 2014.

______. Luigi Ferrajoli e o Estado Defensor enquanto magistratura postulante e Custos Vulnerabilis. *Revista Jurídica Consulex*, Brasília, v. 425, p. 56-58, Out. 2014.

______. Novas intervenções da Defensoria Pública: *custos vulnerabilise* o excepcional *amicus communitatis* no direito processual penal. In: SILVA, Franklyn Roger Alves (Org.). *O Processo Penal Contemporâneo e a perspectiva da Defensoria Pública*. Belo Horizonte: CEI, 2020, p. 125-159

______. Simetria Constitucional entre carreiras jurídico-processuais nacionalizadas e interiorizadas: os debates sobre equiparação entre judicatura, Ministério Público e Defensoria Pública. *Revista Jurídica Consulex*, Brasília, v. 435, p. 60-63, Mar. 2015.

Continentino, Marcelo Casseb. *Ativismo Judicial*: Proposta para uma discussão conceitual. *Revista de Informação Legislativa*, Brasília a. 49 n. 193 jan./mar. 2012

Corgosinho, Gustavo. Defensoria Púbica: *Princípios Institucionais e Regime Jurídico*. Belo Horizonte: Arraes Editora, 2ª edição, 2014.

Cruz, Elisa. Opinião: Qual deve ser o papel da Defensoria Pública no combate à corrupção? Revista Consultor Jurídico de 15 de julho de 2018. Disponível em: <https://www.conjur.com.br/2018-jul-15/elisa-cruz-qual-papel-defensoria-combate-corrupcao#_ftn3>. Acesso em: 3 mai. 2020.

Dessaune, Marcos. *Teoria aprofundada do Desvio Produtivo do Consumidor*: o prejuízo do tempo desperdiçado e da vida alterada. 2ª ed. Vitória: Edição Especial do Autor, 2017.

Dias, Ronaldo Brêtas de Carvalho. *Processo Constitucional e Estado Democrático de Direito*. Belo Horizonte: Del Rey, 2015.

Esteves, Diogo. Silva, Franklyn Roger Alves. *Princípios Institucionais da Defensoria Pública*. 2ª ed. Rio de Janeiro: Forense, 2017.

______.______. *Princípios Institucionais da Defensoria Pública*. 3ª ed. Rio de Janeiro: Forense, 2018.

Fensterseifer, Tiago. *Defensoria Pública na Constituição Federal*. Rio de Janeiro: Forense, 2017.

Garcia, Emerson. Alves, Rogério Pacheco. *Improbidade Administrativa*. 9ª ed. São Paulo: Saraiva, 2017.

Gerhard, Daniel. Casas Maia, Maurilio. O defensor-hermes, o amicus communitas: a representação democrática dos necessitados de inclusão discursiva.*Informativo Juridico In Consulex*, Brasília, v. 22, p. 11-12, 1º Jun. 2015.

Gomes, Marco Vinicius Manso Lopes. *Direitos Humanos e Princípios Institucionais da Defensoria Pública*. São Paulo: 2ª ed. Saraiva Educação, 2019.

______. Tribuna da Defensoria: Combate à corrupção deve ser prioridade institucional da Defensoria Pública. *Consultor Jurídico*, de 3/7/2018. Disponível em: <https://www.conjur.com.br/2018-jul-03/tribuna-defensoria-combate-corrupcao-prioridade-institucional-defensoria>. Acesso em 4/5/2020.

Gonçalves Filho, Edilson Santana. A autonomia da Defensoria Pública e o Supremo Tribunal Federal in: Rocha, Jorge Bheron e outros (Coordenadores). *Autonomia & Defensoria Pública:* Aspectos Constitucionais, Históricos e Processuais. Salvador: Juspodivm, 2018.

______. *Defensoria Pública e a tutela coletiva de Direitos*: Teoria e prática. 2ª ed. Salvador: Juspodivm, 2020.

González, Pedro. A dimensão político-democrática do Acesso à Justiça e da Assistência Jurídica Gratuita. In: Alves, Cleber Francisco; González, Pedro. *Defensoria Pública no Século XXI*: novos horizontes e desafios. Rio de Janeiro: Lumen Juris, 2017, p. 99-129.

KIRCHNER, Felipe. KETTERMANN, Patrícia.A legitimidade da Defensoria Pública para o manejo de Ação Civil Pública por ato de Improbidade Administrativa. *Revista dos Tribunais*, São Paulo, vol. 929, p. 361-415, Mar. 2013.

LIMA, Frederico Rodrigues Viana de. *Defensoria Pública*. Salvador: Editora Juspodivm, 2010.

NEVES, Daniel Amorim Assumpção. *Manual de Processo Coletivo*. 4ª ed. Salvador: Juspodivm, 2020.

PAIVA, Caio. FENSTERSEIFER, Tiago. *Comentários à Lei Nacional da Defensoria Pública*. Belo Horizonte: Editora CEI, 2019.

RAMOS, Elival da Silva. *Ativismo Judicial Parâmetros Dogmáticos*. 2ª ed. São Paulo: Saraiva, 2015.

ROCHA, Jorge Bheron e outros (Coordenadores). *Autonomia & Defensoria Pública*: Aspectos Constitucionais, Históricos e Processuais. Salvador: Editora Juspodivm, 2013.

______. Defensoria Pública autônoma é escolha consciente e coerente da Assembleia Nacional Constituinte de 1987-88. Disponível em: <http://www.adpec.org.br/defensoria-publica-autonoma-e-escolha-consciente-e-coerente-da-assembleia-nacional-constituinte-de-1987-1988/>. Acesso em: 04 Ago: 2019.

ROCHA, Amélia Soares da. *Defensoria Pública*: Fundamentos, Organização e Funcionamento. São Paulo: Atlas, 2013.

RUDOLFO, Fernanda Mambrini. *Precisamos falar sobre a Defensoria Pública*. Florianópolis: EModara. 2018.

SILVA, Franklyn Roger Alves. Legitimação Não Tradicional da Ação Penal – A Tutela de Bens Jurídicos por Outras Instituições Públicas. Revista Brasileira de Direito Processual Penal, Porto Alegre, vol. 3, n. 1, p. 367-404, jan./abr. 2017.

SILVA, Holden Macedo da. *Princípios Institucionais da Defensoria Pública*. Brasília: Fortium, 2007.

4
DESAFIOS NA TRIBUTAÇÃO DAS GRANDES EMPRESAS DE TECNOLOGIA NO BRASIL – *BIG TECHS*

James Henrique Lins Santos
Ricardo Antunes

Não há direito sem Estado, nem Estado sem tributo. (Godoi, 2013, p. 187).

Invariavelmente os Estados cobram seus tributos para administrar a máquina estatal. Para exigir o tributo é necessário criar leis e órgãos para exigir o tributo e fiscalizar se os contribuintes estão cumprindo e pagando os tributos.

A própria Declaração dos Direitos do Homem e do Cidadão de 1789 já afirma esse dever nos termos do seu artigo 13: "Para a manutenção da força pública e para as despesas da administração é indispensável uma contribuição comum que deve ser repartida entre os cidadãos de acordo com as suas possibilidades". (Nabais, p. 45).

A Declaração Interamericana dos Direitos e Deveres do Homem, aprovada na IX Conferência Internacional Americana em 1948, por sua vez, traz em seu art. XXXVI: "Toda pessoa tem o dever de pagar os impostos estabelecidos pela lei para a manutenção dos serviços públicos".

O professor Paulsen acrescenta que a cidadania é efetivamente uma via de mão dupla. Entende-se o dever fundamental de pagar tributos como a outra face ou contrapartida do caráter democrático e social do Estado que assegura aos cidadãos os direitos fundamentais. (Paulsen, p. 26).

E até nas escrituras sagradas do Cristianismo, encontra-se passagem que faz referência aos tributos, em Mateus 22:21 está escrito: "Dai, pois, a César o que é de César, e a Deus o que é de Deus."

No Brasil, o tributo tem um peso grande, por volta de 31,64% do produto interno bruto (PIB), é concentrada em tributos indiretos e regressivos, sendo ocultos para o consumidor final, não importando a renda e o patrimônio do consumidor, tais como Imposto sobre os Produtos Industrializados, Contribuição para o Financiamento da Seguridade Social, entre outros.

A maior parte da arrecadação de impostos é sobre bens e serviços, que corresponde a 13,42% do PIB do Brasil.

Carga Tributária Bruta Total	R$ Milhões		% do PIB	
	2019	2020	2019	2020
Governo Geral	**2.408.353**	**2.356.842**	**32,51%**	**31,64%**
Impostos	**1.777.746**	**1.730.613**	**24,00%**	**23,24%**
Impostos sobre renda, lucros e ganhos de capital	537.922	525.647	7,26%	7,06%
Impostos sobre a folha de pagamento e a mão de obra	44.788	42.239	0,60%	0,57%
Impostos sobre a propriedade	117.450	117.843	1,59%	1,58%
Impostos sobre bens e serviços	1.034.654	999.170	13,97%	13,42%
Impostos sobre o comércio e transações internacionais	42.933	45.722	0,58%	0,61%
Outros impostos	0	-8	0,00%	0,00%
Contribuições sociais	**630.606**	**626.229**	**8,51%**	**8,41%**
Contribuições para o RGPS	395.657	387.405	5,34%	5,20%
Contribuições para o RPPS	88.001	96.634	1,19%	1,30%
Contribuições para o FGTS	134.322	127.503	1,81%	1,71%
Contribuição para o PASEP	12.626	14.686	0,17%	0,20%

Carga Tributária Bruta de acordo com a classificação econômica– Brasil – Governo Geral
Dados em: R$ Milhões – Valores corrente; Pontos percentuais do PIB – Fonte: STN

Ocorre que, com o advento da tecnologia, e a transformação digital que vivemos, estamos cada dia mais conectados à rede, realizando compras *on-line*, passando mais tempo em redes sociais, e ainda, ampliando a possibilidade de trabalhos remotos e novos negócios.

Nesta transformação, o modelo de negócio das empresas, por sua vez, migra para o digital, com patrocínios nas redes sociais, impulsionamentos de lojas e produtos em sites diversos, compra de espaço virtuais de anúncios em *sites* de busca, para que um determinado produto ou serviço esteja entre os primeiros da lista de busca, entre outros.

As *Big Techs* têm um grande volume de monetização de tais serviços, que são considerados novos modelos de negócio, e que não possuem uma legislação específica para sua tributação.

As empresas que nasceram no mercado digital pagam tributos, como qualquer outra empresa, mas a sua atividade em si, não tem uma normativa legal que exija uma tributação adequada conforme a sua atuação.

Diretor Executivo (*CEO*) do *Facebook*, Mark Zuckerberg, em entrevista para *The Financial Times*, pede por uma regulamentação da *Big Tech* e defendeu a criação de um imposto digital global, que as leis devem abranger tópicos de eleições, privacidade, tributação e portabilidade de dados digitais.

Conforme o Instituto de Referência em Internet e Sociedade, tal cenário se agrava ao pensar o caso das grandes multinacionais de serviços digitais, as chamadas *Big Techs*, tais como, *Amazon*, *Apple*, *Facebook*, *Google*, *Microsoft*, entre outras, pois, apesar de possuírem níveis de lucro impressionantes, pagam impostos extremamente reduzidos.

Mas afinal, o que são "*Big Techs*"?

São as maiores empresas de tecnologia da informação, tais empresas possuem uma considerável relevância social e domínio de mercado em seus respectivos setores. Vale ressaltar, no entanto, que para chegarem no nível de uma "*Big Tech*", inicia-se com uma *Startups*, onde se criam ideias inovadoras, utilizando métodos escaláveis de crescimento.

Muitas *Startups* começam oferecendo serviços gratuitos, assim como fizeram, *Google*, *Facebook*, *Spotify* e entre outras, até que chega a um ponto que esse seu produto/serviço passa a fazer parte do cotidiano das pessoas, podemos exemplificar, o aplicativo de corrida particular *99*, *Uber*, *Netflix*, *Ifood*, entre outros.

Para existir uma *Big Tech*, começa-se com a inovação tecnológica, o desenvolvimento de algo completamente diferente, eficiente, rápido, que consiga ultrapassar barreiras, e por este motivo, as já existentes, estão em constantes atualizações, existindo novidades a cada ciclo de novas tecnologias.

Podemos exemplificar com as 5 maiores *Big Techs*, classificada por área de atuação, Patentes, empresas subsidiárias e empresas adquiridas por cada *Big Techs*, os dados foram extraídos da base *crunchbase.com* e do artigo (Zanata e Abramovay, 2019):

Grupo Econômico	Área de Atuação	Patentes	Subsidiárias	Aquisições
Google	Biotecnologia, plataforma de Blogues, e-mail, mecanismos de busca, software, streaming de vídeo.	27.086	24 Empresas, sendo elas: X (projetos científicos), Verily (dados de saúde), Waymo (sensores de transporte), Nest Labs (automação doméstica), Chronicle, Loon (conectividade), GV (venture capital), SidewalLabs (smartcities), Calico (doenças e envelhecimento)	246 – North ($180M, 2020), Pointy ($163M, 2020), Fitbit ($2.1B, 2019), Nest Labs ($3B, 2014), Looker ($2,6B, 2019), YouTube ($1,7B, 2006), Waze ($1,1B, 2013), HTC ($1,1B, 2013), AdMob ($750M, 2009), ITA Software ($700M, 2011), DeepMind ($650M, 2014)
Facebook	Aplicativos para celular, Compartilhamento de fotos, Social, Mídia Social e Rede Social.	5.116	5 Empresas, sendo elas: Wit.ai (inteligência artificial), Oculus (realidade virtual), Messenger (mensageria), Instagram (compartilhamento de fotos), Novi.	89 – Kustimer ($1B, 2020), Giphy ($400M, 2020); WhatsApp ($19B, 2014), Oculus VR ($2B, 2014), Instagram ($1B, 2012), LiveRail ($400M, 2014), Face.com ($100M, 2012), Redkik ($100M, 2018), Atlas Solutions ($100M, 2013).
Amazon	Desenvolvimento de negócios, entregas, e-commerce, vendas online, SaaS, software.	11.155	26 Empresas, sendo elas: IMDB (Base de dados de filmes), Twitch (plataforma para gamers), Dpreview (revisão de câmeras), WholeFoodsMarkets (produtos orgânicos), Woot (loja online), AlexaAccelerator, A The Book Depository (loja online de livros).	89 – Perpule (₹1.1B, 2021), Zoox ($$1,2B, 2020), CloudEndure ($200M, 2019), WholeFoods ($13B, 2017), Goodreads ($1B, 2013), Zappos ($1,2B, 2009), Twitch ($970M, 2014), BuyVIP ($100M, 2010), Alexa Internet ($250M, 1999), Havest.AI ($20M, 2017), Ring ($890M, 2018), PillPack ($750M, 2018)
Microsoft	Inteligência artificial, computação em nuvem, eletrônicos, ferramentas de desenvolvimento, software, sistemas operacionais.	35.995	38 Empresas, sendo elas: Jellyfish (plataforma de compras), Visual Studio (desenvolvimento), Xamarin (construção de apps), Vexcel (serviços), SoftArtisans (insights de dados), Opalis software (automação para TI), Skype (plataforma de comunicação VoIP).	236 – ZeniMax ($7.5B, 2020), CyberX ($165M, 2020), Affirmed Networks ($1.4B, 2020), LinkedIn ($2,6B, 2016), Skype ($8,5B, 2011), GitHub ($7,5B, 2018), Nokia ($7,2B, 2013), Mojang ($2,5B, 2014), Visio Corporation ($1,3B, 2000), Hotmail ($500M, 1997), Yammer ($1,2B, 2012)

Apple	Eletrônicos, Hardware, Dispositivos móveis, Software.	20.780	3 Empresas, sendo elas: FileMaker (customização de apps), Braeburn Capital (gestão de ativos), AC Wellness (grupo de saúde).	122 – Vilynx ($50M, 2020), Mobeeware ($100M, 2020), NextVR ($100M, 2020), BeastElectronics ($3B, 2014), DialogSemiconductor ($600M, 2018), Anobit ($500M, 2011), Shazam ($400M, 2018), PrimeSense ($360M, 2013), AuthenTec ($350M, 2012).

De acordo com MOROZON (2018), a ascensão das *Big Techs* não é vista como algo que causou crises nas empresas padronizadas e nem algo sem lei: a ascensão da *Big Tech* não é vista como sintoma da crise econômica mundial, do enfraquecimento das leis antimonopolistas ou da privatização do bem-estar e outras funções do Estado. Em vez disso, ela aparece principalmente como uma solução para todos esses problemas – e, na mais ambiciosa dessas visões, como garantia de que um novo compromisso político e econômico – uma espécie de *New Deal* – seja firmado.

O *Facebook* aqui no Brasil, atualmente, possui duas empresas, uma de serviço publicitário (*Facebook* Serviços Online do Brasil Ltda) e outra de arranjos de pagamento (*Facebook* Pagamentos do Brasil Ltda).

A empresa de publicidade do *Facebook*, faz o faturamento em serviço de anúncio na internet, o valor é pago pelos clientes que desejam engajar uma postagem dentro das redes sociais (*Facebook e Instagram*), esse respectivo serviço é cobrado por visualizações e ainda é pré-pago. Portanto. o cliente precisará depositar uma quantia para utilizar o serviço dentro do valor já pago.

Em busca no portal da transparência, só no ano de 2020, o Governo Federal abriu licitação de mais de um milhão e meio de reais, para empresa de serviços do *Facebook*, a título de Impulsionamento de conteúdo e realização de campanhas com anúncio pagos no *Facebook* e *Instagram*.

A grande parte do faturamento mundial do *Facebook* é de publicidade, sendo 98,5% dos aproximados 71 bilhões de dólares americanos da receita do ano de 2019.

Já a Google, representa 13,3% do seu faturamento em serviços de publicidade dos 162 bilhões de dólares da receita de 2019.

Em consulta na nota fiscal emitida pela *Facebook* Serviços, o serviço cadastrado na prefeitura de São Paulo, onde está localizada a sede do *Facebook* no Brasil, classificou como inserção de textos, desenhos e outros materiais de propaganda e publicidade, em qualquer meio, no qual a alíquota é de 2,9% conforme Anexo 1 da Instrução Normativa da Secretaria Municipal da Fazenda de São Paulo de nº 23/2017.

Cabe ressaltar que além de serviços de anúncio, o *Facebook* vende créditos para serem utilizados dentro de jogos e aplicativos que estão disponíveis na plataforma, no qual, muda o modelo de negócio já existente, em que, o usuário comprava o *software* por meio de um representante no Brasil, recebia uma mídia física (o qual o fabricante recolhe ICMS), ou até mesmo, cessão de uso do software por meio digital, no qual o usuário entrava em contato com fabricante, adquiria a sua licença temporária ou ilimitada de uso do aplicativo (sendo devido ao fabricante o imposto ISSQN).

Atualmente, é creditado um valor ao *Facebook* ou *Google*, e dentro da plataforma do provedor de serviço, se utiliza o crédito para adquirir licença ou *software* personalizado.

Vale refletir, até que ponto, existe uma transação para venda ou prestação de serviço ou cessão de direitos ou somente transação de crédito?

Essa dúvida nos remete ao seguinte questionamento: Qual será a tributação em cada operação; como identificar; qual é o ente que irá exigir; e a territorialidade?

Esclarece-nos, o Código Tributário Nacional (CTN), em seu artigo 127:

> *Art. 127. Na falta de eleição, pelo contribuinte ou responsável, de domicílio tributário, na forma da legislação aplicável, considera-se como tal:*
>
> *II – quanto às pessoas jurídicas de direito privado ou às firmas individuais, o lugar da sua sede, ou, em relação aos atos ou fatos que derem origem à obrigação, o de cada estabelecimento;*
>
> *§ 1º Quando não couber a aplicação das regras fixadas em qualquer dos incisos deste artigo,* ***considerar-se-á como domicílio tributário do contribuinte ou responsável o lugar da situação dos bens ou da ocorrência dos atos ou fatos que deram origem à obrigação.*** *(gn).*

Entendemos assim, respaldados na legislação pátria específica supracitada, que independentemente de a empresa ter presença física ou não no país, pode ser alcançada pela tributação.

Notícias publicadas sobre as *Big Techs* se repetem ano a ano, como por exemplo, de que a *Amazon*, empresa americana, com sede em Washington, considerada a mais valiosa dos Estados Unidos, não paga um centavo de imposto em seu país de origem, devido ao não enquadramento dos tributos existente a atividade exercida da empresa.

A empresa teve o seu faturamento em 5,6 bilhões em 2017, e 11,2 bilhões em 2018; 87,4 bilhões em 2019 e 386 bilhões em 2020. As quatro maiores *Big Techs*, em 2020, valem um terço do PIB dos Estados Unidos, 7,14 trilhões de dólares americanos. As quatro são *Amazon, Apple, Google e Microsoft*.

Vale lembrar que a pandemia do Corona Vírus despencou o faturamento e valor das empresas, o que, todavia, não afetou as *Big Techs*. Pelo contrário, tiveram crescimento de 64% em relação ao ano de 2019.

Só no Brasil, o Facebook tem 120 milhões de contas ativas, está no *ranking* em 4º lugar, sendo que o primeiro lugar está a Índia com 280 milhões, Estados Unidos com 190 milhões em segundo lugar, seguida em terceiro lugar a Indonésia com 130 milhões, de acordo com matéria da *tecmundo*.

As *Big Techs* são empresas dominadoras do mercado em que atua, afastando a concorrência, ocasionando em monopólio, pois a falta de tributação privilegia a atividade do respectivo serviço que presta e ou do produto que fornece.

De acordo com a matéria da revista *Visual Capitalist*, foram publicadas informações da *Annual SEC Filings 2019*, onde são reveladas as receitas de algumas das *Big Techs*, a saber:

- Amazon obteve de receita U$ 280.5 bilhões de dólares;
- Apple U$ 260.2 bilhões de dólares;
- Facebook U$ 70.8 bilhões de dólares;
- Microsoft U$ 125.8 bilhões de dólares.

Não é à toa, que cresce a insatisfação popular, demonstrada nas seguintes frases (oasislab):

> *"Há um movimento mundial que está se cansando das grandes empresas de tecnologia que não pagam seus impostos nos locais onde são consumidos os serviços fornecidos por elas".*
>
> *"Com a sociedade cada vez mais cansada dos impostos minúsculos pagos pelas Big Techs, surgem iniciativas para mudar o modelo de tributação global" da matéria Tributação, o grande nó da economia digital".*

Nesse sentido, acrescenta o professor Leandro PAULSEN (p.74-75):

> A capacidade contributiva não constitui apenas um critério de justiça fiscal capaz de fundamentar tratamento tributário diferenciado de modo que seja considerado como promotor e não como violador da isonomia. Configura verdadeiro princípio a orientar toda a tributação, inspirando o legislador e orientando os aplicadores das normas tributárias.
>
> (...)
>
> O princípio da capacidade contributiva também se projeta nas situações extremas, de pobreza ou de muita riqueza. Impõe, de um lado, que nada seja exigido de quem só tem recursos para sua própria subsistência e, de outro lado, que a elevada capacidade econômica do contribuinte não sirva de pretexto para a tributação em patamares confiscatórios que, abandonando a ideia de contribuição para as despesas públicas, imponha desestímulo à geração de riquezas e tenha efeito oblíquo de expropriação.

Atualmente no Brasil, temos a Lei nº 12.529 de 30 de novembro de 2011, que dispõe sobre a prevenção e repressão às infrações contra a ordem econômica, que prevê uma solução ineficaz para as *Big Techs*, a sua desconstituição, com a hipótese de cisão, transferência de controle societário, venda de ativos ou cessão parcial da atividade em processos administrativos.

1. Cenário mundial e as possibilidades de tributação

Oportuno registrar que a busca pela tributação das *Big Techs* é um movimento global.

Em 2013, François Hollande, então presidente francês, defendeu a criação de um encargo tributário para o *Google*, o *Facebook* e outras empresas americanas que coletam dados pessoais de usuários.

Nessa perspectiva, cabe ressaltar que o papel do Conselho Europeu, que adotou conclusões em 19 de outubro de 2017, onde salientam a necessidade de "um sistema de tributação eficaz e justo adequado à era digital".

Recentemente, avanços foram feitos no Conselho da União Europeia, sob a presidência de João Leão, ministro das Finanças de Portugal. A Presidência recordou que as conclusões do Conselho, de 27 de novembro de 2020, sobre a tributação da economia digital continuam a ser válidas para o caminho a seguir neste domínio.

Nas palavras do ministro João Leão (consilium):

> "Todos os Estados-Membros concordam que é do seu interesse dar margem às negociações em curso no âmbito da OCDE sobre a reforma das regras de tributação das sociedades. Encontrar um consenso a nível mundial, num contexto multilateral, é o caminho certo a seguir. Confirmamos igualmente que estamos dispostos a encontrar uma solução a nível europeu, caso não se registem progressos nas conversações a nível da OCDE. Aguardamos com expectativa a proposta da Comissão relativa a um imposto digital, que deverá ser um instrumento distinto, não associado às regras de tributação das sociedades que estão a ser negociadas na OCDE".

Em fevereiro do ano passado (2020), diversas autoridades defenderam a tributação exclusiva durante a Cúpula do G20. Na ocasião, a Organização para Cooperação e Desenvolvimento Econômico (OCDE) **começou a desenvolver regras globais para fazer as empresas digitais pagarem impostos onde fazem negócios, e não onde registram subsidiárias**. Segundo a OCDE, isso pode aumentar as receitas fiscais nacionais em um total de 100 bilhões por ano.

Em resposta a esse cenário, a Organização para a Cooperação e o Desenvolvimento Econômico (OCDE) elaborou neste ano um projeto de reforma do sistema internacional de tributação – que tem sido chamado de BEPS 2.0 – voltado aos desafios tributários postos pela digitalização da economia.

Mas o que significa essa mudança? Qual o tamanho e o impacto potencial dela? E principalmente, ela será capaz de reverter algumas das desigualdades que vigoram hoje?

Em 2018, a empresa *Amazon*, apesar de ter lucrado mais de 10 bilhões de dólares nos Estados Unidos, não chegou a pagar um centavo em imposto de renda federal. Chocantes, esses números são o extremo de uma prática que se tornou bastante corriqueira. Escândalos dessa natureza já atingiram a maior parte das multinacionais de produtos e serviços digitais.

A arquitetura do sistema internacional de impostos que vigora atualmente foi elaborada, em um primeiro momento, em 1920, no âmbito da Liga das Nações. Naquele momento, a preocupação central que permeava as discussões era evitar **a dupla tributação**. Isto é, que uma pessoa ou uma empresa não estivesse submetida a impostos sobre uma renda que já havia sido tributada em outra jurisdição. Essa preocupação era particularmente importante para empresas que operam em mais de um país, empresas que conhecemos como transnacionais ou multinacionais. Nesse contexto, estabeleceu-se o princípio que hoje se conhece como *arm'slength.*

Esse cenário tem levado a uma série de esforços para tributar as Big Tech tanto a partir da cooperação entre países como unilateralmente, isto é, a partir da ação não-coordenada de um país. A mais famosa das medidas unilaterais foi a francesa, chamada popularmente de imposto GAFA, um acrônimo para as empresas Google, Amazon, Facebook e Apple. A medida cobraria 3% sobre os lucros realizados no território francês e gerou bastante tensão nas relações entre os Estados Unidos e a França.

O embaixador Cozendey contou que esse tema está sendo debatido pela OCDE, pelo G20, pela Comissão Europeia e pela ONU, envolvendo mais de 150 países. Tentativas isoladas de taxar essas companhias, como fizeram França e Reino Unido, geraram forte reação dos Estados Unidos, que sediam a maior parte dessas empresas e dispõem de instrumento tributário para cobrar delas parte do imposto de renda economizado em outros países.

Ou seja, está sendo discutido e provavelmente será definido no ano de 2021 a possibilidade de um imposto global sobre as *Big Techs.* Como se nota:

> "O copo está meio cheio: a embalagem está quase pronta, mas falta um acordo político. A Covid-19 provocou um atraso, mas estamos quase lá, e há uma vontade de concluir rapidamente", afirmou o responsável pela política fiscal da OCDE, Pascal Saint-Amans.

Na ausência de um acordo formalizado, os países adotaram um documento para definir o marco global desta reforma, que estabelecerá regras para que "as grandes empresas lucrativas que exercem uma atividade internacional paguem sua justa parte dos impostos da jurisdição, na qual obtêm lucro", declarou a OCDE. O documento prevê uma alíquota global mínima de tributação que pode ser de 12,5%.

A proposta de um tributo global da OCDE (Organização para a Cooperação e Desenvolvimento Econômico), o clube dos 37 países mais ricos do mundo, para empresas de tecnologia e de marcas de alto valor agregado, como artigos de luxo e carros.

Se a ideia der certo, significará o ingresso de US$ 100 bilhões anuais para 137 países, a maioria deles com as finanças estraçalhadas pela pandemia da Covid-19.

A ideia dos países ricos era corrigir a distorção tributária que existe hoje por causa da economia digital. Os países perdem anualmente US$ 240 bilhões em impostos com as mágicas tributárias de multinacionais. Empresas como *Apple, Amazon, Google e Facebook* pagam impostos em paraísos fiscais, como a Irlanda e Suíça, ou em estados americanos, como Delaware, enquanto os países europeus em que ela mais lucra ficam sem nada. Havia ainda uma preocupação em justiça global: fazer com que as empresas que mais lucram no mundo dessem alguma contrapartida aos países mais pobres.

O economista emitiu a opinião como integrante de um grupo de especialistas reunidos numa entidade cujo nome já diz tudo: Comissão Independente para a Reforma da Taxação Internacional das Corporações, ou IRCICT, o acrônimo da instituição em inglês.

Em tom de crítica, uma ex-parlamentar da União Europeia invocou a pandemia para frisar o fracasso da OCDE: *"É uma frustração terrível que nesses tempos de coronavírus, com o Estados precisando desesperadamente mais recursos de impostos, que a OCDE tenha mais uma vez somente o interesse das multinacionais em foco"*, disse a norueguesa Eva Joly, ex-integrante do parlamento europeu.

As *Big Techs* citadas são duramente criticadas pela adoção de sistemas de otimização que lhes permitem reduzir de forma expressiva a carga tributária, aproveitando as disparidades entre os tributos de cada país.

Em setembro, o ministro francês da Economia, Bruno Le Maire, garantiu que haverá "uma solução europeia" em 2021 para esse imposto, se as negociações internacionais sob a égide da OCDE continuarem a ser adiadas.

Na penúria geral, o que os governos agora vêm perseguindo é a taxação das *Big Techs*, as gigantescas empresas de tecnologia digital – como *Google, Microsoft, Amazon, Apple* – que têm feito de tudo para escapar dos impostos.

Essas gigantes globais exportam seus serviços digitais para todos os cantos do planeta, não abrem novas sedes nem reportam seu faturamento nos mercados em que atuam. Em alguns casos, quando acossadas pelos Fiscos, abrem empresas em paraísos fiscais, como na Irlanda, onde o imposto corporativo é muito mais baixo do que em outros países da Europa. E, ao contrário do que acontece com outras grandes empresas convencionais, ao longo da pandemia estão entre as que mais cresceram em faturamento.

Como se trata de cobrar impostos em mercados que não se limitam às fronteiras nacionais, seria necessário um grande acordo global para evitar que um país entre no campo tributário de outro. Mas até agora não há consenso sobre como fazer isso. Os Estados Unidos, por exemplo, vêm encarando todas as tentativas de taxação de transnacionais americanas por parte de países europeus como invasão indevida em sua jurisdição.

A OCDE realiza estudos desde 2017 para encontrar uma forma de tributar as grandes empresas de tecnologia. A proposta, com previsão para ser finalizada no ano 2021, é a de que parte dos lucros globais de uma multinacional seja tributada conforme uma métrica local, que pode alcançar tanto o número de usuários como receitas de publicidade obtidas por essas empresas no país em que vendem o produto.

Os especialistas são céticos a respeito de um acerto nessa área. Entre eles está o economista e advogado tributarista Eduardo Fleury, do escritório FCR Law. E uma das razões lembradas por ele é a de que não basta um acerto entre chefes de governo, no âmbito do Grupo dos Vinte (G-20). Será necessário que cada Parlamento aprove a incorporação desses novos impostos à sua legislação, o que não é nada fácil nem é um processo de rápida tramitação.

1.1. Iniciativas nacionais para possível tributação das *Big Techs*

Pelas informações até o momento, o Brasil está sem nenhuma legislação que tipifica um tributo para as *Big Techs*, somente existem tributos que em certo ponto que possibilita confusão tributária, no qual, em cada município o assunto é tratado de forma diferente.

> (...) O cenário atual mostra uma insegurança jurídica diante da possibilidade de bitributação dessas operações, afastando os investimentos do setor no Brasil. Além das diversas interpretações praticadas pela Secretaria da Receita Federal do Brasil (SRFB). (Antunes, p. 259).

Acredita-se que a confusão tributária facilita para as *Big Tech* se instalarem nos países que não possuem leis claras sobre a tributação.

Como exemplo, o Estado de São Paulo instituiu incidência de ICMS (Imposto sobre Operações relativas à Circulação de Mercadorias e sobre Prestações de Serviços de Transporte Interestadual e Intermunicipal e de Comunicação), sobre mercadoria digitais, no caso em questão, *streaming*, por meio do Decreto nº 63.099/2017, em vigor desde abril de 2018.

Em avanço legislativo, estão em andamento alguns projetos de leis para a tributação das *Big Techs*, com a sua grande maioria em andamento na câmara dos deputados, tais como:

Projeto de Lei nº 218/2020, com objetivo de criar uma "Contribuição Social sobre Serviços Digitais" incidindo sobre a receita bruta de serviços digitais prestados pelas *Big Techs*/grandes empresas, o tributo será destinado para programa de renda básica

Fato importante é que o fato gerador da CSSD será sob exibição de publicidade em plataforma digital para usuários localizados no Brasil; disponibilização de uma plataforma digital que permite a interação entre usuários com o objetivo de venda de mercadorias ou de prestação de serviços diretamente entre esses usuários, desde que pelo menos um deles esteja localizado no Brasil; e transmissão de dados de usuários localizados no Brasil coletados durante o uso de uma plataforma digital ou gerados por esses usuários.

A receita bruta para ser considerada grande empresa é equivalente ou superior de R$ 4.5 Bilhões, e ainda, o usuário tem que acessar dentro do território nacional, para ser considerado fisicamente no Brasil.

Existe um problema, como e por quem vai ser fiscalizado, ainda, o usuário que utilizar VPN (*Virtual Private Network* – Rede privada virtual), vai exigir muitas ferramentas para obter o geoposicionamento do usuário para considerar fisicamente no Brasil, lembrando, está em vigor a Lei de Proteção de Dados.

Projeto de Lei nº 241/2020, que institui a Contribuição Social Especial sobre Serviços Digitais incidente sobre a receita bruta de serviços digitais, destinada ao financiamento de programas de renda básica.

Compreende como serviços digitais 1) *streaming* ou *download* de conteúdos digitais, tais como livros, vídeos, músicas e imagens; 2) jogos, aplicativos e *softwares* on-line, bem como suas atualizações; 3) aplicativos eletrônicos que permitam a realização de transação econômica ou a transferência de quaisquer conteúdos digitais entre usuários; e 4) apostas comercializadas via canais eletrônicos como internet, telefonia móvel, dispositivos computacionais móveis ou qualquer outro canal digital de comunicação.

As empresas sujeitas a tributação são as que têm receita bruta anual de R$ 100 milhões.

O projeto tem o objetivo de combater a evasão fiscal, mas não determina quem será responsável pela fiscalização e ainda, tributa livros digitais, no qual já está isento pelo Recurso Extraordinário com Repercussão Geral de nº 330.817, que ampliou a interpretação do artigo 150, inciso VI, alínea "d" da Constituição Federal.

Projeto de Lei nº 2358/2020, que pretende instituir a "Contribuição de Intervenção no Domínio Econômico" – CIDE-Digital, que incidiria sobre a receita bruta de serviços digitais prestados por grandes empresas de tecnologia. Uma empresa com sede no estrangeiro, que obtiver uma receita global no ano anterior superior a 3 bilhões de reais e, simultaneamente, 100 milhões de reais no Brasil, estaria sujeito ao pagamento deste imposto;

Serviços digitais é considerado 1) conteúdo digital: qualquer espécie de dado fornecido de forma digital, tais como programas, aplicativos, músicas, vídeos, textos, jogos, arquivos eletrônicos e congêneres; e 2) plataforma digital: aplicação de internet ou aplicativo eletrônico que permite a transferência eletrônica de conteúdo digital, ou ainda que usuários interajam uns com os outros.

A incidência do imposto será progressiva, conforme o faturamento da empresa e a fiscalização será a cargo da Secretaria de Receita Federal.

Projeto de Lei Complementar nº 131/2020, iniciativa do Senado Federal, que visa alterar a lei de número 10.833/2003 para estabelecer um regime diferenciado da COFINS (Contribuição para o Financiamento da Seguridade Social), para incidir sobre a receita bruta auferida pelas empresas que utilizam plataformas digitais e que possuam uma elevada receita.

Os serviços digitais são disponibilização, por comunicações eletrônicas, de interface digital que permita aos usuários entrar em contato com outros usuários e interagir com vistas à entrega de mercadorias ou à prestação de serviços; e a comercialização para anunciantes ou seus agentes, com o objetivo de colocar mensagens publicitárias direcionadas em uma interface digital com base em dados relativos ao usuário que a consulta.

A incidência do tributo será sobre o faturamento mensal das empresas, com limite mínimo de 20 milhões de dólares americanos por serviços prestados em todo o mundo e ou 6.5 milhões de reais para serviços prestados no território nacional. A alíquota é de 10,6 %.

O projeto busca solucionar a ausência de tributação no modelo de negócio das empresas que prestam serviços digitais, favorecendo o país que realmente consome os serviços prestados pelas grandes empresas.

Projeto de Lei nº 640/2021, talvez mereça maior destaque. Com base no artigo 149 da Constituição Federal, "encontraram uma luz" para evitar a bitributação ou não tributação das *Big Techs*.

A solução que está sendo estudada e proposta será a criação da Contribuição de Intervenção do Domínio Econômico (CIDE) sobre a receita bruta de serviços digitais específicos, como, disponibilização, distribuição, divulgação ou fornecimento de conteúdo via internet. Denominada com *CIDE-Internet*.

Algo similar ao que foi criado para os comerciantes de gasolina, a *CIDE--combustíveis*, instituída pela Lei nº 10.336/2001.

O imposto será Federal com incidência nos serviços digitais, tais como *streaming*, *downloads*, jogos, provedores de serviços digitais (*Facebook*, *Instagram*, *Tiktok*, *Netflix*...) e até mesmo cursos oferecidos na modalidade *on-line*.

No cenário atual, as empresas que prestam serviço educacionais de forma presencial, é definido o território de atuação (local que será ministrado a aula), a tributação está no ISSQN municipal, no Imposto de Renda Federal e impostos como PIS, COFINS e Contribuição Social, conforme a enquadramento tributário.

Ao prestar serviço via internet, o local pode ser a residência do aluno, pode ser fora do território nacional, pode ser em diversos municípios. O recolhimento do imposto atualmente, continua sendo no município em que a empresa tem sede, mesmo o serviço sendo prestado em outro local.

A migração do serviço presencial para o meio digital, causa grande confusão tributária e ainda, as empresas da região adversa a que a prestadora de serviço está atuando, são penalizadas, pois tem um concorrente virtual, que não contribui para o município.

A importância da *CIDE-Internet* é a destinação da arrecadação, se trata de um tributo com uma finalidade específica, pois será utilizada para investimentos em infraestrutura na rede de ensino público visando o fornecimento de equipamentos de informática e o acesso gratuito à internet para alunos, professores e servidores, assim como, quando possível, à população em geral e ainda ao financiamento de infraestrutura e projetos para defesa do Estado brasileiro e combate à guerra cibernética, sob supervisão do Ministério da Defesa, relevante, portanto, para a Segurança Nacional – mas isso seria tema para outro artigo.

Cabe trazer à baila, alguns objetivos fundamentais da República, presentes no artigo 3º da Constituição Federal de 1988, que estão em sintonia com o PL, a saber:

> Art. 3º Constituem objetivos fundamentais da República Federativa do Brasil:
>
> (...)
>
> II – garantir o desenvolvimento nacional;
>
> III – erradicar a pobreza e a marginalização e reduzir as desigualdades sociais e regionais;
>
> Art. 170. A ordem econômica, fundada na valorização do trabalho humano e na livre iniciativa, tem por fim assegurar a todos existência digna, conforme os ditames da justiça social, observados os seguintes princípios:
>
> VII – redução das desigualdades regionais e sociais;

Semelhante à alíquota aplicada na França, o imposto terá a alíquota de 3% da receita bruta da pessoa jurídica, que obteve mundialmente em proporção do número de usuários Brasileiro, a tributação visa auferir a parcela da receita que não é tributado pelos impostos existentes.

Conforme o projeto de lei, a apuração será anual, por meio da secretaria da receita federal, que irá fiscalizar e arrecadar a respectiva receita.

Este projeto, CIDE- internet, mais completo, abrange bem a questão, a saber:

> Art. 3º Fica instituída a Contribuição de Intervenção no Domínio Econômico incidente sobre a receita bruta decorrente da exploração econômica da disponibilização, distribuição, divulgação ou fornecimento de conteúdo na internet realizados no país – Cide-Internet
>
> § 1º O disposto no caput aplica-se à receita bruta da pessoa jurídica decorrente da exploração econômica da atividade para usuários localizados no Brasil, mesmo que auferida no exterior.
>
> §2º Considera-se localizado no Brasil o usuário que acessar a plataforma digital em dispositivo localizado fisicamente no país.
>
> §3º O Poder Executivo regulamentará a forma de localização do dispositivo para fins do disposto no §2º deste artigo, podendo utilizar como critérios:
>
> I – o endereço IP de acesso da plataforma;
>
> II – o domicílio do usuário;
>
> III – meio de pagamento do serviço prestado;
>
> IV – o local e a natureza da prestação do serviço; ou
>
> V – o local de acesso registrado por outros meios de geolocalização disponíveis.

§4º A exploração econômica da atividade poderá ocorrer por intermédio de:

I – publicidade, patrocínio ou merchandising;

II – direcionamento de conteúdo;

III – coleta, distribuição ou tratamento de dados relacionados aos usuários;

IV – incentivo ou direcionamento à utilização de serviços;

V – plataforma de pagamentos; ou

VI – exploração ou divulgação de imagem, texto, vídeo ou som relacionado à pessoa física ou jurídica.

Art. 4º É contribuinte da CIDE-Internet a pessoa jurídica que, em decorrência da exploração das atividades descritas no art. 3º desta Lei, aufira receita no Brasil ou no exterior.

(...)

Art. 6º A alíquota da contribuição é de 3% (três por cento) sobre a receita de que trata o art. 5º desta Lei.

No Brasil, a Constituição Federal, assegura em seu artigo:

Art. 149. Compete exclusivamente à União instituir contribuições sociais, de intervenção no domínio econômico e de interesse das categorias profissionais ou econômicas, como instrumento de sua atuação nas respectivas áreas, observado o disposto nos arts. 146, III, e 150, I e III, e sem prejuízo do previsto no art. 195, § 6º, relativamente às contribuições a que alude o dispositivo.

§ 2º As contribuições sociais e de intervenção no domínio econômico de que trata o caput deste artigo:

II – incidirão também sobre a importação de produtos estrangeiros ou serviços;

III – poderão ter alíquotas:

a. ad valorem, tendo por base o faturamento, a receita bruta ou o valor da operação e, no caso de importação, o valor aduaneiro;

b. específica, tendo por base a unidade de medida adotada.

(...)

§ 4º A lei definirá as hipóteses em que as contribuições incidirão uma única vez.

Nesse sentido, elucida o ilustre professor Kiyoshi HARADA:

"De fato, o Estado intervém na atividade econômica por meio de seu poder normativo, elaborando leis de combate ao abuso do poder econômico, de proteção ao consumidor, leis tributárias de natureza extrafiscal conferindo-lhes caráter ordinatório etc."

Ademais, sendo a CIDE de caráter exclusivo da União, já eliminaria a guerra fiscal entre os entes da federação. Sobre isso vemos o princípio da uniformidade geográfica da tributação, identificado na Constituição Federal de 1988, em seu artigo 151, I:

> Art. 151. É vedado à União:
> I – instituir tributo que não seja uniforme em todo o território nacional ou que implique distinção ou preferência em relação a Estado, ao Distrito Federal ou a Município, em detrimento de outro, admitida a concessão de incentivos fiscais destinados a promover o equilíbrio do desenvolvimento sócio-econômico entre as diferentes regiões do País;

Apesar de muitos pontos positivos no referido projeto, cabe mencionar a necessidade de audiências públicas – que podem ser virtuais – a serem realizadas no Congresso, com a presença de especialistas no tema, profissionais da área de Direito tributário e digital, bem como, da Receita Federal, além dos envolvidos, representantes das *big techs,* entre outros, para a melhor análise e compreensão da dimensão do tema.

E se for conveniente e oportuno, o referido projeto pode receber emenda no Congresso, e ser adaptado conforme melhor entendimento após a busca de soluções promovidas pelo debate do tema e audiências públicas, em conformidade com o artigo 58, § 2º, II, da Constituição Federal de 1988.

Cabe lembrar, que o Brasil é parceiro da OCDE (Organização para a Cooperação e Desenvolvimento Econômico), tem cooperação desde 1990 e expressou oficialmente em 2017 o interesse de se tornar membro da OCDE.

A OCDE lançou no final de 2019, uma proposta para alterar o sistema de tributação dos negócios digitais, com objetivo de adequar a tributação aos avanços globais e a massificação dos negócios digitais, no qual as empresas do ramo não precisam estabelecer filiais nos países diversos de suas matrizes para continuidade das operações.

Somente empresas com faturamento acima de 750 milhões irão enquadrar no novo formato de tributação, no caso, as *Big Techs,* no qual os lucros e a contribuição tributária seriam devidos aos países em que a empresa tem a sua negociação, por exemplo: a *Amazon* destinaria os lucros obtidos em venda no Brasil para tributação nacional.

Já no Brasil, o que dificulta em implementar algo mundial é a demora em atualizar as políticas e medidas tributárias para os novos tipos de empresas que estão surgindo. Ainda, as empresas brasileiras não estão preparadas para uma tributação mundial, ou seja, as empresas nacionais precisam iniciar um planejamento tributário internacional, pois atualmente a preocupação delas é apenas efetivar um planejamento tributário com os impostos nacionais.

A internet está cada vez mais rompendo o local físico das empresas, sendo possível a venda e prestação de serviço para o mundo inteiro, de forma digital, o que resta evidente que a territorialidade está em jogo.

Diante do exposto, salienta-se que a demora para existir uma Lei tributando as grandes empresas de tecnologia, autoriza os municípios e os Estados, pelo poder suplementar advindo do artigo 30, inciso II da Constituição Federal, em legislar suplementarmente. No entanto, urge uma adaptação por parte do Congresso Nacional.

Referências

ANTUNES, Ricardo. Tributação Digital: Novos Desafios para Criação ou Adaptação de Empresas no Ambiente Virtual. In: CAMARGO, Coriolano Almeida... [et al] (org). Direito Digital: novas teses jurídicas. 2. ed. – Rio de Janeiro: Lumen Juris, 2019.

BRASIL. Projeto de Lei 640 de 2021. Institui a Contribuição de Intervenção no Domínio Econômico – CIDE incidente sobre a receita bruta de serviços digitais de disponibilização, distribuição, divulgação ou fornecimento de conteúdo por intermédio da internet. Disponível em: < https://www.camara.leg.br/proposicoesWeb/fichadetramitacao?idProposicao=2271097>. Acessado em 10 de março de 2021.

BRASIL. CIDE – Contribuições de Intervenção no Domínio Econômico. Disponível em: < https://www.gov.br/infraestrutura/pt-br/assuntos/conteudo/incentivos-fiscais-cide>. Acessado em 18 de março de 2021.

BRASIL. Cide-combustíveis (Contribuição de intervenção no domínio econômico incidente sobre as operações realizadas com combustíveis). Disponível em: < http://receita.economia.gov.br/acesso-rapido/tributos/cide>. Acessado em 20 de fevereiro de 2021.

BRASIL. Portal da Transparência. CONTROLADORIA-GERAL DA UNIÃO. Disponível em: < http://transparencia.gov.br/pessoa-juridica/13347016000117?paginacaoSimples=true&tamanhoPagina=&offset=&direcaoOrdenacao=asc&colunasSelecionadas=linkDetalhamento%2Corgao%2CunidadeGestora%2CnumeroLicitacao%2CdataAbertura&id=25843654>. Acessado em 26 de março de 2021.

BRASIL. Ministério da Economia. Estimativa da Carga Tributária Bruta do Governo Geral: março de 2021. Disponível em <https://www.tesourotransparente.gov.br/publicacoes/carga-tributaria-do-governo-geral/2020/114?ano_selecionado=2020>. Acessado em 30 de março de 2021.

CÂMARA DOS DEPUTADOS. Projeto de Lei Complementar nº 218/2020. Institui a Contribuição Social sobre Serviços Digitais incidente sobre a receita bruta de serviços digitais prestados pelas grandes empresas de tecnologia (CSSD), destinada ao financiamento de programas de renda básica. Disponível em <https://www.camara.leg.br/proposicoesWeb/fichadetramitacao?idProposicao=2260638>. Acessado em 11 de fevereiro de 2021.

CONSELHO DA UNIÃO EUROPEIA. Tributação dos serviços digitais. Disponível em <https://www.consilium.europa.eu/pt/policies/digital-taxation/>. Acessado em 20 de março de 2021.

Carvalho, Mario Cesar. Proposta de imposto global para big techs beneficia países ricos e vira saco de pancada. Disponível em <https://www.poder360.com.br/futuro-indicativo/proposta-de-imposto-global-para-big-techs-beneficia-paises-ricos-e-vira-saco-de-pancada/>. Acessado em 11 de março de 2021.

Godoi, Marciano Seabra de. A volta do in dubio pro contribuinte: avanço ou retrocesso? In: Rocha, Valdir de Oliveira (coord.). Grandes questões atuais do direito tributário. São Paulo: Dialética, 2013.

GRANT THORNTON, OCDE lança nova proposta de tributação da economia digital. Disponível em: < https://www.grantthornton.com.br/insights/artigos-e-publicacoes/ocde-lanca-nova-proposta-de-tributacao-da-economia-digital/ >. Acessado em 26 de março de 2021.

Harada, Kiyoshi. Direito Financeiro e Tributário – 25. ed. rev., atual. e ampl. – São Paulo: Atlas, 2016.

ISTO É. Redação. Amazon pagará zero em impostos pelo segundo ano consecutivo. Disponível em <https://www.istoedinheiro.com.br/amazon-pagara-us-0-em-impostos-pelo-segundo-ano-consecutivo/>. Acessado em 20 de fevereiro de 2021.

Kira, Beatriz e Coutinho, Diogo R.. O futuro das 'big techs'. Disponível em: <https://www.jota.info/tributos-e-empresas/regulacao/o-futuro-das-big-techs-25062019#sdfootnote7sym>. Acessado em 26 de março de 2021.

Loureiro, Rodrigo. Amazon tem receita de US$ 386 bilhões em 2020 e dobra lucro no 4º trim. Disponível em <https://exame.com/tecnologia/amazon-tem-receita-de-us-386-bilhoes-em-2020-e-dobra-lucro-no-4o-tri/>. Acessado em 22 de fevereiro de 2021.

Ming, Celso. Taxação das gigantes de tecnologia digital, as 'big techs'. Disponível em <https://economia.estadao.com.br/noticias/geral,taxacao-das-gigantes-de-tecnologia-digital-as-big-techs,70003502859>. Acessado em 26 de fevereiro de 2021.

Morozov, Evgeny. Big Tech: a ascensão dos dados e a morte da política. Brasil, Ubu Editora, 2018.

Nabais, José Cabalta. O dever fundamental de pagar impostos. Coimbra: Almedina, 2004.

Navarro, J. G..Distributionof Facebook users in Brazil as ofJanuary 2021, bygender. Disponível em <https://www.statista.com/statistics/199239/distribution-of-users-on-facebook-brazil-gender/>. Acessado em 02 de março de 2021.

Oasislab. Tributação, o grande nó da economia digital. Disponível em <https://oasislab.com.br/tributacao-o-grande-no-da-economia-digital/>. Acessado em 02 de fevereiro de 2021.

Oliveira, Sabrina. Mark Zuckerberg pede novamente que a Big Tech seja regulamentada. Disponível em: < https://www.euqueroinvestir.com/mark-zuckerberg-pede-novamente-que-a-big-tech-seja-regulamentada/ >. Acessado em 26 de março de 2021.

Paulsen, Leandro. Curso de Direito Tributário Completo. 9. ed. – São Paulo: Saraiva Educação, 2018.

PREFEITURA DE SÃO PAULO. Instrução Normativa Secretaria Municipal da Fazenda – Sf/Surem Nº 23 de 22 de dezembro de 2017. Disponível em <http://legislacao.prefeitura.sp.gov.br/leis/instrucao-normativa-secretaria-municipal-da-fazenda-sf-23-de-22-de-dezembro-de-2017>. Acessado em 03 de fevereiro de 2021.

Santana, Wesley. Com lucro recorde em 2020, quarteto de big techs vale um terço do PIB dos EUA. Disponível em <https://www.cnnbrasil.com.br/business/2021/02/05/com-lucro-recorde-em-2020-quarteto-de-big-techs-vale-um-terco-do-pib-dos-eua>. Acessado em 03 de março de 2021.

Silva, Douglas Vieira da. Brasil é o 4º país com mais usuários no Facebook na quarentena. Disponível em <https://www.tecmundo.com.br/redes-sociais/153570-brasil-4-pais-usuarios-facebook-quarentena.htm>. Acessado em 04 de fevereiro de 2021.

Szafran, Vinicius. Após estrear no Brasil, Amazon Prime atinge 150 milhões de assinantes. Disponível em <https://olhardigital.com.br/2020/01/31/noticias/apos-estrear-no-brasil-amazon-prime-atinge-150-milhoes-de-assinantes/>. Acessado em 08 de fevereiro de 2021.

Vasconcellos, Carlos Eduardo. Acordo de imposto sobre big techs fica para 2021. Disponível em <https://www.oconsumerista.com.br/2020/10/acordo-de-imposto-sobre-big-techs-fica-para-2021/>. Acessado em 22 de janeiro de 2021.

SUPREMO TRIBUNAL FEDERAL. Recurso Extraordinário com Repercussão Geral – RE nº 330.817 – Rio de Janeiro, Ministro Relator Dias Toffoli, DJe 28.09.201

Ventura, Ivan. Acordo de imposto sobre big techs fica para 2021. Disponível em <https://www.consumidormoderno.com.br/2021/02/17/as-redes-sociais-pagam-impostos-no-brasil/>. Acessado em 07 de março de 2021.

Wallach, Omri. How Big Tech Makes TheirBillions. Disponível em <https://www.visualcapitalist.com/how-big-tech-makes-their-billions-2020/>. Acessado em 09 de março de 2021.

Zanata, Rafael A. F. e Abramovay, Ricardo. Dados, vícios e concorrência: repensando o jogo das economias digitais. Disponível em < https://www.scielo.br/scielo.php?script=sci_arttext&pid=S0103-40142019000200421&lang=pt >. Acessado em 09 de março de 2021.

5
ASPECTOS CRIMINAIS DA APLICAÇÃO INDEVIDA DE BENEFÍCIOS FISCAIS E FINANCEIRO-FISCAIS

Carlos Alberto de Moraes Ramos Filho

Introdução

O presente artigo busca descobrir o tipo penal no qual se enquadra a conduta de aplicar indevidamente benefícios fiscais e financeiro-fiscais, isto é, o desvio de subvenção social, de subsídios federais ou de verbas federais.

Será tomado como objeto de estudo o caso do Fundo de Investimentos da Amazônia (FINAM), operado pelo Banco da Amazônia S.A. (BASA) sob a supervisão da Superintendência de Desenvolvimento da Amazônia (SUDAM).

1. Considerações gerais sobre benefícios fiscais e financeiros-fiscais

Para a melhor compreensão do sentido, conteúdo e alcance do crime de aplicação indevida de benefícios fiscais e financeiro-fiscais, que será objeto do tópico subsequente, impende que, previamente, deixemos traçados com nitidez os contornos de expressões correlatas ao citado tema, como, por exemplo, os substantivos "benefício" e "incentivo".

A Constituição Federal de 1988 emprega o termo "incentivo" para, dentre outros usos, referir-se a "incentivos regionais" (art. 43, § 2º) e "incentivos fiscais" (arts. 151, inciso I). O vocábulo "benefício", por seu turno, frequentemente surge ao lado daquele outro, formando a expressão "incentivos e benefícios fiscais" (arts. 155, § 2º, inciso XII, alínea *g*, e 156, § 3º, inciso III, da CF/1988; art. 88, inciso II, ADCT). Surge, então, o inevitável questionamento: seriam tais expressões sinônimas ou, na verdade, constituem institutos de natureza diversa?

"Benefício" significa favor, graça, vantagem, ganho, proveito[1]. Beneficiar alguém, por conseguinte, importa proporcionar benefício a alguém, ou seja, favorecer uma pessoa, melhorar a condição desta.

Por seu turno, "incentivar" significa estimular, incitar. "Incentivo", pois, é aquilo que incentiva, que estimula, que incita [2].

Entendemos, diante do significado das expressões "incentivo" e "benefício", que as mesmas, ao serem empregadas pelo sistema do direito positivo brasileiro, não devam ser tomadas como sinônimas e, pois, intercambiáveis. Por outro lado, também não são expressões que se excluam mutuamente. Em verdade, a relação entre tais expressões é de *gênero e espécie*: todo incentivo é um benefício, mas a recíproca não é verdadeira, pois há benefícios que não se constituem, propriamente, em incentivos.

Discorrendo sobre os incentivos fiscais, propõe Marcos André Vinhas Catão a seguinte definição: "Incentivo fiscal é o tratamento tributário diferenciado excepcional, outorgado pelo legislador tributário, *de forma a estimular certas atividades desejadas por uma diretriz política, social e econômica*. Concretiza-se mediante o abrandamento ou a supressão de uma imposição fiscal sobre determinados fatos jurídicos" (destaque nosso)[3].

O incentivo fiscal é uma medida adotada pelo governo por meio da qual procura fomentar certa atividade econômica (incentivos *setoriais*) ou desenvolver determinada região do país (incentivos *regionais*). A norma concessiva do incentivo fiscal, para atingir o fim desejado, *beneficiará* seus destinatários, procurando desta forma estimulá-los a adotar o comportamento desejado pelo Estado. Trata-se, pois, de medida indutora de comportamentos. Seria o caso, por exemplo, dos incentivos da Zona Franca de Manaus, que visam atrair investimentos para a Região Amazônica[4].

[1] FERREIRA, Aurélio Buarque de Holanda. *Novo dicionário Aurélio da língua portuguesa*. 4. ed. Curitiba: Positivo, 2009, p. 285.

[2] FERREIRA, Aurélio Buarque de Holanda. *Novo dicionário Aurélio da língua portuguesa*, cit., p. 1087.

[3] CATÃO, Marcos André Vinhas. *Regime jurídico dos incentivos fiscais*. Rio de Janeiro: Renovar, 2004, p. 215.

[4] Apesar de sua inegável importância, os incentivos fiscais não são a única forma de intervenção do Estado no domínio econômico mediante atos de indutores de comportamentos. Com efeito, para tal fim, muitas vezes o Estado, ao invés de estimular comportamentos por ele desejados, edita normas de *dissuasão*, pelas quais impulsiona medidas de *desestímulo* a certas

Nem todo benefício, contudo, pode ser considerado um incentivo, por não possuir a finalidade de estimular condutas, essencial para a caracterização deste último. É o caso, por exemplo, da *remissão* (arts. 156, IV, e 172, ambos do CTN), que consiste no "perdão do crédito tributário pela Administração, previamente autorizada por lei"[5]. Ora, se a remissão, no Direito Tributário, é o "perdão que recai sobre o tributo"[6], a mesma, não obstante caracterizar-se como inegável benefício (por propiciar proveito ao beneficiado pelo perdão), não visa, por outro lado, estimular comportamentos dos contribuintes em troca de contrapartidas[7]. Outro exemplo de benefício que não configura incentivo é o da isenção concedida em atendimento ao princípio da capacidade contributiva (art. 145, § 1º, CF/1988[8]), porquanto não visa estimular conduta alguma.

Apesar da apontada distinção entre os conceitos de "incentivo" e "benefício", fica aqui registrado que, neste trabalho, as citadas expressões serão empregadas indistintamente, como se sinônimas fossem.

Outro aspecto a ser aqui delineado é o que diz respeito ao significado do adjetivo "fiscal", que em diversos dispositivos constitucionais (e infraconstitucionais) qualifica os incentivos e benefícios concedidos pelo poder público. Cabe, a respeito, traçar a linha que divide os incentivos fiscais dos chamados "incentivos financeiros".

No incentivo fiscal, e justamente em razão dele, o tributo não é pago (como no caso da isenção) ou é pago em quantia inferior a que seria devida se não houvesse tal benefício (como no caso da mera redução de alíquotas).

Já o incentivo financeiro é aquele que implica em *saída de dinheiro* dos cofres públicos em favor do cidadão. Neste caso, duas situações poderão restar configuradas: (i) o dinheiro é entregue, no todo ou em parte, a

condutas ou atividades econômicas. É o que se dá, por exemplo, com a aplicação de alíquota mais elevada de IPI para produtos industrializados considerados supérfluos, em decorrência da seletividade das alíquotas do citado imposto (art. 153, § 3º, inciso I, CF/1988).

5 TORRES, Ricardo Lobo. *Curso de direito financeiro e tributário*. 4. ed. Rio de Janeiro: Renovar, 1997, p. 256.

6 JARDIM, Eduardo Marcial Ferreira. *Manual de direito financeiro e tributário*. 4. ed. São Paulo: Saraiva, 1999, p. 262.

7 Ademais, por referir-se a fatos praticados *anteriormente* à lei que a concede, a remissão não pode ser considerada um incentivo, já que não lhe é possível atuar como indutora de comportamentos.

8 CF/1988, art. 145, § 1º: "Sempre que possível, *os impostos* terão caráter pessoal *e serão graduados segundo a capacidade econômica do contribuinte* (...)" (grifamos).

quem havia pago determinado tributo; ou (ii) o dinheiro é dado a uma pessoa sem necessária correlação a um pagamento anterior por ela efetuado. No primeiro caso, temos a chamada restituição (ou devolução) de tributo a título de incentivo, ao passo que, na segunda hipótese, temos as chamadas "subvenções", que, nos termos do § 3º do art. 12 da Lei n. 4.320, de 17.03.1964, dividem-se em "subvenções sociais", quando se destinem a instituições sem finalidade lucrativa, e "subvenções econômicas", quando destinadas a empresas.

Portanto, enquanto os incentivos fiscais operam *na órbita da receita pública*, os incentivos financeiros atuam *no plano das despesas públicas*[9].

2. A redução de desigualdades regionais

Os incentivos fiscais e financeiro-fiscais exercem a relevante função de mecanismo de redução das desigualdades regionais, que, além de princípio da ordem econômica (art. 170, inciso VII, CF), apresenta-se como um dos objetivos fundamentais da República Federativa do Brasil (art. 3º, inciso III, CF).

O Brasil é um país de extensa dimensão territorial, cujo processo de desenvolvimento econômico, como bem observa Gilberto Bercovici, amparado nas conclusões de Celso Furtado, acabou por transformar algumas de suas regiões em polos de desenvolvimento, mas deixando outras em nítida situação de estagnação econômica[10].

Tal situação de desequilíbrio – assim considerada por conservar dentro do mesmo território regiões com inúmeras disparidades – não passou despercebida pela Constituição Brasileira de 1988, que determinou o enfrentamento de tais desigualdades[11] ao tratar das regiões (art. 43)[12] e ao impor funções às leis orçamentárias (art. 165, §§ 1º e 7º)[13].

[9] Catão, Marcos André Vinhas. *Regime jurídico dos incentivos fiscais*. Rio de Janeiro: Renovar, 2004, p. 57-58.

[10] Bercovici, Gilberto. *Constituição econômica e desenvolvimento*: uma leitura a partir da Constituição de 1988. São Paulo: Malheiros, 2005, p. 88.

[11] "(...) a Constituição de 1988 destaca-se por dar importância diferenciada às questões de desigualdades regionais, por meio da instituição definitiva do Federalismo Cooperativo, como forma de Federalismo brasileiro. Este modelo surge sob o fundamento básico de cooperação entre as unidades federadas, tendo como objetivo último o desenvolvimento equilibrado e isonômico" (Lemes, Narcilene Moreira Machado; Machado, Paulo Henrique Araújo Lemes. *Federalismo fiscal e aplicabilidade do princípio da redução das desigualdades regionais*. Curitiba: CRV, 2019, p. 50).

Ainda quanto às desigualdades regionais, cabe destacar que a CF, apesar de vedar, como *regra geral*, a instituição de tributo que não seja uniforme em todo o território nacional ou que implique distinção ou preferência em relação a Estado, ao Distrito Federal ou a Município, em detrimento de outro, admite expressamente a concessão de *benefícios fiscais* destinados a promover o equilíbrio do desenvolvimento socioeconômico entre as diferentes regiões do País (art. 151, inciso I).

É interessante observar que, diferentemente da CF/1988, as Constituições brasileiras anteriores, nos dispositivos que consagravam o princípio da uniformidade geográfica da tributação, não traziam uma ressalva expressa admitindo a concessão de incentivos para promover o equilíbrio entre as diferentes regiões do País.

Apesar dessa reconhecida omissão nas Constituições pretéritas, é possível nelas apontar enunciados que respaldam a concessão de benefícios fiscais (e financeiros) com o fim de reduzir as desigualdades regionais.

3. A SUDAM e o FINAM

Consoante exposto, os incentivos fiscais atuam como instrumento de atração de investimentos para as regiões menos favorecidas do País, que não teriam, por si só, condições de atraí-los e, por conseguinte, de desenvolver-se no mesmo ritmo das regiões do País de maiores potencialidades. Consoante explana Daniela Ribeiro de Gusmão, "o favorecimento de uma região menos desenvolvida através do estímulo ao estabelecimento de novas empresas em seu território é uma atitude encorajada pelo ordenamento jurídico brasileiro, visto que dissemina o progresso tecnológico e fomenta o emprego nessas regiões, atenuando, em última análise, as disparidades regionais"[14].

[12] CF: "Art. 43. Para efeitos administrativos, a União poderá articular sua ação em um mesmo complexo geoeconômico e social, visando a seu desenvolvimento e à *redução das desigualdades regionais*" (destaque nosso).

[13] A lei que instituir o Plano Plurianual (PPA) da União deve estabelecer as diretrizes, objetivos e metas da administração pública federal de forma regionalizada (art. 165, § 1º, CF). Ademais, o orçamento fiscal (art. 165, § 5º, inciso I, CF) e o orçamento das estatais (art. 165, § 5º, inciso II, CF) devem ser compatibilizados com o PPA, tem entre suas funções a de reduzir desigualdades regionais, segundo critério populacional (art. 165, § 7º, CF).

[14] GUSMÃO, Daniela Ribeiro de. *Incentivos fiscais, princípios da igualdade e da legalidade e efeitos no âmbito do ICMS*. Rio de Janeiro: Lumen Juris, 2005, p. 56.

A Constituição de 1946, em seu art. 199, mencionava a obrigatoriedade da União implementar um "plano de valorização econômica da Amazônia".

Nesse contexto, foi instituída a Superintendência de Desenvolvimento da Amazônia (SUDAM), criada como autarquia pela Lei n. 5.173, de 27.10.1966, com o objetivo de promover o desenvolvimento da Região Amazônica.

A Carta de 1967 estabeleceu o desenvolvimento econômico como um dos princípios da ordem econômica nacional (art. 157, V)[15], tendo atribuído à União a competência para realizar planos de valorização das regiões menos desenvolvidas do País (art. 8º, XIII)[16] e ao orçamento a missão de consignar dotações plurianuais para a execução de tais planos[17].

Com o advento da Emenda Constitucional n. 1, de 1969, que trouxe nova redação à Constituição de 1967, não houve alterações significativas. Permanecia sendo da União a competência para estabelecer planos regionais de desenvolvimento (art. 8º, XIV)[18], cabendo ao Congresso Nacional, com a sanção do Presidente da República, dispor sobre tais planos (art. 43, IV)[19], cuja execução deveria ser respaldada por dotações consignadas no então denominado orçamento plurianual de investimento (art. 63)[20].

A SUDAM foi extinta pela Medida Provisória n. 2.157-5, de 24.08.2001, que a substituiu pela Agência de Desenvolvimento da Amazônia (ADA). A ADA, por sua vez, foi extinta pela Lei Complementar n. 124, de 03.01.2007, que reinstituiu a SUDAM.

[15] CF/1967: "Art 157 – A ordem econômica tem por fim realizar a justiça social, com base nos seguintes princípios: (...) V – desenvolvimento econômico;"

[16] CF/1967: "Art 8º – Compete à União: (...) XIII – estabelecer e executar planos regionais de desenvolvimento;"

[17] CF/1967: "Art. 65. (...) § 6º – O orçamento consignará dotações plurianuais para a execução dos planos de valorização das regiões menos desenvolvidas do País."

[18] CF/1967, com redação determinada pela EC 1/1969: "Art. 8º Compete à União: (...) XIV – estabelecer e executar planos nacionais de educação e de saúde, bem como planos regionais de desenvolvimento;"

[19] CF/1967, com redação determinada pela EC 1/1969: "Art. 43. Cabe ao Congresso Nacional, com a sanção do Presidente da República, dispor sôbretôdas as matérias de competência da União, especialmente: (...) IV – planos e programas nacionais e regionais de desenvolvimento;"

[20] CF/1967, com redação determinada pela EC 1/1969: "Art. 63. O orçamento plurianual de investimento consignará dotações para a execução dos planos de valorização das regiões menos desenvolvidas do País". O referido orçamento corresponde ao atual Plano Plurianual (art. 165, I, CF/1988).

O Fundo de Investimentos da Amazônia (FINAM) foi instituído pelo Decreto-Lei n. 1.376, de 12.12.1974, com o propósito de assegurar os recursos necessários à implantação de projetos considerados como de interesse para o desenvolvimento da Amazônia Legal[21].

Nos termos do art. 6º do referido diploma, o FINAM seria operado pelo Banco da Amazônia S.A. (BASA), sob a supervisão da SUDAM.

O Decreto-Lei n. 1.376/1974 foi alterado pela Lei n. 8.167, de 16.01.1991 (regulamentada pelo Decreto n. 101, de 17.04.1991), que, dentre outras providências, estabeleceu novas condições operacionais dos Fundos de Investimentos Regionais[22].

4. O desvio de recursos de fundos de investimentos regionais

Um caso interessante diz respeito à malversação de recursos de fundos de investimentos regionais, isto é, quando o beneficiário aplica os recursos em descordo com o projeto.

Sobre tal aspecto, o Superior Tribunal de Justiça (STJ) apreciou diversos processos envolvendo o desvio de recursos do FINAM. O contribuinte que opta por investir em projetos considerados como de interesse para o desenvolvimento da Amazônia Legal tem o incentivo fiscal de dedução de fração do imposto de renda.

A Lei n. 4.729, de 14.07.1965, em seu art. 1º, enumerava as condutas que configuravam crime de *sonegação fiscal*. Referida lista, que era *taxativa*[23], não mencionava a malversação de benefícios fiscais ou financeiro-fiscais.

O Decreto-Lei n. 756, de 11.08.1969, em seu art. 18, equiparou a crime de sonegação fiscal o desvio de recursos do FINAM:

> Art. 18. Equipara-se a crime de sonegação fiscal, observada a lei número 4.729 de 14 de julho de 1965, a aplicação pela empresa beneficiária em desacôrdo com o projeto aprovado, das parcelas do Impôsto de Renda e adicionais não restituíveis, recolhidas ao Banco da Amazônia S.A. e liberadas pela SUDAM.

[21] A Amazônia Legal compreende os Estados do Acre, Amapá, Amazonas, Mato Grosso, Pará, Rondônia, Roraima, Tocantins e parte do Maranhão (a oeste do meridiano de 44º).

[22] Sobre o FINAM também dispõem a Lei n. 9.808, de 20.07.1999, e a Medida Provisória n. 2.199-14, de 24.08.2001.

[23] Lei n. 4.729/1965: "Art. 3º Sòmente os atos definidos nesta Lei poderão constituir crime de sonegação fiscal".

No julgamento da Ação Rescisória202/PA[24], o STJ entendeu que a aplicação de tais incentivos, pela empresa beneficiaria, em desacordo com o projeto aprovado, configuraria crime de sonegação fiscal, nos termos do art. 18 do Decreto-Lei n. 756/1969.

O Supremo Tribunal Federal (STF) também decidiu no mesmo sentido ao julgar o Recurso em *Habeas Corpus* n. 53746/PA[25].

Adveio, então, a Lei n. 7.134, de 26.10.1983, que, em seu art. 1º, dispôs sobre a obrigatoriedade de aplicação dos créditos e financiamentos de organismos governamentais e daqueles provenientes de incentivos fiscais, exclusivamente nos projetos para os quais foram concedidos:

> Art. 1º Todo crédito ou financiamento concedido por órgãos da administração pública, direta ou indireta, ou recurso proveniente de incentivo fiscal terá que ser aplicado exclusivamente no projeto para o qual foi liberado.

De acordo com o art. 3º da Lei n. 7.134/1983, os responsáveis pela infração aos seus dispositivos ficariam sujeitos às penas previstas no art. 171 do Código Penal Brasileiro (Decreto-lei n. 2.848, de 07.12.1940). Isto significava que aaplicação de benefício financeiro (crédito ou financiamento) ou recurso proveniente de benefício fiscal em finalidade diversa para o qual foi liberado configuraria crime de *estelionato.*

A Lei n. 8.137, de 27.12.1990, definiu os *crimes contra a ordem tributária*[26] praticados por particulares (arts. 1º e 2º) ou por agentes públicos (art. 3º)[27].

Referido diploma legal tipificou como crime contra a ordem tributária a conduta de "deixar de aplicar, ou aplicar em desacordo com o estatuído, incentivo fiscal ou parcelas de imposto liberadas por órgão ou entidade de desenvolvimento" (art. 2º, inciso IV).

[24] AR 202/PA, Rel. Min. Garcia Vieira, 1ª Seção, j. em 20.03.1990, *DJ* 23.04.1990, p. 3212.

[25] RHC 53746/PA, Rel. Min. Eloy da Rocha, 1ª Turma, j. em 02.12.1975, *DJ* 18.03.1977, p. 1523. Confira-se, ainda, sobre o tema:RHC 53362/PA, Rel. Min. Eloy da Rocha, 1ª Turma, j. em 10.06.1975, *DJ* 12.09.1975, p. 6518.

[26] A Lei n. 8.137/1990 também definiu os crimes contra a ordem econômica e contra as relações de consumo.

[27] Apesar de não ter revogado expressamente a Lei n. 4.729/1965, entendemos que a Lei n. 8.137/1990 revogou taticamente referido diploma legal, por ter regulado inteiramente a matéria de que tratavam a lei anterior, nos termos da Lei de Introdução às normas do Direito Brasileiro – LINDB (Decreto-Lei n. 4.657, de 04.09.1942), art. 2º, § 1º: "*A lei posterior revoga a anterior* quando expressamente o declare, quando seja com ela incompatível *ou quando regule inteiramente a matéria de que tratava a lei anterior*" (destaque nosso).

Já na vigência da Lei n. 8.137/1990, o STJ, no julgamento do Habeas Corpus 66.815/TO, decidiu que a apropriação indevida de recursos de financiamento concedido pela SUDAM/FINAM subsumia-se ao disposto no art. 1º, *caput*, primeira parte, da Lei n. 7.134/1983, mas *não estaria tipificada no inciso IV do art. 2º da Lei 8.137/1990*, pois não se trataria de malversação de incentivos fiscais[28].

A jurisprudência do STJ, contudo, firmou-se no sentido de que a malversação dos recursos oriundos do FINAM e administrados pela SUDAM se amolda ao tipo penal previsto no art. 2º, inciso IV, da Lei n. 8.137/1990 e não ao do crime de estelionato (art. 171, § 3º, CP)[29]:

> PENAL. AGRAVO REGIMENTAL EM RECURSO ESPECIAL. MÁ APLICAÇÃO DE INCENTIVOS FISCAIS. ESTELIONATO. NÃO OCORRÊNCIA. CRIME PREVISTO NO ART. 2º, IV, DA LEI N. 8.137/90.
> 1. Tratando-se de malversação de incentivos fiscais repassados pela SUDAM para o Projeto Agromaster, não há falar em crime de estelionato, mas sim no delito tipificado no art. 2º, IV, da Lei n. 8.137/90.
> 2. Agravo regimental a que se nega provimento.
> (AgRg no REsp 864976/DF, Rel. Min. Alderita Ramos de Oliveira (Desembargadora Convocada do TJ/PE), 6ª Turma, j. em 04.10.2012, *DJe* 11.10.2012)

> AGRAVO REGIMENTAL NO AGRAVO EM RECURSO ESPECIAL. OBTENÇÃO FRAUDULENTA DE RECURSOS DO FINAM (FUNDO DE INVESTIMENTOS DA AMAZÔNIA) E FALSIFICAÇÃO DE DOCUMENTOS QUE INDUZIRAM A ERRO A SUDAM (SUPERINTENDÊNCIA DE

[28] HC 66815/TO, Rel. Min. Arnaldo Esteves Lima, 5ª Turma, j. em 07.08.2008, *DJe* 20.10.2008. No mesmo sentido: HC 109948/TO, Rel. Min. Arnaldo Esteves Lima, 5ª Turma, j. em 16.03.2010, *DJe* 19.04.2010.

[29] Confira-se o seguinte julgado do STF, assim ementado: "EMENTA: PENAL. PROCESSUAL PENAL. AÇÃO PENAL ORIGINÁRIA. CRIME PREVISTO NO ART. 3º DA LEI 7.143/83. NÃO-CONFIGURAÇÃO. SUBVENÇÃO SOCIAL. ATIPICIDADE. 1. O desvio de subvenção social, de subsídios federais ou de verbas federais pode, a depender das circunstâncias do caso, configurar os crimes de peculato, de apropriação indébita ou mesmo de estelionato. 2. Denúncia que não imputa aos acusados a apropriação privada da subvenção social, satisfazendo-se com a afirmação de que a subvenção social não teria sido aplicada no projeto que lhe deu causa e classificando-a no crime do art. 3º da Lei n. 7.134/1985. 3. Subvenção social não é 'crédito ou financiamento concedido por órgãos da administração pública, direta ou indireta, ou recurso proveniente de incentivo fiscal', o que afasta a aplicação do art. 3º da Lei n. 7.134/1985" (AP 347/CE, Rel. Min. Rosa Weber, 1ª Turma, j. em 16.12.2014, DJe-036 divulg. 24.02.2015 public. 25.02.2015).

> DESENVOLVIMENTO DA AMAZÔNIA). CONDUTA QUE SE AMOLDA AO TIPO PREVISTO NO ART. 2º, IV, DA LEI Nº 8.137/90. (...)
> 1. O aresto objurgado alinha-se a entendimento pacificado neste Sodalício no sentido de que a malversação dos recursos oriundos do FINAM e administrados pela SUDAM se amoldam ao tipo penal previsto no art. 2º, IV, da Lei n. 8.137/90 e não ao do art.171, § 3º, do Código Penal.
> (...)
> (AgRg no AREsp 739630/TO, Rel. Min. Jorge Mussi, 5ª Turma, j. em 21.06.2016, *DJe* 29.06.2016)[30]

Chegou a ser cogitado que o referido delito poderia se enquadrar na disposição do art. 20 da Lei n. 7.492, de 16.06.1986, que define os crimes contra o sistema financeiro nacional, com a seguinte redação:

> Art. 20. Aplicar, em finalidade diversa da prevista em lei ou contrato, recursos provenientes de financiamento concedido por instituição financeira oficial ou por instituição credenciada para repassá-lo[31]:
> Pena – Reclusão, de 2 (dois) a 6 (seis) anos, e multa.

[30] Para o caso de fraude para a obtenção de financiamento de projeto de desenvolvimento junto à SUDAM, também reconheceu o STJ que não se está a falar em crime de estelionato, mas de crime previsto no artigo 2º, inciso IV, da Lei n. 8.137/1990, por sua especificidade (HC 103055/TO, Rel. Min. Maria Thereza de Assis Moura, 6ª Turma, j. em 28.04.2009, *DJe* 18.05.2009). No mesmo sentido: HC 88617/TO, Rel. p/ Acórdão Min. Nilson Naves, 6ª Turma, j. em 17.06.2008, *DJe* 29.09.2008; HC 163553/TO, Rel. Min. Maria Thereza de Assis Moura, 6ª Turma, j. em 09.08.2012, *DJe* 20.08.2012. Em relação a conduta de falsificação de documentos, visando à liberação das parcelas do financiamento de projetos de desenvolvimento da Amazônia, o STJ também firmou entendimento de que ficam absorvidos os crimes de falsificação, ainda que estes possuam penas mais graves, desde que realizados unicamente como meio para a realização do delito do art. 2º, inciso IV, da Lei n. 8.137/1990. Nesse sentido: HC 103055/TO, Rel. Min. Maria Thereza de Assis Moura, 6ª Turma, j. em 28.04.2009, *DJe* 18.05.2009; AgRg no AREsp 897927/TO, Rel. Min. Maria Thereza de Assis Moura, 6ª Turma, j. em 18.08.2016, *DJe* 29.08.2016.

[31] Comentando sobre o referido tipo penal, o Ministro Alexandre de Moraes asseverou em seu voto na Ação Penal 935/AM: "O financiamento a que alude a norma incriminadora é o instrumento concebido para a realização de uma dada política governamental, destinada ao fomento, com custos subsidiados – e por isso, muito atrativos ao empresariado – de alguma área de relevante interesse social, e, por tal razão, busca-se interditar o seu desvio para outros fins, em detrimento da coletividade, com a ameaça da sanção penal" (AP 935/AM, Rel. Min. Alexandre de Moraes, Rev.Min. Marco Aurélio, 1ª Turma, j. em 27.02.2018, *DJe*-153 divulg. 31.07.2018 public. 01.08.2018). O crime previsto no art. 20 da Lei 7.492/1986 consuma-se com a aplicação, em finalidade diversa da prevista em lei ou no contrato, dos recursos oriundos de

O STJ, contudo, decidiu que a SUDAM não se enquadra na descrição de instituição financeira constante do art. 1º do mencionado diploma legal, assim redigido:

> Art. 1º Considera-se instituição financeira, para efeito desta lei, a pessoa jurídica de direito público ou privado, que tenha como atividade principal ou acessória, cumulativamente ou não, a captação, intermediação ou aplicação de recursos financeiros (Vetado)[32] de terceiros, em moeda nacional ou estrangeira, ou a custódia, emissão, distribuição, negociação, intermediação ou administração de valores mobiliários.
>
> Parágrafo único. Equipara-se à instituição financeira:
>
> I – a pessoa jurídica que capte ou administre seguros, câmbio, consórcio, capitalização ou qualquer tipo de poupança, ou recursos de terceiros;
>
> II – a pessoa natural que exerça quaisquer das atividades referidas neste artigo, ainda que de forma eventual.

Consequentemente, segundo o STJ, a malversação de incentivos fiscais da SUDAM não se enquadra no art. 20 da Lei n. 7.492/1986[33], que define os crimes contra o sistema financeiro nacional:

financiamento concedido por instituição financeira oficial. Nesse sentido já decidiu o STF: AP 554/RO, Rel. Min. Roberto Barroso, 1ª Turma, j. em 05.05.2015, *DJe*-108 divulg. 05.06.2015 public. 08.06.2015; Inq 2725/SP, Rel. Min. Teori Zavascki, 2ª Turma, j. em 08.09.2015, *DJe*-195 divulg. 29.09.2015 public. 30.09.2015; AP 965/SP, Rel. Min. Alexandre de Moraes, Rev. Min. Marco Aurélio, Rel. p/ Acórdão Min. Roberto Barroso, 1ª Turma, j. em 08.06.2020, *DJe*-247 divulg. 09.10.2020 public. 13.10.2020, republicação: *DJe*-271 divulg. 12.11.2020 public. 13.11.2020. Não se exige, para a configuração do delito tipificado no art. 20 da Lei n. 7.492/1986, que seja comprovada a destinação dada aos valores obtidos mediante financiamento, uma vez que a mera constatação de que não foram eles aplicados na finalidade prevista em lei ou no contrato já evidencia a utilização dos ativos para fim diverso.Nesse sentido: STF, RHC 75375/DF, Rel. Min. Marco Aurélio, 2ª Turma, j. em 18.11.1997, *DJ* 06.04.2001, p. 107.Referido tipo penal, segundo decidiu o STF, admite o concurso de pessoas, tanto na forma de coautoria quanto de participação, bastando, para tanto, que se avalie da intenção dos envolvidos, já que o dolo é o elemento subjetivo do tipo (HC 81852/RS, Rel. Min. Néri da Silveira, 2ª Turma, j. em 23.04.2002, *DJ* 14.06.2002, p. 158).

[32] Foi vetada pela Presidência da República a expressão "próprios ou". Ressalte-se que o sistema constitucional anterior (o da CF/1967 com a redação dada pela EC 1/1969), diversamente do atual (art. 66, § 2º), não estabelecia que o veto parcial somente poderia abranger texto integral de artigo, de parágrafo, de inciso ou de alínea.

[33] O STF já decidiu que a malversação de verbas oriundas do Fundo Constitucional da Região Norte – FNO(previsto no art. 159, inciso I, alínea *c*, da CF, e instituído pela Lei n. 7.827, de 27.09.1989) amolda-se ao tipo penal previsto no art. 20 da Lei n. 7.492/1986. Nesse sentido: AP

CRIMINAL. HABEAS CORPUS. CRIME CONTRA O SISTEMA FINANCEIRO NACIONAL. PLEITO DE DESCLASSIFICAÇÃO DA CONDUTA PARA O TIPO PENAL PREVISTO NO ART. 2º, INC. IV, DA LEI DE CRIMES CONTRA A ORDEM TRIBUTÁRIA. PROCEDÊNCIA. ORDEM CONCEDIDA.

I. Hipótese na qual o paciente foi condenado nos termos do art. 20 da Lei n. 7.492/86 por malversação de incentivos fiscais provenientes de convênio firmado entre a PLASTICOL e a SUDAM.

II. Tratando-se, a SUDAM, de autarquia destinada à promoção do desenvolvimento da área prevista na Lei que a instituiu e, não, de instituição que visa captar, intermediar ou aplicar recursos financeiros de terceiros, não se enquadra na descrição de instituição financeira.

III. Fato típico que corresponde ao previsto no inc. IV, do art. 2º, da Lei n. 8.137/90, segundo o qual comete crime contra a ordem tributária aquele que "deixar de aplicar, ou aplicar em desacordo com o estatuído, incentivo fiscal ou parcelas de imposto liberadas por órgão ou entidade de desenvolvimento".

IV. Pleito de desclassificação da conduta que se acolhe, por tratar-se de ilegalidade flagrante, devendo os autos retornarem ao TRF para a adequação da pena aos termos do tipo penal descrito no art.2º, inc IV da Lei n. 8.137/90.

VI. Ordem concedida, nos termos do voto do Relator.

(HC 178011/AM, Rel. Min. Gilson Dipp, 5ª Turma, j. em 14.02.2012, *DJe* 26.03.2012)[34]

Recentemente, o Ministro Néfi Cordeiro, do STJ, em decisão monocrática, proferida em 1º de fevereiro do corrente ano, ao julgar o Habeas Corpus n. 616.810 decidiu que o desvio de recursos do FINAM não se amoldaria ao tipo do crime de estelionato contra a União, mas sim ao tipo previsto no inciso IV do art. 2º da Lei n. 8.137/1990[35].

935/AM, Rel. Min. Alexandre de Moraes, Rev. Min. Marco Aurélio, 1ª Turma, j. em 27.02.2018, *DJe*-153 divulg. 31.07.2018 public. 01.08.2018.De igual modo decidiu em caso envolvendo a malversação de recursos do Banco Nacional de Desenvolvimento Econômico e Social – BNDES: AP 965/SP, Rel. Min. Alexandre de Moraes, Rev. Min. Marco Aurélio, Rel. p/ Acórdão Min. Roberto Barroso, 1ª Turma, j. em 08.06.2020, *DJe*-247 divulg. 09.10.2020 public. 13.10.2020, republicação: *DJe*-271 divulg. 12.11.2020 public. 13.11.2020.

[34] Nesse sentido também decidiu o STF: Inq 933/MG, Rel. Min. Sepúlveda Pertence, Pleno, j. em 29.05.2002, *DJ* 28.06.2002, p. 88.

[35] HC 616810/PA, Rel. Min. Néfi Cordeiro, decisão monocrática, j. em 01.02.2021, *DJe* 02.02.2021.

No entanto, o Ministro Néfi Cordeiro reconsiderou sua decisão, por entender que a conduta, no caso, não se enquadraria no inciso IV do art. 2º da Lei n. 8.137/1990, tendo em vista que, além do dinheiro não ter sido corretamente aplicado, foi desviado para benefício particular dos réus[36]. Trata-se, contudo, de decisão monocrática.

OSTF, por sua vez, no Inquérito 2760/TO, ao receber denúncia de subtração de recursos públicos liberados por entidade de desenvolvimento, entendeu ser inviável a desclassificação para os crimes do art. 2º da Lei n. 8.137/1990[37].

Decidiu-se, na ocasião, que a conduta enquadra-se no tipo penal do peculato-furto (art. 312, § 1º, Código Penal), pois, segundo a denúncia, servidores públicos valeram-se da liberação de recursos do fundo público com o deliberado e inicial projeto de subtrair parcela para si: "Ou seja, praticaram conduta consideravelmente mais grave do que o desvio, pelo beneficiado, dos valores oriundos do incentivo. (...) Ainda que o objeto material do crime sejam recursos liberados por entidade de desenvolvimento, o que atrairia a aplicação do crime contra a ordem tributária, neste caso preponderam o propósito inicial de subtração e o concurso necessário de funcionário público para a infração".

Conclusões

Por tudo quanto foi exposto, conclui-se, em síntese, que malversação dos recursos oriundos do FINAM e administrados pela SUDAM:

a) não se amolda ao tipo penal previsto no § 3º do art. 171 do Código Penal;
b) não se amolda ao tipo penal previsto no art. 20 da Lei n. 7.492/1986, em razão da SUDAM não se enquadrar na descrição de instituição financeira constante do art. 1º do citado diploma legal;
c) amolda-se ao tipo penal previsto no inciso IV do art. 2º da Lei n. 8.137/1990, qualificando-se, pois, como um crime contra a ordem tributária;
d) amolda-se ao tipo penal do § 1º do art. 312 do Código Penal ("peculato-furto") na hipótese de haver o concurso de servidores públicos

[36] AgRg no HC 616810/PA, Rel. Min. Néfi Cordeiro, decisão monocrática, j. em 01.03.2021, *DJe* 05.03.2021.

[37] Inq 2760/TO, Rel. Min. Gilmar Mendes, 2ª Turma, j. em 07.10.2014, *DJe*-246 divulg. 15.12.2014 public. 16.12.2014.

que tenham se valido da liberação de recursos do fundo público com o deliberado propósito de subtrair parcela para si.

Referências

BERCOVICI, Gilberto. *Constituição econômica e desenvolvimento*: uma leitura a partir da Constituição de 1988. São Paulo: Malheiros, 2005.

BRASIL. Superior Tribunal de Justiça. Ação Rescisória n. 202/PA, Rel. Min. Garcia Vieira, 1ª Seção, j. em 20.03.1990, *DJ* 23.04.1990, p. 3212.

______. *Habeas Corpus* n. 66815/TO, Rel. Min. Arnaldo Esteves Lima, 5ª Turma, j. em 07.08.2008, *DJe* 20.10.2008.

______. *Habeas Corpus* n. 109948/TO, Rel. Min. Arnaldo Esteves Lima, 5ª Turma, j. em 16.03.2010, *DJe* 19.04.2010.

______. *Habeas Corpus* n. 88617/TO, Rel. p/ Acórdão Min. Nilson Naves, 6ª Turma, j. em 17.06.2008, *DJe* 29.09.2008.

______. *Habeas Corpus* n. 163553/TO, Rel. Min. Maria Thereza de Assis Moura, 6ª Turma, j. em 09.08.2012, *DJe* 20.08.2012.

______. *Habeas Corpus* n. 103055/TO, Rel. Min. Maria Thereza de Assis Moura, 6ª Turma, j. em 28.04.2009, *DJe* 18.05.2009.

______. Agravo Regimental no Recurso Especial n. 897927/TO, Rel. Min. Maria Thereza de Assis Moura, 6ª Turma, j. em 18.08.2016, *DJe* 29.08.2016.

______. Agravo Regimental no Recurso Especial n.864976/DF, Rel. Min. Alderita Ramos de Oliveira (Desembargadora Convocada do TJ/PE), 6ª Turma, j. em 04.10.2012, *DJe* 11.10.2012.

______. Agravo Regimental no Agravo em Recurso Especial n. 739630/TO, Rel. Min. Jorge Mussi, 5ª Turma, j. em 21.06.2016, *DJe* 29.06.2016.

______. *Habeas Corpus* n. 178011/AM, Rel. Min. Gilson Dipp, 5ª Turma, j. em 14.02.2012, *DJe* 26.03.2012.

______. *Habeas Corpus* n.616810/PA, Rel. Min. Néfi Cordeiro, decisão monocrática, j. em 01.02.2021, *DJe* 02.02.2021.

______. Agravo Regimental no*Habeas Corpus* n. 616810/PA, Rel. Min. Néfi Cordeiro, decisão monocrática, j. em 01.03.2021, *DJe* 05.03.2021.

BRASIL. Supremo Tribunal Federal. Inquérito n. 2760/TO, Rel. Min. Gilmar Mendes, 2ª Turma, j. em 07.10.2014, *DJe*-246 divulg. 15.12.2014 public. 16.12.2014.

______.Inquérito n. 933/MG, Rel. Min. Sepúlveda Pertence, Pleno, j. em 29.05.2002, *DJ* 28.06.2002, p. 88.

______. Inquérito n. 2725/SP, Rel. Min. Teori Zavascki, 2ª Turma, j. em 08.09.2015, *DJe*-195 divulg. 29.09.2015 public. 30.09.2015.

______. Ação Penal Originária n. 347/CE, Rel. Min. Rosa Weber, 1ª Turma, j. em 16.12.2014, *DJe*-036 divulg. 24.02.2015 public. 25.02.2015.

______. *Habeas Corpus* n. 81852/RS, Rel. Min. Néri da Silveira, 2ª Turma, j. em 23.04.2002, *DJ* 14.06.2002, p. 158.

______. Recurso em *Habeas Corpus* n. 53746/PA, Rel. Min. Eloy da Rocha, 1ª Turma, j. em 02.12.1975, *DJ* 18.03.1977, p. 1523.

______. Recurso em *Habeas Corpus* n. 53362/PA, Rel. Min. Eloy da Rocha, 1ª Turma, j. em 10.06.1975, *DJ* 12.09.1975, p. 6518.

______. Recurso em *Habeas Corpus* n. 75375/DF, Rel. Min. Marco Aurélio, 2ª Turma, j. em 18.11.1997, *DJ* 06.04.2001, p. 107.

______. Ação Penal n. 554/RO, Rel. Min. Roberto Barroso, 1ª Turma, j. em 05.05.2015, *DJe*-108 divulg. 05.06.2015 public. 08.06.2015.

______. Ação Penal n. 935/AM, Rel. Min. Alexandre de Moraes, Rev. Min. Marco Aurélio, 1ª Turma, j. em 27.02.2018, *DJe*-153 divulg. 31.07.2018 public. 01.08.2018.

______. Ação Penaln. 965/SP, Rel. Min. Alexandre de Moraes, Rev. Min. Marco Aurélio, Rel. p/ Acórdão Min. Roberto Barroso, 1ª Turma, j. em 08.06.2020, *DJe*-247 divulg. 09.10.2020 public. 13.10.2020, republicação: *DJe*-271 divulg. 12.11.2020 public. 13.11.2020.

CATÃO, Marcos André Vinhas. *Regime jurídico dos incentivos fiscais*. Rio de Janeiro: Renovar, 2004.

FERREIRA, Aurélio Buarque de Holanda. *Novo dicionário Aurélio da língua portuguesa*. 4. ed. Curitiba: Positivo, 2009.

GUSMÃO, Daniela Ribeiro de. *Incentivos fiscais, princípios da igualdade e da legalidade e efeitos no âmbito do ICMS*. Rio de Janeiro: Lumen Juris, 2005.

JARDIM, Eduardo Marcial Ferreira. *Manual de direito financeiro e tributário*. 4. ed. São Paulo: Saraiva, 1999.

LEMES, Narcilene Moreira Machado; MACHADO, Paulo Henrique Araújo Lemes. *Federalismo fiscal e aplicabilidade do princípio da redução das desigualdades regionais*. Curitiba: CRV, 2019.

TORRES, Ricardo Lobo. *Curso de direito financeiro e tributário*. 4. ed. Rio de Janeiro: Renovar, 1997.

6
"MOEDA VIRTUAL": MODERNIDADE QUE DESAFIA A SUBSUNÇÃO DA LEI AO FATO CONCRETO

Carlos Roberto Nascimento Junior
Otávio Gomes Figueiró

Introdução

O presente feito tem como escopo a verificação e demonstração da tributação sobre as ditas "moedas virtuais".

A fim de ambientar a questão tratamos do fato de que a tecnologia tem levado a sociedade para modificações cada vez maiores e com mais rapidez.

Os avanços tecnológicos e o advento da internet proporcionaram novas formas de relacionamento interpessoais, agora em meio virtual. Tais modificações e inovações também foram experimentadas nos meios comerciais, sendo um importante exemplo a propagação do e-commerce.

A seu turno, o direito enquanto regulador de condutas sociais que visa à harmonia e paz social, bem como resguarda a segurança jurídica das relações, necessita de adaptação à realidade experimentada pela sociedade. De tal modo, cabe ao legislador, valendo-se do fato social e de sua percepção a fixação das normas jurídicas normalizadoras das relações.

Em meio a gama de inovações tecnológicas que ocasionaram alterações sociais, podemos inaugurar a investigação de um fato social moderno, qual seja o advento das "moedas virtuais".

Nessa temática, é visto em primeiro momento o conceito de moeda para o orçamento jurídico brasileiro, para em seguida constatar se as "moedas virtuais" são propriamente "moedas" para a legislação brasileira.

Em sequência, realizando o recorte temático sobre a tributação das "moedas virtuais", conferimos a incidência das normas tributárias sobre as "moedas virtuais".

Assim, acolhemos ao feito as disposições afetas ao imposto de renda, bem como as teorias que permeiam o imposto, sendo realizada uma breve colheita jurisprudencial com o fito de fixar o melhor conceito sobre a exação tributária.

Em seguida, verificaremos as disposições apresentadas pela Secretaria da Receita Federal do Brasil que trata as "moedas virtuais" como "ativo financeiro".

Entretanto, notamos que a Comissão de Valores Mobiliários já mencionou a ausência de correlação entre "ativo financeiro" e "moedas virtuais" para os fundos de investimentos.

Assim, torna-se de grande importância a constatação de incidência ou não de imposto, notadamente do imposto de renda, sobre as mencionadas "moedas virtuais".

1. Tecnologia. Modernização das relações sociais e comerciais

Já podemos notar na sociedade de 2021 que as relações sociais e suas mutações possuem velocidade exponencial.

Em curto espaço de tempo o que é atual se torna ultrapassado e antiquado seja no campo de equipamentos eletrônicos ou de ferramentas virtuais.

Tal velocidade das mudanças tecnológicas causam reflexos no comportamento humano e, por consequência, no tecido social.

Assim advém a constante modernização da sociedade, sendo fator desencadeador primordial a proximidade e conectividade das pessoas com o mundo virtual.

Entretanto, é importante estabelecer que a chegada da era digital ou era da informação é o marco temporal inicial que dá arrimo tecnológico para que essas mutações sociais ocorram de forma célere.

Em relação ao tema era digital, em destaque para início de tal era e seu desenvolvimento pelas décadas subsequentes, vejamos as lições de Tom Chatfield, (2012 p. 12):

A breve história das interações humanas com as tecnologias digitais é marcada por uma intimidade em constante evolução: da integração, em meio século, de uma ferramenta surpreendentemente nova aos corações de bilhões de pessoas.

Os primeiros computadores digitais, desenvolvidos na década de 1940, eram máquinas enormes e assustadoramente complexas, desenvolvidas e operadas por algumas das mentes mais brilhantes do planeta: pioneiros como Alan Turing, cujo trabalho teórico e prático ajudou os britânicos a decodificar as mensagens cifradas dos alemães durante a Segunda Guerra Mundial.

A geração de computadores que veio a seguir, os mainframes, surgiu no final da década de 1950. Presentes principalmente em instituições acadêmicas e militares, os mainframes ainda ocupavam salas inteiras e continuavam a ser um terreno reservado a especialistas – as informações inseridas eram formadas por comandos altamente abstratos, e as respostas não faziam sentido algum para quem não fosse versado em ciência da computação.

Tudo começou a mudar nos anos 1970, com o surgimento do microprocessador e a chegada dos primeiros computadores aos lares comuns, não apenas aos laboratórios. Thomas Watson, presidente da IBM, ficou famoso por supostamente ter dito, em 1943: "Acredito que exista uma demanda mundial para talvez cinco computadores." Tenha ele dito ou não a frase (a própria Wikipédia afirma que há "poucos indícios" de que isso seja verdade), quando o primeiro computador pessoal foi lançado, em 1971, em forma de kit, ninguém esperava que o mercado doméstico para tais máquinas fosse muito além de alguns milhares de entusiastas.

Os computadores, no entanto, mostraram-se uma atração muito mais poderosa do que esperavam até mesmo os acadêmicos mais ambiciosos. Ao fim da década de 1970, novas máquinas desenvolvidas por empresas como Apple, Commodore e Tandy estavam vendendo centenas de milhares de unidades. A revolução digital havia se tornado pública.

Mas isso era apenas o começo da ininterrupta integração das interações entre os seres humanos e a tecnologia digital. Desde a década de 1970, nossas máquinas têm se tornado cada vez mais poderosas, mais interconectadas e mais fáceis de usar. As que possuímos hoje são centenas de milhares de vezes mais poderosas que a primeira geração doméstica, dez vezes mais baratas e extremamente mais fáceis de usar.

Portanto, inegável a importância da era digital na forma e na velocidade de que como a sociedade se comporta e altera suas relações interpessoais.

Estabelecido esse marco, que podemos dizer que dá o suporte tecnológico físico para interação virtual das pessoas, passamos para a conectividade propriamente dita.

A internet, entendida como "o conjunto de redes de computadores que, espalhados por todas as regiões do planeta, conseguem trocar dados e mensagens utilizando um protocolo comum." , proporcionou a ligação entre as diversas máquinas tecnológicas.

Note-se que somente ter a máquina à disposição não significava que as pessoas poderiam interagir entre si por meio dela, dessa forma é de grande importância o advento e a expansão da internet para fosse proporcionada a conexão entre as pessoas por meio de seu equipamento tecnológico.

Modernamente, os equipamentos tecnológicos são os mais variados, sendo o smartphone, tablet e notebook os mais famosos.

Em decorrência desses fatos a sociedade foi se moldando à realidade tecnológica, modernizando suas relações sociais e a forma de como as pessoas tratam suas ações cotidianas.

Tal modernização e crescimento não foram diferentes nas relações comerciais, nesse ponto KiyoshiHarada (2013, p.38) já destacou que:

> "Com o avanço tecnológico, as vendas não presenciais (e-commerce), cresceram vertiginosamente nos Estados produtores, tendo como adquirentes os consumidores localizados nos Estados do N, NE, CO e ES, além do DF."

Assim, não há dúvida que a tecnologia a e capacidade de conexão entre as pessoas proporcionaram importantes modificações no tecido social, seja nas relações pessoais cotidianas ou nas relações comerciais.

1.1. O direito e sua adaptação social

Como preambularmente visto tais modificações sociais causadas pela tecnologia tem a capacidade de alterar as relações sociais.

No campo da sociologia Zygmunt Bauman (2010, p. 165-166) faz ácida reflexão acerca da tecnologia, expertise e habilidades, relacionando-as com moldagem do comportamento humano:

Essas questões são de fundamental importância, pois se referem às maneiras pelas quais organizamos nossa vida e podemos ter esperanças – não só para nós, mas também para os outros. Considere, por exemplo, as numerosas tecnologias que cercam os habitantes de países em que esses avanços são hoje considerados dados indiscutíveis da realidade. Utilizamos e manipulamos essas tecnologias a nosso favor, ou elas têm o efeito de nos fazer confiar nelas cada vez mais, a ponto de elas diminuírem nossa independência? Afinal, a maneira como foram projetadas e a necessidade de compra e manutenção nos tornam totalmente dependentes de lojas, usinas e companhias de distribuição de eletricidade que trabalham visando ao lucro. E ficamos dependentes também dos peritos e dos projetistas que as construíram. Adquirimos computadores que ao longo de um mês já se tornam obsoletos pelo aumento da velocidade dos processadores e da capacidade de memória. É possível viver com essas mudanças? Ou, melhor, é possível viver sem elas?

Nessa conformidade, considerando as provocações do afamado sociólogo, é forçoso verificar que a tecnologia está umbilicalmente relacionada com o cotidiano das pessoas e da sociedade.

De tal forma, o direito se vale das experiências sociais para fixar seu conteúdo e alcance, sempre visando à normatização das condutas para a consecução da pacificação social e segurança jurídica.

Nesse campo, bem pondera Eduardo Carlos Bianca Bittar (2008, p. 497-198):

Diga-se, de princípio, que o Direito é forma, e que esta forma se apropria das experiências gerais da sociedade (incluídas as morais dos grupos, as reflexões religiosas, os imperativos políticos, as ideologias reinantes etc.) para colocá-las sob uma fôrma, que passa a determinar esta substância ou este conteúdo como juridicamente determinado e vinculante.

Deste modo, modificadas ou instituídas novas "experiências gerais da sociedade", aqui em destaque a forma de relacionamento, nasce para o direito à possibilidade alterar e adaptar as previsões normativas ultrapassadas ou constituir normas jurídicas que se amoldam com a realidade social experimentada.

Destacando o aspecto de alteração e adaptação do Direito à realidade experimentada pela sociedade, vejam-se as lições de Paulo Nader (2014, p. 49-50):

> As necessidades de paz, ordem e bem comum levam a sociedade à criação de um organismo responsável pela instrumentalização e regência desses valores. Ao Direito é conferida esta importante missão. A sua faixa ontológica localiza-se no mundo da cultura, pois representa elaboração humana. O Direito não corresponde às necessidades individuais, mas a uma carência da coletividade. A sua existência exige uma equação social. Só se tem direito relativamente a alguém. O homem que vive fora da sociedade vive fora do império das leis. O homem só, não possui direitos nem deveres.

Para o homem e para a sociedade, o Direito não constitui um fim, apenas um meio para tornar possível a convivência e o progresso social. Apesar de possuir um substrato axiológico permanente, que reflete a estabilidade da "natureza humana", o Direito é um engenho à mercê da sociedade e deve ter a sua direção de acordo com os rumos sociais.

As instituições jurídicas são inventos humanos que sofrem variações no tempo e no espaço. Como processo de adaptação social, o Direito deve estar sempre se refazendo, em face da mobilidade social. A necessidade de ordem, paz, segurança, justiça, que o Direito visa a atender, exige procedimentos sempre novos. Se o Direito se envelhece, deixa de ser um processo de adaptação, pois passa a não exercer a função para a qual foi criado. Não basta, portanto, o ser do Direito na sociedade, é indispensável o ser atuante, o ser atualizado. Os processos de adaptação devem-se renovar, pois somente assim o Direito será um instrumento eficaz na garantia do equilíbrio e da harmonia social.

Assim deve o direito, para que alcance sua função de pacificação e harmonização social, ser atualizado conforme os reclamos da sociedade.

De tal modo, havendo novos rumos para as relações sociais, ou novas formas de relações sociais, caberá ao direito a função de estabelecer ou adaptar suas regras e institutos normativos para o fim de alcançar a ordem, a segurança e a paz social.

1.2. O legislador e o fato social

Ante ao apresentado alhures, para que o direito alcance suas finalidades para com a sociedade, é imperioso que haja a devida subsunção dos fatos sociais ao texto normativo.

No estado moderno, o Poder Legislativo é o competente para a formulação do direito, sendo destacado que os legisladores são as autoridades que possuem a função de positivar o direito.

Com o enfoque na importância dessa função, e realizando interessante comparação entre o legislador e o sismógrafo, colham-se os dizeres de Paulo Nader (2014, p. 57);

> Na atualidade, o Direito escrito é forma predominante, malgrado alguns países, como a Inglaterra, Estados Unidos e alguns povos muçulmanos, conservarem sistemas de Direito não escrito. O Estado moderno dispõe de um poder próprio, para a formulação do Direito – o Poder Legislativo. A este compete a difícil e importante função de estabelecer o Direito.

> Semelhante ao trabalho de um sismógrafo, que acusa as vibrações havidas no solo, o legislador deve estar sensível às mudanças sociais, registrando-as nas leis e nos códigos.
>
> Atento aos reclamos e imperativos do povo, o legislador deve captar a vontade coletiva e transportá-la para os códigos.

Destarte, não pairam dúvidas acerca da correlação entre o fato social e a fonte de informação para que o legislador estabeleça o direito.

Porém, não será exclusivamente do fato social ou da mente do legislador que surgirá os modelos de conduta que serão positivados, mas da junção de ambos os fatores.

Novamente oportunas às lições de Paulo Nader (2014. p. 57):

> Assim formulado, o Direito não é produto exclusivo da experiência, nem conquista absoluta da razão. O povo não é seu único autor e o legislador não extrai exclusivamente de sua razão os modelos de conduta. O concurso dos dois fatores é indispensável à concreção do Direito. Este pensamento é confirmado por Edgar Bodenheimer, quando afirma que "seria unilateral a afirmação de que só a razão ou só a experiência como tal nos deveriam guiar na administração da justiça".

Nesse conjunto de premissas, é cogente firmar a importância da relação do legislador com o fato social, posto que advirá dessa relação de manifestação social por parte da sociedade e de percepção por parte do legislador a normatização do direito.

Após identificar que o tecido social sofre constantes modificações pelos avanços tecnológicos, notadamente nas relações sociais cotidianas e na forma de comercialização, bem como expor a função do direito para com a sociedade, destacando a criação de normas jurídicas e a sua adaptação à realidade social, passamos à análise de um fato social moderno que tem levantado grandes questionamentos, qual seja, a tributação da "moeda virtual".

Todavia, antes de adentrar nesse ponto específico no qual concluirá o tema aqui tratado, é de enorme importância firmar alguns fundamentos bases para, ao final, alcançar o melhor resultado.

2. Conceito de moeda no ordenamento jurídico brasileiro

Realizado o esboço alhures, temos agora um novo ponto de partida, qual seja conhecer qual é o conceito de moeda para o ordenamento jurídico brasileiro.

De início, não podemos deixar de apresentar o entendimento consensual acerca do conceito do que seja moeda, deste modo, colham-se os dizeres de Carlos Águedo Nagel Paiva (2008, p. 239):

> Apesar das polêmicas com respeito às suas origens e evolução, há convergência quanto à constatação de que a moeda moderna é fruto de um contrato social que delega ao Estado a fixação dos padrões de pagamentos universalmente aceitos (em um dado país).

Em nossa legislação, iniciando-se no plano constitucional, o legislador originário dispôs que a emissão da moeda é de competência da União, sendo essa emissão exercida exclusivamente pelo Banco Central do Brasil. Vejam-se os artigos constitucionais:

> Art. 21. Compete à União:
>
> [...]
>
> VII – emitir moeda;
>
> [...]
>
> Art. 164. A competência da União para emitir moeda será exercida exclusivamente pelo banco central.
>
> § 1º É vedado ao banco central conceder, direta ou indiretamente, empréstimos ao Tesouro Nacional e a qualquer órgão ou entidade que não seja instituição financeira.
>
> § 2º O banco central poderá comprar e vender títulos de emissão do Tesouro Nacional, com o objetivo de regular a oferta de moeda ou a taxa de juros.
>
> § 3º As disponibilidades de caixa da União serão depositadas no banco central; as dos Estados, do Distrito Federal, dos Municípios e dos órgãos ou entidades do Poder Público e das empresas por ele controladas, em instituições financeiras oficiais, ressalvados os casos previstos em lei. (grifo nosso)

Considerando as disposições constitucionais supramencionadas, constatamos que o Banco Central do Brasil possui primordial função na emissão da moeda nacional, vez que é o "braço" da União na confecção da moeda.

De tal modo, importa colher os ensinamentos de Uadi Lamego Bulos (2014, p. 1497-1498) sobre os dispositivos constitucionais apresentados e correlacionando-os com as funções precípuas do Banco Central do Brasil:

> Compete ao Banco Central observar as determinações previstas nos arts. 21, VII, e 164 da Constituição.

Note-se que Banco Central foi grafado com letra maiúscula para designar o Banco Central do Brasil, e não simplesmente qualquer instituição financeira que desempenhe tarefas de banco central, como era o caso da SUMOC – Superintendência da Moeda e do Crédito do Banco do Brasil.

Pelo art. 21, VII, do Texto Maior, compete exclusivamente à União emitir moedas, bem como legislar sobre sistema monetário. Essa disposição, quando combinada com o art. 164, caput, reforça a missão do Banco Central de exercer a dita competência da União, cumprindo-lhe a atribuição exclusiva de emitir moedas.

É vedado ao Banco Central conceder, direta ou indiretamente, empréstimos ao Tesouro Nacional e a qualquer órgão ou entidade que não seja instituição financeira (CF, art. 164, § 1º).

Todavia, poderá comprar e vender títulos de emissão do Tesouro Nacional, precisamente para regular a oferta de moeda ou taxa de juros (CF, art. 164, § 2º).

Ademais, as disponibilidades de caixa da União serão depositadas no Banco Central. Já as dos Estados, do Distrito Federal, dos Municípios, dos órgãos ou entidades do Poder Público e das empresas por ele controladas devem ser depositadas em instituições financeiras oficiais, ressalvadas as hipóteses admitidas pela lei (CF, art. 164, § 3º).

A lei exceptiva aí enunciada é a lei ordinária federal, de caráter nacional. Daí a impossibilidade de constituições ou leis estaduais disporem sobre a matéria, como já decidiu o Pretório Excelso.

Logo, induvidoso que a emissão de moeda é função estatal, sendo essa uma das características da moeda.

Adentrando um pouco mais na investigação, cabe continuar buscando mais requisitos legais para a verificação das características de moeda.

Nesse campo, a legislação infraconstitucional, notadamente a qual dispôs "sobre o Programa de Estabilização Econômica e o Sistema Monetário Nacional, institui a Unidade Real de Valor (URV) e dá outras providências", qual seja a Lei nº 8.880, de 27 de maio de 1994 (BRASIL. 1994. p.), observando os aspectos característicos de moeda, predispostos, textualmente e didaticamente, os seguintes requisitos para a atual moeda brasileira, o Real, veja-se:

> Art. 1º – Fica instituída a Unidade Real de Valor – URV, dotada de curso legal para servir exclusivamente como padrão de valor monetário, de acordo com o disposto nesta Lei.
>
> § 1º – A URV, juntamente com o Cruzeiro Real, integra o Sistema Monetário Nacional, continuando o Cruzeiro Real a ser utilizado como meio de pagamento dotado de poder liberatório, de conformidade com o disposto no art. 3º.
>
> § 2º – A URV, no dia 1º de março de 1994, corresponde a CR$ 647,50 (seiscentos e quarenta e sete cruzeiros reais e cinqüenta centavos).
>
> Art. 2º – A URV será dotada de poder liberatório, a partir de sua emissão pelo Banco Central do Brasil, quando passará a denominar-se Real. (Vide Lei nº 9.069, de 1995)
>
> § 1º – As importâncias em dinheiro, expressas em Real, serão grafadas precedidas do símbolo R$.
>
> § 2º – A centésima parte do Real, denominada centavo, será escrita sob a forma decimal, precedida da vírgula que segue a unidade.
>
> Art. 3º – Por ocasião da primeira emissão do Real tratada no caput do art. 2º, o Cruzeiro Real não mais integrará o Sistema Monetário Nacional, deixando de ter curso legal e poder liberatório.
>
> § 1º – A primeira emissão do Real ocorrerá no dia 1º de julho de 1994.
>
> § 2º – As regras e condições de emissão do Real serão estabelecidas em lei.
>
> § 3º – A partir da primeira emissão do Real, as atuais cédulas e moedas representativas do Cruzeiro Real continuarão em circulação como meios de pagamento, até que sejam substituídas pela nova moeda no meio circulante, observada a paridade entre o Cruzeiro Real e o Real fixado pelo Banco Central do Brasil naquela data.
>
> § 4º – O Banco Central do Brasil disciplinará a forma, prazo e condições da substituição prevista no parágrafo anterior. (grifo nosso)

A lei acima apresenta que a moeda brasileira, o Real, é "dotada de curso legal", serve de "padrão de valor monetário" e é utilizada como "meio de pagamento dotado de poder libertário", ou seja, em síntese, circula legalmente e impositivamente pelo território nacional, é utilizada para quantificar o valor mercantil dos bens e direitos para realização da troca, e, por fim, é meio de legal de pagamento e liberação de obrigações pecuniárias entre as partes.

Demonstradas as características e normas legais pertinentes ao termo moeda, notadamente o Real, impende colher algumas premissas acerca das "moedas virtuais" no cenário nacional.

2.1. Moedas virtuais no sistema jurídico brasileiro

As "moedas virtuais" ou "criptomoedas", em singela síntese, são "moedas digitais inventadas por programadores".

Deste modo, destacando somente a ausência de interferência estatal em sua criação, podemos firmar que as "moedas virtuais" advindas dos avanços tecnológicos não possuem os mesmos contornos da moeda nos termos juridicamente estabelecidos.

É importante destacar o Banco Central do Brasil, instituição que executa a competência da União no que tange a moeda, em 2017, por meio do Comunicado nº 31.379, de 16/11/2017, fez um "Alerta sobre os riscos decorrentes de operações de guarda e negociação das denominadas moedas virtuais.".

No referido documento o órgão ressaltou o crescente interesse da sociedade e das instituições nas denominadas moedas virtuais, informando o Banco Central do Brasil a total ausência de normas acerca das mencionadas "moedas virtuais" e dos riscos inerentes à utilização de tais moedas, veja-se o seguinte trecho do comunicado:

> [...] o Banco Central do Brasil alerta que estas não são emitidas nem garantidas por qualquer autoridade monetária, por isso não têm garantia de conversão para moedas soberanas, e tampouco são lastreadas em ativo real de qualquer espécie, ficando todo o risco com os detentores. Seu valor decorre exclusivamente da confiança conferida pelos indivíduos ao seu emissor.
>
> 2. A compra e a guarda das denominadas moedas virtuais com finalidade especulativa estão sujeitas a riscos imponderáveis, incluindo, nesse caso, a possibilidade de perda de todo o capital investido, além da típica variação de seu preço. O armazenamento das moedas virtuais também apresenta o risco de o detentor desses ativos sofrer perdas patrimoniais.
>
> 3. Destaca-se que as moedas virtuais, se utilizadas em atividades ilícitas, podem expor seus detentores a investigações conduzidas pelas autoridades públicas visando a apurar as responsabilidades penais e administrativas.

> 4. As empresas que negociam ou guardam as chamadas moedas virtuais em nome dos usuários, pessoas naturais ou jurídicas, não são reguladas, autorizadas ou supervisionadas pelo Banco Central do Brasil. Não há, no arcabouço legal e regulatório relacionado com o Sistema Financeiro Nacional, dispositivo específico sobre moedas virtuais. O Banco Central do Brasil, particularmente, não regula nem supervisiona operações com moedas virtuais.

De tal modo, é imperioso firmar que até o presente momento não há regulamentação própria acerca das "moedas virtuais".

Note-se que no próprio site do Banco Central do Brasil, na seção destinada ao acesso à informação do órgão, constam perguntas acerca das moedas virtuais, notem-se alguns os questionamentos e respostas:

> Perguntas e respostas
> Moedas Virtuais
> (última atualização: março 2020)
>
> 1 – O que são moedas virtuais?
>
> As chamadas "moedas virtuais" ou "moedas criptográficas" são representações digitais de valor, o qual decorre da confiança depositada nas suas regras de funcionamento e na cadeia de participantes.
>
> Não são emitidas por Banco Central, de forma que não se confundem com o padrão monetário do Real, de curso forçado, ou com o padrão de qualquer outra autoridade monetária.
>
> Além disso, não se confundem com a moeda eletrônica prevista na legislação, que se caracteriza como recursos em Reais mantidos em meio eletrônico, em bancos e outras instituições, que permitem ao usuário realizar pagamentos e transferências.
>
> 2 – O Banco Central do Brasil regulas as "moedas virtuais"?
>
> Não. As "moedas virtuais" não são emitidas, garantidas ou reguladas pelo Banco Central do Brasil. Possuem forma, denominação e valor próprios.
>
> 3 – O Banco Central do Brasil autoriza o funcionamento das empresas que negociam "moedas virtuais" e/ou guardam chaves, senhas ou outras informações cadastrais dos usuários, empresas conhecidas como "exchages"?
>
> Não. Essas empresas não são reguladas, autorizadas ou supervisionadas pelo Banco Central. Não há legislação ou regulamentação específica sobre o tema no Brasil.

O cidadão que decidir utilizar os serviços prestados por essas empresas deve estar ciente dos riscos de eventuais fraudes ou outras condutas de negócio inadequadas, que podem resultar em perdas patrimoniais.

4 – É possível realizar compras de bens ou serviços no Brasil utilizando moedas virtuais.

A compra e venda de bens ou de serviços depende de acordo entre as partes, inclusive quanto à forma de pagamento. No caso de utilização de moedas virtuais, as partes assumem todo o risco associado.

5 – Qual o risco para o cidadão se as moedas virtuais forem utilizadas para atividade ilícitas?

Se utilizada em atividades ilícitas, o cidadão pode estar sujeito à investigação por autoridades públicas.

6 – As moedas virtuais podem ser utilizadas como investimento ?

Sim. Nesse caso, a compra e a guarda de moedas virtuais estão sujeitas aos riscos de perda de todo o capital investido, inclusive em razão de fraudes além da variação de seu preço.

7 – É permitido realizar a transferência internacional utilizando moedas virtuais?

Não. Transferências internacionais devem ser feitas por instituições autorizadas pelo Banco Central a operar no mercado de câmbio, que devem observar as normas cambiais.

De outro norte, em que pese à menção de haver normatização própria, os efeitos decorrentes das negociações com as moedas virtuais não passaram despercebidos pelas autoridades fazendárias federais, notadamente aqueles referente ao acréscimo patrimonial advindos da transação de tais ativos.

Todavia, antes de analisar verificar os termos da orientação fazendária federal, tomemos uma síntese, do ordenamento jurídico vigente e da doutrina especializada, do conceito de renda para a tributação do imposto de renda.

3. Normas tributárias aplicáveis às "moedas virtuais"

Se num instante temos a premissa de total ausência de normas regulatórias de observância e segurança jurídica nas relações realizadas por meio das "moedas virtuais", num outro momento temos a obrigação tributária de declarar os valores no imposto de renda.

O direito não pôde ficar alheio ao crescente desenvolvimento e expansão da utilização das mencionadas "moedas virtuais".

A Receita Federal do Brasil no ano de 2018 apresentou em seu compilado de perguntas e respostas sobre o imposto de renda pessoa física, conhecido popularmente como "perguntão", informações acerca da obrigatoriedade da declaração das moedas virtuais no imposto de renda.

Adiante, em 2019, já registrando o termo "criptoativos", o órgão fazendário federal, por meio da Instrução Normativa RFB nº 1888 de 03 de maio de 2019, dispôs sobre a "obrigatoriedade de prestação de informações relativas às operações realizadas com criptoativos à Secretaria Especial da Receita Federal do Brasil (RFB)".

Assim, temos um início de normatização acerca do tema, mesmo que sejam somente em relação aos efeitos do acréscimo patrimonial decorrente os criptoativos.

Todavia, para que possamos abordar os efeitos do acréscimo patrimonial, temos por bem tratar do conceito de renda.

3.1. O imposto de renda. breve escorço conceitual de renda

O imposto de renda foi estabelecido pela Constituição Federal no artigo 153, inciso III, (BRASIL, 1988, p...), como sendo de competência da União:

> Seção III
> DOS IMPOSTOS DA UNIÃO
> Art. 153. Compete à União instituir impostos sobre:
> [..]
> III – renda e proventos de qualquer natureza;

Em âmbito infraconstitucional, Lei nº 5.172, de 25 de outubro de 1966 (Código Tributário Nacional) (BRASIL, 1966, p...), trata do imposto de renda em seu artigo 43 e seguintes:

> SEÇÃO IV
> Imposto sobre a Renda e Proventos de Qualquer Natureza
> Art. 43. O imposto, de competência da União, sobre a renda e proventos de qualquer natureza tem como fato gerador a aquisição da disponibilidade econômica ou jurídica:

> I – de renda, assim entendido o produto do capital, do trabalho ou da combinação de ambos;
>
> II – de proventos de qualquer natureza, assim entendidos os acréscimos patrimoniais não compreendidos no inciso anterior.
>
> § 1º A incidência do imposto independe da denominação da receita ou do rendimento, da localização, condição jurídica ou nacionalidade da fonte, da origem e da forma de percepção. (Incluído pela Lcp nº 104, de 2001)
>
> § 2º Na hipótese de receita ou de rendimento oriundos do exterior, a lei estabelecerá as condições e o momento em que se dará sua disponibilidade, para fins de incidência do imposto referido neste artigo. (Incluído pela Lcp nº 104, de 2001)
>
> Art. 44. A base de cálculo do imposto é o montante, real, arbitrado ou presumido, da renda ou dos proventos tributáveis.
>
> Art. 45. Contribuinte do imposto é o titular da disponibilidade a que se refere o artigo 43, sem prejuízo de atribuir a lei essa condição ao possuidor, a qualquer título, dos bens produtores de renda ou dos proventos tributáveis.
>
> Parágrafo único. A lei pode atribuir à fonte pagadora da renda ou dos proventos tributáveis a condição de responsável pelo imposto cuja retenção e recolhimento lhe caibam.

Insta firmar, parafraseando Paulo de Barros Carvalho (2011, p. 315) que o fato gerador é a realização concreta da norma ao passo que a hipótese de incidência é a norma abstrata positivada.

Em prosseguimento, apresentando análise aos dispositivos com a clareza que lhe é peculiar, Eduardo Sabbag (2013, p. 1139), leciona nos seguintes termos acerca do imposto de renda:

> É a aquisição da disponibilidade econômica ou jurídica de renda (decorrente do capital, do trabalho ou da conjugação de ambos) e de proventos de qualquer natureza, assim entendidos todos os acréscimos não compreendidos no conceito de renda.

Deste modo, existirá a exigência do tributo quando existir a disponibilidade – jurídica ou econômica – da renda e dos proventos que qualquer natureza.

Porém, o que podemos abstrair do conceito de renda para fins de incidência do imposto.

São três correntes doutrinárias que veiculam os significados do conceito de renda, tais correntes foram tratadas por Paulo de Barros Carvalho (2011, p. 676-677), na seguinte síntese:

> Ao escolher as ocorrências sociais que lhe interessam para desencadear efeitos jurídicos, o legislador expede conceitos que selecionam propriedades do evento, considerados relevantes para sua caracterização. Tais conceitos trazem, necessariamente, aspectos de ordem material, espacial e temporal, por completa impossibilidade de algum acontecimento verificar-se fora das demarcações de tempo e de espaço.
>
> Mais uma vez nos valemos do expediente da regra-matriz de incidência tributária para formular, em termos racionais, os critérios que permitem a implantação do imposto sobre a renda. O núcleo do fato jurídico irradia-se do verbo e seu complemento, que se encontram dispostos no critério material da regra-matriz. No imposto sobre a renda, há referência ao comportamento de pessoas, físicas ou jurídicas, linguisticamente representado por um verbo e seu complemento. Para esse imposto, já anotei ter o legislador optado pela locução "auferir renda", impondo-se, para sai exata compreensão, esclarecimentos sobre o que vem a ser "renda".
>
> A definição do conceito de "renda", no Brasil, é construída no plano da legislação complementar (arts. 43 e 44 do Código Tributário Nacional), porém com supedâneo em referência constitucional expressa, patamar normativo onde se encontram estabelecidos seus pressupostos (art. 153, III, da CR).
>
> Acerca do conceito de "renda" três são as correntes doutrinárias predominantes:
>
> a) "teoria da fonte", para a qual "renda" é o produto de uma fonte estável, susceptível de preservar sua reprodução periódica, exigindo que haja riqueza nova (produto) derivada de fonte produtiva durável, devendo esta subsistir ao ato de produção;
>
> b) "teoria legalista", que considera "renda" um conceito normativo, a ser estipulado pela lei: renda é aquilo que a lei estabelecer que é; e
>
> c) "teoria do acréscimo patrimonial", onde "renda" é todo ingresso líquido, em bens materiais, imateriais ou serviços avaliáveis em dinheiro, periódico, transitório ou acidental, de caráter oneroso ou gratuito, que importe um incremento líquido do patrimônio de determinado indivíduo, em certo período de tempo.

Prevalece, no direito brasileiro, a terceira das teorias referida, segunda a qual o que interessa é o aumento do patrimônio líquido, sendo considerado como lucro tributável exatamente o acréscimo líquido verificado no patrimônio da empresa, durante período determinado, independentemente da origem das diferentes parcelas. É o que se depreende do art. 43 do Código Tributário Nacional.

Como visto, é observado, para fins de confirmação de ocorrência ou não do fato gerador que reclama a imposição do imposto de renda, o efeito patrimonial das disponibilidades jurídicas ou econômicas que a parte passiva obteve, essa é a teoria do acréscimo patrimonial que foi abraçada pelo ordenamento jurídico brasileiro.

É de grande importância reiterar o previsto no parágrafo primeiro do artigo 43 do Código Tributário Nacional:

> Art. 43. O imposto, de competência da União, sobre a renda e proventos de qualquer natureza tem como fato gerador a aquisição da disponibilidade econômica ou jurídica:
>
> [...]
>
> § 1º A incidência do imposto independe da denominação da receita ou do rendimento, da localização, condição jurídica ou nacionalidade da fonte, da origem e da forma de percepção.

Logo, consoante o apresentado alhures, o nome do fato que ocasionou o acréscimo patrimonial não é ponto determinante para a subsunção ou não do imposto de renda, mas sim o impacto patrimonial, ou melhor, o efeito que o fato causou na evolução patrimonial.

Convém apresentar alguns julgados acerca o imposto renda para o fim de conhecer a aplicabilidade das normas nos casos concretos.

Destacando a previsão do artigo 43 do CTN e firmando que o acréscimo patrimonial não está relacionado com sua nomenclatura, vejamos o seguinte julgado do o Superior Tribunal de Justiça (BRASIL, 2015, p...):

> TRIBUTÁRIO. AGRAVO REGIMENTAL NOS EMBARGOS DE DECLARAÇÃO NO RECURSO ESPECIAL. RENDIMENTOS RECEBIDOS ACUMULADAMENTE EM JUÍZO, PELA PARTE AUTORA, A TÍTULO DE DIFERENÇAS ENTRE A REMUNERAÇÃO DO CARGO DE FISCAL DE TRIBUTOS DE AÇÚCAR E ÁLCOOL (FTAA) E A REMUNERAÇÃO DO CARGO DE AUDITOR DO TESOURO NACIONAL. PROVENTOS QUE CONFIGURAM ACRÉSCIMO PATRIMONIAL E NÃO ESTÃO BENE-

FICIADOS POR ISENÇÃO. INCIDÊNCIA DO IMPOSTO DE RENDA. DECISÃO AGRAVADA EM CONSONÂNCIA COM A ORIENTAÇÃO JURISPRUDENCIAL DO STJ. AGRAVO REGIMENTAL IMPROVIDO.

I. De acordo com o art. 43 do CTN, o Imposto de Renda tem, como fato gerador, a aquisição da disponibilidade econômica ou jurídica de renda, assim entendido o produto do capital, do trabalho ou da combinação de ambos (inciso I), e de proventos de qualquer natureza, assim entendidos os acréscimos patrimoniais não compreendidos no conceito de renda (inciso II). Nos termos do § 1º do referido dispositivo legal, com a redação dada pela Lei Complementar 104/2001, semelhantemente ao § 4º do art. 3º da Lei 7.713/88, a tributação independe da denominação dos rendimentos, da localização, condição jurídica ou nacionalidade da fonte, da origem e da forma de percepção dos proventos, bastando, para a incidência do imposto, o benefício do contribuinte por qualquer forma e a qualquer título. Para fins de incidência do Imposto de Renda, o art. 16 da Lei 4.506/64 dispõe que serão classificados como rendimentos do trabalho assalariado todas as espécies de remuneração por trabalho ou serviços prestados no exercício de empregos, cargos ou funções, e "quaisquer outros proventos recebidos do antigo empregador, de institutos, caixas de aposentadorias ou de entidades governamentais, em virtude de empregos, cargos ou funções exercidas no passado", conforme expressamente previsto no caput e no inciso XI do citado dispositivo da Lei 4.506/64. Já o art. 12 da Lei 7.713/88, regulamentado pelo art. 56 do Decreto 3.000/99, dispõe que, "no caso de rendimentos recebidos acumuladamente, o imposto incidirá, no mês do recebimento ou crédito, sobre o total dos rendimentos, diminuídos do valor das despesas com ação judicial necessárias ao seu recebimento, inclusive de advogados, se tiverem sido pagas pelo contribuinte, sem indenização".

II. Em conformidade com as disposições legais acima, a jurisprudência do STJ firmou-se no sentido de que, para fins de incidência do Imposto de Renda, as parcelas remuneratórias não se transformam em indenização, pelo fato de terem sido auferidas judicialmente. Precedentes desta Corte, em casos similares: REsp 1.295.771/RS, Rel. Ministro MAURO CAMPBELL MARQUES, SEGUNDA TURMA, DJe de 18/02/2014; RMS 19.642/MS, Rel. Ministro CASTRO MEIRA, SEGUNDA TURMA, DJU de 06/06/2005; REsp 1.162.729/RO, Rel. Ministra Eliana Calmon, SEGUNDA TURMA, DJe de 10/03/2010; Resp. 1.040.773/RN, Rel. Ministro FRANCISCO FALCÃO, PRIMEIRA TURMA, DJe de 05/06/2008;

REsp 1.193.133/RO, Rel. Ministro MAURO CAMPBELL MARQUES, SEGUNDA TURMA, DJe de 20/09/2010.

III. Nos presentes autos, as verbas principais recebidas, acumuladamente, por força de decisão judicial, pela parte autora – a título de diferenças entre a remuneração do cargo de Fiscal de Tributos de Açúcar e Álcool (FTAA) e a remuneração do cargo de Auditor do Tesouro Nacional –, estão sujeitas ao Imposto de Renda, visto que configuram acréscimo patrimonial e não estão beneficiadas por isenção. Assim, ao decidir que "o recebimento em juízo não confere àqueles rendimentos a natureza indenizatória, que está relacionada à natureza do pagamento", o TRF/4ª Região não violou o art. 43 do CTN. Muito pelo contrário, decidiu em consonância com os supracitados precedentes do STJ, os quais, aliás, guardam suficiente similitude fática e jurídica com o caso dos autos.

IV. Incide, na espécie, a Súmula 83/STJ, aplicável, também, aos Recursos Especiais fundados na alínea a do inciso III do art. 105 da Constituição Federal. Logo, restou autorizada, no caso dos autos, a negativa de seguimento ao Recurso Especial da parte autora, ora agravante, por decisão monocrática, que encontra respaldo legal no art. 557, caput, do CPC.

V. Agravo Regimental improvido.

(AgRg nos EDcl no REsp 1462283/PR, Rel. Ministra ASSUSETE MAGALHÃES, SEGUNDA TURMA, julgado em 20/08/2015, DJe 03/09/2015) (grifo nosso)

Noutra oportunidade, citando e jurisprudência pretérita, a c. Corte Superior (BRASIL, 2015, p...) aplicou o entendimento de que dever haver diferenciação entre disponibilidade econômica e disponibilidade jurídica para fins de confirmação de ocorrência ou não do imposto de renda. Note-se o julgado:

PROCESSUAL CIVIL E TRIBUTÁRIO. VIOLAÇÃO AO ART. 535 DO CPC. ALEGAÇÕES GENÉRICAS. SÚMULA Nº 284 DO STF. VIOLAÇÃO AO ART. 555 DO CPC. JULGAMENTO REALIZADO POR JUÍZES CONVOCADOS. NULIDADE. NÃO OCORRÊNCIA. IMPOSTO DE RENDA DA PESSOA JURÍDICA – IRPJ. JUROS SOBRE O CAPITAL PRÓPRIO – JCP MANTIDOS EM CONTA DE RESERVA DESTINADA AO AUMENTO DE CAPITAL DA EMPRESA INVESTIDA. INCIDÊNCIA. RECEITA FINANCEIRA DA EMPRESA INVESTIDORA.

1. Não especificadas nas razões do recurso especial quais teriam sido as teses ou os dispositivos legais sobre os quais o acórdão recorrido se omitiu, impossível conhecer a ofensa ao art. 535 do CPC. Incidência da Súmula nº 284 do STF: "É inadmissível o recurso extraordinário, quando a deficiência na sua fundamentação não permitir a exata compreensão da controvérsia".

2. São válidas as decisões oriundas de órgãos compostos majoritariamente por juízes convocados, desde que tenham ocorrido na forma prevista no art. 118 da LOMAN. Precedentes: AgRg no REsp 1.237.459/RJ, Rel. Ministro Og Fernandes, Segunda Turma, DJe 25/06/2014; REsp 1.241.131/RJ, Rel. Ministra Eliana Calmon, Segunda Turma, DJe 04/09/2013.

3. O critério material da hipótese de incidência do Imposto de Renda é a aquisição da disponibilidade econômica ou jurídica de renda ou de proventos de qualquer natureza (art. 43, do CTN).

4. Como já mencionado em outra ocasião por esta Corte, "não se deve confundir disponibilidade econômica com disponibilidade financeira. Enquanto esta última (disponibilidade financeira) se refere à imediata 'utilidade' da renda, a segunda (disponibilidade econômica) está atrelada ao simples acréscimo patrimonial, independentemente da existência de recursos financeiros" (REsp. Nº 983.134 – RS, Segunda Turma, Rel. Min. Castro Meira, julgado em 3.4.2008).

5. Na forma do art. 9º, §2º, da Lei n. 9.249/95, a disponibilidade do valor dos JCP pelas investidoras surge no momento em que são pagos ou creditados. O creditamento, que é feito através da individualização dos valores para cada investidor (mesmo sem efetivo pagamento), como disponibilidade jurídica e econômica que é, é o pressuposto lógico da posterior destinação para incorporação ao capital social (capitalização atual) ou da manutenção em conta de reserva destinada a futuro aumento de capital (capitalização futura). Não por outro motivo que essas destinações pressupõem que a pessoa jurídica investida assuma o imposto de renda retido na fonte – IRRF devido pelas investidoras beneficiárias (a título de antecipação do devido na declaração) como consequência dessa mesma disponibilidade, consoante o art. 9º, §9º, da Lei n. 9.249/95.

6. Sendo assim, havendo disponibilidade econômica/jurídica, o valor, ainda que destinado a capitalização futura da investida, pode ser objeto de tributação a título de IRPJ e CSLL na investidora, posto que caracterizam receita financeira desta. Correta, portanto, a redação do art. 29, §4º, da Instrução Normativa SRF n. 11/96 perante o art. 9º, §9º, da Lei n. 9.249/95.

> 7. Recurso especial parcialmente conhecido e, nessa parte, não provido. (REsp 1412701/SP, Rel. Ministro MAURO CAMPBELL MARQUES, SEGUNDA TURMA, julgado em 03/12/2015, DJe 14/12/2015) (grifo nosso)

Assim, não restam dúvidas que a nomenclatura dada ao acréscimo patrimonial não interfere na incidência do imposto de renda.

Todavia, registre-se que Ricardo Alexandre (2013, p. 547), faz arguta advertência acerca das divergências doutrinárias acerca dos conceitos de disponibilidade econômica para fins de imposto de renda:

> São praticamente intermináveis as divergências doutrinarias acerca dos conceitos de disponibilidade econômica e jurídica das rendas e proventos de qualquer natureza, para efeito da definição dos contornos legais do fato gerador do popularmente denominado "imposto de renda".

Das colocações acima dispostas, passamos para a verificação das informações da Secretaria da Receita Federal do Brasil e da Comissão de Valores Mobiliários acerca da tributação das "moedas virtuais".

3.2. Moedas virtuais o imposto de renda. Orientações da receita federal brasil e da comissão de valores mobiliários

Em que pese à menção feita pelo Banco Central do Brasil de inexistência de normatização própria, é de se ressaltar que os efeitos decorrentes da comercialização/negociação das "moedas virtuais" foram tratados pelas autoridades fazendárias.

A Secretaria da Receita Federal do Brasil, instituição organizacional essencial para o estado e subordinada ao Ministério da Fazenda, que "tem por finalidade a administração tributária e aduaneira da União" , emitiu em seu caderno de perguntas e respostas acerca do imposto de renda pessoa física informações que orientam a obrigatoriedade de recolhimento de imposto de renda sobre as ditas moedas virtuais. Vejamos as questões apresentadas pela autoridade fazendária.

> MOEDA VIRTUAL – COMO DECLARAR
>
> 445 – As moedas virtuais devem ser declaradas?
>
> Sim. As moedas virtuais (bitcoins, por exemplo), muito embora não sejam consideradas como moeda nos termos do marco regulatório atual, devem ser declaradas na Ficha Bens e Direitos como "outros bens", uma vez que podem

> ser equiparadas a um ativo financeiro. Elas devem ser declaradas pelo valor de aquisição.
>
> Atenção:
>
> Como esse tipo de "moeda" não possui cotação oficial, uma vez que não há um órgão responsável pelo controle de sua emissão, não há uma regra legal de conversão dos valores para fins tributários.
>
> Entretanto, o contribuinte deverá guardar documentação que comprove a autenticidade desses valores.

Seguindo a linha estatal de informar a total desregulamentação das mencionadas "moedas virtuais" a Receita Federal informou que tais "moedas" podem ser equiparadas a um "ativo financeiro".

De certo, a instituição fazendária valeu-se da literatura de Robert Kiyosaki, (2011, p.50) em sua afamada obra "Pai Rico, Pai Pobre " que num de seus diálogos com disse que "Um ativo é algo que põe dinheiro no meu bolso".

Assim sendo, na lógica fiscal, caso a situação ocasione um acréscimo patrimonial, deve haver tributação por meio do imposto de renda.

Nessa extensão, a receita federal inseriu outra informação referente aos resultados das alienações das "moedas virtuais", nesse passo destaca que a tributação ocorre nos moldes do ganho de capital. Veja-se:

> ALIENAÇÃO DE MOEDAS VIRTUAIS
>
> 606 – Os ganhos obtidos com a alienação de moedas "virtuais" são tributados?
>
> Os ganhos obtidos com a alienação de moedas virtuais (bitcoins, por exemplo) cujo total alienado no mês seja superior a R$ 35.000,00 são tributados, a título de ganho de capital, segundo alíquotas progressivas estabelecidas em função do lucro, e o recolhimento do imposto sobre a renda deve ser feito até o último dia útil do mês seguinte ao da transação.
>
> O contribuinte deverá guardar documentação que comprove a autenticidade das operações. (grifo nosso)

Noutra questão, especificou a autoridade fazendária federal a forma de como ocorre à apuração das operações sujeita ao ganho de capital:

> GANHO DE CAPITAL
>
> OPERAÇÕES SUJEITAS À APURAÇÃO DO GANHO DE CAPITAL
>
> 543 – Quais as operações sujeitas à apuração do ganho de capital?
>
> Estão sujeitas à apuração de ganho de capital as operações que importem:

I – alienação, a qualquer título, de bens ou direitos ou cessão ou promessa de cessão de direitos à sua aquisição, tais como as realizadas por compra e venda, permuta, adjudicação, dação em pagamento, procuração em causa própria, promessa de compra e venda, cessão de direitos ou promessa de cessão de direitos e contratos afins;

II – transferência a herdeiros e legatários na sucessão causa mortis, a donatários na doação, inclusive em adiantamento da legítima, ou atribuição a ex-cônjuge ou ex-convivente, na dissolução da sociedade conjugal ou união estável, de bens e direitos por valor superior àquele pelo qual constavam na Declaração de Ajuste Anual do de cujus, do doador, do ex-cônjuge ou ex-convivente que os tenha transferido;

III – alienação de bens ou direitos e liquidação ou resgate de aplicações financeiras, de propriedade de pessoa física, adquiridos, a qualquer título, em moeda estrangeira.

[...]

ALÍQUOTAS APLICÁVEIS À APURAÇÃO DO GANHO DE CAPITAL

544 – Quais as alíquotas aplicáveis para efeito de apuração do ganho de capital?

A partir de 1º de janeiro de 2017, as operações de alienação de bens e direitos de qualquer natureza passíveis de apuração de ganho de capital sujeitam-se às seguintes alíquotas:

I – 15% sobre a parcela dos ganhos que não ultrapassar R$ 5.000.000,00;

II – 17,5% sobre a parcela dos ganhos que exceder R$ 5.000.000,00 e não ultrapassar R$ 10.000.000,00;

III – 20% sobre a parcela dos ganhos que exceder R$ 10.000.000,00 e não ultrapassar R$ 30.000.000,00; e

IV – 22,5% sobre a parcela dos ganhos que ultrapassar R$ 30.000.000,00.

Na hipótese de alienação em partes do mesmo bem ou direito, a partir da segunda operação, desde que realizada até o final do ano-calendário seguinte ao da primeira operação, o ganho de capital deve ser somado aos ganhos auferidos nas operações anteriores, para fins de definição da alíquota aplicável, deduzindo-se o montante do imposto pago nas operações anteriores.

A apuração do imposto sobre a renda com a utilização de alíquotas progressivas não se aplica:

– ao Fundo de Investimento Imobiliário (FII) – 20% (Lei nº 8.668, de 25 de junho de 1993, art. 18);

– aos Fundos de Investimento em Participações – 15% (Lei nº 11.312, de 27 de junho de 2006, art. 2º);

– aos Fundos de Investimentos em Cotas de Fundos de Investimento em Participações – 15% (Lei nº 11.312, de 27 de junho de 2006, art. 2º);

– aos Fundos de Investimentos em Empresas Emergentes – 15% (Lei nº 11.312, de 27 de junho de 2006, art. 2º);

– à diferença a maior entre o valor de mercado e o valor pelo qual o bem ou direito constavam na declaração de bens do de cujus, do doador ou do ex-cônjuge ou ex-convivente, nas transferências de direito de propriedade por sucessão, dissolução da sociedade conjugal ou da unidade familiar, nos casos de herança, legado ou por doação em adiantamento da legítima, nas hipóteses de os bens e direitos serem avaliados a valor de mercado – 15% (Lei nº 9.532, de 10 de dezembro de 1997, art. 23) (grifo nosso)

Como visto, tratando-se de "ativo financeiro", as "moedas virtuais" podem sofrer tributação do imposto de renda por meio do ganho de capital.

Assim, em que pese não haver regulamentação das mencionadas "moedas virtuais", os efeitos inerentes à sua comercialização e rendimentos estão passiveis de tributação caso seja verificada o aumento patrimonial do contribuinte.

Entretanto, é imperioso registrar que a Comissão de Valores Mobiliários na Instrução CVM nº 555, de 17 de dezembro de 2014, com as alterações introduzidas pelas instruções CVM nº 563/15, 564/15, 572/15, 582/16, 587/17, 604/18, 605/19, 606/19, 609/19 e 615/19 e pela Resolução 3/20 , a qual dispõe sobre "constituição, a administração, o funcionamento e a divulgação de informações dos fundos de investimento" apresentou o seguinte entendimento para o termo "ativo financeiro" destinado aos fundos de investimento:

CAPÍTULO I – ÂMBITO E FINALIDADE

Art. 1º A presente Instrução aplica-se a todo e qualquer fundo de investimento registrado junto à

CVM, observadas as disposições das normas específicas aplicáveis a estes fundos.

CAPÍTULO II – DEFINIÇÕES

Art. 2º Para os efeitos desta Instrução, entende-se por:

[...]

V – ativos financeiros:

a) títulos da dívida pública;

b) contratos derivativos;

> c) desde que a emissão ou negociação tenha sido objeto de registro ou de autorização pela CVM, ações, debêntures, bônus de subscrição, cupons, direitos, recibos de subscrição e certificados de desdobramentos, certificados de depósito de valores mobiliários, cédulas de debêntures, cotas de fundos de investimento, notas promissórias, e quaisquer outros valores mobiliários, que não os referidos na alínea "d";
>
> d) títulos ou contratos de investimento coletivo, registrados na CVM e ofertados publicamente, que gerem direito de participação, de parceria ou de remuneração, inclusive resultante de prestação de serviços, cujos rendimentos advêm do esforço do empreendedor ou de terceiros;
>
> e) certificados ou recibos de depósitos emitidos no exterior com lastro em valores mobiliários de emissão de companhia aberta brasileira;
>
> f) o ouro, ativo financeiro, desde que negociado em padrão internacionalmente aceito;
>
> g) quaisquer títulos, contratos e modalidades operacionais de obrigação ou coobrigação de instituição financeira; e
>
> h) warrants, contratos mercantis de compra e venda de produtos, mercadorias ou serviços para entrega ou prestação futura, títulos ou certificados representativos desses contratos e quaisquer outros créditos, títulos, contratos e modalidades operacionais desde que expressamente previstos no regulamento;
>
> VI – ativos financeiros no exterior: ativos financeiros negociados no exterior que tenham a mesma natureza econômica dos ativos financeiros no Brasil;

Em que pese a gama de ativos financeiros previstos na instrução acima, no dia 12 de janeiro de 2018, o Superintendente de Relações com Investidores Institucionais da Comissão de Valores Mobiliários, Sr, Daniel Walter Maeda Bernardo, veiculou o Ofício Circular nº 1/2018/CVM/SIN informando que as "moedas virtuais" ou "criptomoeda" não podem ser tidas como "ativo financeiro" para os fins da instrução mencionada.

Notem-se os seguintes trechos do mencionado comunicado:

> Como sabido, tanto no Brasil quanto em outras jurisdições ainda tem se discutido a natureza jurídica e econômica dessas modalidades de investimento, sem que se tenha, em especial no mercado e regulação domésticos, se chegado a uma conclusão sobre tal conceituação.
>
> Assim e baseado em dita indefinição, a interpretação desta área técnica é a de que as criptomoedas não podem ser qualificadas como ativos financeiros,

para os efeitos do disposto no artigo 2º, V, da Instrução CVM nº 555/14, e por essa razão, sua aquisição direta pelos fundos de investimento ali regulados não é permitida.

De tal modo, mesmo sendo considerados os efeitos de acréscimo patrimonial do contribuinte, as "moedas virtuais ainda" não são consideradas pela Comissão de Valores Mobiliários como sendo um ativo financeiro.

Todavia, há certa diferenciação entre a "moeda virtual" em si e a tecnologia que viabilizou a operação da moeda.

Nesse campo é importante destacar que a Comissão de Valores Mobiliários já mencionou a possibilidade dos "criptoativos" serem "caracterizados como valores mobiliários, por exemplo, quando configuram um contrato de investimento coletivo."

Destaca a Comissão de Valores Mobiliários que tal roupagem estará atrelada à natureza dos ativos virtuais emitidos na operação. Veja-se:

> "O que determina se uma operação de ICO estará ou não sujeita à regulamentação do mercado de valores mobiliários é a natureza dos ativos virtuais emitidos na operação. Se os direitos caracterizarem o ativo como valor mobiliário, a operação, os emissores e demais agentes envolvidos estarão obrigados a cumprir a legislação e a regulamentação da CVM."

A informação está no portal para informações e alertas aos investidores sobre "criptoativos".

Destarte, ao fim, temos que a desregulamentação e a indefinição de quesitos jurídicos certos e exatos acerca das "moedas virtuais" ou "criptomoedas" retira a confiabilidade e a segurança jurídica da tecnologia que cada vez mais está difundida na sociedade.

A despeito dessa visão, observando que o imposto de renda incide independentemente da classificação ou nomenclatura do acréscimo patrimonial, uma vez ocorrido o aumento do patrimonial o contribuinte estará obrigado a recolher o imposto.

Conclusões

A constante modificação social impulsionada pelos avanços tecnológicos é o grande desafio do direito normativo.

A discussão foi ambientada com a apresentação da influência das inovações tecnológicas nas relações sociais e comerciais cotidianas.

Em seguida, investigamos um fato social moderno, a "moeda virtual".

De início, após colher o conceito de moeda no ordenamento jurídico brasileiro, podemos firmar que as "moedas virtuais" não são "moedas" propriamente ditas.

Entretanto, mesmo sem definição jurídica legal ou marco regulatório, após a demonstração do conceito e imposto de renda e suas teorias, podemos firmar que as "moedas virtuais" podem sofrer a incidência do imposto de renda por meio do ganho de capital.

Tal assertiva foi comprovada por meio das manifestações da Secretaria da Receita Federal do Brasil que trata as "moedas virtuais" como "ativo financeiro".

É bem verdade que a Comissão de Valores Mobiliários mencionou que as "moedas virtuais" não são tidas como "ativo financeiro".

Entretanto, tal manifestação foi direcionada para os fundos de investimentos, não deixando as "moedas virtuais" de emitir seus efeitos, notadamente aqueles inerentes ao acréscimo patrimonial que pode proporcionar ao patrimônio do contribuinte.

Destarte, o fim de tal trabalho interpretativo foi de conjugar todos os elementos para alcançar a interpretação que mais atenda os fins da investigação, aclarando ainda mais a tributação sobre as "moedas virtuais".

Referências

ALEXANDRE, Ricardo. Direito tributário esquematizado. – 7. ed. rev. e atual. Rio de Janeiro: Forense; São Paulo. Método, 2013.

AMARO, Luciano. Direito tributário brasileiro – 20. ed. – São Paulo : Saraiva, 2014.

ARAÚJO, Carlos Roberto Vieira, Historia do pensamento econômico: uma abordagem introdutória – 1. ed. – 14. reimpr. – São Paulo: Atlas, 2008.

BRASIL. Constituição da República Federativa do Brasil de 1988, Presidência da República Federativa do Brasil. Portal online, Disponível em: http://www.planalto.gov.br/ccivil_03/constituicao/constituicao.htm Acesso em: 25 Mai 2021.

______. Câmara dos Deputados. Portal online http://www2.camara.leg.br/ Acesso em: 25 Mai 2021.

______. Código Tributário Nacional. Lei nº 5.172, de 25 de outubro de 1966. Portal online http://www.planalto.gov.br/ccivil_03/leis/l5172.htm Acesso em: 25 Mai 2021.

______. Comissão de Valores Imobiliários. Portal online https://www.gov.br/cvm/pt-br Acesso em: 25 Mai 2021.

______. Ministério da Fazenda. Portal online https://www.gov.br/fazenda/pt-br Acesso em: 25 Mai 2021.

______. Receita Federal. Portal online https://idg.receita.fazenda.gov.br/ Acesso em: 25 Mai 2021.

______. Superior Tribunal de Justiça. Portal online http://www.stj.jus.br/portal/site/STJ Acesso em: 25 Mai 2021.

______. Supremo Tribunal Federal. Portal online http://www.stf.jus.br/portal/principal/principal.asp Acesso em: 25 Mai 2021.

BRITO, Edvaldo, Direito tributário e constituição: estudos e pareceres – 1. ed. – São Paulo: Atlas, 2016.

BULOS, UadiLammêgo, Curso de direito constitucional – 8. ed. rev. e atual de acordo com a Emenda Constitucional n. 76/2013 – Seio Paulo: Saraiva, 2014.

CARVALHO, Paulo de Barros. Curso de Direito Tributário. 23 ed. São Paulo: Saraiva. 2011.

______. Direito Tributário: linguagem e método, 4ª ed. São Paulo. Noeses, 2011.

CREPALDI, Silvio, Planejamento tributário – 2. ed. São Paulo, 2017.

HARADA, Kiyoshi, Direito financeiro e tributário. – 25. ed. rev., atual. e ampl. – São Paulo: Atlas, 2016.

MASSO, Fabiano Del, Direito econômico esquematizado – 2. ed. rev. e atual. – Rio de Janeiro: Forense; São Paulo: Método, 2013.

MAXIMILIANO, Carlos, Hermenêutica e aplicação do direito – 20. ed.– Rio de Janeiro: Forense, 2011.

MAZZA, Alexandre. Manual de direito tributário. – São Paulo: Saraiva, 2015.

NADER, Paulo. Introdução ao estudo do direito / Paulo Nader – 36.a ed. – Rio de Janeiro: Forense, 2014.

NAKAMOTO, Satoshi, Bitcoin: A Peer-to-PeerElectronic Cash System Portal online < https://bitcoin.org/bitcoin.pdf > Acesso em: 25 Mai 2021.

NUNES. Luiz Antônio Rizzatto, Manual de introdução do estudo do direito: com exercícios para sala de aula e lições de casa – 5. ed. rev. e ampl. – São Paulo: Saraiva, 2003.

PAULSEN, Leandro. Curso de direito tributário: completo. 6. ed. rev. atual. eampl. – Porto Alegre: Livraria do Advogado Editora, 2014.

______. Direito Tributário Constituição e Código Tributário à luz da doutrina e da jurisprudência. 16ª edição. Livraria do Advogado. 2014.

RIBEIRO, Osni Moura, Introdução à contabilidade tributária /Osni Moura Ribeiro, Mauro Aparecido Pinto. – 2. ed. – São Paulo, Saraiva, 2014.

PISCITELLI, Tathiane, Direito financeiro esquematizado– 4. ed. rev., atual. e ampl. – Rio de Janeiro : Forense, São Paulo : Método, 2014.

SABBAG, Eduardo de Moraes- Direito Tributário Essencial / Eduardo de Moraes Sabbag. – 14. ed. rev., atual. E ampl. – Rio de Janeiro: Forense; São Paulo: MÉTODO, 2014.

______. Manual de direito tributário – 8. ed. – São Paulo : Saraiva, 2016.

SEGUNDO, Hugo de Brito Machado, Código Tributário Nacional: anotações à Constituição, ao Código Tributário Nacional e às Leis Complementares 87/1996 e 116/2003. – 6. ed. rev., atual. e ampl. – São Paulo: Atlas, 2017.

SCHMIDT, Eric. A nova era digital: como será o futuro das pessoas, das nações e dos negócios / Eric Schmidt, Jared Cohen; tradução Ana Beatriz Rodrigues, Rogério Durst. – 1. ed. – Rio de Janeiro: Intrínseca, 2013.

ULRICH, Fernando. Bitcoin: a moeda na era digital. – São Paulo; Instituto Ludwing von Mises. Brasil, 2014.

7
OS CRIPTOATIVOS E OS CRIMES FINANCEIROS: UMA VISÃO PANORÂMICA

Claudio Joel Brito Lóssio
Ricardo Antunes Silva

Introdução

A transformação digital é reforçada a cada dia pelo processo de globalização e diante disso, o mercado financeiro fica cercado por soluções que podem alterar completamente este cenário.

Como ficará o processo de investigação criminal diante dos crimes financeiros que estão presente neste novo cenário que fazem parte da essência das novas tecnologias?

No decorrer desta escrita, será abordado sobre O Sistema Financeiro Nacional, Criptoativos e suas Carteiras, assim como uma breve apresentação sobre o berço dessa tecnologia, assim também como algumas possibilidades relacionadas aos crimes de lavagem ou ocultação de bens, direitos e valores, e de financiamento ao terrorismo no Brasil.

1. O sistema financeiro nacional e a transformação digital

O Sistema Financeiro Nacional é composto por um conjunto de operadores, supervisores e órgãos normativos, responsáveis por controlarem o mercado de crédito, capitais, câmbio, seguros privados, previdência complementar aberta, contratos de capitalização, de previdência fechada e o mercado monetário.

Os órgãos reguladores são: Conselho Monetário Nacional, Conselho Nacional de Seguro Privados e Conselho Nacional de Previdência Complementar, que são responsáveis por determinar o bom funcionamento da economia, ditando regras gerais.

Os supervisores são: Banco Central do Brasil, Comissão de Valores Mobiliários, Superintendência de Seguros Privados e Superintendência Nacional de Previdência Complementar.

No que tange aos operadores, vale dizer que são as classes que movimentam o mercado financeiro, sendo tais classes compostas pelos Bancos, Caixa Econômica Federal, Administradoras de Consórcios, Bolsa de Valores, Cooperativas de crédito, Corretora e distribuidora de Valores, Bolsa de Mercados e Futuros, Instituições de pagamento, demais instituições não bancárias, Seguradoras e Resseguradoras, entidades abertas de previdência, sociedade de capitalização e entidades fechadas de previdência complementar.

Acerca do significativo avanço tecnológico bem como da inteligência artificial, vale dizer que, com tal mutação revolucionária no âmbito tecnológico, nasceu consigo a possibilidade de acesso à internet em alta velocidade, sendo alterada a forma tradicional de movimentação do mercado financeiro.

Podendo ser utilizado como exemplo a utilização do pregão "viva voz" na BM&FBOVESPA (atualmente B3 – Brasil, Bolsa e Balcão) que era comum até 2005 onde tal procedimento era realizado presencialmente, isto é, o indivíduo interessado na compra ou venda de papéis na Bolsa de Valores deveria estar presente no local. Sendo encerrado o pregão na modalidade "viva voz" em 2005, passou a ser conduzido integramente na modalidade digital.

Vale elencar uma outra modalidade que está quase extinta devido à sua baixa utilização, sendo ela o título de crédito com ordem de pagamento à vista, ou seja, o cheque, sendo substituído gradativamente pelo cartão magnético na função débito/crédito.

Com relação aos operadores, os bancos (aqueles com agências físicas, atendimento presencial, caixas e terminais de autoatendimento) estão passando por uma revolução com a entrada dos bancos digitais/virtuais no mercado financeiro, modalidade que se encontra regulamentada pelo Conselho Monetário Nacional desde 2016.

Os bancos digitais foram criados inicialmente como projetos nas *fintechs*[1], trazendo inovação na forma e no modo de utilização das transações

[1] O termo é resultado da junção das palavras 'financial' (financeiro) e 'technology' (tecnologia), ver neste artigo, "O que é Fintech?". Disponível em: https://www.conexaofintech.com.br/fintech/o-que-e-fintech/

bancárias, o banco virtual funciona integralmente on-line, sem necessidade de estrutura física, o gerente de contas foi substituído por personalização dos aplicativos e atendimentos realizados via *chat*, e-mail ou telefone.

A migração para o digital teve como marco inicial a Resolução nº 4.474 de 31 de março de 2016, que normatizou a digitalização de documentos relativos às operações e transações realizadas pelas instituições financeiras, bem como descarte e armazenamento eletrônico.

A Federação Brasileira de Bancos, concluiu com a publicação da "Pesquisa FEBRABAN de Tecnologia Bancária 2020[2]", que os bancos aumentaram em 48% os investimentos em tecnologia; 41% das transações com movimentação financeira de forma *Mobile Banking*[3].

O usuário regular do *Mobile Banking* utiliza a plataforma digital 23 vezes ao mês, sendo que mais da metade são considerados *heavy users* (usuários pesados), que utilizam a plataforma digital em média de 40 vezes ao mês.

No cenário da pandemia do COVID-19, as transações de pessoa física nos canais digitais representaram 74% das operações.

A pesquisa conclui que a cada 10 transações, mais de 6 são feitas por intermédio de plataformas digitais. Em contrapartida, os bancos tradicionais estão em desaceleração de suas operações na média de 3,6% ao ano durante os 5 últimos anos, em 2014 representavam 54% da movimentação no mercado financeiro e em 2019, diminuiu para 37%.

Além disso, é de suma importância destacar que a migração do uso do banco em plataforma *Mobile*, considerando 2018 e 2019, houve um aumento de 34% nas transações, chegando a 93,6 milhões de usuários.

Logo, vale dizer que o atual cenário está caminhando para o *Open Banking* (Sistema Bancário Aberto), trata-se de uma padronização das informações fornecida pelo usuário para o mercado financeiro, que permite oferecer serviço e produtos personalizados, aumentando a competitividade entre as instituições, melhorando a qualidade e permitindo a liberdade de escolha e com isso reduzindo o custo para o consumidor final.

[2] FEBRABAN. **Pesquisa FEBRABAN de Tecnologia Bancária 2020.** Disponível em: https://cmsportal.febraban.org.br/Arquivos/documentos/PDF/Pesquisa%20Febraban%20de%20Tecnologia%20Banc%C3%A1ria%202020%20VF.pdf

[3] Mobile Banking são aplicativos bancários de autoatendimento desenvolvidos para acesso por meio das plataformas de comunicação dos aparelhos de celular – Disponível em:http://www.anpad.org.br/admin/pdf/ema356.pdf

2. Criptoativos

Denominadas também como criptomoedas, moedas digitais ou *cryptocurrencies*, os criptoativos, estão denominados assim na instrução normativa brasileira, mais precisamente em seu artigo quinto, inciso I, que versa que o cripto ativo é uma representação de valor que pode ser expresso tanto em moeda nacional quanto estrangeira, e que também se utiliza de criptografia e tecnologias de registros distribuídos.[4]

> Art. 5º Para fins do disposto nesta Instrução Normativa, considera-se:
>
> I – **criptoativo**: a **representação digital de valor** denominada em sua própria unidade de conta, cujo preço pode ser expresso em moeda soberana local ou estrangeira, transacionado **eletronicamente com a utilização de criptografia e de tecnologias de registros distribuídos**, que pode ser utilizado como forma de investimento, instrumento de transferência de valores ou acesso a serviços, e que não constitui moeda de curso legal; e (grifo nosso)

Com isso o Brasil entra na lista dos seletos países que buscam legiferar nem que seja pelo menos em formato de instrução, acerca dos criptoativos. Foi apresentado que esta possui valor, sendo então um ativo e possuindo criptografia, por isso a palavra cripto, termo que será melhor esclarecido mais adiante.

Segundo a contabilidade, ativos, são valores que indicam quais são os bens que uma empresa possui. Nesse caso podem ser os bens que uma pessoa ou empresa possui. Os ativos que circulam são aqueles que podem ser convertidos facilmente em valores monetários, e possuam maior grau de liquidez. Ainda os ativos podem ser vistos como algo material, como os computadores, equipamentos, veículos, entre outros, como também de caráter imaterial ou intangíveis,[5] como softwares, informações, criptoativos. O conhecimento e expertises de pessoas acerca da empresa que a compõem também podem ser denominados ativos desta. Por isso o termo criptoativo.

[4] BRASIL. **Instrução Normativa 1888, de 3 de maio de 2019**. Institui e disciplina a obrigatoriedade de prestação de informações relativas às operações realizadas com criptoativos à Secretaria Especial da Receita Federal do Brasil (RFB). Disponível em: <http://www.in.gov.br/en/web/dou/-/instru%C3%87%C3%83o-normativa-n%C2%BA-1.888-de-3-de-maio-de-2019-87070039>. Acessado em: 29 de outubro de 2019.

[5] DICIONÁRIO Financeiro. **O que são ativos?** 2019. Disponível em: <https://www.dicionariofinanceiro.com/o-que-sao-ativos/>. Acessado em 29 de outubro de 2019.

Dentre os criptoativos poderemos citar vários como o Bitcoin, Litecoin, Ethereum, IOTA entre outros. O Bitcoin em 2009 valia apenas U$ 1,00, já em 2013 chegou a um valor de U$1100,00, e esse fato fez com que várias pessoas decidissem querer investir nessa moeda digital. Alguns sites trazem sugestões acerca dos melhores investimentos, e isso deve ser pesquisado muito antes de investir, visto que poderá ocorrer blefes para impulsionar ou boicotes para excluir criptoativos.

Mas como adquirir um criptoativo? Aqui serão elencados três caminhos para se adquirir criptoativos: mineração, *exchange* e transferência.

2.1. Mineração

A mineração de bitcoin é feita com a atuação de computadores com alto poder de processamento, que nesse caso pode ser citado a ASICS, com isso não é possível utilizar esses nossos computadores caseiros. A função desses computadores superpotentes é encontrar uma sequência que torne o bloco da transação compatível com o bloco anterior, assim ao encontrar, recebe a recompensa em bitcoin por cada bloco que minerar. Essa recompensa foi criada com o intuito de pagar as pessoas pelo processamento utilizado.[6]

A mineração de bitcoin está na lista de atividades proibidas pela China. A agência de planejamento econômico criou uma lista de indústrias de mineração que poderiam ser fechadas.[7]

Assim, fica claro que os Estados estão preocupados pois quando o negócio envolve esse ativo que possui criptografia acaba influenciando significativamente o mercado econômico mundial.

2.2. *Exchanges* de Criptoativos

É comum se percebido esse termo diante de casas câmbio, mas apenas *exchanges* de criptoativos poderão ser usadas para comprar criptoativos. Muito embora isso não impeça que pessoas comprem umas das outras diretamente, sem o intermédio dessas *exchanges*. A instrução normativa

[6] FOXBIT. **Como funciona a mineração de bitcoin**? 2019. Disponível em: <https://foxbit.com.br/blog/mineracao-de-bitcoin-entenda-como-funciona/>. Acessado em 29 de outubro de 2019.

[7] BBC News. **Proibição de mineração de Bitcoin considerada pelo planejador econômico da China**. 2019. Disponível em: <https://www.bbc.com/news/technology-47867031>. Acessado em 29 de outubro de 2019.

brasileira de número 1888 de 2019 trouxe um conceito destas, em seu parágrafo quinto, II:[8]

> Artigo 5. II – **exchange de criptoativo**: a pessoa jurídica, ainda que não financeira, que **oferece serviços referentes a operações realizadas com criptoativos**, inclusive **intermediação, negociação ou custódia**, e que pode aceitar quaisquer meios de pagamento, inclusive outros criptoativos. (grifo nosso)

Assim, essas são conhecidas por serem intermediadoras, a oferecer serviços relacionadas a operações envolvendo criptoativos, seja também uma negociação como também a custódia desse valor digital. Para esclarecer o que é uma intermediação, o parágrafo único desde mesmo artigo, busca definir:[9]

> Artigo 5. Parágrafo único. Incluem-se no conceito de intermediação de operações realizadas com criptoativos, a disponibilização de ambientes para a realização das **operações de compra e venda** de criptoativo realizadas entre os próprios usuários de seus serviços. (grifo nosso)

Deve ser percebido que as *exchanges* não são *wallets*, ou carteiras. *Exchanges* são casas de câmbio de criptomoedas, já a wallet é uma carteira, uma plataforma com ambiente seguro, que utiliza criptografia com chave pública e privada.[10]

Desta forma, salienta-se que há plataformas mais segura do que outras, assim deve se procurar uma *wallet* conhecida para guardar seus criptoativos.

2.3. Transferência P2P

A transferência P2P ou também conhecida como *'Peer-To-Peer"*, que significa ponto a ponto. Uma comunicação ponto a ponto é o qual um intermediário é excluído, assim tal transferência ocorreria entre as pessoas envolvidas, e excluindo até a necessidade de uma Exchange.[11]

[8] BRASIL. **Instrução Normativa 1888, de 3 de maio de 2019**. Ibidem.

[9] Idem – Ibidem.

[10] LIVECOINS. **Exchange não é Wallet**. 2018. Disponível em: <https://livecoins.com.br/exchange-nao-e-wallet/>. Acessado em 30 de outubro de 2019.

[11] COINTIMES. **P2P ou "peer-to-peer": Como funciona uma rede sem intermediários**? 2019. Disponível em: <https://cointimes.com.br/p2p-ou-peer-to-peer-como-funciona/>. Acessado em: 30 de outubro de 2019

Figura 1

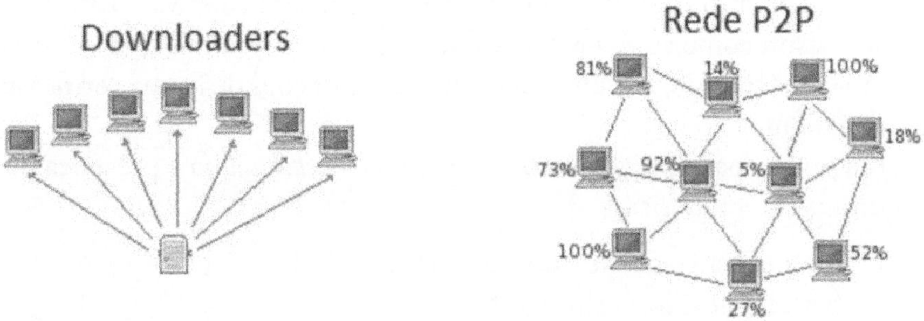

Fonte: https://cointimes.com.br/p2p-ou-peer-to-peer-como-funciona/.
Acessado em: 30 de outubro de 2019

A figura acima mostra em seu primeiro momento a comunicação de um servidor e clientes, padrão utilizado nos bancos convencionais. Já no segundo momento, se percebe uma comunicação distribuída entre as pessoas, sem envolver qualquer intermediário. É como se uma pessoa transferisse o direito para outra pessoa, mas sem utilizar banco algum. Para tal prática a confiança no sistema deve ser pleno, pois não terá terceiro algum para intermediar.

2.4. *Blockchain*

Blockchain é um dos termos mais presentes em algumas empresas que buscam mostrar que estão inovando. Deve ser percebido que a utilização da tecnologia *blockchain* por instituições não quer dizer que essas estejam trazendo produtos e ou serviços de excelência e a prova de falhas. A tecnologia *blockchain* é excelente, mas não pode ser vista de forma plena como instrumento para eficácia, eficiência, e à prova de erros, pois se não for utilizada de maneira correta, essa tecnologia poderá causar desastres sociais presentes espaço cibernético.

A *Blockchain* era inicialmente conhecida como *blockchain*, cadeira de blocos. Podendo ser conceituado da seguinte maneira: "é uma tecnologia de banco de dados distribuído que permite manter uma lista crescente de registros, chamados de blocos"[12]. Cada bloco possui um link apontando para o bloco anterior, assim como a data e a hora de sua criação. A *blockchain*

[12] Santos, Cleorbete. **Fundamentos da Tecnologia *Blockchain*.** Edição do Kindle. [APUD ANTONOPOULOS, 2010].

utiliza a tecnologia distribuída previamente apresentada, P2P. Utilizando tal procedimento para validar os blocos de maneira coletiva.[13] Um livro-razão, assim como se vê na contabilidade, mas na *blockchain*, este livro é aberto e distribuído, podendo armazenar transações de forma verificável e permanente.[14]

Em outras palavras podemos analisar na *blockchain* há a presença das seguintes características:

- Descentralizada, devido a distribuição P2P;
- Segura, devido a criptografia;
- Verificável, devido a possibilidade da realização da transação;
- Permanente, devido a impossibilidade de mudança de status, seja em alteração, exclusão ou inclusão sem validação prévia.

Apenas a cunho de conhecimento é imperioso perceber que existem *blockchain* abertas, como a da *bitcoin* e *Ethereum* e as fechadas, que podem ser construídas para utilização em instituições que desejam ter acesso exclusivo.[15] Esse fato de ter acesso exclusivo pode ser questionado quando por vez pode fazer com que não seja reconhecido com as características logo previamente elencadas, como por exemplo a descentralização, a segurança, entre outros. Sendo descentralizada apenas dentro da sua cadeia.[16]

Em busca de apresentar uma visão mais técnica quando se trata da criptografia utilizada na *blockchain*, primeiramente será apresentado um gráfico o qual demonstra a criptografia simétrica. Essa não é utilizada pela *blockchain*, até então.

[13] Idem. Ibidem.

[14] Idem. [APUD WATTENHOFFER, 2016].

[15] CANAL COMSTOR. **Blockchain pública e privada: qual a diferença?** 2019. Disponível em: <https://blogbrasil.comstor.com/blockchain-publica-e-privada-qual-a-diferenca>. Acessado em 30 de outubro de 2019.

[16] Idem. Ibidem.

Figura 2

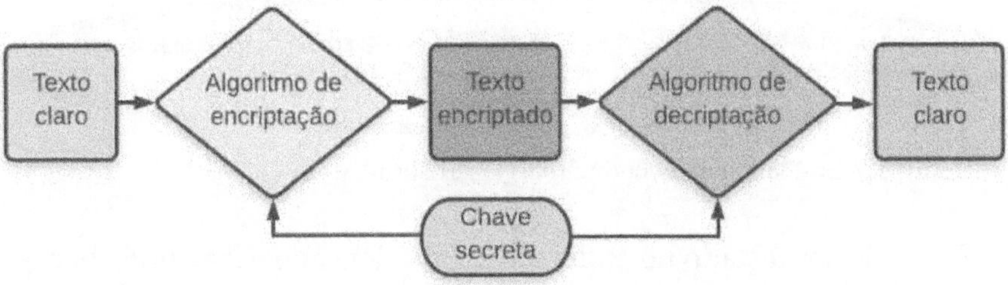

Fonte: SANTOS, CLEORBETE. Fundamentos da Tecnologia Blockchain. Edição do Kindle.

Esse modo apresentado, utiliza apenas uma chave para encriptar e decriptar. Já no modo que será apresentado adiante, o assimétrico, são utilizadas duas chaves, uma pública e uma privada, sendo uma para cifrar e outra para decifrar o conteúdo criptografado.

Figura 3

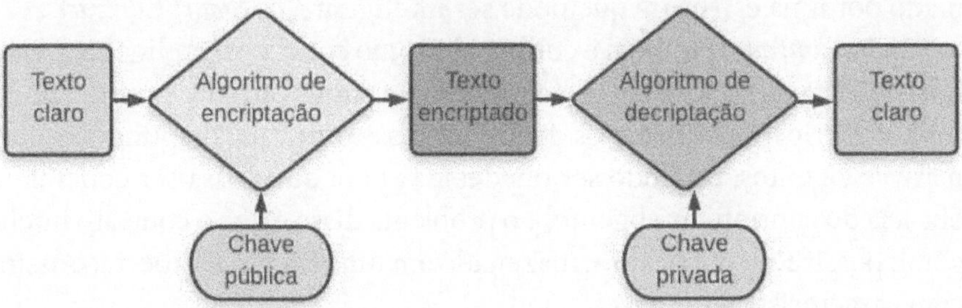

Fonte: SANTOS, CLEORBETE. Fundamentos da Tecnologia Blockchain. Edição do Kindle.

Ainda, em busca de apresentar procedimentos de cifragem, o *hash* será demonstrado, e para tanto, uma plataforma web foi utilizada para criar o *hash* com base no SHA512, o qual o texto "Claudio Joel" teve como resultado:

Figura 4

Fonte: https://emn178.github.io/online-tools/sha512.html

Podendo ser testado no endereço acima elencado. Cabe perceber que existem vários padrões para criar *hash*, sendo alguns indicados e outros não, devido as possibilidades de decifragem por força bruta.

2.5. *Smart contracts*

A *blockchain* "promete descentralização, transparência e imutabilidade para abrir novos domínios de possibilidades na maneira como compartilhamos e trocamos valor (transações mobiliárias)."[17] Ainda assim, essa pode ser programada para disparar transações de forma automática.[18] Facilitando assim negócios jurídicos, e com isso surge um novo tipo de contrato formado por uma estrutura que pode ser inteligente, os *Smart Contracts*.

Smart Contracts também é conhecido como contratos inteligentes, eis a importância da relação entre a *blockchain* e a transação automática. É mister e imperiosos conhecer os pré-requisitos contratuais segundo as normativas vigentes, devendo ser obedecidas para que possa ser concreta a eficácia do contrato inteligente, e o problema disso é que o contrato inteligente possivelmente ficará armazenado em uma *blockchain* aberta, e assim com característica imutável.

Em um contrato de compra e venda as partes se obrigam a cumprir aquilo que é acordado, uma oferecendo o produto a ser vendido, e a outra pagando a parte acertada por esse produto. Esse é um contrato bilateral onde as partes possuem direitos e deveres diante desse negócio jurídico. Como um contrato inteligente poderá saber sobre alguns pré-requisitos obrigatórios em um negócio jurídico? A título de exemplo, as partes devem ser dotadas dos requisitos de capacidade e legitimidade, e ainda assim

[17] BRAGAT, Varum. **HowCanSmartContracts in Blockchain Redefine Value Exchange**. By DZONE. 2018. Disponível em: <https://dzone.com/articles/how-can-smart-contracts-in-blockchain-redefine-val>. Acessado em 30 de outubro de 2019.

[18] SANTOS, CLEORBETE. **Fundamentos da Tecnologia Blockchain**. Edição do Kindle. [APUD WATTENHOFFER, 2016]. Ibidem.

não terem suas vontades viciadas. No Brasil, deve ser verificado o Artigo 104 do Código Civil, que já traz ordenadamente os seguintes requisitos essenciais: o agente seja capaz, o objeto seja lícito, possível, determinado ou determinável e por último tenha forma prescrita ou não defesa em lei.[19]

É mister perceber que o valor está ligado à confiança que a comunidade tem com o código, quanto maior a utilização da moeda, maior será o seu valor, isso é chamado de efeito volátil.

Por isso que existem muitas chamadas de investimentos prometendo um retorno muito alto em pouco tempo, são investimentos em criptomoedas.

Outra grande questão que existem criptomoedas que não possuem lastro (lastro é uma garantia e é utilizado para determinar o valor verdadeiro de uma moeda ou ativo financeiro), a mais conhecida é o BitCoin[20], tem o seu número limitado em 21 milhões de unidades[21].

Uma criptomoeda desenvolvida pela empresa Facebook terá lastro e será detalhada mais à frente.

3. Carteiras de criptoativos – legalidade

A criação de carteira não necessita de identificação, sendo totalmente privado, tornando impossível a identificação do detentor da carteira, pois ela é formada por um código somente.

No Brasil, até o presente momento não há lei ou qualquer tipo de legislação que regulam as criptomoedas.

Verifica-se que para a inclusão desse tipo de moeda, se faz necessário classificá-las, para isso, o Projeto de Lei 2.303/2015 em trâmite na Câmara dos Deputados, apresentado em 7 de julho de 2015, incluiu as moedas virtuais e programas de milhagem na definição de "arranjos de pagamentos", presentes na Lei 12.865 de 2013.

De acordo com o projeto de lei, as chamadas "moedas virtuais", ganham cada vez mais destaque nas operações financeiras atuais. Apesar de não haver ainda uma regulamentação nacional, e nem internacional sobre a

[19] BRASIL. Lei 10.406 de 10 de janeiro de 2002. **Institui o Código Civil**. Disponível em: <http://www.planalto.gov.br/ccivil_03/leis/2002/l10406.htm>. Acessado em 30 de outubro de 2019.

[20] Bitcoin (BTC) é uma criptomoeda criada em 2009 por SatoshiNakamoro.

[21] Pedroso, Diego; Augusto, Caio. 21 milhões como limite: Bitcoin pode não ser uma bolha. Disponível em: <https://www.infomoney.com.br/blogs/economia-e-politica/terraco-economico/post/7067962/milhoes-como-limite-bitcoin-pode-nao-ser-uma-bolha>. Acesso em: 3 ago. 2019.

matéria, há uma preocupação crescente com os efeitos das transações realizadas por meios destes instrumentos.[22]

Foram realizadas diversas audiências públicas a fim de elucidar questões sobre o assunto, por exemplo os efeitos das criptomoedas como arranjos de pagamento e os impactos desses novos sistemas de pagamento.

Em uma das audiências, o Banco Central do Brasil se posicionou contra o projeto de lei, argumentando que a autarquia federal não reconhece as chamadas "moedas virtuais", como moeda e nem possui a intenção de regulá-las como moeda:

> "Para nós, elas são um token digital, existe uma rede de usuários que dá algum valor para esse token digital e que negociam esses token digitais dentro dos seus acordos privados."[23]

E mais, o Banco Central emitiu o comunicado nº 31.379, de novembro de 2017, alertando sobre os riscos decorrentes de operações de guarda e negociação das denominadas moedas virtuais. Em suma, aduz que as moedas virtuais não são emitidas nem garantidas por qualquer autoridade monetária, por isso não têm garantia de conversão para moedas soberanas, e tampouco são lastreadas em ativo real de qualquer espécie, ficando todo o risco com os detentores. Seu valor decorre exclusivamente da confiança conferida pelos indivíduos ao seu emissor.[24]

O Conselho de Atividades Financeiras (COAF) tende a uma posição favorável acerca da possível regulamentação das criptomoedas e milhagens aéreas.

De acordo com o diretor de Inteligência Financeira, Sr. Antônio Ferreira, a grande preocupação do COAF com todos os setores regulamentados, é que eles mantenham a política de prevenção ativa, que mantenham o

[22] RIBEIRO, Alberto. Projeto de Lei nº 2303, de 2015. Disponível em: <https://www.camara.leg.br/proposicoesWeb/prop_mostrarintegra;jsessionid=1643F9A09714D536C00F877368F56E2C.proposicoesWebExterno1?codteor=1358969&filename=PL+2303/2015>. Acesso em: 3 ago. 2020.

[23] GAMA, Leilane. Banco Central não reconhece moedas virtuais como dinheiro e discorda da necessidade de regulamentação. Disponível em: <https://www2.camara.leg.br/camaranoticias/radio/materias/radioagencia/542125-banco-central-nao-reconhece-moedas-virtuais-como-dinheiro-e-discorda-da-necessidade-de-regulamentacao.html>. Acesso em: 3 ago. 2019.

[24] GRAZIE, Reinaldo Le; Damaso, Otávio Ribeiro. Comunicado nº 31.379, de 16 de novembro de 2017. Disponível em: <https://www.bcb.gov.br/estabilidadefinanceira/exibenormativo?tipo=Comunicado&numero=31379>. Acesso em: 3 ago. 2019.

cadastro dos clientes, os registros das operações e comuniquem ao COAF sobre [operações suspeitas]. Isso vale tanto para os negócios emergentes, mercados novos, como essa inovação das moedas virtuais, como para mercados tradicionais, como bancos, corretoras.[25] Ou seja, a posição favorável em regulamentar, traz segurança ao mercado financeiro.

Já a Comissão de Valores Mobiliários, em janeiro de 2018, publicou uma circular (1/2018/CM/SIN), informando sobre a proibição de gestores e administradores de fundos de investimentos, que investem parte de seus ativos em moedas digitais, afirmando que as moedas não são ativos financeiros, sendo assim, não pode ser considerado no rol de investimento.

Não obstante, em setembro de 2018, a CVM posicionou na circular (11/2018), que os fundos de investimentos podem investir em moedas digitais de forma indireta, e que essa posição está acompanhando o posicionamento de outros países. A comissão recomenda que os investidores devem se atentar aos riscos como fraude, lavagem de dinheiro, liquidez, risco operacional e ausência de regulamentação.

Em contrapartida, a Receita Federal se baseia nos artigos 21 e 164 da Constituição Federal, que determina a competência de emissão da moeda apenas pela União, e com exclusividade ao Banco Central. Diante da disposição legal, as criptomoedas e moedas digitais não são consideradas moedas, por não respeitarem a legalidade, sendo assim, são consideradas como um bem (ativo) e será tributada por meio de ganho de capital.

Em maio de 2.019, a Receita divulgou a Instrução Normativa de nº 1888, que definiu o que é criptoativo e a obrigatoriedade de prestar informações ao fisco. De acordo com o Artigo 5 da normativa, "criptoativo: a representação digital de valor denominada em sua própria unidade de conta, cujo preço pode ser expresso em moeda soberana local ou estrangeira, transacionado eletronicamente com a utilização de criptografia e de tecnologias de registros distribuídos, que pode ser utilizado como forma de investimento, instrumento de transferência de valores ou acesso a serviços, e que não constitui moeda de curso legal.[26]"

[25] DOEDERLEIN, Natalia. Moedas virtuais: papel do Coaf é reduzir risco de lavagem de dinheiro, diz diretor. Disponível em: <https://www2.camara.leg.br/camaranoticias/noticias/economia/542813-moedas-virtuais-papel-do-coaf-e-reduzir-risco-de-lavagem-de-dinheiro,-diz-diretor.html>. Acesso em: 3 ago. 2020.

[26] Instrução Normativa RFB nº 1888, de 03 de maio de 2019. Receita Federal do Brasil. Disponível em: <http://normas.receita.fazenda.gov.br/sijut2consulta/link.action?visao=anotado&idAto=100592>. Acesso em: 3 ago. 2020.

Em julho de 2.019, a Instrução Normativa teve alteração somente nos aspectos técnicos e não alterou a obrigatoriedade de prestar informações[27].

Existem no Brasil duas associações que representam o mercado de criptomoedas, Associação Brasileira de Criptomoedas e *Blockchain* (ABCB)[28], que por enquanto só aceita associados Pessoa Jurídica e tem 34 (trinta e quatro) associados, e a Associação Brasileira de Criptoeconomia (ABCripto)[29].

Por fim, vale mencionar que foi criado um site que acompanha o processo de regulamentação em todos os países, com foco em Bitcoin (BTC), disponibilizando leis, regulamentos e qual órgão que regula as moedas. Ainda disponibiliza as empresas credenciadas, impostos incidente nas operações de BTC e novidades. O site é www.bitcoinregulation.world

4. Combate aos crimes de lavagem ou ocultação de bens, direitos e valores, e de financiamento ao terrorismo no Brasil

O cenário de crimes de lavagem ou ocultação de bens, direitos e valores, e de financiamento ao terrorismo no Brasil é regulado pelas Leis Especiais nº 9.613, de 3 de março de 1998 e Nº 13.260, de 16 de março de 2016.

No momento em que ocorre qualquer transação suspeita, as instituições financeiras têm o dever de comunicar para o Conselho de Controle de Atividades Financeiras (COAF) tais clientes que estão efetivando práticas suspeitas.

Vale mencionar que o COAF, é o órgão criado pela Lei nº 9.613 de 3 de março de 1.998 e controlado pelo Ministério da Fazenda, cujo intuito de sua atuação é a prevenção e combate à lavagem de dinheiro e ao financiamento do terrorismo.

As principais competências do órgão estatal estão nos dispositivos da Lei especial supracitada, em seus Artigos 14 e 15, que é o responsável em disciplinar, aplicar penas administrativas, receber, examinar e identificar

[27] Instrução Normativa RFB nº 1899, de 10 de julho de 2019. Receita Federal do Brasil. Disponível em: <http://normas.receita.fazenda.gov.br/sijut2consulta/link.action?visao=anotado&idAto=102230>. Acesso em: 3 ago. 2020.

[28] Associação Brasileira de Criptomoedas e Blockchain. Disponível em: <http://abcb.in/>. Acesso em: 3 ago. 2020.

[29] Abcripto – Associação Brasileira de Criptoeconomia. Disponível em: <https://www.linkedin.com/company/abcripto>. Acesso em: 3 ago. 2020.

as ocorrências suspeitas de atividades ilícitas previstas nesta Lei, sem prejuízo das competências de outros órgãos e entidades.[30]

Ademais, salienta-se que compete ao COAF a regulação dos setores econômicos que não possuem reguladores ou fiscalização próprio, tais como o fomento comercial (*factoring*); comércio de joias, pedras e metais preciosos; serviços de assessoria, consultoria, auditoria, aconselhamento ou assistência, exceto contadores, economistas e corretores imobiliários.

O COAF define quem está submetido aos seus regramentos e quais são os meios e critérios para o envio de tais informações. E mais, vale mencionar que muito embora o COAF também receba informações de todos os setores econômicos e forma uma base de dados para gerar informações de inteligência financeira, tal órgão não tem qualquer objetivo investigativo ou inquisitorial.

Afinal, tal obrigação incumbida às instituições financeiras em comunicar quais clientes estão praticando possíveis crimes não estaria tal instituição exercendo as funções do Ministério Público, Polícia Federal ou do próprio judiciário? Na verdade, as instituições fazem o trabalho de fornecer informação para o COAF, que por sua vez, fornece informação para quem deve apurar os crimes.

Em que pese tal questionamento, vale ressaltar que o papel das instituições financeiras visa exclusivamente manter a segurança do sistema financeiro, pois somente elas, são detentoras das informações e ainda da possibilidade de analisar um possível suspeito dentre as milhares de operações realizadas.

Logo, o fato de que as instituições financeiras comunicam supostos clientes praticantes de operações questionáveis, vale destacar que tal função não se trata de investigação, mas sim, de um repasse de informações para uma possível análise, cujo intuito é proteger a sociedade e o sistema financeiro nacional como um todo.

Um sistema financeiro protegido, eleva a imagem do país para mundo exterior, papel este que o Brasil mantém pelo mundo, sendo um dos 39 (trinta e nove) membros do GAFI – Grupo de Ação Financeira contra a

[30] LEI Nº 9.613, DE 3 DE MARÇO DE 1998: Dispõe sobre os crimes de "lavagem" ou ocultação de bens, direitos e valores; a prevenção da utilização do sistema financeiro para os ilícitos previstos nesta Lei; cria o Conselho de Controle de Atividades Financeiras – COAF, e dá outras providências. Disponível em: <http://www.planalto.gov.br/ccivil_03/leis/L9613compilado.htm>. Acessoem: 3 ago. 2020.

Lavagem de Dinheiro e o Financiamento do Terrorismo (GAFI/FATF)[31], trata-se de uma organização intergovernamental que tem o propósito de desenvolver e promover políticas nacionais e internacionais de combate à lavagem de dinheiro e ao financiamento do terrorismo.

Tendo em vista a necessidade em manter a segurança do sistema financeiro, o Banco Central do Brasil editou a Circular nº 3.978 de 23 de janeiro de 2.020[32], que dispõe sobre a política, os procedimentos e os controles internos a serem adotados pelas instituições financeiras, cujo intuito é a prevenção de prática dos crimes de "lavagem" ou ocultação de bens, direitos e valores.

Logo, as instituições financeiras foram obrigadas a implantar diversos procedimentos para monitorar, identificar operações e possíveis situações que possam suspeitar lavagem de dinheiro e de financiamento de terrorismo.

A atenção não está somente na operação em si, a instituição precisa verificar os produtos e serviços contratados, as partes envolvidas, valores, forma de realização, os instrumentos utilizados e a falta de fundamento econômico ou legal das operações consideradas suspeitas.

Logo, no momento em que o cliente contrata um tipo de serviço ou produto, a instituição tem que verificar se esse cliente possui renda suficiente para comportar a operação realizada, se a documentação apresentada está atualizada e se tem bens que possam comprovar tal origem da renda.

Outrossim, se determinadas operações são praticadas entre pessoas politicamente expostas, a instituição financeira deverá verificar a possibilidade de ser um representante ou estreitos colaboradores da referida pessoa exposta, para efetiva verificação e segurança da operação.

A circular é o grande causador de encerramento das contas correntes de corretoras que operaram ou operam com criptoativos, pois o item "f" do artigo 39, possui o dever e o intuito de impedir operações aos quais não sejam passíveis de identificar o beneficiário final.

O período para a execução dos procedimentos de monitoramento e de seleção das operações e situações suspeitas não podem ser superiores a 45 (quarenta e cinco) dias.

[31] The Financial Action Task Force (FATF) <http://www.fatf-gafi.org/countries/>. Acesso em: 3 ago. 2020.

[32] VARGAS, Andreia Laís de Melo. CARTA CIRCULAR Nº 3.978, DE 23 DE JANEIRO DE 2020. <https://www.in.gov.br/en/web/dou/-/circular-n-3.978-de-23-de-janeiro-de-2020-239631175>. Acesso em: 3 ago. 2020.

Poucos dias depois, a autarquia emitiu nova Carta Circular de nº 4.001[33], de 29 de janeiro de 2020, que aumentam as relações de operações e situações que podem configurar indícios de ocorrência dos crimes de "lavagem" ou ocultação de bens, direitos e valores, passíveis de comunicação ao Conselho de Controle de Atividades Financeiras (COAF).

As Circulares impõem diversas hipóteses objetivas que as instituições financeiras deverão observar nos seus clientes, para não ficar massivo, com aplicação de caso práticos.

No que tange aos casos práticos da aplicação das circulares, podemos exemplificar um comércio varejista de pequeno porte "ALETRUM", em um bairro de baixa renda em São Paulo Capital, com capital social de R$ 15.000,00 (quinze mil reais). O faturamento mensal deste comercio é de R$ 1.125.000,00 (um milhão, cento e vinte e cinco mil reais), possui 5 contas correntes em diversas instituições financeiras; faz transferências e pagamentos para contas distantes do seu local de atuação; deposita constantemente cheques endossados; e apresenta transações em dias e horários diversos do horário bancário.

Nesse sentido, o comerciante ALETRUM poderá ser um suspeito de operação pela circular? Em consonância com o que dispõe a circular, todo caso foi em território nacional, a movimentação em conta se enquadra perfeitamente no inciso IV, da Circular 4.001. O comerciante tem operação acima do perfil de negociação, pois o seu capital é de R$ 15 mil e movimenta R$ 1.125 mil (45x), ele se enquadra na alínea "a":

> IV – Situações relacionadas com a movimentação de contas de depósito e de contas de pagamento em moeda nacional, que digam respeito a:
>
> a) movimentação de recursos incompatível com o patrimônio, a atividade econômica ou a ocupação profissional e a capacidade financeira do cliente;

Levando-se em consideração outra situação, imaginemos que determinada empresa tem conta corrente em cinco instituições bancárias, sendo que em cada uma delas, a movimentação diária aumenta gradativamente, o que vai de encontro com a alínea *"d) manutenção de numerosas contas destinadas ao acolhimento de depósitos em nome de um mesmo cliente, cujos valores, somados, resultem em quantia significativa"*.

[33] Vargas, Andreia Laís de Melo. CARTA CIRCULAR Nº 4.001, DE 29 DE JANEIRO DE 2020. <https://www.in.gov.br/en/web/dou/-/carta-circular-n-4.001-de-29-de-janeiro-de-2020-240824523>. Acesso em: 3 ago. 2020.

O comerciante faz pagamentos diversos para outras contas correntes distantes do local de atuação da empresa, e ainda, com valor alto, acima do seu capital social, o que se enquadra na alínea *"p) pagamentos ou transferências por pessoa jurídica para fornecedor distante de seu local de atuação, sem fundamentação econômico-financeira"*.

Por fim, os depósitos de cheques endossados e a transações em horários diversos ao comum, estão dispostos nas alíneas "q" e "y":

> "q) depósitos de cheques endossados totalizando valores significativos;
>
> y) transações em horário considerado incompatível com a atividade do estabelecimento comercial credenciado;"

Neste caso em questão, estando o comerciante enquadrado em cinco itens da circular, a instituição financeira tem o dever de informar o COAF? Antes de mais nada, vale dizer que se fosse um robô que só enquadrasse cada operação em uma infração da normativa, com certeza, a instituição estaria elaborando a comunicação, mas não é bem assim que funciona. As instituições têm o dever de conhecer o seu cliente e entender o seu negócio. No caso em questão, o comerciante não está praticando a "lavagem" de dinheiro e sim, somente está no score do negócio.

No que concerne aos microempreendedores e o pequeno comércio, vale dizer que eles têm um volume diário em recebimento de cheques, que muitos deles, são endossados pelos clientes no momento da compra de seus produtos; possui as cinco contas correntes para melhor gestão do seu negócio, ramificando uma conta para cada setor de sua loja, auxiliando no controle de seu faturamento e pagamento dos fornecedores; A empresa faz um giro com dinheiro que recebe da venda dos produtos, por isso, movimenta 45 (quarenta e cinco) vezes o valor do seu capital social.

Ainda, os pagamentos para contas distantes são justificados pelos fornecedores de seus produtos, que são distantes da localização do seu estabelecimento, no qual consegue valor que atrai maior número de clientes.

Ressalta-se que os depósitos fora do horário bancário ocorrem, pois o empresário não possui cofre e por motivo de segurança, faz depósito pelo menos 5 (cinco) vezes por dia nas agências próxima do estabelecimento, mesmo aos sábados e domingos, dias estes em que os bancos não estão funcionando.

Portanto, conclui-se que a implantação de políticas de prevenção de lavagem de dinheiro não é algo simples de resolver para as instituições financeiras na economia digital, pois a cada momento os seus clientes estão com os seus negócios cada vez mais flexíveis e moldáveis, saindo, consequentemente, da regra padrão, chegando atingir até cinco itens da circular que determina a comunicação de possíveis riscos ao sistema para o COAF.

Ainda, o Banco Central em meio a pandemia publicou a Carta Circular de nº 4.037, de 27 de abril de 2020, prorrogando o início da vigência das Circulares de nº 3.542 e nº 4.001, para 1º de outubro de 2020[34].

Ademais, no que concerne ao instituto da prevenção, o Provimento 88 do Conselho Nacional de Justiça[35], dispões sobre a política, os procedimentos e controles que notários e registradores devem adotar para promover a prevenção dos crimes de lavagem de dinheiro previstos na lei 9.613, do financiamento ao terrorismo e dá outras providências, através do SysCOAF:[36]

Em seu artigo 7º, IV elenca:

> Mitigação dos riscos de que novos produtos, serviços e tecnologias possam sem utilizados para a lavagem de dinheiro e para o financiamento do terrorismo;

Logo, resta evidente as novas tecnologias que podem ser facilmente utilizadas para lavagem de dinheiro, devido à escassez de fiscalização das transações, como as criptomoedas devem ser mitigados.

Diante de todo o exposto, esse fato já fortalece a necessidade de transações transparentes, para que a correição possa ocorrer de maneira a promover o *compliance* e o *accountability* da serventia extrajudicial, assim como também da *exchange*.

[34] VARGAS, Andreia Laís de Melo. Carta-Circular DC/BACEN nº 4037 DE 27/04/2020. <https://www.normasbrasil.com.br/norma/carta-circular-4037-2020_393832.html>. Acesso em: 3 ago. 2020.

[35] CNJ – Conselho Nacional de Justiça. **Provimento 88**. Dispõe sobre a política, os procedimentos e os controles a serem adotados pelos notários e registradores visando à prevenção dos crimes de lavagem de dinheiro, previstos na Lei n. 9.613, de 3 de março de 1998, e do financiamento do terrorismo, previsto na Lei n. 13.260, de 16 de março de 2016, e dá outras providências. Disponível em: < https://www.cnj.jus.br/wp-content/uploads/2019/10/Provimento-n.-88.pdf>. Acesso em 4 ago. 2020.

[36] CNJ. Cartórios devem analisar suspeitas antes de informar ao COAF. 2020. Disponível em: < https://www.cnj.jus.br/cartorios-devem-analisar-suspeitas-antes-de-informar-ao-coaf/>. Acesso em 4 ago. 2020.

Conclusões

Diante dessa investigação, logo, vale dizer que o atual cenário está caminhando para o *Open Banking* (Sistema Bancário Aberto), trata-se de uma padronização das informações fornecida pelo usuário para o mercado financeiro, que permite oferecer serviço e produtos personalizados, aumentando a competitividade entre as instituições, melhorando a qualidade e permitindo a liberdade de escolha e com isso reduzindo o custo para o consumidor final.

E ainda, fica claro que novas tecnologias que possam ser utilizadas para lavagem de dinheiro, devido a sua incapacidade de fiscalização das transações, como as criptomoedas devem ser mitigados.

Esse fato já fortalece a evidente necessidade de transações transparentes, para que a correição possa ocorrer de maneira a promover o *compliance* e o *accountability* da serventia extrajudicial, assim como também da *exchange*.

Por fim, cabe perceber que a essência da tecnologia não consegue ser controlada, assim o que deve ser utilizado de forma preventiva é a busca pela conformidade técnico-legal em como essa tecnologia será aplicada.

Referências

ABCRIPTO – **Associação Brasileira de Criptoeconomia.** Disponível em: <https://www.linkedin.com/company/abcripto>. Acesso em: 3 ago. 2020.

ASSOCIAÇÃO Brasileira de Criptomoedas e Blockchain. Disponível em: <http://abcb.in/>. Acesso em: 3 ago. 2020.

BRASIL. **LEI Nº 9.613, DE 3 DE MARÇO DE 1998**: Dispõe sobre os crimes de "lavagem" ou ocultação de bens, direitos e valores; a prevenção da utilização do sistema financeiro para os ilícitos previstos nesta Lei; cria o Conselho de Controle de Atividades Financeiras – COAF, e dá outras providências. Disponível em: <http://www.planalto.gov.br/ccivil_03/leis/L9613compilado.htm>. Acesso em: 3 ago. 2020.

BBC News. **Proibição de mineração de Bitcoin considerada pelo planejador econômico da China.** 2019. Disponível em: < https://www.bbc.com/news/technology-47867031>. Acessado em 29 de outubro de 2019.

BRAGAT, Varum. **How Can Smart Contracts in Blockchain Redefine Value Exchange.** By DZONE. 2018. Disponível em: <https://dzone.com/articles/how-can-smart-contracts-in-blockchain-redefine-val>. Acessado em 30 de outubro de 2019.

BRASIL. Lei 10.406 de 10 de janeiro de 2002. **Institui o Código Civil.** Disponível em: < http://www.planalto.gov.br/ccivil_03/leis/2002/l10406.htm>. Acessado em 30 de outubro de 2019.

BRASIL. **Instrução Normativa 1888, de 3 de maio de 2019.** Institui e disciplina a obrigatoriedade de prestação de informações relativas às operações realizadas com criptoativos à Secretaria Especial da Receita Federal do Brasil (RFB). Disponível em: <http://

www.in.gov.br/en/web/dou/-/instru%C3%87%C3%83o-normativa-n%C2%BA-1.888-de-3-de-maio-de-2019-87070039>. Acessado em: 29 de outubro de 2019.

BRASIL. **Instrução Normativa RFB nº 1899, de 10 de julho de 2019**. Receita Federal do Brasil. Disponível em: <http://normas.receita.fazenda.gov.br/sijut2consulta/link.action?visao=anotado&idAto=102230>. Acesso em: 3 ago. 2020.

CANAL COMSTOR. **Blockchain pública e privada: qual a diferença?** 2019. Disponível em: <https://blogbrasil.comstor.com/blockchain-publica-e-privada-qual-a-diferenca>. Acessado em 30 de outubro de 2019.

CNJ – Conselho Nacional de Justiça. **Provimento 88**. Dispõe sobre a política, os procedimentos e os controles a serem adotados pelos notários e registradores visando à prevenção dos crimes de lavagem de dinheiro, previstos na Lei n. 9.613, de 3 de março de 1998, e do financiamento do terrorismo, previsto na Lei n. 13.260, de 16 de março de 2016, e dá outras providências. Disponível em: < https://www.cnj.jus.br/wp-content/uploads/2019/10/Provimento-n.-88.pdf>. Acesso em 4 ago. 2020.

CNJ – Conselho Nacional de Justiça. **Cartórios devem analisar suspeitas antes de informar ao COAF**. 2020. Disponível em: < https://www.cnj.jus.br/cartorios-devem-analisar-suspeitas-antes-de-informar-ao-coaf/>. Acesso em 4 ago. 2020.

COINTIMES. **P2P ou "peer-to-peer": Como funciona uma rede sem intermediários?** 2019. Disponível em: <https://cointimes.com.br/p2p-ou-peer-to-peer-como-funciona/>. Acessado em: 30 de outubro de 2019

DICIONÁRIO Financeiro. **O que são ativos?** 2019. Disponível em: <https://www.dicionariofinanceiro.com/o-que-sao-ativos/>. Acessado em 29 de outubro de 2019.

DOEDERLEIN, Natalia. **Moedas virtuais**: papel do Coaf é reduzir risco de lavagem de dinheiro, diz diretor. Disponível em: <https://www2.camara.leg.br/camaranoticias/noticias/economia/542813-moedas-virtuais-papel-do-coaf-e-reduzir-risco-de-lavagem-de-dinheiro,-diz-diretor.html>. Acesso em: 3 ago. 2020.

FEBRABAN. **Pesquisa FEBRABAN de Tecnologia Bancária 2020.** Disponível em: https://cmsportal.febraban.org.br/Arquivos/documentos/PDF/Pesquisa%20Febraban%20de%20Tecnologia%20Banc%C3%A1ria%202020%20VF.pdf

FOXBIT. **Como funciona a mineração de bitcoin?** 2019. Disponível em: <https://foxbit.com.br/blog/mineracao-de-bitcoin-entenda-como-funciona/>. Acessado em 29 de outubro de 2019.

GAMA, Leilane. **Banco Central não reconhece moedas virtuais como dinheiro e discorda da necessidade de regulamentação**. Disponível em: <https://www2.camara.leg.br/camaranoticias/radio/materias/radioagencia/542125-banco-central-nao-reconhece-moedas-virtuais-como-dinheiro-e-discorda-da-necessidade-de-regulamentacao.html>. Acesso em: 3 ago. 2019.

GRAZIE, Reinaldo Le; Damaso, Otávio Ribeiro. **Comunicado nº 31.379, de 16 de novembro de 2017**. Disponível em: <https://www.bcb.gov.br/estabilidadefinanceira/exibenormativo?tipo=Comunicado&numero=31379>. Acesso em: 3 ago. 2019.

LIVECOINS. **Exchange não é Wallet**. 2018. Disponível em: <https://livecoins.com.br/exchange-nao-e-wallet/>. Acessado em 30 de outubro de 2019.

SANTOS, CLEORBETE. **Fundamentos da Tecnologia Blockchain**. Edição do Kindle.

PEDROSO, Diego; AUGUSTO, Caio. **21 milhões como limite**: Bitcoin pode não ser uma bolha. Disponível em: <https://www.infomoney.com.br/blogs/economia-e-politica/

terraco-economico/post/7067962/milhoes-como-limite-bitcoin-pode-nao-ser-uma-bolha>. Acesso em: 3 ago. 2019.

RIBEIRO, Alberto. **Projeto de Lei nº 2303, de 2015**. Disponível em: <https://www.camara.leg.br/proposicoesWeb/prop_mostrarintegra;jsessionid=1643F9A09714D536C00F877368F56E2C.proposicoesWebExterno1?codteor=1358969&filename=PL+2303/2015>. Acessoem: 3 ago. 2020.

The Financial Action Task Force (FATF) <http://www.fatf-gafi.org/countries/>. Acesso em: 3 ago. 2020.

VARGAS, Andreia Laís de Melo. **CARTA CIRCULAR Nº 3.978, DE 23 DE JANEIRO DE 2020**. <https://www.in.gov.br/en/web/dou/-/circular-n-3.978-de-23-de-janeiro--de-2020-239631175>. Acesso em: 3 ago. 2020.

VARGAS, Andreia Laís de Melo. **CARTA CIRCULAR Nº 4.001, DE 29 DE JANEIRO DE 2020**. <https://www.in.gov.br/en/web/dou/-/carta-circular-n-4.001-de-29-de--janeiro-de-2020-240824523>. Acesso em: 3 ago. 2020.

VARGAS, Andreia Laís de Melo. **Carta-Circular DC/BACEN nº 4037 DE 27/04/2020**. <https://www.normasbrasil.com.br/norma/carta-circular-4037-2020_393832.html>. Acesso em: 3 ago. 2020.

8
CRIMES CIBERNÉTICOS, *DARK WEB* E LAVAGEM DE DINHEIRO

FAUSTO MARTIN DE SANCTIS

Introdução

O ciberespaço constitui lugar onde o crime encontrou grande facilidade e não pode, por si só, conter a sua prática. *Dark web*, anonimato e uso de falsas identidades são fatores que propiciam a realização de crimes cibernéticos. Daí a necessidade de identificar riscos, proteger direitos pessoais, e permitir que as autoridades possam investigar fatos ilícitos praticamente em ambiente tão livre. Neste, a lavagem de dinheiro pode se constituir como uma parte significativa das atividades cibernéticas maliciosas de molde que impedir a sua realização deve ser uma prioridade de alta ordem. O presente estudo pretende revisitar tais temas com foco na vulnerabilidade de ambiente aparentemente propício para a prática delitiva.

A *Internet* foi descoberta por criminosos como uma maneira eficaz e clandestina de lavar dinheiro internacionalmente. Sua atração é a possibilidade do anonimato, com o uso da *Dark Web*, o que facilita a investida criminosa pela prática de crimes diversos. Infelizmente, embora potencialmente equipados com ferramentas modernas, investigadores, promotores, juízes e agências reguladoras na maioria dos países encontram dificuldades, que são inerentes, para detectar, investigar e processar com precisão esse tipo de atividade criminosa. Para evitar a lavagem de grandes somas de dinheiro, deve-se verificar eventuais fatores que podem permanecer imunes à legislação penal. Constatando que a lavagem de dinheiro está se tornando cada vez mais um cibercrime, este artigo pretende fornecer um conhecimento específico de novas maneiras pelas quais o dinheiro é lavado por meio de atividades ilegais envolvendo a *Internet*.

1. Da proteção de dados pessoais

Nos Estados Unidos, em 19 de setembro de 2012, o senador Johan D. Rockefeller IV, presidente do Comitê de Comércio, Ciência e Transporte do Senado, escreveu diretamente aos *CEOs* das empresas da *Fortune* 500 sobre segurança cibernética, a fim de fornecer respostas a oito perguntas referentes às práticas de cibersegurança de suas empresas, com certos aspectos da Lei de Cibersegurança de 2012 que não foram aprovados no Senado.[1] Já, a Lei de segurança cibernética de 2015[2] impôs padrões obrigatórios de segurança a proprietários e operadores em setores críticos desse segmento (o de infraestrutura). Por outro lado, a lei classificou as informações relacionadas à segurança cibernética em Compartilhamento de Informações sobre Segurança Cibernética, Aprimoramento Federal da Segurança Cibernética (incluindo segurança federal de rede aprimorada), Avaliação

[1] 1. Sua empresa adotou um conjunto de práticas recomendadas para atender às suas próprias necessidades de segurança cibernética? 2. Em caso afirmativo, como essas práticas de cibersegurança foram desenvolvidas? 3. Elas foram desenvolvidas exclusivamente pela empresa ou foram desenvolvidas fora da empresa? Se desenvolvidas fora da empresa, liste a instituição, associação ou entidade que as desenvolveu. 4. Quando essas práticas de segurança cibernética foram desenvolvidas? Com que frequência elas foram atualizadas? O conselho de administração ou o comitê de auditoria da sua empresa acompanha o desempenho e implementação dessas práticas? 5. O governo federal desempenhou algum papel, consultivo ou não, no desenvolvimento dessas práticas de cibersegurança? 6. Quais são as suas preocupações, se houver, com um programa voluntário que permita ao governo federal e ao setor privado desenvolver, em coordenação, as melhores práticas de cibersegurança para as empresas adotarem como desejarem, conforme descrito na Lei de Cibersegurança de 2012? 7. Quais são as suas preocupações, se houver, com o governo federal conduzindo avaliações de risco em coordenação com o setor privado, para entender melhor onde estão as vulnerabilidades cibernéticas de seu país, conforme descrito na Lei de Segurança Cibernética de 2012? 8. Quais são as suas preocupações, se houver, com o governo federal determinando, em coordenação com o setor privado, a infraestrutura cibernética mais crítica do país, conforme descrito na Lei de Segurança Cibernética de 2012?ROCKEFELLER, Johan D. Letter from Senator Johan D. Rockeffer IV (D-WV) to Virginia M. Rometty, President and Chief Executive Officer, International Business Machines (Sept. 19, 2012), disponívelemhttps://www.cadwalader.com/uploads/cfmemos/f6e347976c1cacb03e7d982e936e12cf.pdf, acessado em 02.07.2020.

[2] Veja The Cybersecurity Act of 2015. Office of the Director of National Intelligence. https://www.dni.gov/index.php/ic-legal-reference-book/cybersecurity-act-of-2015, acessadoem 04.07.2020.

Federal da Força de Trabalho e outros assuntos cibernéticos, como Segurança de Dispositivos Móveis.[3]

[3] SEC. 205. REQUISITOS FEDERAIS DE CIBERSEGURANÇA. a) EXECUÇÃO DAS NORMAS FEDERAIS DE CIBERSEGURANÇA. – De acordo com a seção 3553 do título 44, o Código dos Estados Unidos, o Secretário, em consulta com o Diretor, exercerá a autoridade para emitir diretrizes operacionais vinculativas para ajudar o Diretor a garantir a adoção oportuna pela agência e o cumprimento das políticas e normas promulgadas na seção 11331 do título 40, código dos Estados Unidos, para proteger sistemas de informações de agências. (b) REQUISITOS DE CIBERSEGURANÇA NAS AGÊNCIAS. – (1) EM GERAL. – Consistente com políticas, normas e diretrizes sobre segurança da informação, no subcapítulo II do capítulo 35 do título 44, Código dos Estados Unidos, e com os padrões e diretrizes promulgados na seção 11331 do título 40, Código dos Estados Unidos, exceto nos casos previstos em parágrafo (2), o mais tardar um ano após a data de promulgação da presente lei, o chefe de cada agência deve: (A) identificar dados sensíveis e de missão crítica armazenados pela agência, consistentes com o inventário exigido na primeira subseção (c) (relacionado ao inventário dos principais sistemas de informação) e a segunda subseção (c) (relacionada ao inventário dos sistemas de informação) da seção 3505 do título 44, Código dos Estados Unidos; (B) avaliar os controles de acesso aos dados descritos no subparágrafo (A), a necessidade de armazenamento prontamente acessível dos dados e a necessidade dos indivíduos de acessar os dados; (C) criptografar ou tornar indecifrável para usuários não autorizados os dados descritos no subparágrafo (A) que são armazenados nos sistemas de informações da agência ou em trânsito; (D) implementar uma plataforma de identidade confiável de *logon(sign-on)* único para indivíduos que acessam cada site público da agência que requer autenticação do usuário, conforme desenvolvido pelo Administrador de Serviços Gerais em colaboração com o Secretário; e (E) implementar o gerenciamento de identidade de acordo com a seção 504 da Lei de Aperfeiçoamento da Cibersegurança de 2014 (Lei Pública 113 – 274; 15 U.S.C. 7464), incluindo autenticação multifatorial, para: (i) acesso remoto a um sistema de informações da agência; e (ii) cada conta de usuário com privilégios elevados em um sistema de informações da agência. 2) EXCEÇÃO. – Os requisitos do parágrafo (1) não se aplicam a um sistema de informações da agência para o qual (A) o chefe da agência tenha pessoalmente certificado ao Diretor com particularidade de que: (i) requisitos operacionais articulados na certificação e relacionados ao sistema de informações das agências tornaria excessivamente oneroso a implementação do requisito de segurança cibernética; (ii) o requisito de segurança cibernética não é necessário para proteger o sistema de informações da agência ou as informações da agência armazenadas ou em trânsito; e (iii) a agência tomou todas as medidas necessárias para proteger o seu sistema de informações da agência armazenadas ou em trânsito; e (B) o chefe da agência ou o representante designado da agência tenha submetido a certificação descrita no parágrafo (A) aos comitês do congresso apropriados e aos comitês de autorização da agência. (3) CONSTRUÇÃO. – Nada nesta seção deve ser interpretado de forma a alterar a autoridade do Secretário, do Diretor ou do Diretor do Instituto Nacional de Padrões e Tecnologia na implementação do subcapítulo II do capítulo 35 do título 44 do Código dos Estados Unidos. Nada nesta seção deve ser interpretado como afetando o processo de padrões do Instituto Nacional de Padrões e Tecnologia ou o requisito da seção 3553 (a)

Por sua vez, a Lei de Cibersegurança de 2017 alterou a Lei do Instituto Nacional de Padrões e Tecnologia (NIST) para exigir que este considerasse pequenas empresas as que facilitem e apoiem o desenvolvimento de diretrizes e procedimentos voluntários, baseados em consenso e lideradas pelo setor, e as que reduzam de maneira vantajosamente econômica a infraestrutura cibernética para a infraestrutura crítica. O NIST passou a disseminar e publicar em seu *site* recursos de padrão e de método para que pequenas empresas possam usá-los voluntariamente, ajudando a reduzir seus riscos de segurança cibernética. Os recursos devem ser: (1) neutros em tecnologia; (2) baseados em padrões internacionais, na medida do possível; (3) capazes de variar de acordo com a natureza e o tamanho da empresa de pequeno porte em implementação e com a sensibilidade

(4) de tal título ou para desencorajar melhorias e avanços contínuos na tecnologia, padrões, políticas e diretrizes usado para promover a segurança da informação federal. (c) EXCEÇÃO. – Os requisitos desta seção não se aplicam ao Departamento de Defesa, a um sistema de segurança nacional ou a um elemento da comunidade de inteligência. SEC. 401. ESTUDO SOBRE SEGURANÇA DE DISPOSITIVOS MÓVEIS (a) EM GERAL. – O mais tardar 1 ano após a data de promulgação desta lei, o Secretário de Segurança Interna, em consulta com o Diretor do Instituto Nacional de Padrões e Tecnologia, deverá: (1) concluir um estudo sobre ameaças relacionadas à segurança dos dispositivos móveis do governo federal; e (2) enviar um relatório não classificado ao Congresso, com um anexo classificado, se necessário, que contenha os resultados desse estudo, as recomendações desenvolvidas sob o parágrafo (3) da subseção (b), as deficiências, se houver, identificadas em (4) de tal subseção e o plano desenvolvido sob o parágrafo (5) dessa subseção. (b) QUESTÕES ESTUDADAS. – Ao realizar o estudo da subseção (a) (1), o Secretário, em consulta com o Diretor do Instituto Nacional de Padrões e Tecnologia, deve (1) avaliar a evolução das técnicas de segurança móvel a partir de uma abordagem centrada em computadores e se essas técnicas são adequadas para atender aos desafios atuais de segurança móvel; (2) avaliar o efeito que essas ameaças podem ter na segurança cibernética dos sistemas e redes de informação do Governo Federal (exceto para sistemas de segurança nacional ou sistemas e redes de informação do Departamento de Defesa e da comunidade de inteligência); (3) desenvolver recomendações para lidar com essas ameaças com base nos padrões e nas melhores práticas do setor; (4) identificar quaisquer deficiências nas autoridades atuais do Secretário que possam inibir a capacidade do Secretário de abordar a segurança de dispositivos móveis em todo o Governo Federal (exceto para sistemas de segurança nacionais e sistemas e redes de informação do Departamento de Defesa e comunidade de inteligência); e (5) desenvolver um plano para adoção acelerada da tecnologia segura de dispositivos móveis pelo Departamento de Segurança Interna. (c) DEFINIDA COMUNIDADE DE INTELIGÊNCIA. – Nesta seção, o termo "comunidade de inteligência" tem o significado atribuído a esse termo na seção 3 da Lei de Segurança Nacional de 1947 (50 EUA 3003) (THE CYBERSECURITY ACT of 2015, U.S. Congress *site*, in https://www.congress.gov/114/bills/s754/BILLS-114s754es.pdf, acessado em 04.07.2020).

dos dados coletados ou armazenados nos sistemas de informação, e (4) consistente com o programa nacional de conscientização e educação em segurança cibernética, de acordo com a Lei de Aprimoramento em Segurança Cibernética de 2014.[4]

O Regulamento Geral de Proteção de Dados – RGPD 2016/679 foi adotado em 14 de abril de 2016 e, após um período de transição de dois anos, tornou-se aplicável em 25 de maio de 2018. Como o RGPD é um regulamento, não uma diretiva, não requer dos governos nacionais a aprovação de qualquer legislação que permita e seja diretamente vinculativa e aplicável a todos os membros da União Europeia – EU, além da Noruega, Islândia e Liechtenstein (Espaço Econômico Europeu – EEE). É um regulamento sobre proteção de dados e privacidade para todos os indivíduos na União Europeia e no Espaço Econômico Europeu. Também aborda a exportação de dados pessoais para fora da UE e do EEE. O RGPD tem como objetivo principal permitir aos cidadãos e residentes o controle sobre seus dados pessoais e simplificar o ambiente regulatório para negócios internacionais, unificando o regulamento na UE.

Substituindo a Diretiva sobre proteção de dados, o regulamento contém disposições e requisitos referentes ao processamento de informações de identificação pessoal de titulares de dados na União Europeia. As transações comerciais que lidavam com dados pessoais passaram a ser tuteladas com proteção de dados por *design* e por padrão, o que significou que os dados pessoais passaram a ser armazenados usando pseudonimização ou anonimização completa e uso das configurações de privacidade mais altas possíveis por padrão, para que os dados não fossem disponíveis publicamente sem consentimento explícito e não pudessem ser usados para identificar um sujeito sem informações adicionais armazenadas separadamente. Nenhum dado pessoal passou a ser processado, a menos que fosse feito sob uma base legal especificada pelo regulamento, ou quando o controlador ou processador de dados tivesse recebido consentimento explícito e opcional do proprietário dos dados. O proprietário dos dados passou a possuir o direito de revogar essa permissão a qualquer momento.

Estabeleceu que um processador de dados pessoais deve divulgar claramente qualquer coleta de dados. Também declarar a base e a finalidade

[4] Veja The Cyber security Act of 2017, in U.S. Congress *website*, in https://www.congress.gov/bill/115th-congress/senate-bill/770, acessado em 04.07.2020.

legais do processamento de dados, por quanto tempo os dados estão sendo retidos e se estão sendo compartilhados com terceiros ou fora da UE. Os usuários passaram a ter o direito de solicitar uma cópia portátil dos dados coletados por um processador em um formato comum e o direito de ter seus dados apagados em determinadas circunstâncias. As empresas cujas atividades principais se concentravam no processamento regular ou sistemático de dados pessoais e as autoridades públicas passaram a ser obrigadas a contratar um oficial de proteção de dados (DPO), responsável por gerenciar a conformidade com o RGPD. As empresas passaram a ter que relatar quaisquer violações de dados dentro de 72 horas se tiverem um efeito adverso na privacidade do usuário.

Tal regulamento é aplicado se o controlador de dados (uma organização que coleta dados de residentes na UE) ou o processador (uma organização que processa dados em nome de um controlador de dados, como os provedores de serviços em nuvem), ou a pessoa em questão localiza-se na UE. Sob certas circunstâncias, o regulamento também se aplica a organizações baseadas fora da UE se coletarem ou processarem dados pessoais de indivíduos localizados dentro da UE.

Segundo a Comissão Europeia, dados pessoais são quaisquer informações relacionadas a um indivíduo, sejam elas atinentes à sua vida privada, profissional ou pública. Podem ser qualquer coisa, desde um nome, um endereço residencial, uma foto, um endereço de *e-mail*, dados bancários, publicações em *sites* de redes sociais, informações médicas ou o endereço de IP de um computador.

O regulamento não se aplica, porém, ao tratamento de dados pessoais para atividades de segurança nacional ou de aplicação da lei da UE; no entanto, grupos do setor preocupados em enfrentar um potencial conflito de leis questionaram se o artigo 48 do RGPD poderia ser invocado para tentar impedir que um controlador de dados sujeito às leis de um terceiro país cumprisse uma ordem legal da polícia, judicial, ou autoridades de segurança nacional a divulgar a essas autoridades os dados pessoais de uma pessoa da UE, independentemente de os dados residirem dentro ou fora da UE. O artigo 48 declara que qualquer sentença de um órgão jurisdicional e qualquer decisão de uma autoridade administrativa de um terceiro país exigindo que um controlador ou processador transfira ou divulgue dados pessoais não pode ser reconhecida ou executada de nenhuma maneira, a menos que seja baseada em um acordo internacional, como um tratado de assistência jurídica mútua em vigor entre o terceiro país solicitante (fora da UE) e a UE ou um estado membro. O pacote de reforma da proteção de dados também inclui uma Diretiva de Proteção de Dados separada para o setor de polícia e justiça criminal, que forneça regras sobre o intercâmbio de dados pessoais nos níveis nacional, europeu e internacional.

Cada estado membro passou a ter o dever de estabelecer uma autoridade supervisora independente para ouvir e investigar reclamações, sancionar ofensas administrativas, etc. As supervisoras em cada estado membro devem cooperar com outras supervisoras, fornecendo assistência mútua e organizando operações conjuntas. Se uma empresa tiver vários estabelecimentos na UE, ela terá uma única supervisora como sua "autoridade principal", com base na localização do seu "estabelecimento principal" onde as principais atividades de processamento ocorram. A autoridade principal atuará como um "balcão único" para supervisionar todas as atividades de processamento desse negócio em toda a UE (artigos 46 a 55 do RGPD). Um Conselho Europeu de Proteção de Dados (*European Data Protection Board* – EDPB) deve coordenar as supervisoras (artigos 2 (2) (a) e 88 do RGPD).

A menos que um titular de dados tenha dado consentimento explícito ao processamento de dados para uma ou mais finalidades, os dados pessoais não poderão ser processados, salvo se existir pelo menos uma autorização legal para fazê-lo. Esta inclui: executar uma tarefa de interesse público ou por autoridade oficial; cumprir as obrigações legais de um controlador de dados; cumprir obrigações contratuais com um titular de dados; executar tarefas a pedido de um titular de dados que esteja celebrando um contrato com o responsável pelo tratamento; proteger os interesses vitais de um titular de dados ou de outra pessoa; for de legítimo interesse de um controlador de dados ou de um terceiro.

Se o consentimento for usado como base legal para o processamento, ele deverá ser explícito (artigo 7; definido no artigo 4). O consentimento das crianças deve ser dado pelos pais ou responsáveis (artigo 8). Os controladores de dados devem poder provar o "consentimento" (aceitação) e este pode ser retirado.

A área de consentimento do RGPD tem várias implicações para as empresas que gravam chamadas como prática. Os avisos típicos de "chamadas são gravadas para fins de treinamento e segurança" não serão mais suficientes para obter o consentimento assumido para gravar chamadas.

Além disso, quando a gravação começar, se o chamador retirar seu consentimento, o agente que recebe a chamada deve poder parar uma gravação iniciada anteriormente e garantir que a gravação não seja armazenada.

Para poder demonstrar conformidade com o RGPD, o controlador de dados deve implementar medidas que atendam aos princípios de proteção de dados por *design* e por padrão. A proteção de dados por *design* e por padrão (artigo 25) exige que medidas de proteção de dados sejam projetadas no desenvolvimento de negócios para produtos e serviços. Tais medidas incluem o pseudônimo de dados pessoais, pelo responsável pelo tratamento, o mais rapidamente possível (Considerando 78). É responsabilidade do controlador de dados implementar medidas efetivas e ser capaz de demonstrar a conformidade das atividades de processamento, mesmo que o processamento seja realizado por um processador de dados em nome do controlador (Considerando 74).

Quando os dados são coletados, os usuários devem ser claramente informados sobre a extensão da coleta de dados, a autorização legal para o processamento de dados pessoais, por quanto tempo os dados são retidos, se os dados estão sendo transferidos para terceiros e/ou fora da UE, e divulgação de qualquer tomada de decisão automatizada feita exclusivamente com base em algoritmos. Os usuários devem receber detalhes de contato do controlador de dados e do responsável pela proteção de dados designado, quando aplicável. Os usuários também devem ser informados de seus direitos de privacidade sob o RGPD, incluindo seu direito de revogar o consentimento ao processamento de dados a qualquer momento, seu direito de visualizar seus dados pessoais e ter uma visão geral de como eles estão sendo processados, seu direito de obter uma cópia portátil dos dados armazenados, o direito de apagar dados em determinadas circunstâncias, o direito de contestar qualquer tomada de decisão automatizada que teve base exclusivamente em algoritmos e o direito de registrar reclamações com uma Autoridade de Proteção de Dados (*Data ProtectionAuthority* – DPA).

As avaliações de impacto na proteção de dados (artigo 35) devem ser realizadas quando ocorrerem riscos específicos para os direitos e liberdades dos titulares dos dados. A avaliação e mitigação de riscos são necessárias e a aprovação prévia das autoridades nacionais de proteção de dados (DPAs) é exigida para riscos altos. A proteção de dados por *design* e por padrão (artigo 25) impõe que a proteção de dados seja projetada no desenvolvimento de processos de negócios para produtos e serviços (*design*); as configurações de privacidade devem, também, ser definidas em um nível alto por padrão, e as medidas técnicas e processuais devem ser tomadas pelo controlador para garantir que o processamento, durante todo o seu ciclo de vida esteja em conformidade com o regulamento.

O RGPD refere-se à *pseudonimização* como um processo necessário quando os dados são armazenados (como uma alternativa à outra opção de *anonimização* completa dos dados) para transformar dados pessoais de tal maneira que os dados resultantes não possam ser atribuídos a uma pessoa específica sem o uso de informações adicionais.

Um exemplo de *pseudonimização*é a criptografia, que torna os dados originais ininteligíveis e o processo não pode ser revertido sem o acesso à chave de descriptografia correta. O RGPD exige que informações adicionais (como a chave de descriptografia) sejam mantidas separadamente dos dados pseudonimizados. Outro exemplo de pseudonimização é a *tokenização*, que é uma abordagem não matemática para proteger os dados em repouso que substitui os dados confidenciais por substitutos não sensíveis, chamados de *tokens*. Os *tokens* não têm significado ou valor extrínseco ou explorável. A *tokenização* não altera o tipo de dados, o que significa que pode ser processado por sistemas legados, como bancos de dados sensíveis ao tamanho e tipo de dados. Isso requer muito menos recursos computacionais para processar e menos espaço de armazenamento nos bancos de dados do que os dados criptografados tradicionalmente. É alcançado mantendo dados específicos total ou parcialmente visíveis para processamento e análise, enquanto as informações confidenciais são mantidas ocultas.

O direito de acesso (artigo 15) é um direito pessoal dos dados. Dá aos cidadãos o direito de acessar seus dados pessoais e informações sobre como esses dados pessoais estão sendo processados. Um controlador de dados deve possibilitar, mediante solicitação, uma visão geral das categorias de dados que estão sendo processadas (artigo 15, 1, b), bem como uma cópia dos dados reais (artigo 15, 3). Além disso, o responsável pelo tratamento dos dados deve informar ao titular dos dados os detalhes sobre o tratamento, como os objetivos do tratamento (artigo 15, 1, a), com quem os dados são compartilhados (artigo 15, 1, c) e como adquiriu os dados (artigo 15, 1, g).

Um titular de dados deve poder transferir dados pessoais de um sistema de processamento eletrônico para outro, sem ser impedido pelo controlador de dados. O direito a ser esquecido foi substituído pelo direito de apagamento mais limitado na versão do RGPD adotada pelo Parlamento Europeu em março de 2014. O artigo 17 estabelece que o titular dos dados tem o direito de solicitar o apagamento dos dados pessoais a eles relacionados por qualquer uma de várias razões, incluindo a não conformidade com o artigo 6, 1 (legalidade).

De acordo com o RGPD, o controlador de dados está sob a obrigação legal de notificar a autoridade supervisora sem demora injustificada, a menos que seja improvável que a violação resulte em risco aos direitos e liberdades dos indivíduos. No máximo, em 72 horas após tomar conhecimento da violação de dados para fazer a denúncia (artigo 33). Além disso, o processador de dados deve notificar o controlador sem demora injustificada após tomar conhecimento de uma violação de dados pessoais (artigo 33). No entanto, o aviso para os titulares dos dados não é necessário se o controlador de dados tiver implementado medidas de proteção técnica e organizacional apropriadas que tornem os dados pessoais ininteligíveis a qualquer pessoa que não esteja autorizada a acessá-los, como criptografia (artigo 34).

As seguintes sanções podem ser impostas: (i) um aviso por escrito nos casos de descumprimento inicial e não intencional; auditorias periódicas de proteção de dados; (ii) uma multa de até 10 milhões de euros ou até 2% do faturamento anual mundial do exercício financeiro anterior no caso de uma empresa, o que for maior, se houver uma violação das seguintes disposições (artigo 83, Parágrafos 5 e 6): as obrigações do responsável pelo tratamento e do processador nos termos dos artigos 8, 11, 25 a 39 e 42 e 43, as obrigações do organismo de certificação nos termos dos artigos 42 e 43, as obrigações do organismo de controle nos termos do artigo 41 (4); (iii) uma multa de até 20 milhões de euros ou até 4% do faturamento anual mundial do exercício financeiro anterior no caso de uma empresa, o que for maior, se houver uma violação das seguintes disposições (artigo 83, Parágrafo 4): os princípios básicos do tratamento, incluindo condições de consentimento, nos termos dos artigos 5, 6, 7 e 9, os direitos dos titulares de dados nos termos dos artigos 12 a 22, transferências de dados pessoais para um destinatário em um terceiro país ou organização internacional nos termos dos artigos 44 a 49, quaisquer obrigações nos termos da lei do Estado-Membro adotadas nos termos do Capítulo IX, não cumprimento de uma ordem ou limitação temporária ou definitiva no processamento ou suspensão dos fluxos de dados pela autoridade supervisora nos termos do artigo 58, 2, ou falta de acesso, violando o artigo 58, 1.[5]

Em suma, o RGPD concede direitos às pessoas no que diz respeito à proteção e controle de seus dados pessoais. Com isso, elas terão uma percepção clara sobre se seus dados foram usados para gerar anúncios, criar perfis ou se as empresas que coletam dados venderam esses dados a terceiros. O usuário passa a ter direito de acessar, alterar ou excluir seus dados que foram fornecidos às empresas. Pode obrigar a empresa a excluir tudo o que possui da pessoa, se for solicitado pelo usuário. Pela característica transnacional do RGPD, qualquer empresa estrangeira que tenha clientes, fornecedores ou parceiros alocados na Europa deve respeitar o regulamento. Caso contrário, estará sujeita a punições previstas em lei.

É importante dizer que o Brasil, como afirma Rafael Mendes Loureiro e Leonardo A. F. Palhares, "carece de regulamentação específica sobre segurança cibernética; embora haja esforços para adotar um quadro regulatório vinculativo e integrado. A legislação brasileira sobre o assunto ainda está evoluindo."[6]

Apelidada de Carolina Dieckmann, a Lei de Crimes Cibernéticos (Lei nº 12.737, de 30.11.2012) criminaliza a conduta relacionada à ferramenta eletrônica, como invadir computadores, violar dados do usuário ou "derrubar" *sites*. O projeto que deu origem à lei (PLC 35/2012) foi elaborado em um momento em que as fotos íntimas da atriz Carolina Dieckmann foram copiadas de seu computador e espalhadas pela rede mundial de computadores. A Lei foi reivindicada pelo sistema financeiro, dada à quantidade de fraudes aplicadas via *Internet*.

A "invasão de computadores" pode ser punida com detenção de três meses a um ano, além de multa. Condutas mais prejudiciais, como a "obtenção de conteúdo de comunicações eletrônicas privadas, segredos comerciais ou industriais, informações sigilosas, assim definidas em lei", podem

[5] The General Data Protection Regulation (GDPR) EU Official Journal Issue, L 119, in http://eur-lex.europa.eu/legal-content/EN/TXT/HTML/?uri=OJ:L:2016:119:FULL&from=EN, acessado em 06.07.2020.

[6] O atual quadro jurídico é uma colcha de retalhos de leis e regulamentos, uma vez que várias leis flexíveis foram adotadas, tratando principalmente de questões relacionadas ao setor bancário.Veja Mendes Loureiro, Rafael; Palhares, Leonardo A. F. (2018) Cybersecurity, Brazil, contributing editors Benjamin A. Powell and Jason C. Chipman, Law Business Research 2017, p. 17.

ser punidas por seis meses a dois anos de prisão e uma multa. O mesmo ocorre se o crime envolver a divulgação, comercialização ou transmissão a terceiros, por meio de venda ou transferência gratuita, do material obtido com a invasão. A lei também prevê o aumento de penalidades de um sexto a um terço se a invasão causar perda econômica e de um a dois terços "se houver divulgação, comercialização ou transmissão a terceiro, a qualquer título, dos dados ou informações obtidos". As penas também podem ser aumentadas de um terço a metade, se o crime for cometido contra o Presidente da República, Chefe de Justiça do Supremo Tribunal Federal, presidentes de Câmara, Senado, das assembleias e câmaras legislativas, câmaras municipais ou altos funcionários da administração direta e indireta federal, estadual, local ou Distrito Federal (artigos 154-A e 154-B, ambos do Código Penal).[7]

A Lei do Marco Civil da *Internet* no Brasil (Lei nº 12.965, de 23 de abril de 2014), também considerou a Estrutura Brasileira de Direitos Civis para a *Internet* e estabeleceu que, no fornecimento de uma conexão com esta, cabe ao respectivo administrador autônomo do sistema manter registros de conexão em um ambiente confidencial e controlado, por um período de um (1) ano, e que o provedor de aplicativos da *Internet*, estabelecido como uma entidade legal e exercendo essa atividade de maneira organizada, profissional e econômica, mantenha os respectivos registros de acesso a aplicativos de *Internet*, em sigilo, em ambiente e segurança controlados, pelo prazo de seis meses, conforme regulamento.[8]

[7] Lei nº 12.737, de 30.11.2012, Planalto, in http://www.planalto.gov.br/ccivil_03/_ato2011-2014/2012/lei/l12737.htm, acessado em 10.07.2020.

[8] Art. 10. A custódia e a disponibilidade dos registros de conexão e acesso aos aplicativos de Internet mencionados nesta Lei, bem como dados pessoais e conteúdo de comunicações privadas, devem levar em consideração a preservação da privacidade, honra e imagem do partes envolvidas, direta ou indiretamente. (...) § 4º As medidas e procedimentos de segurança e confidencialidade deverão ser informados pela pessoa responsável pela prestação dos serviços de maneira clara e de acordo com os padrões definidos nos regulamentos, respeitando seu direito à confidencialidade em relação a segredos comerciais. Arte. 13. No fornecimento da conexão à Internet, cabe ao respectivo administrador autônomo do sistema manter registros da conexão, em ambiente confidencial e controlado, por um período de um (1) ano, conforme regulamentação. Arte. 15. O provedor de aplicativos da Internet estabelecido como uma entidade legal e que exerce essa atividade de maneira organizada, profissional e econômica manterá os respectivos registros de acesso aos aplicativos da Internet, sob sigilo, em ambiente controlado e de segurança por um período de seis (6) meses, nos termos do regulamento (Lei

Os Direitos Civis brasileiros para a *Internet*, em suma, regulamenta o uso desta no Brasil por meio de uma série de princípios, direitos e deveres para os seus usuários, abordando diversas questões, tais como: (1) neutralidade da rede, (2) privacidade, (3) retenção de dados, (4) função social da *Internet*, (5) liberdade de expressão e transmissão de conhecimento e (6) obrigações relacionadas à responsabilidade civil de usuários e provedores.

Segundo Rafael Mendes Loureiro e Leonardo A. F. Palhares, o Brasil "adotou políticas internacionais de gerenciamento de segurança da informação. A Associação Brasileira de Normas Técnicas (ABNT) desenvolveu a NBR ISO/IEC 27001: 2006, que é uma tradução idêntica da ISO/IEC 27001: 2005, preparada pelo Comitê Conjunto de Tecnologia da Informação (ISO/IEC/JTC 1), Subcomitê de TI Técnicas de segurança (SC 27)." Portanto, as melhores práticas e padrões internacionais são geralmente adotados pelas entidades para proteger seus sistemas e informações.[9]

O arcabouço legal que trata especificamente da proteção de dados pessoais, bem como de seu uso e transferência, avançou no Congresso Brasileiro em 2 de julho de 2018. O senador Ricardo Ferraço (PSDB-ES) apresentou seu parecer sobre o projeto de lei nº 53/2018 à Comissão de Assuntos Econômicos (CAE), que tratou da proposta. O senador preservou o conteúdo que foi aprovado pela Câmara em maio e fez apenas alguns ajustes editoriais no texto para se adequar ao procedimento de Revisão da Câmara. O projeto foi aprovado e resultou na Lei nº 13.709, de 14 de agosto de 2018.[10] É a Lei Brasileira de Proteção de Dados Pessoais. Esta lei alterou a Lei nº 12.965, de 23 de abril de 2014, que trata dos Direitos Civis do Brasil para a *Internet*.[11]

A Lei Brasileira de Proteção de Dados Pessoais é considerada uma etapa fundamental para a inserção do Brasil em fóruns internacionais, além de

12.965, de 23.04.2014, Planalto, in http://www.planalto.gov.br/ccivil_03/_ato2011-2014/2014/lei/l12965.htm, acessado em 10.07.2020).

[9] Veja Loureiro, Rafael Mendes and Palhares, Leonardo A.F. Brazil Cybersecurity 2018. Getting the Deal Through. Law Business Research 2017, https://gettingthedealthrough.com/area/72/jurisdiction/6/cybersecurity-brazil/, publicado em janeiro de 2018, acessado em 10.07.2020, p. 17.

[10] A Lei Brasileira de Proteção de Dados Pessoais, Lei nº 13.709, de 14.08.2018, Planalto, in http://www.planalto.gov.br/ccivil_03/_ato2015-2018/2018/Lei/L13709.htm, acessado em 10.07.2020.

[11] Os Direitos Civis Brasileiros para a Internet, Lei nº 12.965, de 23.04.2014, Planalto, in http://www.planalto.gov.br/ccivil_03/_Ato2011-2014/2014/Lei/L12965.htm, acessado em 10.07.2020.

proporcionar um ambiente de negócios seguro que aumenta a atratividade e a materialização de investimentos da ordem de R$ 250 bilhões em tecnologias de transformação digital, segundo estudo da Brasscom e da consultoria Frost& Sullivan.[12]

Embora o regulamento, a nova legislação, não estabeleça regras e regulamentos que devam ser seguidos para proteger os sistemas de dados ou tecnologia da informação contra ameaças cibernéticas, as empresas, porém, podem ser responsabilizadas se houver vazamento de dados (pagamento de 2% do faturamento, desde que não exceda R$ 50 milhões).

Além disso, não há obrigação de exigir que o setor relate violações de dados às autoridades. No entanto, violações de dados que afetem significativamente os ativos dos usuários ou causem danos morais geralmente são relatados apenas aos proprietários dos dados. Não obstante a ausência de regulamentação sobre violações de dados, com base na Lei Brasileira de Defesa do Consumidor, as empresas devem apresentar informações completas a seus consumidores sobre seus produtos e serviços, a fim de garantir seus direitos à segurança e evitar danos ou perdas.

De acordo com a lei, informações pessoais como nome, endereço, *e-mail*, idade, estado civil e situação financeira, obtidas por qualquer meio (papel, eletrônico, computador, som e imagem) são consideradas dados pessoais (artigo 5º, I). Também são coletadas as imagens captadas por vídeo-vigilância, a gravação de chamadas telefônicas, os endereços de IP (identificação do computador) e os locais obtidos pelos sistemas GPS.

Na esfera pública, a proposta prevê ainda que o usuário seja informado quando o uso de seus dados for liberado para o cumprimento de uma obrigação legal ou pela administração. Por outro lado, as regras não se aplicam se as informações forem utilizadas por terceiros, apenas para fins pessoais, ou se forem utilizadas exclusivamente para conteúdos jornalísticos, artísticos ou acadêmicos (artigo 23, I).

Dados sobre origem racial ou étnica, crenças religiosas, opiniões políticas, participação em sindicatos ou organizações religiosas, filosóficas ou políticas, dados sobre saúde ou vida sexual e dados genéticos ou biométricos quando vinculados a um indivíduo devem receber tratamentos diferenciados, pois são considerados dados sensíveis (artigos 5º, II e 11 a 13).

[12] Cf. Borges, Bruna. Lei geral de proteção de dados pessoais avança no Senado. In, JOTA website, https://www.jota.info/coberturas-especiais/liberdade-de-expressao/protecao-de-dados-senado-02072018, publicadoem 03.07.2018, acessadoem 10.07.2020.

De fato, esta lei é semelhante ao Regulamento Geral de Proteção de Dados – RGPD da União Europeia, que trata do processamento de dados pessoais. É o resultado de um amplo debate público. O objetivo da lei foi o de garantir aos cidadãos o controle e a propriedade de suas informações pessoais, com base na inviolabilidade da privacidade, liberdade de expressão, comunicação e opinião, autodeterminação informacional, desenvolvimento econômico e tecnológico, bem como a livre e gratuita iniciativa, concorrência e defesa do consumidor.

Assim, a lei estabelece parâmetros e limites do processamento de dados pessoais, inclusive quando esse relacionamento termina. Considerando a natureza transnacional do fluxo dessas informações, a lei abrange o processamento de dados pessoais realizados no Brasil, como o concretizado no exterior, mas cuja coleta ocorreu no território brasileiro.

Garantir a privacidade na *Internet* significa cumprir as leis relativas à coleta e uso de informações de identificação pessoal. Os possíveis usos indevidos de informações de localização e identificação pessoal devem ser motivo de preocupação para consumidores e empresas, além de órgãos governamentais, a fim de reduzir ou terminar com crimes cibernéticos ou ataques cibernéticos.

Devem, pois, os desenvolvedores de aplicativos e planos de negócios não apenas cumprirem a legislação atual e futura relacionada à privacidade e segurança, mas também atenuarem os temores e apreensões dos consumidores. Para isso, é importante comunicar os termos e condições das transações aos clientes, para obter o consentimento destes a esses termos, autenticando-os e desenvolvendo uma solução adequada para retenção de registros eletrônicos.

Uma proposta de legislação que aborde os problemas de definição de padrões de cibersegurança e compartilhamento de informações é totalmente recomendada.

A preocupação com a privacidade das pessoas e a segurança da informação utilizada é algo elogiável, mas longe está da devida tutela quando se cogita do campo da *Dark Web* ou *Deep Web*, onde a lei estatal não impera, mas a praxe do uso inadequado de *anonimização* ou *pseudonimização* para a prática de cibercrimes diversos.

1. Da *dark ou deep web*: crime cibernético e lavagem de dinheiro

Crime Cibernético ou Crime Informático ou Crime Virtual ou *E-crime* ou Cibercrime ou *Cybercrime* ou Crime Eletrônico ou Crime Digital constitui qualquer delito cometido com a utilização de um computador, uma rede de computadores ou um dispositivo de *hardware* conectado em rede.

Cibercrimes podem ser classificados como puros ou próprios, quando praticados por computador e se realizem ou se consumem também em meio eletrônico, caso em que a informática é o objeto jurídico tutelado. Também como Crimes cibernéticos impuros ou impróprios, quando a máquina utilizada constitui o instrumento para realização de condutas ilícitas que atingem outro bem jurídico tutelado.

A competência da Justiça Federal faz-se por exceção. A justiça citada será competente no caso de crimes cibernéticos próprios com fundamento no artigo 109, IV, da Constituição Federal (*detrimento de bens, serviços ou interesse da União ou de suas entidades autárquicas ou empresas públicas*). Já, nos casos de crimes cibernéticos impróprios, a competência da justiça especializada funda-se no artigo 109, V, da Magna Carta (*crimes previstos em tratado ou convenção internacional, quando, iniciada a execução no país o resultado tenha ou devesse ter ocorrido no estrangeiro, ou reciprocamente*).

Questão se coloca é que sendo basicamente transnacional a fixação da competência no mundo virtual não seria tão simples, demandando a invocação da prevenção e a necessária Cooperação Jurídica Internacional.[13]

O Brasil ratificou algumas convenções no que toque à entorpecentes, populações indígenas, tráfico de pessoas, tortura, racismo, pornografia infantil e pedofilia e, ainda, corrupção ativa e tráfico de influência nas transações comerciais internacionais.

A Convenção do Conselho da Europa sobre o Cibercrimes de Budapeste de 2001 contempla uma série de condutas ilícitas que não se restringe à invasão de dispositivo informático como previu a Lei chamada de Carolina Dieckmann (Lei nº 12.737, de 30.11.2012).[14] O Brasil não é seu signatário.

[13] Bechara, Fábio Ramazzini e Flores, Dimitri Molina. Crimes Cibernéticos: Qual é o lugar do crime para fins de aplicação da pena e determinação da competência jurisdicional? *Revista de Direito Mackenzie*, in file:///C:/Users/fsanctis/Downloads/13357-Texto%20do%20artigo-55839-1-10-20200504%20(1).pdf, publicado em 12.11.2019 e acessado em 02.08.2020.

[14] Endereço eletrônico do MPF, in http://www.mpf.mp.br/atuacao-tematica/sci/normas-e-legislacao/legislacao/legislacoes-pertinentes-do-brasil/docs_legislacao/convencao_cibercrime.pdf, acessado em 31.07.2020.

Entretanto, o Senado aprovou em 30.06.2020, em sessão deliberativa remota, o projeto de lei de combate às *fake news*. O Projeto de Lei nº 2.630/2020 pretende criar a Lei Brasileira de Liberdade, Responsabilidade e Transparência na *Internet*, com normas para as redes sociais e serviços de mensagem como *WhatsApp* e *Telegram*. A intenção é evitar notícias falsas que possam causar danos individuais ou coletivos e à democracia. O texto seguiu para a Câmara dos Deputados.[15]

A lavagem de dinheiro pode resultar de atividades cibernéticas maliciosas. Assim, impedir a sua realização deve ser uma prioridade. A *Internet* foi descoberta por criminosos como uma maneira eficaz e potencialmente clandestina de lavar dinheiro internacionalmente.

O mundo está mudando. Desde 2020, ano em que a pandemia COVID-19 atingiu índices alarmantes a ponto de isolamento social e *lockdown* fizeram-se práticas correntes nos quatro cantos do planeta, a tecnologia ingressou, forçosamente, no dia a dia das pessoas. O ciberespaço cobriu todos os continentes.

Até recentemente, grandes cismas havia entre o Oriente e o Ocidente e entre o Norte e o Sul, e até uma Guerra Fria completa com o Socialismo derivado do Comunismo. À medida que a ideia de economia de mercado ganhava prevalência, mesmo em países sem essa tradição (como a China), e as inovações tecnológicas avançavam, criou-se a necessidade de novas práticas gerenciais aplicadas às empresas.

Da mesma forma, os criminosos evoluíram com o tempo. Apesar das esperanças positivas trazidas pelo advento da globalização, desenvolveu-se uma competitividade cruel e destrutiva. Com isto, novos e crescentes medos apareceram porque não sabemos para aonde tudo isso está indo.

A globalização inerente ao mundo de hoje, com todas as suas vantagens e desvantagens, possibilita a existência de criminosos transnacionais e tecnológicos, cujos crimes são praticados de forma organizada, em grandes conglomerados e empresas sem precedentes.

Como afirma Ronald Griffin, "a tecnologia do ciberespaço, quando colocada em mãos erradas, é ameaçadora e hostil. Os computadores comerciais

[15] Endereço eletrônico do Senado Federal. Senado aprova projeto de combate a notícias falsas, texto vai à Câmara. In https://www12.senado.leg.br/noticias/materias/2020/06/30/aprovado-projeto-de-combate-a-noticias-falsas, publicado em 30.06.2020 e acessado em 01.08.2020.

rondam o cenário para compilar dados sobre nós. O *software* do governo espia as pessoas para prender os infratores da lei."[16]

A atividade financeira, praticada ou não pela *Internet*, muitas vezes é justificada pela simples ideia de que as regras governamentais e do mercado sozinhas não podem atender a todas as aspirações negociais evidentes – frequentemente atravessando áreas cinzentas éticas e perigosas.

A proteção legal dessa atividade requer intervenção do governo e regulamentação social e econômica para que as regras de praxe existentes sejam preservadas do sedutor delito econômico e, portanto, tuteladas.

O objeto da tutela legal é possibilitar uma proteção global, mas pela expectativa de estabilidade geral fomentada por regras que promovam o funcionamento correto e honesto dos mercados (de corporações, de papéis públicos e privados, de valores mobiliários derivativos etc.).

No que tange ao direito penal, impõe-se preencher brechas nas muitas definições[17], em grande parte, devido ao aumento de infrações criminais resultantes do crescimento exponencial da atividade econômica no Estado e das relações financeiras internacionais.

É claro que o direito penal, embora possua papel subsidiário e fragmentado (último recurso), possui, aqui, aplicação. No entanto, a fragmentariedade, tão festejada e indiscriminadamente invocada, sem base racional, pode resultar em uma desproteção sistêmica à ordem econômica.

O crime econômico-financeiro, como a lavagem de dinheiro, é uma questão bastante presente, seja pela magnitude do dano material que causa, seja por sua capacidade de se adaptar e sobreviver a mudanças sociais e políticas, ou até por sua aptidão para apresentar defesas e derrotar todos os esforços para combatê-lo.

Conceituar o crime econômico-financeiro não é tarefa simples porquanto este não se presta a cálculos simples, dada a extensão dos danos resultantes. A classificação de tal delito baseia-se na natureza coletiva ou supra-individual dos interesses ou bens legais que devem ser protegidos.

Reduzir a intervenção apenas aos fatos classicamente meritórios é tão imperativo quanto aparar a responsabilidade criminal escondida pelo

[16] GRIFFIN, Ronald C. (2012). Cybercrime. Journal of International Commercial Law and Technology, Vol. 7, Issue 2, p. 136.

[17] In PEDRAZZI, Cesare. O Direito Penal das Sociedades e o Direito Penal Comum. *Revista Brasileira de Criminologia e Direito Penal*. Rio de Janeiro: Instituto de Criminologia do Estado da Guanabara, 1965, vol. 9, p. 133.

excesso de formalismo. No entanto, permanece o fato de que as sanções administrativas por si só não são suficientes para fazer com que os atores do mercado cumpram os deveres básicos que nós, como cidadãos, estamos obrigados nas práticas comuns.

No início, o direito penal se preocupava em proteger as instituições básicas do Estado e os interesses mais elementares dos cidadãos. Com o tempo, no entanto, além de se ocupar com os padrões mínimos de convivência, começou a prestar-se também à proteção de novos interesses sociais e econômicos. Houve, de fato, uma mudança radical nas estratégias de intervenção do Estado, sendo promulgadas leis que pudessem combater esse fenômeno, notadamente aquele que propicia o bom funcionamento do crime organizado, a lavagem de dinheiro, de forma a evitar que este atue sobre a vontade dos políticos, jornalistas, juízes, empresários e assim por diante.

Edwin Sutherland, que definiu o crime de colarinho branco como aquele cometido por uma pessoa honrada com prestígio social e profissional,[18] tentou explicar esse tipo de conduta criminal que, historicamente, gerava pouca resistência social. O mesmo pode ser dito sobre crimes cibernéticos que, no início, eram timidamente objeto de atenção da sociedade.

Esse fenômeno talvez se explique na pouca percepção de perigosidade mínima do criminoso ante a ausência de violência direta com uma vítima determinada, ou mesmo porque nenhum dano palpável possa ser contemplado. Isso nos leva à ideia elaborada por Thomas Lynch, de que crimes graves são os provenientes de tinta mais do que de sangue.[19] Por isso, talvez, envolva uma certa neutralidade moral.

Segundo José Ángel Brandariz Garcia, dadas suas características pessoais e socioeconômicas, a prisão de criminosos financeiros não decorre do estigma social negativo, normalmente existente para criminosos comuns.[20]

Não deve haver percepção comum de que crimes cibernéticos porque em ambiente neutro sejam menos prejudiciais à sociedade do que crimes cometidos por outros meios, dada a sua penetração em nossas vidas e no tecido social.

[18] In Cavero, Percy García. *Derecho Penal Económico – Parte General.* Lima, Peru: Grijley, 2nd ed., 2007, pp. 276-277.

[19] *Apud* José Ricardo Sanches Mir and Vicente Garrido Genovês (in *Delincuencia de cuellablanco.* Madrid: Instituto de Estudos de Política, 1987, p. 71).

[20] In *El delito de defraudación a la seguridad social.* Valencia: Tirand lo Blanch, 2000, pp. 80-81.

Na verdade, eles acabam por estimular a criminalidade comum (corrupção, concorrência desleal, fraude etc.) diante da facilidade que encontram, o que dificulta os esforços de fiscalização.

De fato, os criminosos são altamente adaptáveis à dinâmica da sociedade e não hesitam em utilizar a *dark web* diante de uma certa tolerância existente devido ao desconhecimento técnico, levando ao comportamento criminoso cada vez mais ousado e perigoso.

Além disso, os criminosos realizam uma espécie de análise de custo-benefício dos ganhos a serem obtidos com a conduta ilegal e as possíveis sanções (sentenças) impostas pelo sistema jurídico.[21] Ao executar um cálculo utilitário, o delinquente pode concluir facilmente que ser pego envolve pouca ou nenhuma consequência, dada a complexidade e a ineficiência de alguns sistemas de justiça criminal.

Cláudia Cruz Santos argumenta que *as teorias da escolha racional e da prevenção situacional parecem encaixá-las como uma luva. Sua avaliação dos custos e benefícios associados à má conduta pode dissuadi-los de se envolver nela, caso as oportunidades diminuam e a possibilidade de detecção e punição aumente.*[22]

O fator decisivo não é a vontade, mas a impraticabilidade do comportamento proibido por lei. Já não podemos nos dar ao luxo de teorizar sobre riscos abstratos e danos sociais. As categorias de crimes financeiros têm a ver com situações regulatórias cada vez mais complexas e com uma conduta legalmente intolerável, independentemente das intenções do criminoso. Essas intenções só surgiriam depois, após a decisão primeira de violar as regras de conduta a que todos nós estamos vinculados.

Os crimes financeiros praticados ou não por meio da *dark web*, dado seu escopo e potencial de danos, devem ser uma preocupação internacional e envolver jurisdições especializadas. Nesse sentido:

> *Boa parte dessa jurisdição é aplicada a crimes complexos, às vezes por causa dos suspeitos ou réus envolvidos – pessoas de grande poder econômico ou político que, por via de regra, operam dentro de uma rede com ramificações internacionais – e outras por causa do tipo de crime financeiro envolvido, seja corrupção, tráfico de influência, lavagem de dinheiro, etc. Sua seriedade, dano à sociedade e ameaça a instituições que salvaguar-*

[21] Fischer, Douglas. *Inovações no Direito Penal Econômico: contribuições criminológicas, político-criminais e dogmáticas.* Organizer: Artur de Brito Gueiros Souza. Brasília: Escola Superior do Ministério Público da União, 2011, p. 37.

[22] Cf. *O crime de colarinho branco* (da origem do conceito e sua relevância criminológica à questão da desigualdade na administração da justiça penal), 2001, p. 175.

dam o Estado de Direito exigem um equilíbrio diferente entre os direitos dos acusados e outros requisitos processuais e o dever do Estado de processar e punir a conduta ilegal.[23]

Esse comportamento prejudicial, normalmente sob jurisdição federal, exige o reconhecimento da conduta criminal econômico-financeira como uma violação de um dever legal negativo, ou seja, de abster-se de prejudicar ilegalmente outros ou a ordem pública, além de um dever legal positivo, de que o comportamento de alguém seja propício a romper com o bem-estar coletivo. Essa visão progressiva da legalidade é cada vez mais aceita. No entanto, exige uma análise mais complexa, envolvendo os referidos deveres legais (negativos e positivos) sobre os quais se baseia uma avaliação jurídica e criminal específica.

Se pudermos afirmar uma preocupação do sistema de justiça, para que esta não se afigure dual, tratando diferentemente os criminosos (poderosos e não poderosos), a lavagem de dinheiro deve possuir abordagem peculiar porque serve tanto aos criminosos comuns, quanto aos socialmente prestigiados, merecendo, assim, o mesmo tratamento institucional.

A reintegração dos criminosos na sociedade deve, portanto, centrar-se em fazê-los repensar seu comportamento. Se, de fato, houver algum raciocínio por trás de uma conduta ilegal que envolva análises de custo-benefício dos resultados para o agressor, um determinado crime será cometido se, e somente se, a penalidade esperada não for superada pelas vantagens de cometer o ato.[24] Isso também se aplica no caso de crimes cibernéticos, nos quais, à exaustão, vê-se complexidade, anonimato ou uso de identidades falsas.

Várias transações são realizadas diariamente pela *Internet* e, organizações criminosas, com seus recursos, lavam altas somas. Devido à sua pouca rastreabilidade, notadamente na *dark web*, mais e mais dinheiro sujo é usado nesse ciberespaço.

Muitas questões criminais são colocadas, cabendo citar as regras de Cadeia de Custódia das provas, principalmente agora que a Lei nº 13.964,

[23] Oliveira, Eugênio Pacelli de. *Direito e processo penal na justiça federal: doutrina e jurisprudência*. São Paulo: Atlas, 2011, p. 71.

[24] Jesús-María Silva Sánchez (in *Eficiência e direito penal*. Coleção Estudos de Direito Penal. São Paulo: Manole, 2004, No. 11, p. 11) e Anabela Miranda Rodrigues (in *Contributo para a fundamentação de um discurso punitivo em matéria fiscal. Direito Penal Económico e Europeu: textos doutrinários*. Coimbra: Coimbra Ed., 1999, pp. 484-485).

de 24.12.2019 (Lei Anticrime) fez essa exigência no Código de Processo Penal (artigos 158-A e 158-B), o que obriga a acusação demonstrá-la judicialmente. Mostra-se importante, como afirma Timothy A. Vogel, "os procedimentos para coletar evidências de um ataque cibernético."[25]

A forma de lavar dinheiro está passando por mudanças, já que os criminosos foram otimizados para os mecanismos de e-pagamento, por meio, por exemplo, da microlavagem com uso de endereços eletrônicos como o *PayPal*, o *Picpay* ou o *Pagseguro*, para evitar a detecção. Isso criou uma dificuldade cada vez maior para muitos órgãos de fiscalização.

O ciberespaço mudou, de fato, tudo e os criminosos estão usando a rede mundial para roubar até dados de outros dispositivos. Por exemplo, o número de reclamações de consumidores que se tornaram vítimas de fraude em leilões *on-line* aumenta anualmente. Embora os endereços eletrônicos de leilões, de acordo com Dara Chevlin, "devam ser autorizados a governar a si mesmos, alegando que seus mecanismos são mais eficazes para evitar fraudes, as estatísticas mostram claramente que seus esforços são ineficazes para conter o crescente problema da fraude em leilões *on-line*. Os golpistas estão se tornando mais inteligentes e usando o anonimato da *Internet* a seu favor. Vários casos tentaram responsabilizar o *eBay* por atividades fraudulentas que ocorreram em seu *site*, porque este hospeda essa atividade (anfitrião), ganhando dinheiro no final de cada leilão realizado em seu endereço eletrônico (fraudulento ou não); que incentivo o *eBay* teria para se manter mais próximo fisicamente de seus usuários? Obviamente, o *eBay* deseja manter sua reputação. Mas até que os *sites* de leilões anfitriões sintam o impacto da fraude em seus ganhos, a prevenção de fraudes não receberá a atenção e o investimento dos recursos que ela merece." A autora recomenda a imposição de regulamentos federais mais rigorosos nos *sites* de leilão de hospedagem.[26]

A transição para a prática de crimes pela *Internet* criou desafios únicos para a aplicação da lei. Falando sobre prostituição na *Internet*, Mellissa Farley, Kenneth Franzblau e M. Alexis Kennedy dizem que "a negociação da prostituição inclui não apenas a vítima, o comprador e o traficante/cafetão,

[25] VOGEL, Timothy A. (2002). Dealing with Cyber Attacks on Corporate Network Security, 48, The Practical Lawyer 35, p.42.

[26] Cf. CLEVLIN, Dara. Schemes and Scams: Auction Fraud and the Culpability of Host Auction Web Sites (2005). Loyola Consumer Law Review, vol. 18, p. 255.

mas o parceiro mais invisível: o anunciante *on-line*. Quando a prostituição acontecia na rua, no bairro de alguém, ficava claro de quem era a jurisdição. A aplicação de uma série de leis às vezes era alimentada pela preocupação dos cidadãos com o incômodo provocado nas vizinhanças, em vez de uma preocupação com a exploração da prostituição. As comunidades queriam a prostituição fora da vista e de seus bairros. Como as empresas de sexo *on-line* são menos visíveis ao público, as vítimas de exploração sexual passaram a ficar desprotegidas e isoladas, podendo correr mais riscos." Caberia, pois, "aos formuladores de políticas e aplicação da lei fazer cumprir esta e, quando necessário, desenvolver novas leis e políticas que abolirão o tráfico e a prostituição *online* (além do *offline*). Embora muitos tenham sido recrutados, vendidos e traficados para prostituição em *sites* de redes sociais, estes também podem ser usados contra os próprios traficantes e mercadores."[27]

Ronald Griffin mencionou o caso *Paradigm Alliance* para exemplificar o cibercrime. A *Paradigm* e a *Celebritas* eram partes de uma *joint venture* e cada uma colocava seus interesses comerciais nas mãos da outra. Um dia, muito tempo após o início do relacionamento, um funcionário da *Celebritas* invadiu o computador da *Paradigm*. Ele roubou informações e pagou um montante em um pedido de patente para um novo tipo de *software*.[28] É verdade que quase todos os funcionários receberam algum tipo de acesso ao computador e uma conta de *e-mail*. A rede estabelecida nessas empresas estava cada vez mais conectada à *Internet* e a outras empresas, gerando um novo conjunto de ameaças.

É interessante mencionar, outrossim, aqui dois casos decididos nos EUA envolvendo a chamada *dark web*. Ross Ulbricht, também conhecido como "Dread Pirate Roberts", foi condenado em 29 de maio de 2015 no tribunal federal de Manhattan à prisão perpétua por suas operações e propriedade do *Silk Road*, um *site* oculto projetado para permitir que seus usuários comprem e vendam drogas ilegais e outros bens e serviços ilícitos de forma anônima e fora do alcance da polícia entre janeiro de 2011 e outubro de 2013.

[27] Cf. FARLEY, Melissa, FRANZBLAU, Kenneth e KENNEDY, M. Alexis. Online Prostitution and Trafficking (2013). Albany Law Review, vol. 77, p. 1090-1991 and 1094.

[28] GRIFFIN, Ronald C. (2012). Cybercrime. Journal of International Commercial Law and Technology, Vol. 7, Issue 2, p. 145.

Ulbricht foi considerado culpado em 5 de fevereiro de 2015 de cada uma das sete acusações que enfrentou, após um julgamento de quatro semanas pelo Júri. Ulbricht era um traficante de drogas e criminoso que explorava os vícios das pessoas e contribuiu para a morte de pelo menos seis jovens. Ulbricht tornou-se o rosto do crime cibernético. Ulbricht criou o *Silk Road* em janeiro de 2011 e possuía e operava o *site* subterrâneo até ser fechado pelas autoridades policiais em outubro de 2013. O *Silk Road* emergiu como o mercado criminal mais sofisticado e extenso da *Internet*, servindo como um mercado negro em expansão e bazar onde bens e serviços ilegais, incluindo drogas ilegais de praticamente todas as variedades, eram comprados e vendidos regularmente pelos usuários do endereço eletrônico. Enquanto estava em operação, a *Silk Road* foi usada por milhares de traficantes de drogas e outros fornecedores ilegais para distribuir centenas de quilos de drogas ilegais e outros bens e serviços ilícitos a mais de 100.000 compradores e para lavar centenas de milhões de dólares decorrentes dessas transações ilegais.

Ulbricht operou deliberadamente a *Silk Road* como um mercado criminal *on-line* destinado a permitir que seus usuários comprassem e vendessem drogas e outros bens e serviços ilegais de forma anônima e fora do alcance da aplicação da lei. Ulbricht procurou anonimizar as transações na *Silk Road* de duas maneiras principais. Primeiro, ele operou a *Silk Road* na rede conhecida como "The Onion Router", ou "TOR", uma rede especial de computadores na I*nternet,* distribuída em todo o mundo, projetada para ocultar os verdadeiros endereços de IP dos computadores na rede e, assim, as identidades dos usuários das redes. Ulbricht projetou a *Silk Road* para incluir um sistema de pagamento baseado em *Bitcoin* que serviu para facilitar o comércio ilegal realizado no *site*, inclusive ocultando as identidades e os locais dos usuários que transmitiam e recebiam recursos por meio do endereço eletrônico.

A grande maioria dos itens à venda na *Silk Road* era drogas ilegais, publicamente divulgadas como tal no *site*. Em 23 de setembro de 2013, a sua página inicial exibia quase 14.000 listagens de substâncias controladas, listadas em categorias como "Cannabis", "Dissociatives", "Ecstasy", "Intoxicants", "Opioids", "Precursors", "Psicodélicos" e "Estimulantes." De novembro de 2011 a setembro de 2013, agentes da lei fizeram mais de 60 compras secretas individuais de substâncias controladas de fornecedores da *Silk Road*. Essas compras incluíram heroína, cocaína, ecstasy e LSD, entre outras drogas ilegais, e foram honradas por fornecedores localizados em mais de dez países diferentes, incluindo Estados Unidos, Alemanha, Holanda, Canadá, Reino Unido, Espanha, Irlanda, Itália, Áustria e França. Os narcóticos distribuídos foram relacionados a seis mortes por *overdose* em todo o mundo. Essas mortes incluíram a de Jordan M., um funcionário da *Microsoft* de 27 anos que morreu na frente de seu computador conectado à *Silk Road* na época, falecendo como resultado de heroína e outros medicamentos administrados por ele.

Preston B., de Perth, na Austrália, e Alejandro N., de Camino, Califórnia, ambos com 16 anos de idade, morreram como resultado do uso do 25i-NBOMe, uma poderosa droga sintética projetada para imitar o LSD (comumente referido como "N- Bomb"), que foi comprada na *Silk Road.* Vítimas adicionais incluíram Bryan B., 25 anos, de Boston, Massachussetts, e Scott W., 36 anos, da Austrália, que morreram como resultado da heroína adquirida na *Silk Road*, e Jacob B., 22. anos de idade, da Austrália, que faleceu de complicações de saúde que foram agravadas pelo uso de medicamentos comprados também na *Silk Road.*

Além dos narcóticos ilegais, outros bens e serviços ilícitos foram comprados e vendidos abertamente neste endereço eletrônico. Por exemplo, em 23 de setembro de 2013, havia: 159 listagens na categoria "Serviços", a maioria das quais oferecia serviços de *hacking* por computador, como uma listagem de um fornecedor que se ofereceu para invadir contas de redes sociais de sua escolha; 801 listagens na categoria "Bens digitais", incluindo *softwares* maliciosos, contas invadidas em vários serviços *online* e conteúdo de mídia pirata; e 169 listagens na categoria "falsificações", incluindo ofertas para produzir carteiras de motorista falsas, passaportes, cartões do Seguro Social, extratos de cartão de crédito, registros de seguro de carro e outras formas de documentos de identificação falsos.

Usando o apelido *on-line* "Dread Pirate Roberts", ou "DPR", Ulbricht controlava e supervisionava todos os aspectos da *Silk Road* e gerenciava uma equipe de administradores *on-line* pagos e programadores de computador que auxiliavam na operação diária do *site*. Por meio de sua propriedade e das operações da *Silk Road*, Ulbricht obteve comissões no valor de mais de US$ 13 milhões gerados pelas vendas ilícitas realizadas no *site*. Ele também demonstrou vontade de usar a violência para proteger sua empresa criminosa e o anonimato de seus usuários, encomendando seis assassinatos por aluguel relacionados às operações do *site*, embora não haja evidências de que esses assassinatos tenham sido realmente realizados.

Ulbricht, de São Francisco, Califórnia, foi condenado por sete crimes após um julgamento de quatro semanas pelo Júri: distribuir narcóticos, distribuir narcóticos por meio da *Internet*, conspirar para distribuir narcóticos, participar de uma empresa criminosa contínua, conspirar para cometer *hackeamentos*, conspirar para trafegar em documentos de identidade falsos e conspirar para cometer lavagem de dinheiro. Além da prisão perpétua, ele foi condenado a perder US$ 183.961.921.[29]

Por outro lado, o maior mercado da *dark web* – onde centenas de milhares de criminosos compraram e venderam anonimamente drogas, armas, ferramentas de *hackers*, identidades roubadas e uma série de outros bens e serviços ilegais – foi desativado como resultado de um dos esforços mais sofisticados e coordenados até hoje por parte dos aplicadores da lei em todo o mundo.

No início de julho de 2017, vários servidores de computador usados pelo *site Alpha Bay* foram apreendidos em todo o mundo, e o criador e administrador do *site* – um cidadão canadense de 25 anos que morava na Tailândia – foi preso. O *Alpha Bay* operou por mais de dois anos e teve transações superiores a US$ 1 bilhão em *bitcoins* e outras moedas digitais. O *site,* que operava na rede *TOR* anônima, era uma das principais fontes de heroína e fentanil, e as vendas provenientes do *Alpha Bay* foram ligadas a várias mortes por *overdose* nos Estados Unidos. Esse caso foi considerado uma operação histórica porque havia vários servidores em diferentes países, centenas de milhões em criptomoedas e um comércio de drogas da *darknet* que se espalhou pelo mundo.

O *Alpha Bay*era realmente um *site* global e os fornecedores estavam enviando itens ilegais de e para lugares de todo o mundo. O *site*, uma consequência de endereços eletrônicos anteriores do mercado obscuro, como a *Silk Road* – mas muito maior – foi lançado em dezembro de 2014. Demorou cerca de seis meses para o mercado subterrâneo ganhar impulso, mas depois disso cresceu exponencialmente. A *Alpha Bay* informou que atendia a mais de 200.000 usuários e tinha cerca de 40.000 fornecedores. Na época da remoção, o *site* possuía mais de 250.000 anúncios de drogas ilegais e produtos químicos tóxicos e mais de 100.000 anúncios de documentos de identificação roubados e fraudulentos, produtos falsificados, *malwares* e

[29] The United States Department of Justice *website*. Ross Ulbricht, A/K/A "Dread Pirate Roberts," Sentenced in Manhattan Federal Court To Life In Prison, in https://www.justice.gov/usao-sdny/pr/ross-ulbricht-aka-dread-pirate-roberts-sentenced-manhattan-federal-court-life-prison, publicado em 29.05.2015, acessado em 08.07.2020.

outras ferramentas de *hackers*, armas de fogo e serviços fraudulentos. Em comparação, o mercado da *Silk Road* – a maior empresa desse tipo antes de ser fechada em 2013 – tinha aproximadamente 14.000 listagens.

A operação para apreender os servidores da *Alpha Bay* foi liderada pelo FBI e envolveu os esforços cooperativos de agências policiais na Tailândia, Holanda, Lituânia, Canadá, Reino Unido e França, juntamente com a agência Europol.

As autoridades americanas também trabalharam com vários parceiros estrangeiros para congelar e preservar milhões de dólares em criptomoedas, que representavam o produto das atividades ilegais da *Alpha Bay*. O seu criador e administrador Alexandre Cazes– que recebeu o nome de *Alpha02* e *Admin on-line* – foi preso pelas autoridades tailandesas em nome dos EUA em 5 de julho de 2017. Uma semana depois, Cazes aparentemente atentou contra a própria vida enquanto estava sob custódia na Tailândia.

Como a *Alpha Bay* operava na rede *TOR* anônima, os administradores estavam confiantes de que poderiam ocultar os locais dos servidores do *site* e as identidades dos usuários. O FBI e seus parceiros usaram uma combinação de técnicas tradicionais de investigação, juntamente com novas ferramentas sofisticadas para resolver o caso e desmontar o *Alpha Bay*.[30]

Por sua vez, a Operação Pai Nosso, deflagrada em 13.03.2018, como desdobramento da Lavajato no Rio de Janeiro, fez na época uma descoberta inédita: pela primeira vez descobriu-se um esquema de lavagem de dinheiro usando *bitcoin* no Brasil. A confirmação da utilização da criptomoeda foi dada pela Receita Federal. Na ocasião, foram presos um delegado e um ex-secretário de Sérgio Cabral, ex-governador do Estado do Rio de Janeiro, suspeitos de superfaturar pães para a Secretaria de Administração Penitenciária – SEAP. Tem-se que a transação foi um teste para driblar os órgãos públicos de controle financeiro, totalizando R$300 mil em *bitcoins*. Segundo as investigações, os suspeitos teriam desviado, pelo menos, R$73 milhões dos cofres públicos com um esquema de superfaturamento e fraude no fornecimento de pão para os presos das cadeias estaduais. Quanto ao uso da moeda digital, a ideia era receber dinheiro

[30] FBI News. Darknet Takedown. Authorities Shutter Online Criminal Market AlphaBay, in https://www.fbi.gov/news/stories/alphabay-takedown, publicado em 20.07.2017 acessado em 03.07.2020; The United States Department of Justice website. Justice News. AlphBay, the Largest Online 'Dark Market,' Shut Down,inhttps://www.justice.gov/opa/pr/alphabay-largest-online-dark-market-shut-down, publicado em 20.07.2017, acessado em 03.07.2020.

no exterior usando um instrumento que não é regulado na maioria dos países, por meio de remessas para fora do país. A operação investigou irregularidades no fornecimento de café da manhã e lanche para os detentos, em contrato (não mais vigente) que envolvia o funcionamento de padarias dentro do complexo de Bangu. A SEAP pagava duas vezes pelo pão que era fornecido aos presos.[31]

Em 2019 e 2020, o Tribunal Regional Federal da 3ª Região, decidiu por unanimidade denegar dois *Habeas Corpus* (HC nº 5018581-89.2019.4-03.0000 em 26.09.2019 e HC nº 5007613-63.2020.4-03.0000 em 14.05.2020), relativos à Operação Singular, deflagrada pela Polícia Federal que, a partir de levantamentos na chamada *Dark web,* ambiente virtual não disponível nos navegadores da *internet* salvo por aplicativos específicos, tendo sido descoberto a existência de um grupo de "Telegram" destinado a dar suporte à venda de informações de cartões de crédito em *site* da *internet* de superfície. O grupo, disperso em cidades longínquas do Brasil (Fortaleza/CE, São Paulo/SP, Praia Grande/SP, Tapes/RS e Santa Maria/RS) operacionalizaria a prática de *carding,* atividade fraudulenta de captação de dados de cartões bancários para uso em compras e saques.

Existem algumas condutas que demonstrariam a prática criminosa ou sua preparação. Por exemplo, *phishing* (fraudes eletrônicas), mineração indevida de dados e fraudes em leilão, usando informações pessoais para assumir a identidade de outra pessoa e visando obter empréstimos ou cartões de crédito ou *pen drives,* além de baixar segredos comerciais. Muitas vezes, usa-se GPS ou computadores para localizar senhas.

O autor de um ataque cibernético pode ser um *hacker* ou *cracker. Hackers* é um termo geralmente usado para aqueles que atacam outro dispositivo por diversão, enquanto que *crackers* fazem isso com fins lucrativos. Timothy Vogel revela que ambos podem estar genuinamente interessados em frustrar as mais recentes tecnologias de segurança de computadores, não para lucrar com isso, mas simplesmente para saber que podem superar até as mais sofisticadas medidas de segurança.[32]

[31] Tolotti, Rodrigo. Lava Jato descobre primeiro esquema de lavagem de dinheiro usando bitcoins em desdobramento da Operação. In https://www.infomoney.com.br/mercados/lava-jato-descobre-primeiro-esquema-de-lavagem-de-dinheiro-usando-bitcoins-em-desdobramento-da-operacao/, publicado em 13.03.2018, acessado em 01.08.2020.

[32] Vogel, Timothy A. (2002). Dealing with Cyber Attacks on Corporate Network Security, 48 The Practical Lawyer 35, p. 36.

A Lei nº 12.737, de 30 de novembro de 2012, trouxe para o ordenamento jurídico-penal brasileiro o novo crime de "Invasão de Dispositivo Informático", previstos nos artigos 154-A e 154-B do Código Penal brasileiro, consistente na conduta de "invadir dispositivo informático alheio, conectado ou não à rede de computadores, mediante violação indevida de mecanismo de segurança e com fim de obter, adulterar ou destruir dados ou informações sem autorização expressa ou tácita do titular do dispositivo ou instalar vulnerabilidades para obter vantagem ilícita". A pena não é elevada (detenção, de 3 meses a 1 ano, e multa), sendo que nela incidirá quem produz, oferece, distribui, vende ou difunde dispositivo ou programa de computador com o intuito de permitir a prática da conduta definida no *caput*. Apenas se houver representação da vítima, poderá haver a investigação do crime.

A invasão, conforme manda a lei, deve ser de dispositivo informático "alheio" e "mediante violação indevida" de "mecanismo de segurança" (elementos normativos do tipo). Não se incrimina alguém que ingressasse no próprio dispositivo informático. Além disso, a violação deve ser "indevida", ou seja, desautorizada e sem justa causa. Obviamente que o técnico informático que supera mecanismo protetor para consertar aparelhagem não comete crime, inclusive porque tem a autorização expressa ou no mínimo tácita do cliente. Também não comete o crime a Autoridade Policial que apreende mediante ordem judicial aparelhos informáticos e manda periciar seus conteúdos para apuração criminal.

Anote-se, porém, que essa justa causa ou autorização deve existir do início ao fim da conduta do agente e este deve se ater aos seus estritos limites razoáveis. Por exemplo, se um técnico de informática tem a autorização para violar as chaves de acesso a um sistema de alguém para fins de conserto e o faz, mas depois coleta fotos particulares ali armazenadas, corrompe dolosamente informações ou dados extrapolando os limites de seu trabalho sem autorização do titular, passa a cometer infração penal. É importante ressaltar que, como não existe figura culposa, o erro muito comum em que o técnico em informática, ao realizar um reparo, formata o computador e acaba destruindo conteúdos importantes para a pessoa sem dolo, mas por negligência ou imperícia, não constitui crime. Pode haver, contudo, infração civil passível de indenização por danos morais e/ou materiais.[33]

[33] Cf. CABETTE, Eduardo Luiz Santos. O novo crime de Invasão de Dispositivo Informático. Conjur. In https://www.conjur.com.br/2013-fev-04/eduardo-cabette-crime-invasao-

Para evitar essas irregularidades, especialmente riscos à segurança cibernética, é importante que sejam emitidas orientações para detectar, prevenir e responder com eficácia a fraudes e comportamentos semelhantes, essencialmente por meio de políticas escritas e mediante leis adequadas. A lei brasileira foi tímida porquanto não previra diversas ações existentes na prática fraudulenta do uso da *internet* e na segurança desta.

Esta orientação deve fornecer procedimentos e controles eficazes para proteger contra riscos identificados, avaliar toda a gama de áreas de risco relacionadas à fraude e similares, incluindo, quando aplicável, manipulação de mercado e atribuição de responsabilidades.

Importante inovação trouxe a Lei Anticrime (Lei nº 13.964, de 24.12.2019) que criou a figura da Infiltração Virtual, incluindo o artigo 10-A da Lei sobre o Crime Organizado nº 12.850, de 02.08.2013, passando admitir que agentes do Estado infiltrem organizações criminosas por seis meses, renováveis, não podendo ultrapassar a 720 dias, exigindo-se autorização judicial e que seja meio único de obtenção da prova.

Aqui certamente a jurisprudência terá que ser revisitada tendo em vista a teoria de crime impossível até então consagrada. De acordo com a súmula 145 do Supremo Tribunal Federal, "não há crime quando a preparação do flagrante pela polícia torna impossível a sua consumação", ou seja, não há crime quando o fato é preparado mediante provocação ou induzimento, direto ou por concurso, de autoridade, que o faz para fim de aprontar ou arranjar o flagrante.

Importante verificar que o conceito de organização criminosa abarca a *associação de 4 (quatro) ou mais pessoas estruturalmente ordenada e caracterizada pela divisão de tarefas, ainda que informalmente, com objetivo de obter, direta ou indiretamente, vantagem de qualquer natureza, mediante a prática de infrações penais cujas penas máximas sejam superiores a 4 (quatro) anos, ou que sejam de caráter transnacional* (artigo 1º, parágrafo 1º da Lei nº 12.850/2013).

Ora, bastaria a associação de no mínimo quatro pessoas para a prática de graves delitos ou de crimes de caráter transnacional, como, aliás, caracteriza-se o cibercrime por excelência na maioria dos casos.

dispositivo-informatico#:~:text=A%20Lei%2012.737%2C%20de%2030,seguran%C3%A7a%20e%20com%20fim%20de, publicado em 04.02.2013, acessado em 22.07.2020.

Conclusões

Não há dúvida de que a digitalização e a inteligência artificial, o *big data* e a *Internet* das coisas impactaram nossas vidas, mudando rapidamente todas as facetas de nossas sociedades e economias. A escala da transformação tecnológica está causando incertezas, e é necessária uma abordagem clara da estrutura para garantir que essa transição possa ajudar a construir economias mais inovadoras e inclusivas e preparar todos os setores da sociedade para essas mudanças. No entanto, isso é apenas parte do problema.

Outra parte, infelizmente, é o uso desse ritmo acelerado de transformação digital para atividades ilícitas, forçando os governos a debater a questão e considerar que essa importante ferramenta merece atualização para a adequada proteção social. Deve-se levar em consideração o aumento do uso inadequado da rede mundial de computadores. A tecnologia pode ser considerada uma nova fronteira do crime com a crescente virtualização do mundo e o dramático crescimento das moedas, desafiando as autoridades a deter criminosos escondidos no ciberespaço.

O dinheiro digital representa o futuro das operações bancárias. Ao se permitir que indivíduos transfiram valores de forma rápida e anônima, sem condicionar a uma geração de relatórios com detalhes pertinentes conhecidos, o pagamento digital constitui mecanismo ideal para lavagem de dinheiro. A entidade de moeda virtual deve prever a investigação eficaz de fraude e outras irregularidades, fornecendo procedimentos e controles eficazes para proteger contra riscos identificados e alocando responsabilidades pelo seu tratamento.

Por outro lado, o ciberespaço deve ser um ambiente em que os direitos das pessoas, especialmente seus dados pessoais, possam ser protegidos de fato contra todos os tipos de sanha criminosa. A regulamentação deve considerar o papel dos usuários e provedores de equilibrar a proteção da liberdade de expressão e dos direitos dos cidadãos.

As tensões entre o ciberespaço livre e a necessidade de regulamentação estão em um nível histórico relevante e são especialmente evidentes nas restrições e disputas por isenção de tributos e sobre o uso neutro da *Internet*. A liberdade de expressão não é, por si só, razão suficiente para ser considerada isenta de tributos ou livre da supervisão do governo.

O cibercrime, como se observou, dada sua peculiaridade, desafia o Estado na tentativa da prevenção e repressão do delito. Está em jogo a questão da territorialidade (porquanto a *Internet* constitui, por excelência, espaço transnacional), a da competência da justiça (federal ou estadual), a da indispensável cooperação jurídica internacional e, no que tange ao meio de descoberta, notadamente quando praticado em ambiente da *dark* ou *deep web*, a da *infiltração virtual* (ora introduzida pela Lei Anticrime, Lei nº 13.964, de 24.12.2019), muito bem utilizada por autoridades norte-americanas, mas que, aqui, demandará, quiçá, uma reavaliação da jurisprudência que consagrou a teoria do crime impossível no caso do flagrante forjado ou provocado.

Para evitar a prática de lavagem de dinheiro, uma solução seria encontrar uma maneira de rastrear e monitorar os fluxos de dinheiro virtual. A *Internet* desempenha papel importante na garantia e manutenção da conformidade com as normas sociais por meio de conexões individuais e institucionais mais fortes. O fenômeno do cibercrime intensifica a competição entre segurança, proteção, tecnologia e conhecimento técnico das autoridades, e a implementação de planos de ação, para além de preservar a liberdade da *Internet* e os benefícios de negociar *on-line*, tem a tarefa de conciliar valores tradicionais e interesse público no seu uso regular.

Embora seja uma ferramenta facilitadora para a vida cotidiana, a *Internet* tornou-se uma ferramenta intrigante e complexa, bem ainda uma maneira de manter o anonimato das pessoas, dificultando a contenção de crimes internacionais. Daí porque a reflexão do ciberespaço e a necessidade de um ambiente regulatório internacional bem projetado são de rigor, para além da necessária atualização da legislação criminal correspondente.

Referências

ASCENSÃO, José de Oliveira. Branqueamento de Capitais: reacção criminal. Estudos de direito bancário. Coimbra: Coimbra, 1999.

BECHARA, Fábio Ramazzini e FLORES, Dimitri Molina. Crimes Cibernéticos: Qual é o lugar do crime para fins de aplicação da pena e determinação da competência jurisdicional? Revista de Direito Mackenzie, in file:///C:/Users/fsanctis/Downloads/13357-Texto%20do%20artigo-55839-1-10-20200504%20(1).pdf, publicado em 12.11.2019 e acessado em 02.08.2020.

BORGES, Bruna. Leigeral de proteção de dados pessoaisavança no Senado. In, JOTA, https://www.jota.info/coberturas-especiais/liberdade-de-expressao/protecao-de-dados-senado-02072018, publicado em 02.07.2018, acessado em 10.07.2020.

BRANDARIZ GARCIA, José Ángel. *El delito de defraudación a la seguridad social.* Valencia: Tirand lo Blanch, 2000, pp. 80-81.

BUSTOS RAMÍREZ, Juan. *Manual de derecho penal español*: parte general. Barcelona: Ariel, 1984.

______; LARRAURI, Elena. *La imputación objetiva*. Santa Fé de Bogotá/Colômbia: Temis, 1998.

CALLEGARI, André Luís. *Direito penal econômico e lavagem de dinheiro*: aspectos criminológicos. Porto Alegre: Livraria do Advogado, 2003.

______. Importância e efeito da delinqüência econômica. *Boletim do Instituto Brasileiro de Ciências Criminais*, São Paulo, np. 101, Apr 2001.

CABETTE, Eduardo Luiz Santos. O novo crime de Invasão de Dispositivo Informático. Conjur. In https://www.conjur.com.br/2013-fev-04/eduardo-cabette-crime--invasao-dispositivo-informatico#:~:text=A%20Lei%2012.737%2C%20de%2030,seguran%C3%A7a%20e%20com%20fim%20de, publicado em 04.02.2013, acessado em 22.07.2020.

CAVERO, Percy García. *Derecho Penal Económico – Parte General*.2nd ed. Lima: Grijley, 2007.

CLEVLIN, Dara. Schemes and Scams: AuctionFraud and theCulpabilityof Host Auction Web Sites (2005). Loyola ConsumerLawReview, vol. 18, p. 223-255.

CORREIA, Eduardo. Introdução ao direito penal econômico. In: CORREIA, Eduardo et al. *Direito penal econômico e europeu:* textos doutrinários. Vol. 1. Coimbra: Coimbra Ed., 1998. pp. 293-318.

______. Introdução ao direito penal econômico. *Revista de Direito e Economia*, no. 3, 1977.

______. Novas críticas à penalização de atividades econômicas.In: CORREIA, Eduardo et al. *Direito penal econômico e europeu:* textos doutrinários. Vol. 1. Coimbra: Coimbra Ed., 1998. pp. 365-373.

CRUZ SANTOS, Cláudia. *O crime de colarinho branco* (da origem do conceito e sua relevância criminológica à questão da desigualdade na administração da justiça penal), 2001, p. 175.

DIAS, Jorge de Figueiredo. Breves considerações sobre o fundamento, o sentido e a aplicação das penas em direito penal econômico. In: CORREIA, Eduardo et al. *Direito penal econômico e europeu:* textos doutrinários. Vol. 1. Coimbra: Coimbra Ed., 1998. pp. 374-386.

______. *Questões fundamentais do direito penal revisitadas*. São Paulo: Ed. Revista dos Tribunais, 1999.

______. *Direito Penal. Parte Geral. Questões fundamentais da doutrina geral do crime*. Coimbra: Coimbra Ed., 2004.

FARLEY, Melissa, FRANZBLAU, Kenneth and KENNEDY, M. Alexis. Online ProstitutionandTrafficking (2013). Albany Law Review, vol. 77, p. 1039-1094.

FBI News. DarknetTakedown. AuthoritiesShutter Online Criminal Market AlphaBay, in https://www.fbi.gov/news/stories/alphabay-takedown, publicado em 20.07.2017, acessado em 03.07.2020.

FISCHER, Douglas. *Inovações no Direito Penal Econômico: contribuições criminológicas, político-criminais e dogmáticas*. Organizador: Artur de Brito Gueiros Souza. Brasília: Escola Superior do Ministério Público da União, 2011.

GRIFFIN, Ronald C. (2012). Cybercrime. JournalofInternationalCommercial Law and Technology, Vol. 7, Issue 2, p. 136-153.

HASSEMER, Winfried. *Fundamentos del derecho penal*. Transl. Muñoz Conde. Barcelona: Bosch, 1981.

______; MUÑOZ CONDE, Francisco. *La responsabilidad por el producto en derecho penal*. Valencia: Titant lo Blanch, 1995.

LEI 12.737, de 30.11.2012, Planalto, in http://www.planalto.gov.br/ccivil_03/_ato2011-2014/2012/lei/l12737.htm, acessadoem 10.07.2020.

LEI 12.965, de 23.04.2014, Planalto, in http://www.planalto.gov.br/ccivil_03/_ato2011-2014/2014/lei/l12965.htm, acessadoem 10.07.2020.

LEI de Proteção de Dados Brasileira, Lei nº 13,709, de 14.08.2018, Planalto, in http://www.planalto.gov.br/ccivil_03/_ato2015-2018/2018/Lei/L13709.htm, acessadoem 10.07.2020.

Loureiro, Rafael Mendes e Palhares, Leonardo A.F. BrazilCybersecurity 2018. Getting the Deal Through. Law Business Research 2017, https://gettingthedealthrough.com/area/72/jurisdiction/6/cybersecurity-brazil/,publicadoemjaneiro de 2018, acessadoem 10.07.2020, p. 17-21.

Mir, José Ricardo Sanches e Genovês, Vicente Garrido. in *Delincuencia de cuellablanco.* Madrid: Instituto de Estudos de Política, 1987, p. 71.

MPF *site*, in http://www.mpf.mp.br/atuacao-tematica/sci/normas-e-legislacao/legislacao/legislacoes-pertinentes-do-brasil/docs_legislacao/convencao_cibercrime.pdf, acessado em 31.07.2020.

Oliveira, Eugênio Pacelli de. *Direito e processo penal na justiça federal: doutrina e jurisprudência.* São Paulo: Atlas, 2011, p. 71.

Pedrazzi, Cesare. O Direito Penal das Sociedades e o Direito Penal Comum. *Revista Brasileira de Criminologia e Direito Penal.* Rio de Janeiro: Instituto de Criminologia do Estado da Guanabara, 1965, vol. 9, p. 133.

Richet, Jean-Loup, LaunderingMoneyOnline: a review ofcybercriminals' methods. In https://arxiv.org/mwg-internal/de5fs23hu73ds/progress?id=Q3CZ2EMKGrqadEY8Geb_Q6E6qLnCUpfeD3bxFPyAx7w, June 01, 2013, accessedon May 14, 2018.

Rockefeller IV, Johan D. LetterfromSenator Johan D. Rockeffer IV (D-WV) to Virginia M. Rometty, PresidentandChiefExecutive Officer, International Business Machines (Sept. 19, 2012), disponível em https://www.cadwalader.com/uploads/cfmemos/f6e347976c1cacb03e7d982e936e12cf.pdf, acessado em 02.07.2020.

Rodrigues, Anabela Miranda. *Contributo para a fundamentação de um discurso punitivo em matéria fiscal. Direito Penal Económico e Europeu: textos doutrinários.* Coimbra: Coimbra ed., 1999.

Roxin, Claus. *Derecho penal – Parte general – Fundamentos. La estructura de la teoría del delito.* Vol. I. Madrid: Civitas, 2006.

______. *Funcionalismo e imputação objetiva no direito penal.* TranslationandIntroductionby Luís Greco. Rio de Janeiro: Renovar, 2002.

______. *Problemas fundamentais de direito penal.* 3rd ed. Transl. Ana Paula dos Santos Luís Natscheradetz (Textos I, II, III, IV, V, VI, VII & VIII), Maria Fernanda Palma (Texto IX) & Ana Isabel de Figueiredo (Texto X). Lisbon: Vega Universidade/Direito e Ciência Jurídica, 1998.

______. Reflexões sobre a construção sistemática do direito penal. *Revista Brasileira de Ciências Criminais.* Vol. 82. pp. 24-47. São Paulo: Ed. RT, 2010.

______. *La teoria del delito en la discusión actual.*Transl. Manuel Abanto Vásquez. Lima: Grijley, 2007.

Sánchez, Jesús-María Silva. *Eficiência e direito penal. Coleção Estudos de Direito Penal.* No. 11. São Paulo: Manole, 2004.

SANTOS, Gérson Pereira dos. *Direito penal econômico*. São Paulo: Saraiva, 1981.

SENADO FEDERAL. Endereço eletrônico. Senado aprova projeto de combate a notícias falsas; texto vai à Câmara. In https://www12.senado.leg.br/noticias/materias/2020/06/30/aprovado-projeto-de-combate-a-noticias-falsas, publicado em 30.06.2020 e acessado em 01.08.2020.

SILVA SÁNCHEZ, Jesús-María. *A expansão do direito penal. Aspectos da política criminal nas sociedades pós-industriais*. Transl. Luiz Otavio de Oliveira Rocha. São Paulo: Ed. RT, 2002.

THE CybersecurityActof 2015. U.S. Congress *site*, in https://www.congress.gov/114/bills/s754/BILLS-114s754es.pdf, acessado em 04.07.2020.

THE Cybersecurity Act of 2015. Office of the Director of National Intelligence. https://www.dni.gov/index.php/ic-legal-reference-book/cybersecurity-act-of-2015, acessadoem 04.07.2020.

THE Cybersecurity Act of 2017, in U.S. Congress *website*, in https://www.congress.gov/bill/115th-congress/senate-bill/770, acessadoem 04.07.2020.

THE General Data ProtectionRegulation (GDPR) EU OfficialJournalIssue, L 119, in http://eur-lex.europa.eu/legal-content/EN/TXT/HTML/?uri=OJ:L:2016:119:FULL&from=EN, acessado em 06.07.2020.

THE United States Departmentof Justice*website*. Ross Ulbricht, A/K/A "Dread Pirate Roberts," Sentenced in Manhattan Federal CourtTo Life In Prison, in https://www.justice.gov/usao-sdny/pr/ross-ulbricht-aka-dread-pirate-roberts-sentenced-manhattan-federal-court-life-prison, publishedon May 29, 2015, acessado em 03.07.2020.

THE United States Departmentof Justice website. Justice News. AlphBay, theLargest Online 'Dark Market,' ShutDown,in https://www.justice.gov/opa/pr/alphabay-largest-online-dark-market-shut-down, publicado em 20.07.2017, acessado em 03.07.2020.

TOLOTTI, Rodrigo. Lava Jato descobre primeiro esquema de lavagem de dinheiro usando bitcoins em desdobramento da Operação. In https://www.infomoney.com.br/mercados/lava-jato-descobre-primeiro-esquema-de-lavagem-de-dinheiro-usando-bitcoins-em-desdobramento-da-operacao/, publicado em 13.03.2018, acessado em 01.08.2020.

TRIBUNAL Regional Federal da 3ª Região, *Habeas Corpus* nº 5018581-89.2019.4-03.0000, v. u., julgado em 26.09.2019, e nº 5007613-63.2020.4-03.0000, v. u, julgado em 14.05.2020.

VOGEL, Timothy A. (2002). Dealingwith Cyber Attackson Corporate Network Security, 48 ThePracticalLawyer 35, p. 35-46.

9

O DIREITO TRIBUTÁRIO E A LEI ANTICORRUPÇÃO – LEI 12.846/2013

Marilene Talarico Martins Rodrigues

1. O Estado e a tributação

A tributação é, por excelência, a principal fonte de geração de recursos para o Estado, mas é preciso que haja lei que autorize a exigência de tributos e que essa lei esteja em equilíbrio e conformidade com a Constituição, que atribui competência tributária para os entes públicos (União, Estados, Distrito Federal e Municípios), estabelece limites para a exigência de tributos, em conformidade com os princípios e garantias dos contribuintes, para que possam ser exigidos. A não observância dos preceitos constitucionais, quando da elaboração da lei que institui o tributo, torna a exigência inconstitucional, passível de discussão judicial.

A capacidade que o cidadão possui para contribuir com os gastos públicos deve ser respeitada. O ponto de equilíbrio da tributação deve ser traduzido por aquilo que possa ser razoável e coerente com o objeto econômico do tributo, de forma a dimensionar a racionabilidade do seu pagamento.

Nos sistemas constitucionais modernos, cada vez mais, há preocupação com a dinâmica das relações sociais e, portanto, com o exercício dos direitos.

Principalmente, no momento atual por que tem passado nosso país, com alto grau de corrupção descoberta, a partir de operações, no chamado Mensalão, que resultou na Ação Penal nº 470, e, posteriormente, com a Operação Lava Jato, com grande quantidade de dinheiro público desviado, que poderiam ser aplicados em necessidades básicas do cidadão, em cumprimento aos direitos e garantias determinados pela Constituição da República. Podemos, ainda, mencionar a "Operação Zelotes", descoberta junto à Receita Federal do Brasil, em processos administrativos, que igualmente foi constatado, em alguns casos, desvio de dinheiro público, por meio de favorecimento ilícito, mediante fraude.

A Constituição da República de 1988, ao estabelecer os princípios fundamentais da Nação e seus objetivos, estabelece:

> *"Art. 1º – A República Federativa do Brasil, formada pela união indissolúvel dos Estados e Municípios e do Distrito Federal, constitui-se em Estado Democrático de Direito e tem como fundamentos:*
>
> *I – a soberania;*
>
> *II – a cidadania;*
>
> *III – a dignidade da pessoa humana;*
>
> *IV – os valores sociais do trabalho e da livre iniciativa;*
>
> *V – o pluralismo político.*
>
> *Parágrafo único – Todo o poder emana do povo, que o exerce por meio de representantes eleitos ou diretamente, nos termos desta Constituição."*
>
> *(...)*
>
> *"Art. 3º – Constituem objetivos fundamentais da República Federativa do Brasil:*
>
> *I – construir uma sociedade livre, justa e solidária;*
>
> *II – garantir o desenvolvimento nacional;*
>
> *III – erradicar a pobreza e a marginalização e reduzir as desigualdades sociais e regionais;*
>
> *IV – promover o bem de todos, sem preconceitos de origem, raça, sexo, cor, idade e quaisquer outras formas de discriminação."*

Para cumprir esses objetivos, necessita de tributos para suprir as necessidades do Estado e promover o bem comum.

Ao estabelecer o Sistema Tributário, a Constituição de 1988, definiu as competências dos entes federativos (União, Estados, Distrito Federal e Municípios) em relação aos tributos a serem exigidos e estabeleceu os limites de atuação, que representam as garantias dos contribuintes asseguradas pela nossa Lei Maior.

O **art. 153** da Constituição Federal, atribuiu competência para União instituir os seguintes impostos:

"I – importação de produtos estrangeiros;

II – exportação, para o exterior, de produtos nacionais ou nacionalizados;

III – renda e proventos de qualquer natureza;

IV – produtos industrializados;

V – operações de crédito, câmbio e seguro, ou relativas a títulos ou valores mobiliários;

VI – propriedade territorial rural;

VII – grandes fortunas, nos termos de lei complementar."

E o **art. 154**, na sequência, atribui competência à União para instituir: (I) mediante lei complementar, impostos não previstos no artigo anterior, desde que sejam não-cumulativos e não tenham fato gerador ou base de cálculo próprios dos discriminados nesta Constituição; (II) na iminência ou no caso de guerra externa, impostos extraordinários, compreendidos ou não em sua competência tributária, os quais serão suprimidos, gradativamente, cessadas as causas de sua criação.

O **art. 155** da Constituição Federal, atribui competência para os Estados e o Distrito Federal instituir impostos sobre:

"I – transmissão causa mortis e doação, de quaisquer bens ou direitos;

II – operações relativas à circulação de mercadorias e sobre prestações de serviços de transporte interestadual e intermunicipal e de comunicação, ainda que as operações e as prestações se iniciem no exterior

III – propriedade de veículos automotores."

O **art. 156** da Constituição Federal, atribui competência para os Municípios instituir impostos sobre:

"I – propriedade predial e territorial urbana;

II – transmissão "inter vivos", a qualquer título, por ato oneroso, de bens imóveis, por natureza ou acessão física, e de direitos reais sobre imóveis, exceto os de garantia, bem como cessão de direitos a sua aquisição;

III – serviços de qualquer natureza, não compreendidos no art. 155, II, definidos em lei complementar."

Os direitos dos contribuintes e as limitações do poder de tributar

Como Limitações ao Poder de Tributar e garantias do contribuinte, a Constituição preceitua:

"Art. 150. Sem prejuízo de outras garantias asseguradas ao contribuinte, é vedado à União, aos Estados, ao Distrito Federal e aos Municípios:

I – exigir ou aumentar tributo sem lei que o estabeleça;

II – instituir tratamento desigual entre contribuintes que se encontrem em situação equivalente, proibida qualquer distinção em razão de ocupação profissional ou função por eles exercida, independentemente da denominação jurídica dos rendimentos, títulos ou direitos;

III – cobrar tributos:

a) em relação a fatos geradores ocorridos antes do início da vigência da lei que os houver instituído ou aumentado;

b) no mesmo exercício financeiro em que haja sido publicada a lei que os instituiu ou aumentou;

c) antes de decorridos noventa dias da data em que haja sido publicada a lei que os instituiu ou aumentou, observado o disposto na alínea b

IV – utilizar tributo com efeito de confisco;

V – estabelecer limitações ao tráfego de pessoas ou bens, por meio de tributos interestaduais ou intermunicipais, ressalvada a cobrança de pedágio pela utilização de vias conservadas pelo Poder Público;

VI – instituir impostos sobre:

a) patrimônio, renda ou serviços, uns dos outros;

b) templos de qualquer culto;

c) patrimônio, renda ou serviços dos partidos políticos, inclusive suas fundações, das entidades sindicais dos trabalhadores, das instituições de educação e de assistência social, sem fins lucrativos, atendidos os requisitos da lei;

d) livros, jornais, periódicos e o papel destinado a sua impressão.

e) fonogramas e videofonogramas musicais produzidos no Brasil contendo obras musicais ou literomusicais de autores brasileiros e/ou obras em geral interpretadas por artistas brasileiros bem como os suportes materiais ou arquivos digitais que os contenham, salvo na etapa de replicação industrial de mídias ópticas de leitura a laser."

Como se constata, é enorme o rol de impostos atribuídos à União, aos Estados, ao Distrito Federal e aos Municípios, que são exigidos do contribuinte brasileiro.

Acresce-se, ainda, a esse extenso rol, a exigência de **Contribuições Sociais** ao PIS e COFINS, de competência da União (fiscalização e arrecadação) que os contribuintes devem arcar, para atendimento de programas sociais.

E também às **Contribuições Previdenciárias** a que faz menção o art. 195 ao dispor:

"Art. 195. A seguridade social será financiada por toda a sociedade, de forma direta e indireta, nos termos da lei, mediante recursos provenientes dos orçamentos da União, dos Estados, do Distrito Federal e dos Municípios, e das seguintes contribuições sociais:

I – do empregador, da empresa e da entidade a ela equiparada na forma da lei, incidentes sobre:

a) a folha de salários e demais rendimentos do trabalho pagos ou creditados, a qualquer título, à pessoa física que lhe preste serviço, mesmo sem vínculo empregatício;

b) a receita ou o faturamento;

c) o lucro.

II – do trabalhador e dos demais segurados da previdência social, podendo ser adotadas alíquotas progressivas de acordo com o valor do salário de contribuição, não incidindo contribuição sobre aposentadoria e pensão concedidas pelo Regime Geral de Previdência Social.

III – sobre a receita de concursos de prognósticos.

IV – do importador de bens ou serviços do exterior, ou de quem a lei a ele equiparar."

Além das Taxas e Contribuições de Melhoria a que faz menção o art. 145 da Constituição ao estabelecer os Princípios Gerais, assim definidos:

"Art. 145. A União, os Estados, o Distrito Federal e os Municípios poderão instituir os seguintes tributos:

I – impostos;[1]

II – taxas, em razão do exercício do poder de polícia ou pela utilização, efetiva ou potencial, de serviços públicos específicos e divisíveis, prestados ao contribuinte ou postos a sua disposição;

III – contribuição de melhoria, decorrente de obras públicas.

§ 1º Sempre que possível, os impostos terão caráter pessoal e serão graduados segundo a capacidade econômica do contribuinte, facultado à administração tributária, especialmente para conferir efetividade a esses objetivos, identificar, respeitados os direitos individuais e nos termos da lei, o patrimônio, os rendimentos e as atividades econômicas do contribuinte.

§ 2º As taxas não poderão ter base de cálculo própria de impostos."

[1] O CTN em seu art. 16 prescreve: "Art. 16 – Imposto é o tributo cuja obrigação tem por fato gerador uma situação independente de qualquer atividade estatal específica, relativa ao contribuinte."

2. Garantias fundamentais e segurança jurídica no procedimento tributário

Uma das garantias fundamentais que o Estado de Direito assegura aos cidadãos contribuintes, no procedimento tributário é a **segurança jurídica**, que compreende, em geral, as imposições jurídicas e procedimentais pela Administração Tributária. Essas garantias jurídico-fundamentais atuam nas relações jurídicas com o contribuinte e também vinculam a Administração Tributária com exigências fiscais em observação à **legalidade, celeridade, de respeito aos direitos dos cidadãos e eficiência** (art. 37 da CF). A segurança jurídica está diretamente ligada **à eficácia do sistema jurídico tributário e à legalidade no procedimento tributário**, à medida em que garante que a lei tributária seja rigorosamente respeitada e que ninguém seja obrigado a pagar tributos não previstos em lei (arts. 5º, II e 150, I, da CF). A cuidadosa observância da lei tributária, só faz sentido para ser aplicada se essa lei for justa. É o princípio da estrita legalidade tributária, que a Administração está obrigada a observar na aplicação da lei.

Assim, a segurança jurídica exige **leis justas** para que sejam aceitas pela sociedade, ou seja: leis que devem ser **corretamente interpretadas** e **aplicadas pela Administração Pública** sendo objeto de um intenso **controle jurisdicional** na solução dos conflitos que forem suscitados (art. 5º, XXXV, da CF).

Por outro lado, a **segurança jurídica**, que se traduz na **estabilidade e na previsibilidade do direito**, significa que os contribuintes devem poder conhecer as normas jurídicas e, em geral, o direito aplicado pela Administração Tributária, a fim de poderem ajustar a sua conduta a essas normas e a esse direito. O direito, necessariamente, precisa ter **estabilidade**, uma vez que **sucessivas** e **frequentes alterações** geram aos cidadãos **incerteza** sobre o futuro, que deixam de programar suas decisões que muitas vezes levam tempo a preparar e se prolongam no tempo. A **tributação** é parte importante das decisões dos contribuintes e das empresas, uma vez que **necessitam de saber claramente a que lei e a que obrigações fiscais estão sujeitos.**

A estabilidade do direito é essencial para os seus destinatários. A proibição da **retroatividade** das normas tributárias, a garantia de **prazos de vigência**, a **publicidade** das normas e das decisões da Administração Tributária, bem como a legalidade são, entre outros, **fatores de estabilidade jurídica.**

3. Clareza e precisão da lei tributária

A *segurança jurídica* é indissociável da *certeza jurídica* e exige clareza e precisão das normas jurídicas. Somente mediante normas jurídicas tributárias estáveis e conhecidas (ou facilmente conhecidas), podem assegurar aos seus destinatários elevados níveis de certeza.

A *essência* do direito não se afina com a letra da lei. O direito é o resultado de uma interpretação e aplicação que se vai consubstanciando e impondo com o tempo, com a diversidade dos casos que vão surgindo. **"Assim, a verdadeira essência do direito não está apenas plasmada na lei, mas à letra desta é acrescentado um casuísmo interpretativo e aplicado que lhe confere a sua identidade própria ou dimensão específica. Em última instância, os contornos específicos do direito são definidos pela jurisprudência, embora esta também seja sujeita à crítica e à evolução, num permanente desenvolvimento. Para o direito e para a justiça em concreto é importante a interpretação e a aplicação da lei, tal como o controle jurisdicional."**[2]

4. Princípio da proporcionalidade

Outra importante exigência prévia da segurança jurídica no procedimento tributário é o princípio da proporcionalidade na atuação da Administração Pública.

O reconhecimento formal do princípio da proporcionalidade como limite dessa atuação pela Administração, surgiu em finais da década de sessenta pelo Tribunal Administrativo Federal, na Alemanha e pelo Conselho de Estado Francês.

Trata-se de um princípio estruturante do Estado Democrático de Direito, que estabelece limites para a Administração Pública, em toda a sua atuação.

O princípio da proporcionalidade deve cumprir três exigências cumulativas em relação as decisões administrativas: adequação, indispensabilidade e proporcionalidade em sentido estrito. (1) Pela adequação a medida adotada pela Administração deve permitir alcançar o fim legítimo que se

[2] Souza, Antonio Francisco, prof. da Faculdade de Direito da Universidade do Porto - Portugal - "Garantias Fundamentais de Segurança Jurídica no Procedimento Tributário" in "Tributação e Direitos Fundamentais", obra coletiva, Instituto Brasiliense de Direito Público - coord. Paulo Gonet Branco, Liziane Angelotti Meira e Celso de Barros Correia Neto - Ed. Saraiva - p. 76/94 - 2012

tem em vista, conforme a finalidade e limites da lei a ser aplicada, que a Administração está obrigada a observar em toda a sua atuação. (2) Pela exigência da indispensabilidade, a medida (adequada), adotada no caso concreto deve ser absolutamente necessária ou exigível para se atingir o fim determinado, o que obriga a Administração Pública a escolher, entre os meios adequados, aquele menos gravoso ao particular, o que menor sacrifício lhe cause, razão pela qual se fala em princípio da menor afetação possível os direitos do cidadão, tendo em vista os interesses públicos superiores. (3) A exigência de proporcionalidade em sentido estrito, obriga a que os sacrifícios da medida administrativa para os seus destinatários e para o interesse público não sejam excessivos, no sentido de ultrapassarem os benefícios que com segurança e fundamento dela se espera. Essa exigência de proporcionalidade em sentido estrito, representa proibição do excesso, remetendo para uma ponderação entre custos-benefícios, em que os benefícios devem superar claramente os custos.

5. Participação do contribuinte – no procedimento tributário

A garantia de segurança jurídica no procedimento tributário, também, está diretamente relacionada com a participação dos contribuintes, como garantia fundamental dos cidadãos.

Tanto que a Constituição da República em seu art. 5º, inciso LV, garante ampla defesa nos seguintes termos:

> *"LV – aos litigantes, em processo judicial ou administrativo, e aos acusados em geral são assegurados o contraditório e ampla defesa, com os meios e recursos a ela inerentes."*

A ampla defesa administrativa compreende também o contraditório com os meios e recursos a ela inerentes, com possibilidade de sustentação oral e entrega de Memoriais, prova pericial, juntada de documentos, etc.

E, portanto, a participação dos interessados na formação das decisões que lhe dizem respeito é uma garantia estruturante do Estado Democrático de Direito, que permite melhorar a qualidade, a justiça e a representatividade das decisões, assegurando a própria dignidade da pessoa humana, no exercício dos seus direitos fundamentais.

A Proteção da Confiança, também é uma exigência do direito administrativo do Estado Democrático de Direito. Em relação ao Direito Tributário, a proteção da confiança significa que o contribuinte deve confiar nas expectativas da correta interpretação da lei aplicável e também dos atos da Administração que resultam para sua relação tributária com a Administração.

Por outro lado, a Administração não pode nos atos que pratica em relação ao contribuinte mudar o critério jurídico de entendimento, para alcançar situações pretéritas.

Á título exemplificativo, mencionamos o artigo 146 do Código Tributário Nacional, que está assim redigido:

> *"Art. 146. A modificação introduzida, de ofício ou em conseqüência de decisão administrativa ou judicial, nos critérios jurídicos adotados pela autoridade administrativa no exercício do lançamento somente pode ser efetivada, em relação a um mesmo sujeito passivo, quanto a fato gerador ocorrido posteriormente à sua introdução."*

A eventual inovação das normas complementares que integram a legislação tributária, referente a modificação do critério jurídico em consequência de decisão administrativa ou judicial, pela autoridade Administrativa, somente poderá ser aplicada em decisões posteriores a sua introdução, não autorizando a revisão de lançamento.

Esse entendimento resultou na Súmula nº 227 do antigo Tribunal Federal de Recursos, com o seguinte verbete:

> *"A mudança de critério jurídico adotado pelo fisco não autoriza a revisão de lançamento."*

No mesmo sentido decidiu o STF no RE nº 100.481/SP, Rel. Ministro Carlos Madeira, RTJ 122/636.

Desta forma, tanto o direito procedimental como o direito processual contribuem para a segurança jurídica, considerando a garantia dos direitos dos contribuintes assegurados pela Constituição, que vinculam a Administração e também a interpretação dos Tribunais Superiores, conforme jurisprudência na aplicação da lei que devem ser observadas. É nesse ponto que o *Compliance* Tributário é importante para as empresas.

6. O *compliance* tributário

O *compliance* tributário, vem sendo aplicado cada vez mais em empresas públicas e privadas, para adequar seu funcionamento às normas regulamentares e da legislação tributária, com a finalidade de prevenir problemas junto à fiscalização e monitorar o bom cumprimento de legislações e controlar ilicitudes, que venham a ser praticadas pelas empresas.

Segundo o "*Oxford Advance Leaner's Dictionary* (2016)": "*COMPLIANCE*" pode ser entendido como "*the practice of obeying rules or requests made by people in authority*".

A palavra de origem inglesa, pode ser entendida como ato de obediência a uma determinação, estar em acordo com as regras, legislações e normas instituídas por autoridades, ou seja, o dever das empresas em seguir as leis de natureza tributária que lhe são aplicáveis.

O Conselho Administrativo de Defesa da Concorrência – CADE, elaborou um Guia de *Compliance*, para as empresas, onde delimita o conceito de *compliance*, como "um conjunto de medidas internas que permite prevenir ou minimizar os riscos de violações às leis decorrentes de atividades praticadas por um agente econômico e de qualquer de seus sócios ou colaboradores."[3]

Portanto, *compliance* seria estar de acordo com as regras, que no sentido deste trabalho, entende-se como a legislação e normas instituídas pelo Poder Legislativo e autoridades, aplicáveis ao Direito Tributário, bem como pela Constituição da República, para correta e coerente observações regulamentares, que deve auxiliar na vida da empresa.

O *compliance* pode ser aplicado à empresa através da adoção de metodologia de regulamentação e controle interno, com a finalidade de instituir um modelo para que as empresas sigam corretamente as normas.

Assim, como um todo, o *compliance*, pode ser aplicado em vários segmentos de uma empresa, dentre os quais podemos mencionar as esferas: tributária/fiscal, contábil, financeira, previdenciária, trabalhista, ambiental, jurídica, ética, etc.

A aplicação do *compliance* ao Direito Tributário, para melhor gestão de negócios empresariais é necessária, em razão de inúmeras normas existentes, com a finalidade de exigência de tributos, que na gestão e administração das empresas acabam sendo complexas.

Sendo assim, as empresas representadas por seus sócios, devem estar cientes do cumprimento do dever de pagar tributos e arcar com o custo tributário, de forma correta, que inclui o princípio da moralidade tanto por parte do contribuinte como por parte da fiscalização, agindo de forma ética e transparente.

[3] CADE – Guia Programas de *Compliance*: Orientações sobre estruturação e benefícios da adoção de programas de *compliance* concorrencial. Disponível em http://www.cade.gov.br/acesso-a-informação/publicações-institucionais/guiasdoCAD-versãooficial.pdf Acesso em 30/novembro/2016.

Historicamente a discussão sobre o *compliance* tributário, surgiu em torno do debate sobre três pontos: I) porquê pagar tributos; II) como estimular o contribuinte a cumprir as normas tributárias; III) como aplicar sanções de forma adequada em caso de descumprimento.

7. *Compliance* no Brasil e o combate a corrupção

A noção de *compliance* envolve o estabelecimento de mecanismos de autorregulação e autorresponsabilidades pelas pessoas jurídicas. Ao se falar em *compliance*, imediatamente se conduz a ideia de autovigilância, ou seja, consubstancia um sistema de controles cuja função primordial consiste em promover uma cultura de respeito à legalidade e evitar a ocorrência de violações às normas jurídicas e ao Código de Ética de cada entidade, e atuação com transparência.

As origens do *compliance* surgiram nos Estados Unidos no final de 1970, em razão do alto grau de corrupção, com a elaboração da célebre lei Foreign Corrupt Practices Act, conhecida pela sigla FCPA. Referida norma surgiu e foi direcionada pelas práticas das empresas multinacionais norte-americanas, exigindo-lhes pronta adoção de medidas para maior transparência e controle dos atos desenvolvidos no exterior. A adoção dessas políticas no interior dessas empresas de alcance global, que receberam o nome de *compliance*, contribuíram para sua disseminação pelas várias regiões do globo e inspiraram a criação de legislações semelhantes em diversos países, bem como para instalação de órgãos especializados e de normas sobre o tema no interior de organismos internacionais, especialmente na OCDE – Organização de Cooperação e Desenvolvimento Econômico.

A Convenção da OCDE foi concluída em Paris, em 17 de dezembro de 1997, tendo entrado em vigor no âmbito internacional em 15 de fevereiro de 1999. No Brasil referida Convenção foi incorporada em nosso sistema jurídico por meio do Decreto nº 3.678, de 30 de novembro de 2000.

O objetivo da referida Convenção (OCDE), foi o comprometimento dos signatários, para que editassem legislação interna compatível com as ações de combate à corrupção propostas para o contexto internacional.

O artigo 2º da referida Convenção determina: *"Cada Parte deverá tomar todas as medidas necessárias ao estabelecimento das responsabilidades das pessoas jurídicas pela corrupção de funcionário público estrangeiro, de acordo com seus princípios jurídicos."*

O Brasil, atendendo à recomendação da Convenção, editou a Lei nº 10.467, de junho de 2002, que acrescentou ao Título XI do Código Penal o Capítulo II-A, dispondo previsão para os crimes cometidos por particular contra a Administração Pública estrangeira. O Capítulo tipifica os delitos de corrupção ativa em transação comercial internacional (art. 337-B), tráfico de influência em transação comercial internacional; (art. 337-C) e define o conceito de funcionário público estrangeiro (art. 337-D), assim redigidos:

> ***"Corrupção ativa em transação comercial internacional***
>
> ***Art. 337-B*** *– Prometer, oferecer ou dar, direta ou indiretamente, vantagem indevida a funcionário público estrangeiro, ou a terceira pessoa, para determiná-lo a praticar, omitir ou retardar ato de ofício relacionado à transação comercial internacional:*
>
> ***Pena*** *– reclusão, de 1 (um) a 8 (oito) anos, e multa.*
>
> ***Parágrafo único*** *– A pena é aumentada de 1/3 (um terço), se, em razão da vantagem ou promessa, o funcionário público estrangeiro retarda ou omite o ato de ofício, ou o pratica infringindo dever funcional."*

> ***"Tráfico de influência em transação comercial internacional***
>
> ***Art. 337-C*** *– Solicitar, exigir, cobrar ou obter, para si ou para outrem, direta ou indiretamente, vantagem ou promessa de vantagem a pretexto de influir em ato praticado por funcionário público estrangeiro no exercício de suas funções, relacionado a transação comercial internacional:*
>
> ***Pena*** *– reclusão, de 2 (dois) a 5 (cinco) anos, e multa.*
>
> ***Parágrafo único*** *-A pena é aumentada da metade, se o agente alega ou insinua que a vantagem é também destinada a funcionário estrangeiro."*

> ***"Funcionário público estrangeiro***
>
> ***Art. 337-D*** *– Considera-se funcionário público estrangeiro, para os efeitos penais, quem, ainda que transitoriamente ou sem remuneração, exerce cargo, emprego ou função pública em entidades estatais ou em representações diplomáticas de país estrangeiro.*
>
> ***Parágrafo único*** *– Equipara-se a funcionário público estrangeiro quem exerce cargo, emprego ou função em empresas controladas, diretamente ou indiretamente, pelo Poder Público de país estrangeiro ou em organizações públicas internacionais."*

No caso específico do *compliance*, a OCDE editou, posteriormente, à mencionada Convenção, recomendações atualizadas para o combate à corrupção, com a expedição de guia de boas práticas em 2009, sobre *compliance*, ética e controles internos no âmbito empresarial. O guia destaca que as diretrizes lá elencadas são meramente sugestivas, mas a relevância de tais princípios influenciou vários outros normativos relacionados a controle de riscos, no âmbito interno de países.

Quanto a tais princípios, podemos destacar: (a) recomendação de suporte forte, explícito e visível da alta direção da empresa em relação ao programa de *compliance*; (b) construção de política interna clara e articulada que proíba atos de corrupção; (c) conscientização, no âmbito interno da empresa, de que a responsabilidade pelo cumprimento dos programas de integridade é de todos, independentemente da função ou nível hierárquico ocupado; (d) supervisão contínua para a manutenção da atualização e eficácia dos programas de integridade; (e) extensão da aplicação do programa a terceiros que negociem com as empresas; (f) estabelecer canais de comunicação adequados à divulgação de programas e seu cumprimento; (g) revisões periódicas os programas, de modo a manter a atualidade e a eficácia das medidas preventivas em relação às variações de mercado.[4]

8. A Convenção Interamericana contra a Corrupção

Outra Convenção Internacional importante, foi a Convenção Interamericana contra a Corrupção (adotada em Caracas, em 29 de março de 1996). No Brasil foi promulgada por meio do Decreto nº 4.410, em 2002. Referida Convenção surgiu do reconhecimento das Nações da América de que a corrupção é um instrumento de que se serve o crime organizado para concretizar seus fins, notadamente sob o ponto de vista da existência de vínculos cada vez mais estreitos entre a corrupção e as receitas do tráfico ilícito de entorpecentes.

Essa Convenção Interamericana encampou a necessidade de interlocução entre todos os países envolvidos, especificamente em termos de cooperação judicial, conforme consta dos propósitos elencados no artigo II: "promover e fortalecer, nos Estado-parte, o desenvolvimento de mecanismos adequados a prevenir, detectar, punir e erradicar a corrupção, bem como promover, facilitar e regular a cooperação dos países, com o objetivo de assegurar a eficácia das ações tomadas no âmbito interno de cada Estado-parte".

[4] OCDE - Convention on Combating Bribery of Foreign Public Officials in International Business Transactions and Related, Documents. Anexo II - p. 30-32- Disponível em http://www.ocde.org/daf/anti-bribery/ConVCombatBribery,Eng.pdf Acesso em 08/agosto/2016.

A Convenção das Nações Unidas contra a corrupção (adotada pela Assembleia Geral da ONU em 31 de outubro de 2003), foi um dos mais importantes compromissos internacionais assumidos pelo Brasil, concretizado com a edição do Decreto nº 5.687/2006, que integrou ao ordenamento jurídico brasileiro essa Convenção das Nações Unidas (ONU), contra a corrupção.

A importância dessa Convenção pode ser constatada logo em seu Preâmbulo, que traz a preocupação das Nações Unidas contra as ameaças e os riscos envolvendo a corrupção: propõe, assim, modelo de prevenção, detecção e dissuasão da prática nociva a partir de um enfoque multidisciplinar. Assinala a necessidade de uma maior cooperação internacional, já que há muito deixou a corrupção de ser um problema local para converter-se em fenômeno transacional, capaz de afetar instituições democráticas e econômicas de modo geral e no âmbito global.

A Convenção da ONU, destaca em seus artigos 5º, 8º, 9º e 12, os seguintes pontos:

I – obrigatoriedade de os Estados-parte **implementarem, no âmbito de seu ordenamento interno, políticas coordenadas e eficazes para conter a corrupção** (por exemplo, inserir no ordenamento uma lei específica contra a corrupção);

II – **comprometimento dos Estados-parte** para que **elaborem códigos de conduta que guiem e pautem ações dos funcionários públicos**, com a criação de regras claras de ***compliance*** e propõe também, **a criação de mecanismos facilitadores de denúncias sobre irregularidades identificadas com o fomento de delação e proposta de acordo de leniência;**

III – Regras e padrões de **transparência na gestão pública, incentivando a criação de sistemas eficazes e eficientes de gestão de riscos e controles internos**, no enfoque do *compliance*;

IV – A obrigatoriedade dos Estados-parte de adotarem, nos sistemas legislativos internos, medidas para prevenir a corrupção e melhorar as normas contábeis e de auditoria no setor privado, prescrevendo, sanções administrativas ou penais eficazes, **em caso de descumprimento da lei.**

Constata-se, assim, a tendência da comunidade internacional em combater a corrupção por meio de mecanismos de controle de gestão de riscos, que podem ser concretizados por meio de legislação adequada e suficiente à prevenção, à identificação, ao controle e à repressão das condutas ilícitas praticadas por pessoas físicas ou jurídicas.

O *compliance* na área tributária, portanto, tem por objetivo a criação de mecanismos que os Estados signatários dos diversos acordos internacionais devem implementar, no âmbito de cada ordenamento jurídico, de políticas coordenadas e eficazes para combater a corrupção por meio de leis e códigos de conduta que pautem ações dos funcionários públicos e propõe também, a criação de mecanismos que facilitam as denúncias sobre irregularidades com regras padrões de transparência em toda a atuação da empresa, incentivando a criação de sistemas mais eficazes e eficientes de gestão de riscos e controles à corrupção, mediante a Governança Corporativa.

A Governança Corporativa pode ser entendida, como "um sistema pelo qual as empresas são dirigidas e monitoradas, cuja finalidade é preservar e otimizar o valor econômico de longo prazo, facilitando o acesso a recursos e investimentos, contribuindo para a qualidade da gestão".[5]

Desta forma, o *Compliance* deve estar alinhado com a Governança Corporativa, contribuindo para a melhor qualidade da gestão.

No Brasil, embora já existissem diplomas legais que visavam regular e coibir muitas das práticas ilícitas evitadas (não consideradas) pelos departamentos de *Compliance*, a questão passou a ser examinada de forma mais incisiva a partir da Lei nº 12.846, de 1º de agosto de 2013, também denominada "Lei Anticorrupção", ou "Lei da Empresa Limpa" a partir de sua vigência, que ocorreu em fevereiro de 2014.[6]

A sua regulamentação foi feita pelo Decreto nº 8.420, de 18 de março de 2015.

O Brasil, em razão de diversos Tratados Internacionais, que faz parte, principalmente a Convenção das Nações Unidas contra a Corrupção, implementou a Lei nº 12.846/2013, com objetivo de combater a corrupção por mecanismos de maior controle de gestão e riscos, à exemplo da atuação da comunidade internacional, para repressão das condutas ilícitas praticadas por pessoas físicas e jurídicas. A prática de tal comportamento prejudica a Sociedade e o Estado Democrático, e, portanto, deve ser combatida com responsabilidade.

[5] IBGC – Instituto Brasileiro de Governança Corporativa – Código das Melhores Práticas de Governança Corporativa, 5ª ed., SP, 2015, p. 20-21. Disponível em: http://www.ibgc.org.br/userfiles/2014/files/codigoM-P5edicaoWeb Acesso em 15/agosto/2017.

[6] O art. 31 da Lei 12.846/2013, preceitua: "Art. 31 – Esta lei entra em vigor 180 (cento e oitenta) dias após a sua publicação" – o que ocorreu em 02/08/2013.

Manoel Gonçalves Ferreira Filho, com propriedade em artigo intitulado "Corrupção e Democracia", observa:

> *"A corrupção é um mal gravíssimo que prejudica as bases de sustentação do Estado e ameaça a sociedade como um todo, sendo fonte de descrédito das instituições regentes de um regime democrático. O dever de probidade decorre, assim, do dever de moralidade, revelando a improbidade uma qualidade humana que não atende o bem comum."*[7]

No Estado Democrático de Direito como o nosso, (art. 1º, CF), a corrupção prejudica as bases de sustentação do Estado, que resulta em descrédito das instituições e, portanto, não deve ser tolerada. Por esta razão a Lei nº 12.846/2013, atribui responsabilidades e impõe pesadas multas, àqueles que praticarem corrupção, a exemplo de legislações internacionais.

9. A Lei Anticorrupção e a responsabilidade objetiva da pessoa jurídica

No ordenamento jurídico brasileiro, como regra geral, a responsabilidade decorrente de atos ilícitos é de ordem subjetiva, exigindo a comprovação de que houve uma conduta dolosa ou culposa que gerou o dano, havendo nexo causal entre essa ação (ou omissão) e o mal causado.

A responsabilidade objetiva sempre foi prevista em caráter excepcional, nas hipóteses em que o legislador, por motivos de natureza política, decide atribuir o ônus de determinado resultado indesejável a um "responsável", independente de ter havido dolo (vontade consciente dirigida a um fim) ou culpa (nas modalidades de imprudência, imperícia e negligência).

A principal novidade da Lei 12.846/2013, "Lei Anticorrupção", foi estabelecer hipótese de Responsabilidade Objetiva para a Pessoa Jurídica envolvida em atos de corrupção, nos termos dos seus artigos 1º e 2º, que preceituam:

> *"Art. 1º Esta Lei dispõe sobre a* ***responsabilização objetiva*** *administrativa e civil de pessoas jurídicas pela prática de atos contra a administração pública, nacional ou estrangeira.*
>
> *Parágrafo único. Aplica-se o disposto nesta Lei às sociedades empresárias e às sociedades simples, personificadas ou não, independentemente da forma de organização ou modelo societário adotado, bem como a quaisquer fundações, associações de entidades*

[7] "Corrupção e Democracia" – Revista do Direito Administrativo nº 226 – out/2001 – Rio de Janeiro.

ou pessoas, ou sociedades estrangeiras, que tenham sede, filial ou representação no território brasileiro, constituídas de fato ou de direito, ainda que temporariamente."

*"Art. 2º As pessoas jurídicas serão **responsabilizadas objetivamente**, nos âmbitos administrativo e civil, pelos atos lesivos previstos nesta Lei praticados em seu interesse ou benefício, exclusivo ou não."*

Trata-se da possibilidade de responsabilizar e punir, a Pessoa Jurídica, nos âmbitos administrativo e civil, pelos atos praticados em benefício da empresa, bastando para tanto a demonstração do nexo causal entre a conduta corrupta e a vantagem auferida.

A responsabilidade civil poderá ser apurada tanto na esfera judicial quanto na administrativa, sempre direcionada a compor o prejuízo experimentado. Já a responsabilidade administrativa, conta com procedimento próprio e a natureza da sanção é diversa, a coerção exercida pela ameaça de pena como mecanismo de garantia do respeito às pautas normativas estabelecidas pela Administração Pública. Na esfera civil o escopo de responsabilização é a reposição da situação ao "*status quo ante*", ou seja, reparar o dano causado. Já a responsabilização administrativa possui outras finalidades, notadamente a inibitória da atividade nociva à sociedade, motivo pelo qual as eventuais penas pecuniárias aplicáveis não guardam relação necessária de pertinência com o montante do dano causado.

Adriana Freisleben de Zanetti, ao comentar a Lei Anticorrupção em relação às modalidades de responsabilização escreve:

"...em ambas as modalidades de responsabilização previstas, o elemento subjetivo fica fora dessa relação – mesmo porque uma pessoa jurídica, por ser fruto de ficção, não é capaz de agir com dolo direto ou eventual, tampouco com imprudência, imperícia ou negligência. Sempre haverá uma conduta humana, ainda que diluída em conselhos e órgãos colegiados da pessoa jurídica, que gerará o liame que apontará determinado resultado benéfico fruto de ato de corrupção. Assim, independentemente de o sistema persecutório do País conseguir responsabilizar e aplicar penas às pessoas físicas que agiram em nome da empresa, será ela própria punida pelo ato ilícito de que obteve proveito".[8]

[8] Artigo publicado na Revista Brasileira de Estudos da Função Pública - RBEFP - Belo Horizonte ano 5 - nº 15 - p. 35-60 - set/dez - 2016.

Nesse caso o art. 3º da lei 12.846/2013 dispõe:

"Art. 3º A responsabilização da pessoa jurídica não exclui a responsabilidade individual de seus dirigentes ou administradores ou de qualquer pessoa natural, autora, coautora ou partícipe do ato ilícito.

§ 1º A pessoa jurídica será responsabilizada independentemente da responsabilização individual das pessoas naturais referidas no caput.

§ 2º Os dirigentes ou administradores somente serão responsabilizados por atos ilícitos na medida da sua culpabilidade."

A responsabilização objetiva administrativa e civil da pessoa jurídica não exclui a responsabilização culposa "*lato sensu*" (dolo e culpa em sentido estrito) das pessoas naturais autoras, coautoras ou partícipes do delito como já mencionado, a lei não exige a responsabilização da pessoa natural como necessária à aplicação da sanção à pessoa jurídica beneficiada com a conduta irregular que gera benefício ilícito para a empresa. O parágrafo primeiro do art. 3º dispõe expressamente que "a pessoa jurídica será responsabilizada independentemente da responsabilização das pessoas naturais" referidas no "caput".

10. Sanções administrativas – previstas na Lei Anticorrupção

A Lei Anticorrupção (Lei nº 12.846/2013) deixa claro, já no seu artigo 1º, o âmbito de responsabilização abrangida pela norma legal: de natureza **administrativa** e **civil**, nos seguintes termos:

"Art. 1º Esta Lei dispõe sobre a responsabilização objetiva administrativa e civil de pessoas jurídicas pela prática de atos contra a administração pública, nacional ou estrangeira.

Parágrafo único. Aplica-se o disposto nesta Lei às sociedades empresárias e às sociedades simples, personificadas ou não, independentemente da forma de organização ou modelo societário adotado, bem como a quaisquer fundações, associações de entidades ou pessoas, ou sociedades estrangeiras, que tenham sede, filial ou representação no território brasileiro, constituídas de fato ou de direito, ainda que temporariamente."

Nesse ponto, a Lei Anticorrupção é coerente com a sua finalidade, pois prevê a responsabilização das sanções administrativas previstas no artigo 6º, por meio de um processo administrativo em que a Administração aplicará as penalidades, no exercício da função administrativa, conforme o caso concreto.

Com efeito, a Constituição Federal de 1988, inseriu modelo de atuação do Estado, em que a Administração pública está obrigada a observar, nos seguintes termos:

> *"Art. 37. A administração pública direta e indireta de qualquer dos Poderes da União, dos Estados, do Distrito Federal e dos Municípios obedecerá aos princípios de legalidade, impessoalidade, moralidade, publicidade e eficiência e, também, ao seguinte..."*

A função pública, portanto, deve ser exercida em respeito ao princípio da legalidade e nos parâmetros estabelecidos pela Constituição, em todos os seus termos, com ética, transparência e eficiência, exigidas pela atuação pública.

Deve, ainda, ser assegurado ao acusado, o seu direito de ampla defesa, mediante o devido processo legal que representa um direito justo, e com todas as garantias constitucionais. (art. 5º, inciso LV, CF).

A corrupção, por si só, é capaz de obstar todos esses objetivos. Uma sociedade corrupta e enfraquecida, do ponto de vista democrático discrimina e privilegia pessoas em desacordo com o princípio da igualdade. O desenvolvimento do país é atravancado, à medida em que os critérios de eficiência cedem ao favoritismo e criam ambiente que ressalta em pobreza e desigualdade social.

O controle da corrupção constitui objetivo comum da sociedade democrática; admite, portanto, a participação do Estado e do particular nas ações de prevenções e repressão. Em 1993 foi fundada a Organização "Transparência Internacional", que em 2016 contava com mais de 100 países[9], com objetivo de conscientizar a população mundial sobre os efeitos maléficos da corrupção. A Organização atua em áreas diversas fomentando convenções internacionais e estudos de estratégias no combate a corrupção, colaborando na investigação de delitos perpetrados por grandes corruptos, e assim, prestado auxílio a empresas, em termos de *compliance*, códigos de ética e de conduta.

Em face de compromissos internacionais assumidos pelo nosso país, no controle e repressão de condutas ilícitas praticadas por pessoas físicas e jurídicas, é que foi promulgada a Lei nº 12.846/2013, "Lei Anticorrupção", conforme antes mencionado, estabelecendo pesadas sanções, aos infratores.

[9] Consulta em 20/novembro/2016: www.transparency.org

A Lei Anticorrupção, em seu art. 6º e 7º, ao estabelecer a responsabilização administrativa, estabelece as seguintes Sanções aplicáveis aos responsáveis pelos atos lesivos praticados, nos seguintes termos:

"Art. 6º Na esfera administrativa, serão aplicadas às pessoas jurídicas consideradas responsáveis pelos atos lesivos previstos nesta Lei as seguintes sanções:

I – multa, no valor de 0,1% (um décimo por cento) a 20% (vinte por cento) do faturamento bruto do último exercício anterior ao da instauração do processo administrativo, excluídos os tributos, a qual nunca será inferior à vantagem auferida, quando for possível sua estimação; e

II – publicação extraordinária da decisão condenatória.

§ 1º As sanções serão aplicadas fundamentadamente, isolada ou cumulativamente, de acordo com as peculiaridades do caso concreto e com a gravidade e natureza das infrações.

§ 2º A aplicação das sanções previstas neste artigo será precedida da manifestação jurídica elaborada pela Advocacia Pública ou pelo órgão de assistência jurídica, ou equivalente, do ente público.

§ 3º A aplicação das sanções previstas neste artigo não exclui, em qualquer hipótese, a obrigação da reparação integral do dano causado.

§ 4º Na hipótese do inciso I do caput , caso não seja possível utilizar o critério do valor do faturamento bruto da pessoa jurídica, a multa será de R$ 6.000,00 (seis mil reais) a R$ 60.000.000,00 (sessenta milhões de reais)."

"Art. 7º Serão levados em consideração na aplicação das sanções:

I – a gravidade da infração;

II – a vantagem auferida ou pretendida pelo infrator;

III – a consumação ou não da infração;

IV – o grau de lesão ou perigo de lesão;

V – o efeito negativo produzido pela infração;

VI – a situação econômica do infrator;

VII – a cooperação da pessoa jurídica para a apuração das infrações;

VIII – a existência de mecanismos e procedimentos internos de integridade, auditoria e incentivo à denúncia de irregularidades e a aplicação efetiva de códigos de ética e de conduta no âmbito da pessoa jurídica;

IX – o valor dos contratos mantidos pela pessoa jurídica com o órgão ou entidade pública lesados; e

Parágrafo único. Os parâmetros de avaliação de mecanismos e procedimentos previstos no inciso VIII do caput serão estabelecidos em regulamento do Poder Executivo Federal."

Assim, além da aplicação de sanções, o §3º do art. 6º, na esfera administrativa, estabelece a obrigação de reparação integral do dano causado e na esfera jurisdicional o perdimento de bens, direitos e valores decorrentes do ato ilícito, suspensão ou interdição parcial das atividades, dissolução compulsória da pessoa jurídica, proibição de receber incentivos, subsídios, subvenções, doações ou empréstimos de órgãos ou entidades públicas ou controladas pelo poder público, pelo prazo de 1 a 5 anos (art. 19).

Embora haja distinção das sanções nas esferas administrativa e civil, o art. 20 da referida lei admite a aplicação de sanções administrativas pelo Poder Judiciário, nos casos em que se apurar omissão da autoridade administrativa, *verbis*: "Nas ações ajuizadas pelo Ministério Público, poderão ser aplicadas as sanções previstas no art. 6º, sem prejuízo daquelas previstas neste Capítulo, desde que constatada a omissão das autoridades competentes para promover a responsabilização administrativa."

Com efeito, a Lei nº 12.846/2013, dispõe: ao longo do capítulo IV, sobre o processo administrativo de responsabilização, cujas diretrizes gerais são estabelecidas nos seus artigos 8º a 15. O Decreto nº 8.420/2015 que regulamentou a referida Lei 12.846/2013, dispõe que as sanções administrativas poderão ser cominadas às empresas por meio de apuração de responsabilidades efetuadas no âmbito do Processo Administrativo de Responsabilização – PAR, na forma prevista nos artigos 2º a 11.

Conforme art. 6º da Lei Anticorrupção, as penalidades administrativas são as seguintes: aplicação de multa (inciso I) e a publicação extraordinária da decisão condenatória (inciso II). Porém, há outros dispositivos na Lei que dispõe sobre sanções de caráter administrativo, como por exemplo, a inclusão do nome das empresas no Cadastro Nacional de Empresas Punidas – CNEP (art. 22) e no Cadastro Nacional de Empresas Inidôneas e Suspensas – CEIS (art. 23).

Na aplicação das sanções administrativas, notadamente a pena de multa, que pode variar de 0,1% (um décimo por cento) a 20% (vinte por cento) do faturamento bruto do último exercício ao da instauração do processo administrativo.

No caso de não ser possível utilizar o critério do valor do faturamento bruto da pessoa jurídica, a multa poderá ser de R$ 6.000,00 (seis mil reais) a R$ 60.000.000,00 (sessenta milhões de reais). A questão que se coloca é como estabelecer com razoabilidade e equidade a aplicação de sanções que sejam severas, mas também isonômicas e proporcionais.[10]

A Lei determina que a graduação do valor deve ser aferida de acordo com as premissas estabelecidas no art. 7º, como segue: a gravidade da infração (inciso I), a vantagem auferida ou pretendida pelo infrator (II), a consumação ou não da infração (III), o grau de lesão ou perigo de lesão (IV), o efeito negativo produzido pela infração (V), a situação econômica do infrator (VI), a cooperação da pessoa jurídica para a apuração das infrações (VII); a existência de mecanismos internos de integridade, auditoria e incentivo à denúncia de irregularidades e aplicação efetiva de códigos de ética e de conduta no âmbito da pessoa jurídica (VIII); o valor dos contratos mantidos pela pessoa jurídica com o órgão ou entidade pública lesados (IX).

Merece destaque o inciso VIII do art. 7º da Lei Anticorrupção, que traz a possibilidade do agente administrativo sopesar, para fins de diminuição da aplicação da sanção, "a existência de mecanismos de procedimentos internos de integridade, auditoria e incentivo à denúncia de irregularidade e a aplicação efetiva de códigos de ética e de conduta no âmbito da pessoa jurídica. Trata-se do "*Compliance*" que dará enseja a apuração de tais mecanismos de integridade exigidos pela Lei Anticorrupção, específicos para apuração de eventuais irregularidades internas.

O inciso VIII, portanto, valoriza a existência de procedimentos específicos para prevenir fraudes e ilícitos no âmbito de processos licitatórios, na execução de contratos administrativos com o setor público, ainda que intermediada por terceiros, tal como pagamento de tributos, obtenção de autorizações, licenças, permissões e certidões.

O Decreto nº 8.420/2015, ao estabelecer o Programa de Integridade, em seu art. 41, dispõe que o "programa de integridade consiste, no âmbito da pessoa jurídica, no conjunto de mecanismos e procedimentos internos de integridade, auditoria e incentivo à denúncia de irregularidade e na aplicação efetiva de códigos de ética e de conduta, política e diretrizes com objetivo de detectar e sanar desvios, fraudes, irregularidades e atos ilícitos praticados contra a administração pública, nacional e estrangeira. O § único "estabelece que o programa de integridade deve ser estrutu-

[10] Souza, Jorge Munhós de – Responsabilização Administrativa na Lei Anticorrupção, in Queiroz, Ronaldo de Pinheiro et al. Lei Anticorrupção, Salvador, Jusprodivm, 2015, p. 149.

rado, aplicado e atualizado de acordo com as características e riscos atuais das atividades de cada pessoa jurídica, a qual por sua vez deve garantir o constante aprimoramento e adaptação do referido programa, visando garantir sua efetividade".

O art. 42 do referido regulamento dispõe, para fins do § 4º do art. 5º, que o "programa de integridade será avaliado, quanto da sua existência e aplicação", conforme os parâmetros mencionados pelos incisos I a XV, sobre os padrões de conduta, código de ética da alta direção da pessoa jurídica, comprometimento da alta direção da empresa e procedimentos específicos para prevenir fraudes e ilícitos no âmbito de processos licitatórios, na execução de contratos administrativos com o setor público, ainda que intermediada por terceiros, tal como pagamento de tributos, sujeição a fiscalizações, ou obtenção de autorizações, licenças, permissões e certidões. Monitoramento contínuo do programa de integridade visando seu aperfeiçoamento na prevenção, detecção e combate à ocorrência de atos lesivos, previstos no art. 5º da Lei nº 12.846 de 2013 e transparência da pessoa jurídica quanto a doações para candidatos e partidos políticos.

Tais diretrizes normativas são necessárias para melhor exame dos programas de integridade, que servem para avaliação e aplicação de pena com base na responsabilidade objetiva.

Conclusões

O Estado para que possa realizar suas finalidades e atingir o bem comum, necessita de contribuição de todos os integrantes da sociedade, para atender às despesas públicas, que é feita mediante o pagamento de tributos, na medida de sua capacidade tributária. A tributação é por excelência, a principal fonte de geração de recursos para o Estado, mas é preciso que haja lei que autorize a exigência de tributos.

Nos sistemas constitucionais modernos, cada vez mais, há preocupação com a dinâmica das relações sociais e, portanto, com o exercício dos direitos.

Uma das garantias fundamentais que o Estado de Direito assegura aos cidadãos contribuintes, no procedimento tributário é a segurança jurídica, que compreende em geral, as imposições jurídicas e procedimentais pela Administração Tributária. Essas garantias fundamentais atuam nas relações jurídicas com o contribuinte e também vinculam a Administração Tributária com exigências fiscais em observação à legalidade e demais princípios estabelecidos pelo art. 37 da CF.

A segurança jurídica exige leis justas para que sejam aceitas pela sociedade, mediante normas tributárias estáveis e previamente conhecidas, com certo grau de certeza e proporcionalidade.

O controle da corrupção constitui objetivo comum da sociedade contemporânea democrática. Seus efeitos não repercutem apenas na esfera governamental, mas também na sociedade como um todo, atingindo indistintamente os cidadãos, instituições públicas e privadas, resultando em concorrência desleal, que dificulta o crescimento econômico e interfere intensamente nos investimentos internos e externos, ou seja: a corrupção impõe entraves ao desenvolvimento econômico, ao bem estar social e à própria legitimidade das instituições do Estado Democrático de Direito, que precisa ser coibida, com todo rigor pela Lei Anticorrupção, para que a Constituição e as leis sejam cumpridas.

O Compliance Tributário vem sendo aplicado cada vez mais em empresas públicas e empresas privadas, para adequar seu funcionamento às normas regulamentares e à legislação tributária, com a finalidade de prevenir problemas junto a fiscalização e monitorar o bom cumprimento de legislações e controle de ilicitudes.

A aplicação do Compliance ao Direito Tributário, para melhor gestão dos negócios empresariais é necessária, em razão de inúmeras normas existentes, com a finalidade de exigência de tributos, que na gestão e administração das empresas, acabam sendo complexas.

Em razão de diversas Convenções Internacionais, que o Brasil faz parte, para combater a corrupção, foi promulgada a Lei nº 12.846/2013, "Lei Anticorrupção", regulamentada pelo Decreto nº 8.420, de 18/03/2015, que estabeleceu maior controle da corrupção com aplicação de severas multas e responsabilidade objetiva das empresas envolvidas em práticas de atos ilícitos.

O controle da corrupção constitui objetivo comum da sociedade democrática, com controle da função pública, que propicia compra e venda ilícita de atos de ofício. Tal procedimento fere princípios básicos de igualdade e de justiça.

No Estado Democrático de Direito como o nosso, a corrupção prejudica as bases de sustentação do Estado, que resulta em descrédito das instituições e, portanto, não deve ser tolerada, por esta razão, a Lei nº 12.846/2013, estabeleceu maior controle da corrupção, atribuiu responsabilidades e impôs pesadas multas àqueles que praticarem ilicitude, a exemplo de legislações internacionais.

A importância de se seguir a legislação, cumprindo com exatidão todas as obrigações principais e acessórias exigidas, legitima uma postura de respeito junto ao público externo ofertando exemplo a todos os colaboradores da organização.

A principal novidade da Lei Anticorrupção, foi estabelecer responsabilidade objetiva administrativa e civil para Pessoa Jurídica envolvida em atos de corrupção. A responsabilidade da pessoa jurídica não exclui a responsabilidade individual de seus dirigentes ou administradores ou de qualquer pessoa natural autora, coautora ou que tenha participado do ato ilícito.

Na aplicação de sanções administrativas, notadamente a pena de multa, pode variar de 0,1% a 20% do faturamento bruto do último exercício ao da instauração do processo administrativo. No caso de não ser possível utilizar o critério do valor do faturamento bruto da pessoa jurídica, a multa será de R$ 6.000,00 (seis mil reais) a R$ 60.000.000,00 (sessenta milhões de reais).

Serão levados em consideração na aplicação das sanções: a gravidade da infração, a vantagem auferida pelo infrator, a consumação ou não da infração; o grau ou perigo de lesão, o valor dos contratos, etc. (art. 7º)

É preciso ponderar que o regramento do Compliance ao programa de integridade (arts. 41 e 42 do Decreto nº 8.420/2015) não pode se dar de forma a prejudicar a gestão da pessoa jurídica, mediante um padrão preconcebido pelo Estado como ideal, sob pena de ofensa ao princípio constitucional da livre iniciativa (art. 170 da CF).

Finalmente, conforme lembram Karem Jureidini Dias e Victor Paes, é preciso, ainda, que se proceda a uma mudança de mentalidade por parte da fiscalização, que não deve promover a possibilidade de autorregularização prévia ao lançamento tributário, como deve também distinguir as situações de efetivas evasão fiscal daquelas situações em que a conformidade não foi alcançada em razão de simples divergência na interpretação da legislação tributária. Não é crível que a fiscalização, sempre se reportando ao passado, deixe de considerar o status quo da interpretação conferida à legislação tributária à época dos eventos praticados pelos contribuintes quando verificamos, por exemplo, os pontos de atenção enumerados no Plano Anual de Fiscalização, divulgado pela Receita Federal do Brasil.[11]

[11] DIAS, KaremJureidini e PAES, Victor, "O *Compliance* e o Exercício da Fiscalização Tributária" in "*Compliance* no Direito Tributário" - obra coletiva - Coord. Paulo de Barros Carvalho - Revista dos Tribunais - Ed. Thompson Reuters - p. 171/183 - 2018.

Referências

CAMPOS, Diogo Leite de – "A Jurisdicização dos Impostos: Garantias de Terceira Geração" – in O Tributo – Reflexão Multidisciplinar sobre sua Natureza – obra coletiva – Coord. Ives Gandra da Silva Martins – Ed. Forense – 2007.

CARVALHO, Andre Castro, BERTOCCELLI, Rodrigo de Pinho, ALVIM, Tiago Cripa, VENTURINI, Otavio, Coordenadores – MANUAL DE *COMPLIANCE* – Editora Forense – 2ª ed. 2020 – vários autores.

Conselho Administrativo de Defesa da Concorrência – CADE – Guia de *Compliance* para empresas – Orientações sobre estruturação e benefícios da adoção de programas de *compliance* concorrencial. Disponível em http://www.cade.gov.br/acesso-a-informação/publicações/guiasCADversãooficial.pdf Acesso em 30/novembro/2016

DIAS, KaremJureidini e PAES, Victor, "O *Compliance* e o Exercício da Fiscalização Tributária" in "*Compliance* no Direito Tributário" – obra coletiva – Coord. Paulo de Barros Carvalho – Revista dos Tribunais – Ed. Thompson Reuters – 2018.

FERRAZ, Sergio – "Tributo e Justiça" – in O Tributo – Reflexão Multidisciplinar sobre sua Natureza – obra coletiva – Coord. Ives Gandra da Silva Martins – Ed. Forense – 2007.

FERREIRA FILHO, Manoel Gonçalves – "Corrupção e Democracia" – Revista de Direito Administrativo nº 226, out/2001 – Rio de Janeiro.

IBGC – Instituto Brasileiro de Governança Corporativa – Código das Melhores Práticas de Governança Corporativa – 5ª ed. – SP – 2015 – p. 20-21 – Disponível em: http://www.ibgc.org.br/userfiles/2014/files/codigoM-P5edicaoWeb Acesso em 15/agosto/2017.

MARTINS, Ives Gandra da Silva – "Uma Teoria do Tributo" in O Tributo – Reflexão Multidisciplinar sobre sua Natureza – obra coletiva – Coord. Ives Gandra da Silva Martins – Ed. Forense – 2007.

OCDE – Convention on Combating Bribery of Foreign Public Officials in International Business Transactions and Related, Documents. Anexo II – p. 30-32- Disponível em http://www.ocde.org/daf/anti-bribery/conVbatBribery,Eng.pdf Acesso em 08/agosto/2016.

Organização "Transparência Internacional" – www.transparency.org. Consulta em 20/novembro/2019.

PORTO, Manuel – "O Poder Tributário na União Européia" – in O Tributo – Reflexão Multidisciplinar sobre sua Natureza – obra coletiva – Coord. Ives Gandra da Silva Martins – Ed. Forense – 2007.

RODRIGUES, Marilene Talarico Martins – "O Tributo e suas Finalidades" – in O Tributo – Reflexão Multidisciplinar sobre sua Natureza – obra coletiva – Coord. Ives Gandra da Silva Martins – Ed. Forense – 2007.

SOUSA, Antonio Francisco, "Garantias Fundamentais de Segurança Jurídica no Procedimento Tributário" – obra coletiva in Tributação e Direitos Fundamentais, conforme jurisprudência do STF e do STJ – Coord. Branco Paulo Gonet; Meira Liziane Angelotti e Correia Neto, Celso de Barros – Ed. Saraiva – Série IDP – 2012.

SOUZA, Jorge Munhós de – Responsabilização Administrativa na Lei Anticorrupção, in QUEIROZ, Ronaldo de Pinheiro et al. Lei Anticorrupção, Salvador, Jusprodivm, 2015.

ZANETTI, Adriana Freislebende, "Lei Anticorrupção em relação as modalidades de responsabilização" – Revista Brasileira de Estudos da Função Pública – RBEFP – Belo Horizonte – Ano 5 nº 15 – p. 35-60 – set/dez/2016.

10
O COMBATE À LAVAGEM DE DINHEIRO, DO FINANCIAMENTO DO TERRORISMO E DA PROLIFERAÇÃO – UMA INTENSA EVOLUÇÃO

Renata Fonseca de Andrade

Introdução

Tradicionalmente se define a lavagem de dinheiro como um conjunto de operações por meio das quais os bens, direitos e valores obtidos com a prática de crimes são integrados ao sistema econômico financeiro, com a aparência de terem sido obtidos de maneira lícita. É uma forma de mascaramento da obtenção ilícita de capitais.

Mesmo se tratando de um fenômeno socioeconômico antigo, o crime de lavagem de dinheiro cresceu e tomou maiores proporções no cenário jurídico por conta do tráfico internacional de drogas, tornando-se, desta forma, objeto de criminalização pela lei penal ao redor do mundo. Assim, o Combate à Lavagem de Dinheiro e ao Financiamento do Terrorismo são alavancados pelos **Acordos e Instrumentos Internacionais de Cooperação e leis locais.**

Com o processo de globalização da economia e o progresso da informática e da comunicação, o sistema financeiro mundial aperfeiçoou-se, tornando o cenário econômico mais propício para a expansão da lavagem de capitais.

Com o avanço da tecnologia, as instituições financeiras colocaram à disposição de seus clientes movimentações nacionais e internacionais mais impessoais, ágeis e confidenciais, dificultando o trabalho de investigação das autoridades. Desta forma, tornou-se necessária a adoção obrigatória de políticas de *compliance* pelas instituições como forma de cooperação privada na apuração de tais crimes.

No Brasil, o combate à lavagem de dinheiro e sua prevenção possui base legal estabelecida na Lei Federal nº 9.613/98, posteriormente alterada pela Lei Federal nº 12.683/12, normas emanadas do Sistema Financeiro Nacional e COAF (Conselho de Controle de Atividades Financeiras) e os normativos SARB[1] estabelecidos pelo Sistema de Autorregulação Bancária da Federação de Bancos – Febraban.

Recentemente publicadas, a Lei Anticorrupção (Lei nº 12.846/13) e a Lei do Crime Organizado (Lei nº 12.850/13) oferecem dispositivos capazes de aperfeiçoar a prevenção e o combate à lavagem de dinheiro em nosso país.

Segundo a ONU, cerca de 2% do PIB mundial é composto de dinheiro sujo que transita na economia. Conceitualmente, a lavagem de dinheiro merece atenção por dois principais aspectos. Primeiro, porque é crime e permite a traficantes, contrabandistas de armas, terroristas ou funcionários corruptos manterem suas atividades criminosas e obterem lucros ilícitos. Segundo, porque a lavagem de dinheiros mancha as instituições financeiras e minam a confiança pública em sua integridade. Em suma com a globalização a inovação tecnológica, os crimes financeiros, e assim a lavagem de ativos e o financiamento ao terrorismo e à proliferação de armas de destruição em massa, são ameaças à vida e ao estado de direito. O Combate a essas ameaças deve ser realizado de forma coordenada público-privado, entre os países, os órgãos e os atores do mercado financeiro.

1. Breve histórico

O crime de lavagem de dinheiro remonta aos anos 20, com a promulgação da Lei Seca pelos Estados Unidos. Na época, os criminosos que comercializavam bebidas alcoólicas começaram a abrir lavanderias de fachada para conferir aparência lícita ao dinheiro arrecadado com a prática do crime. Diante disso, o crime ficou conhecido como "*Money Laundering*", traduzido para "Lavagem de Dinheiro".

No início dos anos 1970, os Estados Unidos promulgaram sua primeira lei exigindo a comunicação obrigatória às autoridades competentes de todas as transações realizadas em espécie em valor superior a US$

[1] E.g. SARB nº 11/2013 – atualizado pela Deliberação 016/2018, em 21/08/2018 -PREVENÇÃO E COMBATE À LAVAGEM DE DINHEIRO E AO FINANCIAMENTO DO TERRORISMO

10.000,00 (dez mil dólares) e outras operações suspeitas. A lei foi ignorada pelos americanos, que continuavam depositando enormes quantias de dinheiro, inclusive com a ajuda dos bancos, que disponibilizavam diversas facilidades para os clientes que chegavam com maletas e caixas de dinheiro, na maioria das vezes, em plena luz do dia.

Com o aumento desenfreado do tráfico internacional de drogas ocorrido em meados dos anos 80, e a falha no combate e prevenção à lavagem de dinheiro, o crime ganhou maiores proporções.

Porém, tornou-se claro que a ação individual dos países não era suficiente para reprimir tais condutas, sendo necessárias medidas de cunho internacional.

Em 1988 foi aprovada a Convenção de Viena, também conhecida como "Convenção contra o Tráfico Ilícito de Entorpecentes e de Substâncias Psicotrópicas", com o propósito de promover a cooperação internacional para repressão do tráfico de drogas e lavagem de dinheiro.

Tal convenção foi o primeiro instrumento jurídico internacional a definir como crime a operação de lavagem de dinheiro, obrigando a seus signatários a tipificação da conduta em suas normas penais locais. O Brasil aderiu à convenção no ano de 1991.

Por iniciativa do G-7, foi criado, em 1989, o Grupo de Ação Financeira (GAFI/FATF), um organismo intergovernamental que une as unidades de inteligência financeira de diversos países e monitora a aplicação efetiva das medidas legais, regulamentares e operacionais para o combate à lavagem de dinheiro e ilícitos relacionados ao sistema financeiro internacional.

O *Compliance* no sistema financeiro nasceu um ano após a formação do Grupo, em abril de 1990, quando o órgão emitiu um conjunto de 40 recomendações para seus membros, com objetivo de melhorar os sistemas jurídicos dos países membros.

Já em 1992, a Alemanha instituiu uma das primeiras legislações modernas direcionadas especificamente ao combate à lavagem de dinheiro. Mesmo com a criação de uma lei severa pelos alemães, isso não foi suficiente para coibir a prática de atos ilícitos ligados ao sistema financeiro, vez que outros países com economia avançada não possuíam tais normas, influenciando a alteração da rota do dinheiro, de um país com regras severas para ser lavado em outro com regras mais brandas.

Em 1997, o Comitê da Basileia divulgou os 25 princípios para uma supervisão bancária eficaz, com destaque para o Princípio nº 14:

Princípio nº 14

- Os supervisores da atividade bancária devem certificar-se de que os bancos tenham **controles internos** adequados para a natureza e escala de seus negócios, sendo:
- Arranjos claros de delegação de autoridade e responsabilidade (segregação de funções, reconciliação de processos, distribuição de seus recursos, contabilização e salvaguarda de seus ativos);
- Funções apropriadas e independentes de auditoria interna e externa e de ***Compliance*** para testar a adesão a estes controles, bem como as leis e regulamentos aplicáveis.

Um ano após a divulgação dos princípios, o Brasil, em atendimento aos compromissos internacionais firmados em 1991, tipificou o crime de lavagem de dinheiro (Lei Federal nº 9.613/98, conhecida como Lei de Lavagem de Dinheiro), conferindo maior responsabilidade a intermediários econômicos e financeiros e, ainda, criou o Conselho de Controle de Atividades Financeiras (COAF) no âmbito do Ministério da Fazenda.

A Lei nº 9.613/98 dispõe sobre os crimes de "lavagem" ou ocultação de bens, direitos e valores, a prevenção da utilização do sistema financeiro para os ilícitos nela previstos, além de prever expressamente quem são as "Pessoas Obrigadas" a ela sujeitas.

Ainda em 1998, o Conselho Monetário Nacional (CMN) publicou a Resolução 2.554 de 24 de setembro de 1998, estipulando a data de 31 de dezembro de 1999 como limite para as instituições implementarem o sistema de controles internos, voltados para as atividades por elas desenvolvidas, seus sistemas de informações financeiras, operacionais e gerenciais e o cumprimento das normas legais e regulamentares a ela aplicáveis. As principais exigências foram:

(i) Implementação da Estrutura de Controles Internos em todos os níveis de negócio;
(ii) Formalização dos objetivos e procedimentos;
(iii) Cumprimento das normas legais, regulamentares e políticas da organização;
(iv) Avaliação dos Controles Internos;
(vi) Relatórios Semestrais – Conselho de Administração

Apenas um ano após a publicação da Lei nº 9.613/98, o COAF iniciou seu funcionamento.

Em 2003, o GAFI realizou a quarta atualização das recomendações, introduzindo práticas sobre a identificação dos clientes (*KnowyourClient*) e a necessidade de diligências, a comunicação de operações suspeitas realizadas pelos bancos às autoridades e a facilitação do congelamento de recursos disponíveis no sistema financeiro, depositados por suspeitos ou condenados. Com esta atualização, construiu-se a base do *compliance* no sistema financeiro atual. E o Brasil altera e acrescenta dispositivos à Lei nº 9.613/18, introduzindo pela **Lei nº 10.701, de 09 de julho de 2003, o terrorismo e seu financiamento como crime antecedente** incluído à lista de pessoas obrigadas, as pessoas físicas ou jurídicas que comercializem bens de luxo ou de alto valor ou exerçam atividades que envolvam grande volume de recursos em espécie.

Em 2004, foi firmado o Acordo de Basiléia II que introduziu a exigência de Capital mínimo e o processo de revisão, supervisão e disciplina de mercado. Em 26 de dezembro de 2005, por ser signatário da Convenção Internacional para a Supressão do Financiamento do Terrorismo, o Brasil promulga o Decreto 5.640.

Em 2010, o Brasil ainda era considerado país de alto risco ou não cooperante, sendo considerado um destino dos recursos ilegais de financiamento ao terrorismo.

No ano de 2012, foi publicada a Lei Federal nº 12.683 que alterou diversas previsões na Lei nº 9.613/98, tornando-a mais rigorosa, e mais próxima às recomendações internacionais sobre o tema, como exemplo **ampliou** o rol de destinatários, incluindo uma extensa gama de profissionais, tais como consultores, contadores, gestores de recursos, dentre outros; **eliminou** o rol taxativo de infrações antecedentes e com a nova redação, quaisquer crimes ou infrações penais, até mesmo contravenções penais podem configurar crime antecedente de lavagem de dinheiro; e, **aumentou** a multa máxima de R$ 20 mil para R$ 20 milhões.

Nos anos seguintes o Brasil elaborou e reformulou sua legislação penal e administrativa cumulando com a reforma do código penal no que tange aos crimes de corrupção e crime organizado. Em 2013 no Brasil, foram editadas a Lei Anticorrupção (Lei nº 12.846/13) e a Lei do Crime Organizado (Lei nº 12.850/13), a fim de fortalecer o *Compliance* nas instituições brasileiras e punir crimes de lavagem de dinheiro de forma mais severa e eficiente.

Em 2016 o Brasil estabeleceu uma lei específica que regula o crime de financiamento ao terrorismo, a **Lei Federal no 13.260/16)**, passando por aperfeiçoamento e em linha com as recomendações do FATF/GAFI, culminando mais recentemente com **Lei nº 13.810 de 08 de março de 2019** que dispõe sobre cumprimento das sanções impostas por resoluções do Conselho de Segurança das Nações Unidas.

A **Lei nº 13.810/2019** regula sobre o cumprimento de sanções impostas por resoluções do Conselho de Segurança das Nações Unidas e acerca das questões dos bloqueios e indisponibilidade dos recursos e ativos de pessoas naturais e jurídicas e de entidades, e a designação nacional de pessoas investigadas ou acusadas de terrorismo, de seu financiamento ou de atos a ele correlacionado, revogando a lei anterior nº 13.170/2015.

Assim, com a evolução da legislação correspondendo às recomendações do FATF/GAFI, o COAF, os supervisores e reguladores vem aperfeiçoando o Sistema PLD/FTP – Prevenção à Lavagem de Dinheiro e Financiamento do Terrorismo e Proliferação do Brasil.

1.1. Órgãos responsáveis

Estrutura Pública de Prevenção e Combate aos Crimes de Lavagem de Dinheiro e Corrupção:

(a) Âmbito Internacional[2]

GAFI/FATF

Organização intergovernamental, criado em 1989, tem como objetivo principal padronizar políticas e recomendações para os procedimentos de prevenção e controle da lavagem de dinheiro e financiamento do terrorismo a serem adotados pelos países membros. O GAFI/FATF conta com a participação de mais de 180 países, incluindo os maiores centros financeiros do mundo.

(b) Âmbito Nacional

COAF– Conselho de Controle de Atividades Financeiras (UIF)

Órgão central brasileiro, encarregado de receber informações sobre operações suspeitas, analisar essas informações, encaminhar os casos em

[2] Rede Global de PLD/FTP website COAF visita em 18/03/2021 athttps://www.gov.br/coaf/pt-br/assuntos/o-sistema-de-prevencao-a-lavagem-de-dinheiro/sistema-internacional-de-prevencao-e-combate-a-lavagem-de-dinheiro

que realmente existam indícios da prática de crime, para que sejam investigados pela Polícia e pelo Ministério Público, além de trocar informações com Unidades de Inteligência Financeira de outros países e aplicar penas administrativas, sem prejuízo da competência de outros órgãos e entidades.

O COAF não tem papel de investigação, e como inteligência financeira do sistema PLD/FTP analisar as informações que possui e a encaminhar as relevantes para que os órgãos competentes façam a investigação.

As Unidades Financeiras de Inteligência (UIF) são as agências centrais (no Brasil, o COAF), responsáveis pela análise e distribuição às autoridades das denúncias sobre as informações financeiras, com respeito a procedimentos supostamente criminosos, para impedir a lavagem de dinheiro.

O Brasil optou por esse modelo, estabelecendo mecanismos de prevenção e controle do delito da lavagem de dinheiro, através da proteção dos setores financeiros e comerciais passíveis de serem utilizados em manobras ilegais.

A cooperação entre as UIFs dos países agiliza o mecanismo de intercâmbio de informação e possuem as seguintes prerrogativas:

(i) Coordenar e propor mecanismos de cooperação que viabilizem ações rápidas e eficientes no combate à ocultação e dissimulação de bens, direitos e valores;

(ii) Receber, examinar e identificar as ocorrências suspeitas de atividades ilícitas de lavagem de dinheiro;

(iii) Disciplinar e aplicar penas administrativas, sem prejuízo da competência de outros órgãos e entidades.

O COAF disciplina, aplica penas administrativas, recebe, examina e identifica as ocorrências suspeitas de atividades ilícitas, além de comunicar às autoridades competentes para a instauração dos procedimentos cabíveis quando o Conselho concluir pela existência ou fundados indícios de crimes de "lavagem" de dinheiro e financiamento do terrorismo e proliferação de armas de destruição em massa. O COAF também supervisiona e regulas as atividades e procedimentos a serem observados pelas pessoas físicas e jurídicas reguladas diretamente pelo órgão quanto às operações ou propostas de operações ligadas à lavagem de dinheiro, o terrorismo ou seu financiamento.

- **COAF Resolução nº 36, de 10/03/2021,** disciplina a forma de adoção de políticas, procedimentos e controles internos de prevenção à lavagem de dinheiro, ao financiamento do terrorismo e ao financiamento da proliferação de armas de destruição em massa que permitam o atendimento ao disposto nos artigos 10 e 11 da Lei nº 9.613, de 3 de março de 1998, por aqueles que se sujeitem, nos termos do seu art. 14, § 1º, à supervisão do Conselho de Controle de Atividades Financeiras – Coaf.

CGU Controladoria Geral da União

A CGU (Controladoria Geral da União) é o órgão do Governo Federal responsável por assistir direta e imediatamente ao Presidente da República quanto aos assuntos que, no âmbito do Poder Executivo, sejam relativos à defesa do patrimônio público e ao incremento da transparência da gestão, por meio das atividades de controle interno, auditoria pública, correição, prevenção e combate à corrupção e ouvidoria.

A CGU também exerce a supervisão técnica dos órgãos que compõem o Sistema de Controle Interno e o Sistema de Correição e das unidades de ouvidoria do Poder Executivo Federal, prestando a orientação normativa necessária.

O órgão está estruturado em cinco unidades finalísticas, que atuam de forma articulada, em ações organizadas entre si, são elas: Secretaria de Transparência e Prevenção da Corrupção (STPC), Secretaria Federal de Controle Interno (SFC), Corregedoria-Geral da União (CRG), Secretaria de Combate à Corrupção (SCC) e Ouvidoria-Geral da União (OGU).

As competências da CGU foram definidas pela Lei nº 10.683/

DRCI – Departamento de Recuperação de Ativos e Cooperação Jurídica Internacional do Ministério da Justiça

O Departamento faz parte da estrutura do Ministério da Justiça, sendo competente para:

- **(i)** articular a implementação da ENCCLA, coordenar, articular, integrar e propor ações entre os órgãos dos Poderes Executivo, Legislativo e Judiciário e o Ministério Público no enfrentamento da corrupção, da lavagem de dinheiro e do crime organizado transnacional;
- **(ii)** coordenar a Rede Nacional de Laboratórios de Tecnologia Contra Lavagem de Dinheiro – Rede-Lab;

(iii) estruturar, implementar e monitorar ações de governo na cooperação jurídica internacional, inclusive em assuntos de extradição; e na recuperação de ativos;

(iv) negociar acordos de cooperação jurídica internacional, inclusive em assuntos de extradição, de transferência de pessoas condenadas e de transferência da execução da pena;

(v) exercer a função de autoridade central para o trâmite dos pedidos de cooperação jurídica internacional, inclusive em assuntos de extradição, de transferência de pessoas condenadas e de execução de penas, coordenando e instruindo pedidos ativos e passivos;

(vi) promover a articulação dos órgãos dos Poderes Executivo e Judiciário e do Ministério Público no que se refere à entrega e à transferência de pessoas condenadas; e,

(vii) atuar nos procedimentos relacionados à ação de indisponibilidade de bens, de direitos ou de valores em decorrência de resolução do Conselho de Segurança das Nações Unidas.

Suas competências foram definidas pelo Decreto nº 8.668, de 11 de fevereiro de 2016, Anexo I.

DECIC – Departamento de Combate a Ilícitos Cambiais e Financeiros do BACEN

Sucessor do Departamento de Combate a Ilícitos Cambiais e Financeiros – DECIF, o DECIC foi criado em 1999 com a finalidade de, no âmbito de atuação do BACEN, formar com unidades congêneres de outros órgãos, uma rede de prevenção e de combate a ilícitos financeiros, entre os quais a lavagem de dinheiro.

Suas principais atribuições são:

(i) avaliação dos controles internos e conformidade para prevenção à lavagem de dinheiro;

(ii) monitoramento diário das operações realizadas no mercado de câmbio;

(iii) controle cambial das exportações e das importações;

(iv) supervisão dos capitais estrangeiros no Brasil e dos capitais brasileiros no exterior; e,

(v) instauração de Processos Administrativos Punitivos.

ENCCLA – Estratégia Nacional de Combate à Corrupção e à Lavagem de Dinheiro

Instituída em 2003, sob a coordenação do Ministério da Justiça e Cidadania, a Estratégia Nacional de Combate à Corrupção e à Lavagem de Dinheiro (ENCCLA) é formada por mais de sessenta órgãos, dos três poderes da República, Ministérios Públicos e da sociedade civil que atuam, direta ou indiretamente, na prevenção e combate à corrupção e à lavagem de dinheiro. A Estratégia intensifica a prevenção a esses crimes porque soma a expertise de diversos parceiros em prol do Estado brasileiro.

Anualmente, os órgãos participantes se reúnem em plenária para, a partir de consenso, traçar as ações que serão executadas no ano seguinte. Os órgãos são divididos em grupos de trabalho que coordenam, ao longo do ano, a execução de cada uma das ações elegidas.

O Departamento de Recuperação de Ativos e Cooperação Jurídica Internacional (DRCI/SNJ) tem por competência articular a implementação da ENCCLA e a Secretaria Nacional de Justiça e Cidadania coordena a Estratégia, em parceria com os demais órgãos que a compõem.

Destacam-se, dentre os resultados alcançados pela ENCCLA, o Programa Nacional de Capacitação e Treinamento no Combate à Corrupção e à Lavagem de Dinheiro (PNLD); a Rede Nacional de Laboratórios contra Lavagem de Dinheiro (Rede-LAB); o Sistema de Movimentação Bancária (SIMBA); a iniciativa de padronização do *layout* para quebra de sigilo bancário e a posterior criação do Cadastro Único de Correntistas do Sistema Financeiro Nacional (CCS); e a proposição legislativa que resultou na promulgação de leis importantes para o país, tais como a Lei 12.683/12, que modernizou a Lei de Lavagem de Dinheiro.

Polícia Federal, Ministério Público da União e dos Estados e Varas especializadas em crimes financeiros e lavagem de dinheiro

Força e órgãos responsáveis pelas investigações, conduções, prisões, processamento e decisões de suspeitas e crimes praticados contra o sistema financeiro no Brasil.

2. O crime de lavagem de dinheiro

(a) A Lei 9.613/98 e as alterações trazidas pela Lei 12.683/12

O crime de lavagem de dinheiro foi tipificado no Brasil através da Lei nº 9.613/98. Com pena podendo variar de três a dez anos reclusão e pagamento de multa, a Lei dispõe sobre os crimes de lavagem ou ocultação de bens, direitos e valores e sobre a prevenção da utilização do sistema financeiro, além de criar o COAF e dar outras providências.

A Lei de prevenção à lavagem de dinheiro (Lei nº 9.613/98) foi alterada pela Lei nº 12.683, em 9 de julho de 2012, com o objetivo principal de aproximar a lei nacional às recomendações internacionais sobre o tema.

Dentre diversas alterações relevantes, a nova Lei ampliou o rol de destinatários, incluindo uma extensa gama de profissionais, tais como consultores, contadores, gestores de recursos, dentre outros.

Sua atual redação prevê em seu artigo 1º o crime de lavagem de dinheiro. Tal crime se dá ao ocultar ou dissimular a natureza, origem, localização, disposição, movimentação ou propriedade de bens, direitos ou valores provenientes, direta ou indiretamente, de infração penal.

Qualquer pessoa pode tornar-se sujeito ativo do tipo penal, inclusive aquele que concorreu para a infração.

Quando de sua criação, a Lei, ao tipificar o crime de lavagem ou ocultação de bens, diretos e valores, atrelava a ele um rol taxativo de crimes antecedentes, a alteração também eliminou este rol. Com a nova redação, quaisquer crimes ou até mesmo contravenções penais podem configurar crime antecedente de lavagem de dinheiro e também culminou no aumento da multa máxima de R$ 20 mil para R$ 20 milhões.

§ 1º Incorre na mesma pena quem, para ocultar ou dissimular a utilização de bens, direitos ou valores provenientes de infração penal:

I – os converte em ativos lícitos;

II – os adquire, recebe, troca, negocia, dá ou recebe em garantia, guarda, tem em depósito, movimenta ou transfere;

III – importa ou exporta bens com valores não correspondentes aos verdadeiros.

§ 2º Incorre, ainda, na mesma pena quem:

I – utiliza, na atividade econômica ou financeira, bens, direitos ou valores provenientes de infração penal; (Lei nº 12.683/2012 suprimiu o termo que sabe serem provenientes)

II – participa de grupo, associação ou escritório tendo conhecimento de que sua atividade principal ou secundária é dirigida à prática de crimes previstos nesta Lei.

Esquema da estrutura orgânica da inteligência financeira da Lei 9.613/98, com as alterações da lei 12.683/2012:

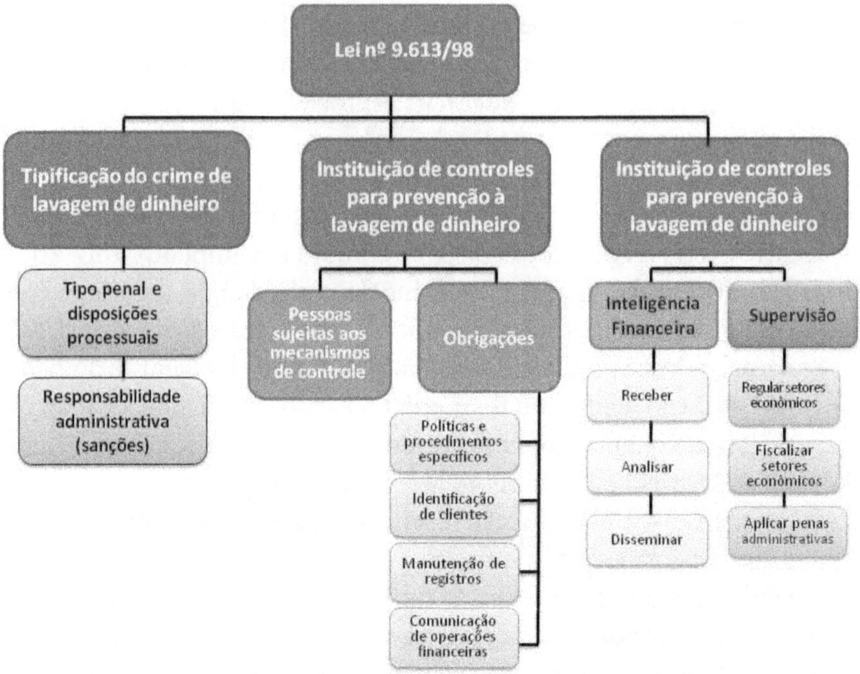

(b) Etapas e técnicas de lavagem de dinheiro

O processo de lavagem de dinheiro, em regra, possui três etapas de evolução, veja:

1ª ETAPA: COLOCAÇÃO – onde o dinheiro é inserido no negócio de fachada através de pequenos depósitos e compras de ativos, distanciando, desta forma, o bem, direito ou valor de sua origem ilícita. A lavagem de dinheiro pode ser realizada em qualquer lugar, geralmente em países com regras mais permissivas e sistema financeira mais liberal, onde as leis são ou inexistentes ou flexíveis, ou ainda, onde os esforços de controle não são fortes ou inexistentes (paraísos fiscais ou centros *offshore*).

Casos hipotéticos: Compra de um terreno, empreendimento, sociedade, crédito, ou direito creditório de propriedade do cotista.

Aquisição de Seguro (em nome próprio ou outrem), e após pagamento do prêmio, solicitação de endossos ou cancelamentos com devolução de prêmio em nome de outrem.

2ª ETAPA: OCULTAÇÃO OU CAMUFLAGEM –quando o dinheiro é transferido entre várias contas para que seja despistado, de difícil lastreamento ou rastreamento contábil. Mediante fraude o objeto ou origem do dinheiro, ficam camuflados, com a quebra da cadeia de evidências e da lavagem, torna-se lícito.

Em meio a diversas atividades aparentemente lícitas e legitimas do dia a dia, o infrator vai pouco a pouco se afastando do objeto do ilícito, e trazendo os recursos de volta por meio lícitos, gerando lucro contábil na atividade lícita (p.ex. operações em bolsas de valores, contratos e operações sem fundamentos econômicos).

Casos hipotéticos: Resgates, Amortizações e Rendimentos.

3ª ETAPA: INTEGRAÇÃO – o dinheiro lavado é adicionado de forma legal, como se fossem investimentos. O objeto da lavagem é integrado no sistema como se lícito fosse.

Os ativos são incorporados formalmente ao sistema econômico. As organizações criminosas buscam investir em empreendimentos que facilitem suas atividades, podendo tais sociedades prestar serviços entre si. Uma vez formada a cadeia, torna-se cada vez mais fácil legitimar o dinheiro ilegal.

Casos hipotéticos: Utilização do produto do resgate ou amortização na compra de novos bens e aplicações. Nesta hipótese, o gestor de recursos seria o agente mais indicado para detectar o ilícito.

Alguns autores, porém, consideram que a lavagem de dinheiro possui apenas duas etapas – a de ocultação e a de dissimulação.

Em qualquer das hipóteses, o núcleo das condutas elencadas consiste (a) no fato de ocultar ou dissimular, utilizar ou participar e (b) no objetivo de ocultar ou dissimular.

3. O combate ao financiamento do terrorismo e à proliferação de armas de destruição em massa.

(a) A evolução legislativa

A primeira versão da Lei º 9.613, de 3 de março de 1998 dispunha sobre os crimes de "lavagem" ou ocultação de bens, direitos e valores; a prevenção da utilização do sistema financeiro para os ilícitos previstos nesta Lei; criava o Conselho de Controle de Atividades Financeiras – COAF. A Lei nº 10.701, de 09 de julho de 2003, inseriu as questões do terrorismo e seu financiamento como crime antecedente e ampliou à lista de pessoas obrigadas, as pessoas físicas ou jurídicas que comercializem bens de luxo ou de alto valor ou exerçam atividades que envolvam grande volume de recursos em espécie.

A Lei nº 12.683, de 9 de julho de 2012, altera a Lei no 9.613, de 3 de março de 1998, para tornar mais eficiente a persecução penal dos crimes de lavagem de dinheiro. Em 2016 o Brasil estabeleceu uma lei específica que regula o crime de financiamento ao terrorismo, a **Lei Federal no 13.260/16**, passando por aperfeiçoamento e em linha com as recomendações do FATF/GAFI, culminando mais recentemente com **Lei nº 13.810 dc 08 de março de 2019** que dispõe sobre cumprimento das sanções impostas por resoluções do Conselho de Segurança das Nações Unidas.

- Lei nº 13.260, de 16 de março de 2016, que "*tipifica o terrorismo e seu financiamento*"
- **Decreto nº 154, de 26 de junho de 1991:** Promulga a Convenção Contra o Tráfico Ilícito de Entorpecentes e Substâncias Psicotrópicas.
- **Lei nº 13.260, de 16 de março de 2016**: Regulamenta o disposto no inciso XLIII do art. 5º da Constituição Federal, disciplinando o terrorismo, tratando de disposições investigatórias e processuais e reformulando o conceito de organização terrorista; e altera as Leis nºs 7.960, de 21 de dezembro de 1989, e 12.850, de 2 de agosto de 2013

Em 16/10/2015 foi promulgada a Lei 13.170 que disciplinava a ação de indisponibilidade de bens, direitos ou valores em decorrência de resolução do Conselho de Segurança das Nações Unidas – CSNU. Todavia ainda não estava totalmente adequada aos padrões internacionais e à Recomendação 7 do GAFI/FATF[3], e nesse sentido foi revisada e finalmente revogada e substituída pela **Lei13.810/2019.**

[3] A Recomendação 7 exige que os países implementem sanções financeirasespecíficas para atender às Resoluções do Conselho de Segurança das NaçõesUnidas que exigem que os países bloqueiem, sem demora, os fundos ou outros bensde qualquer pessoa designada pelo Conselho de Segurança das Nações Unidas nostermos do Capítulo VII da Carta das Nações Unidas (ou em benefício de tal pessoa), ese assegurem de que não sejam disponibilizados fundos ou outros bens, de acordocom as Resoluções do Conselho de Segurança relativas à prevenção e interrupção do financiamento da proliferação de armas de destruição em massa. Visita em

A **Lei nº 13.810/2019** regula sobre o cumprimento de sanções impostas por resoluções do Conselho de Segurança das Nações Unidas e acerca das questões dos bloqueios e indisponibilidade dos recursos e ativos de pessoas naturais e jurídicas e de entidades, e a designação nacional de pessoas investigadas ou acusadas de terrorismo, de seu financiamento ou de atos a ele correlacionado, revogando a lei anterior nº 13.170/2015.

(b) A evolução regulatória

O Brasil repudia o terrorismo em todas as suas formas e incorporou o crime de terrorismo e de financiamento do terrorismo em seu ordenamento como princípio constitucional e penal.

O País é signatário da Convenção Internacional para a Supressão do Financiamento do Terrorismo, promulgada pelo Decreto 5.640, de 26 de dezembro de 2005.

O COAF coordena a participação brasileira em diversas organizações multigovernamentais de prevenção combate ao financiamento do terrorismo e busca internalizar as discussões e orientações de como implantar as recomendações dos organismos internacionais, com o objetivo de se adequar às melhores práticas adotadas para combater de forma efetiva os delitos financeiros.

O COAF disciplina, aplica penas administrativas, recebe, examina e identifica as ocorrências suspeitas de atividades ilícitas, além de comunicar às autoridades competentes para a instauração dos procedimentos cabíveis quando o Conselho concluir pela existência ou fundados indícios de crimes de "lavagem" de dinheiro e financiamento do terrorismo.

COAF publicou a **Resolução nº 31**, de 07/06/2019, a qual estabelece procedimentos a serem observados pelas pessoas físicas e jurídicas reguladas pelo COAF sobre a operações ou propostas de operações ligadas ao terrorismo ou seu financiamento.

A partir de 2019 o sistema brasileiro de Combate ao Financiamento do Terrorismo e Proliferação passou a atender a Recomendação 7 do GAFI/FATF quanto à aplicação efetiva das sanções financeiras impostas às pessoas físicas e jurídicas envolvidas na proliferação de armas de destruição em massa, quanto na atividade de arrecadação, movimentação e uso de

22/03/2021 https://www.fatf-gafi.org/media/fatf/documents/recommendations/pdfs/FATF-40-Rec-2012-Portuguese-GAFISUD.pdf fundos e, portanto, sanções financeiras direcionadas em contra-ataque mais forte ao regime de financiamento da proliferação global.

Nesse diapasão, desde 2019 o Sistema Financeiro Nacional vem passando por uma adequação regulatória, envolvendo todos os órgãos reguladores: Conselho Monetário Nacional (CMN), o Conselho Nacional de Seguros Privados (CNSP) e o Conselho Nacional de Previdência Complementar (CNPC), e consequentemente as supervisões do mercado financeiro e regulado que passam a adotar os critérios da abordagem baseada em riscos (riskbased approach) para o combate da lavagem de dinheiro e os critérios da abordagem de prescrição legal e tolerância zero (rulebased approach) para o combate do financiamento do terrorismo e proliferação. E assim, em sequência as normativas de Combate à Lavagem de Dinheiro e Financiamento do Terrorismo incorporam essa evolução legislativa via: Instrução CVM 617/2019, Circular BACEN 3.978/2020, Circular SUSEP 612/2020 e Instrução PREVIC 34/2020.

4. Os deveres de *compliance* e as pessoas obrigadas

As "pessoas obrigadas" têm o chamado "dever de *compliance*" que estão elencados basicamente nos artigos 10 e 11 da Lei e Capítulo VI do Sarb 11/2013, são eles:

- **(i)** Desenvolver e implementar políticas e procedimentos específicos ("Conheça seu Cliente, Funcionário, Fornecedor, Parceiro", Avaliação de Novos Produtos e Serviços);
- **(ii)** Identificar e manter atualizados os dados cadastrais dos clientes;
- **(iii)** Manutenção do registro e monitoramento das operações;
- **(iv)** Prestar informações requisitadas pelas autoridades financeiras;
- **(v)** Comunicar a prática de operações suspeitas ou simplesmente de valor/eventos (comunicações automáticas) para os órgãos competentes;
- **(vi)** Treinamentos; e,
- **(vii)** Auditoria.

De acordo com a Lei, deverão ser reportadas as autoridades competentes operações suspeitas e, portanto, aquelas realizadas de boa-fé, não acarretarão responsabilidade civil ou administrativa. Diversos órgãos reguladores estabeleceram características para o que podemos chamar de operações financeiras, porém objetivamente falando, consideram-se operações com valor igual ou superior a R$ 10.000,00. Alguns dos critérios subjetivos estão aliados ao valor da movimentação e serão vistos adiante, pois se tratam dos mesmos itens analisados nos processos de checagens e diligenciamentos como Conheça Seu Cliente – KYC (KnowYourClient), Conheça Ser Fornecedor – KYS (KnowYourSuppliers), Conheça Seu Parceiro – KYP (KnowYourPartners, ThirdParties, etc), Conheça seu Empregado, Funcionário, Colaborador – KYE (KnowYourEmployee), etc.

As "pessoas obrigadas" estão dispostas em um amplo rol taxativo presente no artigo 9º da Lei. Com as alterações introduzidas pela Lei nº 12.683/12, introduziram inclusive as Pessoas Físicas, que anteriormente estavam excluídas do rol.

A **Resolução nº 29**, de 7 de dezembro de 2016, dispõe sobre os procedimentos a serem observados pelas pessoas reguladas pelo COAF, na forma do § 1º do artigo 14 da Lei nº 9.613, de 3 de março de 1998, relativamente a pessoas expostas politicamente (PEP), bem como atualiza o rol das pessoas expostas politicamente[4].

O descumprimento dos deveres de *compliance* previstos na Lei de combate a lavagem de dinheiro podem gerar sanções administrativas ao responsável pelo descumprimento. O artigo 12 da Lei 9.613/98 prevê: **(i)** multa; **(ii)** multa pecuniária variável não superior ao dobro do valor da operação, ou ao dobro do lucro real obtido ou presumivelmente obtido pela realização da operação, ou não superior ao valor de vinte milhões de reais; **(iii)** inabilitação temporária, pelo prazo de até dez anos, para o exercício do cargo de administrador das instituições financeiras; e **(iv)** cessação ou suspensão da autorização para o exercício de atividade, operação ou funcionamento.

A Lei ainda prevê que a pena de advertência será aplicada a instituição financeira por irregularidade no cumprimento das obrigações estabelecidas nos incisos I e II do artigo 10 e, a pena de multa, devera ser aplicada as pessoas obrigadas aos deveres de *compliance*, por culpa ou dolo, quando: **(i)** deixarem de sanar as irregularidades objeto de advertência, no prazo assinalado pela autoridade competente; **(ii)** não cumprirem o disposto nos incisos I a IV do artigo 10; **(iii)** deixarem de atender, no prazo estabelecido, a requisição formulada nos termos do inciso V do artigo 10; **(iv)** descumprirem a vedação ou deixarem de fazer a comunicação a que se refere o artigo 11.

[4] Resolução COAF 29/2017 athttp://www.coaf.fazenda.gov.br/menu/legislacao-e-normas/normas-do-coaf/resolucao-coaf-no-29-de-7-de-dezembro-de-2017

O órgão responsável pelo processo, julgamento e aplicação das sanções administrativas é o COAF, conforme regulado pelo Decreto nº 2.799/98 e, como todo processo administrativo, ‘e assegurado ao acusado direito do contraditório e ampla defesa.

Em junho de 2013, entrou em vigor a Instrução CVM 354, para atualização da Instrução CVM 301, adequando-a as mudanças da Lei em 2012, ampliando o rol de "Pessoas Obrigadas" pela CVM, e mais recentemente entra em vigor a Instrução **CVM 617/2019**, que além do aperfeiçoamento dos controles internos e do mecanismo de prevenção à lavagem de capitais e financiamento do terrorismo, introduz a Abordagem Baseada em Riscos como estratégia para a formatação das políticas e procedimentos adotados pelos supervisionados. As regras incluem todo o mercado regulado pela CVM: intermediários, custodiantes, distribuidores, administradores de carteiras, administradores de fundos, consultores e auditores independentes do mercado de valores mobiliários.

A CVM não indica um valor mínimo às transações passíveis de comunicação. Cabe às instituições fazer as comunicações automáticas com base em seus procedimentos de controle interno e na situação patrimonial e financeira de seus clientes.

Pela norma, são considerados clientes de risco aqueles que tem o poder de influenciar na gestão da carteira, como: gestão compartilhada com investidor, co-gestão, fundos exclusivos, wealth management, investidores não residentes, organizações não governamentais, sem fins lucrativos e assistenciais (ONGs) e PEPs (Pessoas Expostas Politicamente).

5. A governança, gestão (controles internos e *compliance*) e auditoria

O IIA – Instituto Internacional dos Auditores, em suas diretrizes de gestão de riscos, recomendam que as organizações devem organizar o seu negócio em três linhas de Governança, Gestão (*Compliance* e controles de riscos) e Auditoria[5] integrados para prevenir e combater a lavagem de dinheiro. Em suma a revisão incorpora o princípio de *compliance* do "toneatthe top" ou comprometimento da alta administração à Governança. Cabe então à Governança adotar os critérios que irão permear a gestão (1ª linha) e os Controles de Riscos e *Compliance* (2ª linha), tais como: aceitar prestação

[5] _____.Revisão IAA realizada em 2020 – visita em 21/03/2021 athttps://iiabrasil.org.br/noticia/novo-modelo-das-tres-linhas-do-iia-2020

de contas pela supervisão da organização perante os stakeholders, monitorar os interesses e comunicar de forma transparente sobre o atingimento dos objetivos, cultivar uma cultura que promova comportamento ético e responsabilidade, estabelecer estruturas e processos para governança, incluindo comitês auxiliares, conforme necessário, delegar responsabilidades e oferecer recursos à gestão para atingir os objetivos da organização, determinar o apetite organizacional a riscos e exercer a supervisão do gerenciamento de riscos (incluindo controle interno), manter a supervisão da conformidade com as expectativas legais, regulatórias e éticas e estabelecer e supervisionar a função de auditoria interna independente, objetiva e competente.

A partir da Governança as 3 linhas estarão[6] executando as dispensações da Governança, e coordenando as ações entre si:

1ª Linha – é a linha de frente da organização, mantem contato e relacionamento com o cliente. As áreas de negócio e de apoio de operações que desempenham e portanto garantem a aderência de *compliance* em todas as práticas de negócio (cumprimento de normas), deve liderar e dirigir ações (incluindo gerenciamento de riscos) e aplicação de recursos para atingir os objetivos da organização, deve manter um diálogo contínuo com o órgão de governança e reportar: resultados planejados, reais e esperados, vinculados aos objetivos da organização; e riscos, deve estabelecer e manter estruturas e processos apropriados para o gerenciamento de operações e riscos (incluindo controle interno) e deve garantir a conformidade com as expectativas legais, regulatórias e éticas;

2ª Linha – é a linha de expertise e de suporte técnico, como o *Compliance* e o Jurídico. A área do Jurídico Consultivo interpreta as normas, assessora os administradores e colaboradores no cumprimento dos contratos, das leis e o ambiente regulatório e auxilia o *Compliance* no desempenho de suas atividades. A área do *Compliance* Corporativo formula os princípios e diretrizes do programa de *compliance*, desenvolve métodos, processos, ferramentas e difunde a cultura de *compliance*, orienta implementação de controles de riscos, monitora as atividades. Essa linha deve fornecer expertise complementar, apoio, monitoramento e questionamento quanto ao gerenciamento

[6] _____.Material completo IIA – As 3 linhas – visita em 20/03/2021 athttps://iiabrasil.org.br/korbilload/upl/editorHTML/uploadDireto/20200758glob-th-editorHTML-00000013-20082020141130.pdf

de riscos, incluindo: o desenvolvimento, implantação e melhoria contínua das práticas de gerenciamento de riscos (incluindo controle interno) nos níveis de processo, sistemas e entidade. Deve procurar o atingimento dos objetivos de gerenciamento de riscos, como: conformidade com leis, regulamentos e comportamento ético aceitável; controle interno; segurança da informação e tecnologia; sustentabilidade; e avaliação da qualidade. Deve documentar, fornecer análises e reportar sobre a adequação e eficácia do gerenciamento de riscos (incluindo controle interno);

3ª Linha – A área de Auditoria reporta à Governança, deve ser independente e manter a avaliação de contas das atividades de gestão e periodicamente avaliar os riscos de *compliance* e a eficácia das atividades de controles e gestão integrada de riscos como adotados pela Governança. A novidade é que a Auditoria além de comunicar avaliação, deve assessor a gestão e o órgão de governança sobre a adequação e eficácia da governança e do gerenciamento de riscos (incluindo controle interno), para apoiar o atingimento dos objetivos organizacionais e a melhoria contínua.

O Modelo das Três Linhas do The IIA

5.1. Governança, Gestão e Auditoria integrados:

(i) Alta Administração

- Elabora as estratégias do negócio;
- Define as diretrizes (políticas) e os limites de exposição a riscos;
- Fornece recursos necessários;
- Responsável final pelo adequado funcionamento do ambiente de controles.

(ii) Áreas de Negócio

- Executa as ações;
- Monitora as operações no dia a dia (tomada de decisão);
- Implementa controles definidos.

(iii) Auditoria Interna

- Realiza trabalhos de revisão de aspectos operacionais e financeiros, auxiliando na melhoria de processos;
- Fornece uma avaliação independente do ambiente de controles internos e *Compliance*.

(iv) Gestão de Riscos e *Compliance*

- Auxilia a organização no monitoramento dos riscos e melhoria do ambiente de controle;
- Mensura exposição e assegura a conformidade das normas externas e internas;
- Comunica os resultados para a Alta Administração;
- Auxilia a Alta Administração no estudo de viabilidade regulatória e de riscos das medidas que quer implantar;
- Desenha e Comunica as políticas adotadas;
- Desenha e Monitora os procedimentos adotados à execução das políticas;
- Ministra os treinamentos e os registros de eventuais quebras de políticas;
- Reavalia os riscos e os procedimentos para a melhoria contínua dos processos e mitigação dos riscos e quebras de políticas;
- Representa a empresa perante os órgãos reguladores e fiscalizadores.

6. Governança e o Programa de Prevenção à Lavagem de Dinheiro o ao Financiamento do Terrorismo

6.1. Requisitos GAFI/FATF adotados pelas normativas no Brasil

As "pessoas obrigadas" como definidas da Lei 9.613/98, devem colaborar com os órgãos de controle e combate à lavagem de dinheiro e financiamento do terrorismo nos moldes da Legislação em vigor. Assim sob a supervisão dos reguladores e da Unidade de Inteligência Financeira – COAF, as empresas devem manter sistemas de controles segundo os princípios de governança e normativas especificas de cada setor.

(a) Setores obrigados

Pessoas obrigadas são aquelas para as quais existe uma obrigação legal para a prevenção e combate ao crime de lavagem de dinheiro e financiamento ao terrorismo. Dentre as obrigações estão o dever de identificar clientes, manter registros e comunicar operações financeiras.

São pessoas físicas e jurídicas que tenham, em caráter permanente ou eventual, como atividade principal ou acessória:

- a captação, intermediação e aplicação de recursos financeiros de terceiros, em moeda nacional ou estrangeira;
- a compra e venda de moeda estrangeira ou ouro como ativo financeiro ou instrumento cambial; e
- a custódia, emissão, distribuição, liquidação, negociação, intermediação ou administração de títulos ou valores mobiliários.

(b) Fiscalização e Supervisão

Algumas empresas do setor obrigado não tem supervisão direta e estão elencadas nos artigos 10 e 11 da Lei nº 9.613/98, e assim nos termos do art. 14, § 1º, se sujeitam à supervisão do Conselho de Controle de Atividades Financeiras – COAF[7], a saber: empresas de fomento mercantil - *factoring*; de joias e de metais preciosos; de comércio de bens de luxo ou de alto valor; e de empresas que atuam na comercialização e transferências de direitos de atletas e artistas, estão sob a supervisão e fiscalização do COAF e devem atender as regras do COAF quanto ao Programa de Prevenção à Lavagem de Dinheiro e Financiamento do Terrorismo e à Proliferação, aos contro-

[7] Visita em 20/03/2021 https://www.gov.br/coaf/pt-br/acesso-a-informacao/Institucional/a-atividade-de-supervisao/fiscalizacao

les internos, às comunicações e prazos como já atualizadas por meio da **Resolução 36/2021** e **Resolução 31/2020**[8].

Os reguladores que atuam diretamente no Sistema Financeiro Nacional como o Banco Central - BACEN (Circular nº 3.978), a Comissão de Valores Mobiliários - CVM (Instrução Normativa 617/2019), a Superintendência de Seguros Privados - SUSEP (Circular 612/2020) e a Superintendência de Previdência Complementar - PREVIC (Instrução 34/2020), atuam na supervisão e fiscalização das reguladas e atualizaram seus respectivos normativos de Prevenção à Lavagem de Dinheiro e Financiamento do Terrorismo no curso dos anos de 2019 e 2020 cujas regras já estão em vigência ou em fase de se efetivarem no curso do ano de 2021. Da mesma forma que os reguladores, as resoluções do COAF, trazem uma nova estrutura disciplinar com Foco na Abordagem Baseada em Riscos (Risk Based Approach), a documentação da avaliação de riscos e política de PLDFT, entre outras questões desde o cadastro de cliente, classificação de riscos e minucioso descritivo dos riscos por produtos, serviços e atividades, treinamento, comunicações automáticas e por análise de atividades atípicas, entre outros procedimentos e revisões periódicas.

7. Política de Prevenção à Lavagem de Dinheiro e Financiamento do Terrorismo e à Proliferação - PLDFTP

Assim como previsto no regramento anterior, a Circular 3.978/20 determina que as instituições reguladas devem implementar e manter política de PLDFTP, principal documento de manuseio interno das instituições reguladas a respeito do tema. Contudo, à luz da abordagem com base no risco que mencionamos anteriormente, a nova circular inova ao reforçar que tal política deve levar em consideração os perfis de risco de clientes, da instituição, dos produtos e serviços e dos funcionários, parceiros e prestadores de serviços terceirizados.

Adicionalmente, a política de PLDFTP teve seu conteúdo mínimo ampliado e aprimorado, devendo ser elaborada levando em conta um número razoável de detalhes, incluindo:

(i) Diretrizes para: (a) definição de papéis e responsabilidades para cumprimento da regulamentação; (b) avaliação de novos produ-

[8] Visita em 20/05/2020 https://www.gov.br/coaf/pt-br/acesso-a-informacao/Institucional/a-atividade-de-supervisao/regulacao/supervisao/normas-1

tos; (c) avaliação interna de riscos; (d) verificação do cumprimento da política de PLDFTP; (e) promoção de cultura organizacional para fins da PLDFTP; (f) seleção e contratação de funcionários e de prestadores de serviços; (g) capacitação de funcionários e prestadores de serviços em relação aos temas de PLDFTP.

(ii) Diretrizes para procedimentos: (a) de informações cadastrais; (b) de registros de informações e de serviços financeiros; (c) de monitoramento, seleção e análise de operações suspeitas; e (d) de comunicações de operações ao Conselho de Controle de Atividades Financeiras (COAF).

(iii) Comprometimento da alta administração com efetividade e melhoria da política de PLDFTP.

Ainda sobre a política de PLDFTP, as normativas em geral determinam que **(i)** poderá ser adotada uma única política por conglomerado prudencial; **(ii)** as instituições reguladas devem assegurar a aplicação da política em suas unidades no exterior; e **(iii)** a política deve ser documentada, aprovada pelo Conselho de Administração ou, se inexistente, pela Diretoria, ou pelo Conselho Deliberativo e deve ser mantida atualizada.

Por fim, o novo normativo determina que as instituições reguladas devem dispor de governança adequada para assegurar o cumprimento da política de PLDFTP e demais procedimentos e controles internos nela contemplados, bem como indicar diretor responsável pelo cumprimento das obrigações previstas na regulamentação.

7.1. Abordagem Baseada em Risco – ABR (*Risk Based Approach*)

De forma geral, as novas regulação BACEN, CVM, SUSEP e PREVIC buscam maior eficiência e efetividade das Políticas e Controles de Prevenção à Lavagem de Dinheiro (PLD), ampliando a adoção da abordagem com base no risco (risk-based approach) para esses fins no âmbito do mercado financeiro.

Tal metodologia vai ao encontro das recomendações do Grupo de Ação Financeira Internacional (GAFI), as quais já foram adotadas no âmbito do mercado de capitais, por meio da edição da Instrução CVM nº 617, de 5 de dezembro de 2019; no âmbito das instituições financeira, por meio da Circular BACEN 3.978/2020; no âmbito dos seguros privados, por meio da Circular SUSEP 612/2020 e no âmbito da previdência complementar, por meio da Instrução PREVIC 34/2020.

A abordagem com base no risco também é um dos pilares do projeto de lei do novo marco legal para o mercado de câmbio e já foi adotado pelo Banco Central em outros normativos, tal como na nova regulamentação para abertura de contas correntes.

Mediante a adoção de uma abordagem baseada no risco, as instituições reguladas passam a ser obrigadas a identificar, a avaliar e a compreender os riscos de lavagem de dinheiro e de detectar as ocorrências de financiamento ao terrorismo aos quais estão sujeitas, para então definirem medidas de prevenção compatíveis com tais riscos, a fim de mitigá-los de maneira eficaz.

Isso possibilita que as medidas preventivas a serem adotadas pelas instituições reguladas sejam flexíveis e proporcionais à natureza dos riscos aos quais estão envolvidas, tendo em vista o perfil de risco de seus clientes e das suas relações de negócios, entre outros elementos.

Com a adoção dessa nova abordagem, o tratamento uniforme para todos os temas de Prevenção à Lavagem de Dinheiro e Financiamento do Terrorismo e à Proliferação (PLDFTP) não é mais esperado, possibilitando-se uma racionalização dos esforços por parte das instituições reguladas, de modo que controles reforçados sejam aplicados em situações de maior risco e controles simplificados possam ser aplicados para situações de menor risco. Por outro lado, como contrapartida, impõe-se uma obrigação de identificação e classificação de riscos documentadas e o acompanhamento contínuo dos perfis de risco pelas instituições reguladas.

7.2. Processo conheça seu cliente (*Know your Client* -KYC)

O conhecimento dos clientes é um processo que nos permite conhecer a pessoa jurídica com a qual se inicia uma relação comercial, auxiliando na identificação de possíveis riscos.

O FinCen – Financial Crimes Enforcement Network, acrescentou um ponto importante ao processo de KYC, regra a ser seguida a partir de maio de 2018[9] por todas as instituições financeiras norte-americanas: o Customer Due Diligence Form of Beneficial Ownership Identification

[9] ______.FinCEN regulations 31 CFR Chapter X (formerly 31 CFR Part 103).
https://www.gpo.gov/fdsys/pkg/FR-2016-05-11/pdf/2016-10567.pdf
Guidances at https://www.ffiec.gov/bsa_aml_infobase/documents/FAQs_for_CDD_Final_Rule_(7_15_16).pdf

and Verification, qual seja, a identificação e verificação da pessoa natural, beneficiário final e último proprietário da empresa diligenciada.

O processo KYC deve ser completo e abranger não apenas clientes, mas terceiros, fornecedores e parceiros de negócios.

Na mesma linha as normativas CVM, BACEN, SUSEP e PREVIC exigem que o processo de admissão de clientes passem por rigorosa identificação, qualificação e classificação, sendo que na Circular Bacen 3.978/2020 o processo exigido é especifico e descritivo.

Em suma, são 4 elementos centrais a serem observados nas diligências e checagens KYC pelos programas:

1. Identificação e validação da identidade do cliente
2. Qualificação do cliente a partir de sua identificação e validação da identidade, vinculação de seu beneficiário final (pessoa natural) e se PEP relacionado ao cliente;
3. Classificação do Cliente, a partir da compreensão da natureza empresarial e atividade do cliente na relação a ser travada com a instituição financeira, baseada na análise de risco e sua ;
4. Monitoramento rotineiro e contínuo e reporte à Unidade Financeira Central de suspeitas, com base na análise de riscos, bem como a atualização e manutenção do cadastro e relacionamento do cliente com a instituição financeira.

As providências de conhecimento do cliente também receberam tratamento especial na Circular 3.978/20, que passou a exigir a elaboração de manual específico contemplando os procedimentos aplicáveis à identificação, à qualificação e à classificação do cliente. Seguindo as diretrizes da abordagem com base no risco, tais procedimentos devem levar em consideração (i) o perfil de risco do cliente; (ii) a política de PLDFT; e (iii) a avaliação interna de risco.

A identificação consiste na adoção de procedimentos que permitam verificar e validar a identidade do cliente. A Circular 3.978/20 inova ao possibilitar que as instituições reguladas consultem bancos de dados públicos e privados para tais fins, bem como determina que as informações mínimas a serem coletadas e confirmadas incluem apenas: (i) nome completo, endereço residencial e CPF/ME, para pessoas naturais; e (ii) denominação social, endereço da sede e CNPJ/ME, para pessoas jurídicas. Há também uma maior clareza sobre as informações necessárias no caso de pessoas residentes no exterior.

Ainda na seara do KYC, a Circular 3.978/2020 determina que as instituições reguladas devem adotar procedimentos que permitam qualificar seus clientes por meio da coleta, verificação e validação de informações, compatíveis com o perfil de risco do cliente e com a natureza da relação de negócio, incluindo em tal qualificação a coleta de informações que permitam avaliar a capacidade financeira do cliente e se ele é pessoa politicamente exposta. Em princípio, a regulamentação não estabeleceu uma lista mínima ou taxativa das informações que devem ser coletadas para os procedimentos de qualificação do cliente, cabendo a cada instituição regulada determiná-las de acordo com suas políticas e manuais internos. Não obstante, foram delegados poderes ao Banco Central para oportunamente divulgar rol de informações a serem coletadas para esses fins.

Por fim, em adição à qualificação, a Circular 3.978/20 determina que as instituições reguladas adotem uma última etapa no processo de KYC, referente à classificação dos seus clientes nas categorias de risco definidas na avaliação interna.

Tal como previsto no regramento anterior, a Circular 3.978/20 estabelece que, no caso de clientes pessoa jurídica, os procedimentos de KYC contemple os seus administradores, bem como a análise da cadeia societária até a identificação da pessoa natural caracterizada como o seu beneficiário final, excetuando-se as companhias abertas, as associações sem fins lucrativos, as cooperativas e as pessoas que detenham participação societária abaixo de valor mínimo de referência a ser estabelecido para cada instituição regulada (o qual deverá ser definido com base na sua análise de risco e nunca poderá ser superior a 25%).

7.3. Beneficiário final ou propriedade benéfica

Com relação à identificação da propriedade efetiva, a instituição deve estabelecer um valor de referência para a identificação de participações societárias diretas e indiretas, sendo o mínimo exigido de 25%, já adotado pela autorregulação da Federação Brasileira de Bancos (FEBRABAN). Aqueles que exercem controle de fato sobre as atividades (influência significativa) da pessoa jurídica são expressamente incluídos no conceito de beneficiários efetivos.

Para beneficiário final o FinCen traz a seguinte orientação:

Cada indivíduo, que direta ou indiretamente, controla 25% ou mais da propriedade da empresa, e o indivíduo com significativa responsabilidade de controle, gerenciamento, ou administração direta da empresa, incluindo os executivos e diretores, presidente, vice-presidente, tesoureiro ou diretor financeiro, ou qualquer indivíduo que tenha funções similares de controle na empresa. A lista é ilustrativa, e deve ser verificada a estrutura organizacional da empresa.

Nas normas do Sistema Financeiro Nacional as supervisões CVM, BACEN, SUSEP e PREVIC adotam a obrigatoriedade de identificação do beneficiário final e a noção de identificação da pessoa natural benéfica ou de comando e controle sob os resultados almejados pelas operações e movimentações financeiras determinadas pela pessoa jurídica.

Porquanto que uma vez o beneficiário final seja identificado e validado, as checagens e diligências devem procurar identificar além da identidade, a fonte de riqueza que suporta as atividades daquele indivíduo, e manter registros e evidências dessas diligências.

A análise de risco após a identificação e validação do KYC e beneficiários finais, haverá de seguir com detalhamento da atividade empresarial, e os riscos inerentes dessas atividades, e em sendo terceiros, qual a exposição da empresa a esses riscos.

7.4. Pessoas Politicamente Expostas – PEP

A Lei de Lavagem de Dinheiro e a Resolução 29 do COAF já trazem a definição de PEP e a lista de pessoas assim consideradas. A Circular BACEN 3.978/2020 ampliou a definição de PEPs, incluindo à lista os parentes de segundo grau, e também define alto risco e atenção às pessoas relacionadas e de relações comerciais (colaborador próximo) com PEPs. Esses conceitos reforçam a indispensabilidade dos bancos de dados para capturar essas informações. Na lista de adições incluem-se presidentes e tesoureiros de partidos políticos e altos funcionários de Estados e Municípios (secretários, membros de casas legislativas e chefes de entidades estatais e empresas estatais). Enfim, além das pessoas já alcançadas na legislação e regramento anterior, passaram a ser considerados PEP: (i) presidentes e tesoureiros nacionais, ou equivalentes, de partidos políticos; (ii) secretários de estados e do Distrito Federal; (iii) deputados estaduais e distritais; (iv) presidentes ou equivalentes de entidades da administração pública indireta estadual e distrital; (iv) presidente de Tribunais Militares; (v) os vereadores, os secretários municipais, os presidentes, ou equivalentes, de entidades da administração pública indireta municipal. Ainda, há um rol grande de pessoas ocupando cargos no exterior que passaram a ser consideradas PEP.

Certamente que o processo de conhecimento do cliente, funcionário ou do terceiro, ficou mais complexo, pois além da identificação e validação do beneficiário final, a lei antilavagem de dinheiro e financiamento do terrorismo remete à obrigação de identificação de PEPs (Pessoas Expostas Politicamente) e a identificação de criminosos, sancionados e/ou considerados terroristas de acordo com as listas adotadas pelas autoridades brasileiras, como a Lista de Condenados e Suspeitos do Conselho de Segurança das Nações Unidas.

Caso seja identificado que um cliente, funcionário ou terceiro é um PEP, é obrigatório que haja uma avaliação de Riscos, aprovações da alta administração ou de diretores nomeados à função e monitoramento de *Compliance*. Uma vez aprovada a relação, as atividades deverão ser monitoradas até final relacionamento e reavaliadas a cada nova operação, transação ou alteração na relação contratual ou jurídica.

São consideradas PEPs as pessoas físicas ou jurídicas que se encontrem no rol das pessoas enumeradas pela Lei Antilavagem de Dinheiro, nos Regulamentos do COAF, nas normas dos supervisores e reguladores das pessoas obrigadas. Também são considerados PEP pessoas estrangeiras que estejam em cargos governamentais e correlatos, bem como organismos internacionais e bancos multilaterais. Além disso deve-se ter atenção às pessoas de estreito relacionamento, relacionadas ou vinculadas à PEPs, pois podem ser instrumentos ou veículos de atuação.

Ponto de atenção nas diligências de KYC – Know Your Cliente – Conheça Seu Cliente, KYP – Know Your Partner – Conheça Seu Terceiro, KYE – KnowYour Employee – Conheça Seu Funcionário, são aquelas circunstâncias em que a identificação e a validação da identificação são dificultosas, ora por resistência de fornecimento ora por insuficiência de informações do cliente. Assim alguns pontos de atenção ou "red flag" devem ser gatilho de diligências aprofundadas ou ampliadas e uma atenção redobrada, por exemplo:

(i) Pessoas físicas ou jurídicas envolvidas em alguma operação suspeita, em especial aquelas que figurem em alguma das listas consultadas pelos Bancos de Dados internacionais;

(ii) Pessoas de integridade ou honestidade duvidosa ou aquelas que se tenha conhecimento ou indícios de vinculação com atividades ilícitas;
(iii) Pessoas jurídicas que se recusem a submeter informações ou documentos ou que apresentem alguma informação falsa ou de difícil comprovação;
(iv) Contrato celebrado em país sancionado ou considerado paraíso fiscal, de acordo com a lista de países não cooperativos com a legislação Antilavagem de Dinheiro emitida pelo COAF e Receita Federal;
(v) Qualquer tipo de ameaça, intenção de suborno para que o cliente seja aceito rapidamente ou sem realização de verificações.

A regulamentação brasileira determina que as instituições dispensem especial atenção às operações que envolvam: Pessoas Expostas Politicamente (PEP); abertura de diversas contas em nome de Pessoas Físicas ou Jurídicas que pertençam ao mesmo grupo econômico; dificuldade na obtenção e informações a respeito de sua atividade econômica e patrimônio; dificuldade na identificação do beneficiário final de transações, devido à utilização de estruturas complexas; clientes/recursos provenientes de países considerados de alto risco para lavagem de dinheiro e financiamento do terrorismo; e, recebimento de recursos com imediata realização de saque em espécie.

Critérios para classificação de riscos: localização geográfica, tipo de atividade, tipo de serviços, PEPs, Private Banking e Investidores não residentes.

Dependendo do risco apresentado pelo cliente ou terceiro, após sua verificação, medidas adequadas deverão ser tomadas, como por exemplo, a realização de Diligência Devida de investigação de antecedentes e reputação (*Due Diligence*) ou a realização de reporte aos órgãos competentes.

7.5. Avaliação de risco periódica

A novidade das normas no que tange à avaliação de risco diz respeito à obrigação de realizar uma avaliação de risco específica, periódica e documentada para PLDFT, levando em consideração os tipos de operações das entidades reguladas (produtos e serviços), tecnologias de distribuição e diferentes contrapartes (clientes, funcionários, parceiros de serviços e fornecedores).

Tendo em vista a adoção da abordagem com base no risco como um dos pilares do novo arcabouço regulatório, os órgãos reguladores definem em seus instrumentos uma série de particularidades e determinam que as instituições reguladas devem realizar avaliações internas com o objetivo de identificar e mensurar o risco de utilização de seus produtos e serviços na prática dos crimes lavagem de dinheiro e de financiamento ao terrorismo. Tal avaliação interna deverá considerar, no mínimo, os perfis de risco dos clientes, da instituição propriamente dita, das operações, transações, produtos e serviços e das atividades exercidas pelos funcionários, parceiros e prestadores de serviços terceirizados.

O risco identificado deve ser avaliado quanto à sua probabilidade de ocorrência e à magnitude dos impactos financeiro, jurídico, reputacional e socioambiental para a instituição. Nesse sentido, a Circular 3.978/20 define ainda que as categorias de risco devem ser definidas conforme a gradação de risco verificada no caso concreto (i.e., controles mais rígidos para situações de maior risco e controles simplificados para situações menos complexas).

Todas as normativas admitem que a avaliação interna de risco pode ser realizada por conglomerado prudencial e deve ser (i) documentada e aprovada pelo diretor responsável por PLDFT; (ii) encaminhada aos órgãos internos responsáveis das instituições reguladas (comitê de risco, comitê de auditoria e administração); e (iii) revisada periodicamente. BACEN e PREVIC a cada 2 anos ou quando ocorrerem alterações significativas no perfil de risco, CVM anualmente, SUSEP deve ser revisada com base no perfil de risco do cliente e na natureza de negócio, sendo que a base de clientes deve passar por revisão anualmente (art. 24, I e II da Circular SUSEP 612/2020).

7.6. Procedimentos de monitoramento, de seleção e de análise de operações e situações suspeitas e relatórios.

O regulamento BACEN trata mais claramente do monitoramento-seleção e análise de operações ou situações suspeitas, regulando cada estágio e os prazos máximos para o seu desempenho (45 dias cada, máximo de 90 dias, incluindo os relatórios à UIF). A *due diligence* do cliente não pode ser terceirizada ou realizada no exterior. No entanto, tanto a análise quanto os relatórios para a UIF podem ser centralizados no caso de um grupo.

A Circular 3.978/20 também aprimorou os procedimentos de monitoramento, de seleção e de análise das operações e situações suspeitas, dispondo com maiores detalhes sobre cada uma dessas etapas. Em linhas gerais, as mudanças refletem uma preocupação do regulador de buscar eficiência e receber "boas informações", baseadas em mecanismos de *searching and screening* a serem realizados pelas instituições reguladas.

Inicialmente, foi estabelecido que esses procedimentos devem estar previstos em manual específico, aprovado pela diretoria da instituição regulada, serem compatíveis com a política de PLDFTP e definidos com base na avaliação interna de risco. Uma vez mais, nota-se o valor que o regulador atribuiu à abordagem com base no risco no novo quadro regulatório.

Os procedimentos de monitoramento e seleção em geral devem possibilitar que as instituições reguladas identifiquem operações e situações que possam indicar suspeitas de lavagem de dinheiro e de financiamento ao terrorismo. A CVM, SUSEP e PREVIC não definiram os mesmos prazos que o BACEN, mas determinaram que prazos e procedimentos sejam incorporados à política de e avaliação de risco, e seja reportada sua efetividade. Também espera-se que as operações e situações atípicas selecionadas devam passar por um procedimento de análise por parte das instituições reguladas, cujo objetivo é decidir se aquelas devem ou não ser caracterizadas como suspeitas a serem reportadas.

As supervisionadas deverão sempre manter registro das análises e da decisão e em sendo o caso de comunicação realizar em 24 horas (dia útil seguinte) à tomada da decisão. O normativo Bacen proíbe expressamente que as instituições contratem terceiros para realização da análise. No entanto, atendendo a pedidos apresentados durante a consulta pública, foi permitida a contratação, inclusive no exterior, de serviços auxiliares à realização da análise de operações e situações suspeitas.

Continuam presentes outros comandos que já constavam das regulações anteriores como a obrigação de não dar ciência da comunicação aos envolvidos e terceiros, bem como de prestar declaração ao COAF no caso de não realização de comunicações (não ocorrências). As supervisionadas devem comunicar no ano seguinte ao exercício – Bacen – até 10 dias úteis após o encerramento do ano, SUSEP até o último dia útil do mês de março do ano seguinte ao exercício, CVM até o último dia útil do mês de abril do ano seguinte ao exercício e PREVIC

7.7. Registro de operações

Os novos normativos mantêm a obrigação das instituições de manterem registros para todas as operações realizadas e produtos e serviços contratados, inclusive saques, depósitos, aportes, pagamentos, recebimentos e transferência de recursos.

Dentre as principais inovações na norma BACEN, destaca-se as seguintes:

(i) inclusão de comando visando assegurar que o monitoramento de operações e situações suspeitas ocorra mesmo no caso em que as instituições reguladas estabelecem relação comercial com intermediários não regulados que participem de arranjos de pagamentos, tal como os subcredenciadores; e

(ii) regras adicionais sobre as informações que devem constar no registro de operações em espécie, como por exemplo a inclusão da origem dos recursos nos casos de operações de depósito ou de aporte em espécie acima de R$50mil.

7.8. Procedimentos destinados a conhecer funcionários, parceiros e prestadores de serviços e Treinamentos.

Os novos regulamentos determinam a realização de procedimentos e de Conheça seu Parceiros, Funcionários e Terceiros, e essa a avaliação passa pela análise prévia ao início da relação jurídica ou contratual. As diligências devem ser parte do processo de aprovação de terceiros, levando-se em consideração sua identificação, validação, classificação de riscos, atividades pregressas, apontamentos processuais, de mídia negativas e de reputação. Assim os normativos estabelecem parâmetros de *due diligence* de aprovação de relacionamento com terceiros e também com outras instituições financeiras no exterior, como no Bacen que a norma define as informações mínimas que devem ser obtidas.

Inovando em relação ao quadro regulatório atual, a Circular 3.978/20 estabelece, de forma expressa e detalhada, a obrigatoriedade de as instituições reguladas implementarem procedimentos destinados a conhecer os seus funcionários, parceiros e prestadores de serviços terceirizados, incluindo procedimentos de identificação e qualificação.

No item treinamento, as normativas determinam que as instituições promovam treinamentos e comunicações periódicas e atualizadas, com conteúdo claro e específico da política de prevenção à lavagem de dinheiro e financiamento do terrorismo e à proliferação, bem como dos procedimentos de controles internos, para administradores, funcionários, agentes autônomos de investimento e prestadores de serviços relevantes contratados, funcionários dos correspondentes, visando divulgar a cultura organização de PLDFT, capacitar sobre a política e procedimentos de controles internos, mitigar o risco de *compliance* e as atividades atípicas de lavagem de dinheiro e financiamento do terrorismo.

7.9. Mecanismos de acompanhamento e avaliação de efetividade

Por fim, a nova circular estabelece a obrigatoriedade de as instituições reguladas adotarem mecanismos de acompanhamento e controle, bem como de avaliação da efetividade das políticas e dos procedimentos estabelecidos na norma. Isso deve ser feito, por exemplo, por meio da definição de processos, testes, monitoramento de transações e constante revisão da política e das métricas adotadas para que a efetividade do programa seja evidenciada ao longo do período de avaliação e revisão. As trilhas de auditoria devem ser preservadas, bem como devem constar da avaliação de riscos a definição de métricas e indicadores adequados à verificação dos processos, viabilizando a realização de testes de avaliação periódicos e com reporte para a alta administração.

As mudanças trazidas pela Circular 3.978/20 consolidam a visão do regulador no sentido de que o mercado financeiro brasileiro se encontra maduro o suficiente para adotar a abordagem com base no risco de forma mais ampla.

Isto, no entanto, exigirá uma verdadeira mudança de postura das pessoas envolvidas com temas de PLDFTP, tanto nas instituições reguladas, como no próprio Banco Central. A partir da entrada em vigor da nova circular, as instituições reguladas devem entender que a flexibilidade concedida pela abordagem baseada no risco não as exime de terem controles de PLDFTP robustos e efetivos, os quais deverão ser determinados por elas próprias, com base na análise dos riscos de seus clientes e negócios. Por outro lado, o departamento de supervisão do Banco Central deve ter em mente que as instituições reguladas não adotarão os mesmos controles para fins de PLDFTP.

7.10. Vistoria e Fiscalização dos Órgãos Supervisores

As disposições inovadoras exigem que as entidades reguladas definam indicadores, documentem os processos desde a avaliação de riscos, aprovação da política e seus relatórios, bem como mantenham os registros e as evidências das rotinas e controles para fins de monitoramento e auditorias da parte do regulador/supervisor. Também é necessário testar periodicamente a eficácia do programa e realizar as melhorias.

Os órgãos supervisores irão realizar as visitas e as vistorias, sendo que tais requisitos já estavam presentes nas regulações anteriores.

Referências

1. Utilizadas

ANDRADE, Renata Fonseca. **Ethicsand*Compliance*Programs in a Global andBrazilianContext: The 6 Principlesof*Compliance*.** USA, 2015, http://corporate*compliance*insights.com/ethics-and-*compliance*-programs-in-a-global-and-brazilian-context--the-6-principles-of-*compliance*/
Acesso em: 24/08/2020.

ANDRADE, Renata Fonseca de. **20 Anos da Lei dos Crimes de "Lavagem" de Dinheiro nº 9.613, de 1998. Ed. Roncarati. 2018.** https://www.editoraroncarati.com.br/v2/phocadownload/lei_9613_1998/files/lei_9613_20anos.pdf
Acesso em 20/03/2020.

CARDOSO, Debora Motta. **Criminal *Compliance* na perspectiva da lei de lavagem de dinheiro**. São Paulo: Editoria LiberArs, 2015, 1 ª ed.

GONSALES, Alessandra. ***Compliance*. A Nova Regra do Jogo**. São Paulo:

SILVEIRA, Renato de Melo Jorge. SAAD-DINIZ, Eduardo. ***Compliance*, Direto Penal e Lei Anticorrupção**. São Paulo: Saraiva, 2015.

VILARDI, Celso Sanchez. "O crime de lavagem de dinheiro e o início de sua execução". In **Doutrinas Essenciais Direito Penal**. São Paulo: Editora Revista dos Tribunais, 2010, vol. 8, p. 1071.

PRADO, Luiz Regis. "Delito de lavagem de capitais: um estudo introdutório". In **Doutrinas Essenciais Direito Penal**. São Paulo: Editora Revista dos Tribunais, 2010, vol. 8, p. 1149.

2. Eletrônicas

<http://www.coaf.fazenda.gov.br/menu/pld-ft/sobre-a-lavagem-de-dinheiro>. Acesso em: 20/05/2020.

<http://www.justica.gov.br/sua-protecao/lavagem-de-dinheiro/enccla.>. Acesso em: 20/05/2020

<https://www.justica.gov.br/sua-protecao/lavagem-de-dinheiro> . Acesso em 20/05/2020

<https://www.gov.br/cgu/pt-br/acesso-a-informacao/institucional> Acesso em 20/05/2020

<https://www.fatf-gafi.org/media/fatf/documents/recommendations/pdfs/FATF-40--Rec-2012-Portuguese-GAFISUD.pdf> Acesso em 22/03/2021

3. Legislativas

Lei nº 12.836/12
Lei nº 9.613/98
Lei nº 13.260/16

Lei nº 13.810/19
Normativo SARB 11/13
Lei nº 12.850/13
Lei nº 12.846/13
Lei nº 10.683/03
Lei nº 6.385/76
Instrução CVM 617/19
Circular BACEN 3.978/2020
Circular SUSEP 612/2020
Instrução PREVIC 34/2020

11
AS DEMONSTRAÇÕES FINANCEIRAS COMO INSTRUMENTO DE PROVA NO PROCESSO PENAL TRIBUTÁRIO

Edison Carlos Fernandes

Introdução

O adequado entendimento e mesmo a adequada atuação da pessoa jurídica dependem da compreensão jurídica das demonstrações financeiras. Os estudiosos e os operadores do Direito, mais e mais, vêm descobrindo essa relação imbricada entre as ciências jurídicas e as ciências contábeis. É certo que alguns ramos (didáticos) do Direito têm mais intimidade com a Contabilidade, como são os casos do societário e do tributário; porém, também é verdade que as demonstrações financeiras são instrumento relevante em toda relação jurídica que envolve a pessoa jurídica, quer como sujeito quer como objeto. Nesse sentido, a Contabilidade dialoga, da mesma maneira, com o direito dos contratos, direito trabalhista, direito de família e sucessões e com o direito penal.

O presente texto pretende apresentar breves comentários sobre o papel que as demonstrações financeiras exercem como instrumento de prova no processo penal tributário. Para tanto, será tomado como base dessa análise o julgamento do Recurso Ordinário em *Habeas Corpus* – RHC nº 163.334 que tramitou perante o Supremo Tribunal Federal – STF, sob a relatoria do Ministro Luiz Roberto Barroso. Nesse RHC, a Suprema Corte concluiu que "[o] contribuinte que deixa de recolher o valor do ICMS cobrado do adquirente da mercadoria ou serviço apropria-se de valor de tributo, realizando o tipo penal do art. 2º, II, da Lei nº 8.137/1990". Em outras palavras, o STF decidiu que há crime tributário no caso de ICMS declarado e não recolhido. Mas como as demonstrações contábeis estão relacionadas à essa questão criminal? É o que passamos a apresentar.

1. Duplo fundamento do crime tributário de acordo com o STF

O julgamento do mencionado RHC 163.334 mobilizou os profissionais do Direito e os empresários de maneira ímpar. Dada a importância do tema, as sustentações orais foram acompanhadas atentamente, assim como os extensos votos dos ministros do STF. No fim, a maioria dos ministros entendeu que declarar ICMS devido e não recolher o montante correspondente constitui crime contra a ordem tributária. No entanto, lê-se da ementa inscrita no voto do ministro relator, há dois fundamentos para a inclusão da conduta no tipo penal do artigo 2º, II da Lei nº 8.137, de 1990, conforme o trecho destacado a seguir:

> (...)
> 5. Impõe-se, porém, uma interpretação restritiva do tipo, de modo que somente se considera criminosa a inadimplência sistemática, contumaz, verdadeiro *modus operandi* do empresário, seja para enriquecimento ilícito, para lesar a concorrência ou para financiar as próprias atividades.
> 6. A caracterização do crime depende da demonstração do dolo de apropriação, a ser apurado a partir de circunstâncias objetivas factuais, tais como o inadimplemento prolongado sem tentativa de regularização dos débitos, a venda de produtos abaixo do preço de custo, a criação de obstáculos à fiscalização, a utilização de "laranjas" no quadro societário, a falta de tentativa de regularização dos débitos, o encerramento irregular das suas atividades, a existência de débitos inscritos em dívida ativa em valor superior ao capital social integralizado etc.

De maneira direta e em pouquíssimas palavras, os dois fundamentos apontados podem ser assim resumidos: *contumácia* e *dolo de apropriação*. Ambos os fundamentos podem ser confirmados ou afastados pela análise das demonstrações financeiras da pessoa jurídica originalmente contribuinte do ICMS.

Antes de apresentar a instrumentalidade das demonstrações financeiras nesses casos, convém fazer uma breve digressão sobre a análise contábil do Direito, em que se justifica a imprescindibilidade da Contabilidade para o adequado entendimento e a adequada atuação da pessoa jurídica.

2. Sinopse da análise contábil do Direito

Advirta-se, desde logo, que para efeito desse texto, basta uma apresentação sinóptica do que está sendo chamado de análise contábil do Direito. Portanto, é possível aprofundar esse estudo[1].

A pessoa jurídica possui existência diversa e segregada daqueles que a constituíram, isto é, os sócios, o que implica deixar claro que a pessoa jurídica não se limita a ser uma extensão dos seus sócios: há interesses diferentes e que podem ser inclusive conflitantes. Em decorrência, o patrimônio da pessoa jurídica não se confunde com o patrimônio dos seus sócios – é o que o direito comercial denomina de *princípio da autonomia patrimonial.* O patrimônio próprio e o interesse próprio da pessoa jurídica são o que garante a sua existência, ainda que não no plano material.

A garantia da *autonomia patrimonial* depende necessariamente da *prova* do patrimônio da pessoa jurídica, de maneira a permitir a distinção com os patrimônios dos seus sócios. Nesse sentido, as demonstrações financeiras são imprescindíveis. A *prova* do patrimônio distinto e individual da pessoa jurídica é feita e explicada pelas ciências contábeis, das quais as demonstrações financeiras, mais especificamente o *balanço patrimonial*, é o principal objeto de estudo. A "ciência" e as normas da Contabilidade destinam-se, em uma apresentação bastante sumária, a estabelecer os critérios, as condições e as formas para a *comprovação* do patrimônio das pessoas jurídicas[2].

Ocorre que, diferentemente das pessoas naturais, que como o próprio conceito indica têm existência no plano material, a pessoa jurídica tem a sua existência circunscrita ao plano jurídico – mantendo a análise no campo do direito penal, a pessoa jurídica não pode ser punida com pena de detenção ou de reclusão, mas pode ser punida com restrição de direitos e penalidades pecuniárias, ambas aplicadas no âmbito jurídico. Sendo assim, o patrimônio das pessoas jurídicas será formado por relações jurídicas, ou seja, pelos contratos que celebra, numa abordagem bastante ampla do conceito de *contratos* (contrato como relação jurídica, para permitir o diálogo com a Contabilidade, a Economia e a Administração de Empresas).

[1] Conferir FERNANDES, Edison Carlos. Demonstrações financeiras das sociedades anônimas *in* COELHO, Fábio Ulhoa (coordenador). *Tratado de direito comercial.* Volume 3. São Paulo: Saraiva, 2015, páginas 281-308.

[2] HERRMANN JR., Frederico. *Contabilidade superior.* 10ª edição. São Paulo: Atlas, 1978, página27.

O patrimônio da pessoa jurídica é constituído pelos *contratos* celebrados, por aqueles em que a pessoa jurídica tem valores (ou direitos) a receber e por aqueles em que ela tem valores (ou deveres) a pagar[3]. Assim é elaborado juridicamente o balanço patrimonial: do lado esquerdo, encontram-se as relações jurídicas em que a pessoa jurídica tem a receber (relação jurídica com seus devedores), e do lado direito, as relações jurídicas em que a pessoa jurídica tem a pagar (relação jurídica com seus credores). A diferença entre esses lados representa o patrimônio mesmo da pessoa jurídica, para todas as finalidades jurídicas: retribuição ou responsabilização dos sócios, pagamento de tributos, garantia de credores, cumprimento da habilitação financeira em processos licitatórios etc[4].

A par disso, o lado direito do balanço patrimonial (passivo e patrimônio líquido) representa as *origens dos recursos* da pessoa jurídica, isto é, de quem eles vêm: sócios, credores ou gerados pelo desenvolvido da atividade econômica da pessoa jurídica; o lado esquerdo (ativo) representa a *aplicação dos recursos*, isto é, no que eles são utilizados: bens e direitos ou despesa[5]. Essa estrutura econômico-financeira do balanço patrimonial também serve como instrumento para suportar a tomada de decisões de cunho jurídico que envolvem a pessoa jurídica. Inclusive na esfera do direito penal.

Voltando aos contratos, destaca-se que especialmente os comerciais têm a natureza de serem sinalagmáticos e comutativos. Isso quer dizer que os contratos apresentam prestações recíprocas, o que implica que um contratante é, ao mesmo tempo, credor de uma prestação e devedor de outra prestação, além disso, essas prestações são equivalentes em termos de valor. Tome-se por exemplo o contrato de compra e venda do produto P, em que A é o vendedor e B, o credor: A tem o dever de entregar o produto P e tem o direito de receber o preço; B, ao contrário, tem o dever de pagar o preço e o direito de receber o produto P. Há num mesmo contrato um *débito* e um *crédito* para cada contratante, situação que é capturada pelas demonstrações financeiras por meio do *método das partidas dobradas*[6].

[3] Conferir SUNDER, Shyam. *Teoria da contabilidade e do controle.* São Paulo: Atlas, 2014.

[4] Sobre a vinculação da informação contábil, conferir LOPES, Alexsandro Broedel *A informação contábil e o mercado de capitais.* São Paulo: Pioneira/Thomson, 2002 e PETRENCO, Solange Aparecida. *Contabilidade e seu valor probante.* Curitiba: Juruá, 2006.

[5] Sobre o assunto, conferir a curiosa anedota apresentada em HASTING, David F. *Contabilidade em contexto [uma novela contábil].* São Paulo: Saraiva, 2011.

[6] Para melhor entendimento do método das partidas dobradas, conferir IUDÍCIBUS, Sérgio de e MARION, José Carlos. *Contabilidade comercial.* 8ª edição. São Paulo: Atlas, 2009, item 3.5.

Por esse método, o contrato é refletido de maneira fidedigna no balanço patrimonial e resulta na equação contábil: Ativo = Passivo + Patrimônio Líquido. Essa equação é indispensável para manter a integridade do patrimônio da pessoa jurídica, na medida em que propicia o equilíbrio entre os contratos por ela celebrados.

Finalmente, afirmou-se que o patrimônio da pessoa jurídica é o conjunto dos contratos por ela celebrados, que mantêm uma situação de inter-relação entre si (um contrato repercute nos demais e é impactado pelos demais). Por esses contratos serem bilaterais ou multilaterais, verificam-se interesses distintos e potencialmente conflitantes de cada um dos contratantes. Esse conflito em potencial também contribui para o equilíbrio entre os contratos e para a demonstração fidedigna do patrimônio da pessoa jurídica trazida pelo balanço patrimonial. Nesse sentido, pode-se concluir que as demonstrações financeiras acabam por refletir a *melhor* situação patrimonial da pessoa jurídica, o que interessa a todos os contratantes, presentes, passados e futuros. Disso decorre a *confiança* depositada no balanço patrimonial para comprovar o patrimônio da pessoa jurídica, particularmente para fins jurídicos.

Considerada essa interdependência entre Direito e Contabilidade na identificação, qualificação e quantificação da pessoa jurídica e seu patrimônio, a *contumácia* e o *dolo de apropriação* dos ICMS não recolhido, conquanto declarado, são confirmados ou refutados através da análise das demonstrações financeiras da pessoa jurídica.

3. Reconhecimento contábil do ICMS devido e efeito do inadimplemento

A sequência deste artigo requer, neste momento, que se tenha em mente o reconhecimento contábil do ICMS devido[7] e, em adição, o efeito contábil do seu inadimplemento. Abaixo a representação gráfica desse reconhecimento, considerando operação de venda com os seguintes valores (operação I):

[7] Sobre o reconhecimento contábil do ICMS, tanto o crédito (não-cumulatividade) quanto o débito, conferir Fernandes, Edison Carlos e Gomes, Marcia dos Santos. Análise do ICMS pelo direito contábil (IFRS)*in* Peixoto, Marcelo Magalhães (coordenação). ICMS – Questões práticas – Estudos em homenagem ao professor Luís Fernando da Silva. São Paulo: MP Editora, 2017.

(a) Preço de venda (nota fiscal):R$ 1.000
(b) Custo reconhecido no estoque:R$ 300
(c) ICMS destacado na nota fiscal:R$ 180

Clientes *(ATIVO)*	**ICMS a Recolher** *(PASSIVO)*	**Estoque** *(ATIVO)*
Saldo inicial (a) 1.000	180 (c)	**Saldo inicial** 300 (b)

Demonstração do Resultado do Exercício (I)	
Receita de venda	(a) 1.000
(–) **ICMS**	(c) **(180)**
(=)Receita líquida	820
(–) Custo	(b) (300)
(=)Lucro bruto	520

Em seguida, apresenta-se venda em outro exercício social, sem o recolhimento do valor do ICMS devido em razão da primeira operação, ou seja, o seu inadimplemento (operação II):

(d) Preço de venda (nota fiscal):R$ 1.500
(e) Custo reconhecido no estoque:R$ 450
(f) ICMS destacado na nota fiscal:R$ 270

Clientes *(ATIVO)*	**ICMS a Recolher** *(PASSIVO)*	**Estoque** *(ATIVO)*
Saldo inicial (d) 1.500	180 (c) 270 (f) (=) 450	**Saldo inicial** 450 (e)

Demonstração do Resultado do Exercício (II)	
Receita de venda	(d) 1.500
(–) **ICMS**	(f) **(270)**
(=)Receita líquida	1.230
(–) Custo	(e) (450)
(=)Lucro bruto	780

Note-se, por um lado, que os sucessivos inadimplementos do ICMS devido vão se acumulando na conta de *passivo* "ICMS a recolher". Por outro lado, o montante de ICMS devido em cada operação de venda gera redução no *lucro* da pessoa jurídica, claramente exposta na *demonstração do resultado do exercício* – DRE.

4. Contumácia no inadimplemento do ICMS declarado

De acordo com o voto condutor do julgamento do mencionado RHC, a contumácia no inadimplemento do ICMS declarado e o devedor contumaz podem ser identificados no trecho abaixo reproduzido:

> 60.Nem todo devedor de ICMS comete o delito. Não haverá crime nos casos em que o comerciante, em virtude de circunstâncias excepcionais, deixar de pagar o tributo em um ou outro mês.
>
> 61.A situação é diversa em relação aos devedores contumazes, que fazem do inadimplemento seu *modus operandi*. Trata-se de devedores que utilizam os valores de ICMS arrecadados dos consumidores para financiar suas atividades empresariais, permanecendo no mercado, de forma predatória, por vários anos. Quando promovidos atos de cobrança contra tais contribuintes, no mais das vezes não se encontram bens penhoráveis e a execução se mostra infrutífera.
>
> 62.A propósito, vale ressaltar que o STF tem reconhecido a constitucionalidade de normas que preveem medidas de combate a devedores contumazes, como a cassação de registro especial para fabricantes de cigarros perante a Receita Federal. Para o Tribunal, "*não há que se falar em sanção política se as restrições à prática de atividade econômica objetivam combater estruturas empresariais que têm na inadimplência tributária sistemática e consciente sua maior vantagem concorrencial*" (RE 550769, Rel. Min. Joaquim Barbosa, Tribunal Pleno, j. 22.05.2013).
>
> 63.É preciso, portanto, que se constate que a inadimplência do devedor é reiterada, sistemática, contumaz, verdadeiro modelo negocial do empresário, seja para enriquecimento ilícito, para lesar a concorrência ou para financiar as próprias atividades. Trata-se de elemento de valoração global do fato, a ser apurado pelo juiz em cada processo concreto. Além da própria conduta atual de inadimplência reiterada, também deve-se levar em consideração o histórico de regularidade de recolhimentos tributários do agente, apesar de episódios de não recolhimentos específicos, justificados por fatores determinados.

Em outras palavras, *devedor contumaz* é aquele que utiliza o inadimplemento do ICMS declarado como *modus operandi* do empresário, e que assim age por algumas razões, a saber: enriquecimento ilícito, lesar a concorrência ou financiar as próprias atividades. No entanto, como bem ressalvado no voto do ministro relator, é necessária a "valoração do fato" em cada processo concreto.

Com relação à identificação do *modus operandi*, pode-se verificar o crescimento do saldo do ICMS a recolher reconhecido em conta de passivo no balanço patrimonial da pessoa jurídica. Contudo, essa conta de passivo registra (ou deveria registrar) exatamente os valores informados das declarações apresentadas ao Fisco estadual (obrigações acessórias). Dessa forma, as autoridades fiscais teriam duas evidências da contumácia: a declaração fiscal e o balanço patrimonial.

Quanto à motivação para o inadimplemento do ICMS declarado (enriquecimento ilícito, lesar a concorrência ou financiar as próprias atividades), também é possível verificá-la através das demonstrações financeiras. Como essa motivação aproxima-se do dolo exigido para a configuração do crime objeto de julgamento no RHC em análise, os comentários pertinentes serão feitos no próximo tópico.

5. Dolo de apropriação

Seguindo no voto condutor do julgamento do RHC 163.334, o ministro relator se manifestou quanto aos contornos do *dolo de apropriação* por estas palavras:

> 64.Ressalte-se que o delito examinado não admite a forma culposa, sendo necessária a demonstração do dolo. Dado o reconhecimento de que a conduta típica implica a apropriação de valores alheios, o elemento subjetivo assume a forma de dolo de apropriação, a intenção de efetivamente tomar para si os valores do ICMS auferidos do adquirente da mercadoria ou do serviço.
>
> 65.É esse propósito de manter para si, de se apropriar, de modo sistemático, dos valores cobrados do adquirente da mercadoria ou do serviço, sem a intenção de repassá-los ao Estado, que confere significado à conduta de não recolhimento do tributo. Não se trata, portanto, de deixar de adimplir a obrigação tributária com alguma intenção externa a essa conduta, mas do próprio propósito que define o sentido da conduta.
>
> 66.O dolo de apropriação deve ser apurado na instrução criminal, a partir de circunstâncias objetivas factuais, tais como o inadimplemento prolongado

> sem tentativa de regularização dos débitos, a venda de produtos abaixo do preço de custo, a criação de obstáculos à fiscalização, a utilização de "laranjas" no quadro societário, o encerramento irregular das suas atividades, o valor dos débitos inscritos em dívida ativa superior ao capital social integralizado etc. Tais circunstâncias são meramente exemplificativas e devem ser cotejadas com as provas existentes no caso concreto para fins de aferição do elemento subjetivo do tipo.

O propósito de manter para si, de se apropriar dos valores cobrados do adquirente da mercadoria ou do serviço está relacionado à motivação do inadimplemento do ICMS declarado; relembrando: enriquecimento ilícito, lesar a concorrência ou financiar as próprias atividades.

Frise-se, desde logo, que o ICMS declarado e não recolhido tem como efeito contábil o reconhecimento de um *passivo* (dívida, valor a pagar) e, em razão do método das partidas dobradas, a contrapartida como redução da receita de vendas ou de serviços (abatimento da receita bruta). Dessa forma, percebe-se que, normalmente, o ICMS declarado, mas não recolhido, não tem efeito no aumento do resultado do exercício, ou seja, não gera ou colabora com acréscimo no lucro da pessoa jurídica. Essa evidência contábil é importante para delimitar de maneira adequada como seria possível constatar a existência de algum dos motivos para a *contumácia* e, em decorrência, do *dolo de apropriação.*

A seguir, apresentam-se graficamente a hipótese em que o ICMS devido é *efetivamente* recolhido e a hipótese em que se verifica o inadimplemento do ICMS devido – previamente, os valores da venda, reconhecidos na conta "Clientes", são recebidos no caixa (conta "Bancos"):

(g) Recebimento dos "Clientes":R$ 1.000
(h) Pagamento do ICMS devido:R$ 180

<table>
<tr><th colspan="2">Bancos (ATIVO)</th><th colspan="2">Clientes (ATIVO)</th><th colspan="2">ICMS a Recolher (PASSIVO)</th><th>Estoque (ATIVO)</th></tr>
<tr><td>Saldo inicial
(g) 1.000</td><td>180 (h)</td><td rowspan="2">Saldo inicial
(a) 1.000</td><td rowspan="2">1.000
(g)</td><td>180 (h)</td><td>180 (c)</td><td rowspan="2">Saldo inicial
300 (b)</td></tr>
<tr><td colspan="2">(=) 820</td><td colspan="2">(=) zero</td></tr>
</table>

Demonstração do Resultado do Exercício (I)	
Receita de venda	(a) 1.000
(–) **ICMS**	(c) **(180)**
(=)Receita líquida	820
(–) Custo	(b) (300)
(=)Lucro bruto	520

Primeira observação: a saída de caixa (g) para pagamento do ICMS devido (h), obviamente, *zera* o passivo referente ao imposto a recolher, mas não afeta o resultado, ou seja, *não aumenta nem reduz o lucro.*

(i) Recebimento dos "Clientes":R$ 1.000

(j) Não recolhimento do ICMS devido:~~R$ 180~~

<table>
<tr><th colspan="2">Bancos (ATIVO)</th><th colspan="2">Clientes (ATIVO)</th><th colspan="2">ICMS a Recolher (PASSIVO)</th><th>Estoque (ATIVO)</th></tr>
<tr><td>Saldo inicial
(i) 1.000</td><td>~~180~~ (j)</td><td>Saldo inicial
(a) 1.000</td><td>1.000 (i)</td><td>~~180~~ (j)</td><td>180 (c)</td><td>Saldo inicial
300 (b)</td></tr>
<tr><td colspan="2">(=) 1.000</td><td></td><td></td><td colspan="2">(=) 180</td><td></td></tr>
</table>

Demonstração do Resultado do Exercício (I)	
Receita de venda	(a) 1.000
(–) **ICMS**	(c) **(180)**
(=)Receita líquida	820
(–) Custo	(b) (300)
(=)Lucro bruto	520

Segunda observação: o não recolhimento do ICMS devido, da mesma forma, não afeta o resultado, ou seja, *não aumenta nem reduz o lucro*, mas, por não ocorrer a saída de caixa, o respectivo valor é preservado no "Banco", à disposição da pessoa jurídica. A utilização que será feita desses valores preservados demonstrará a existência ou não do *dolo de apropriação.*

No que concerne ao enriquecimento ilícito, conquanto os valores relativos ao ICMS declarado, mas não recolhido, não acarretem aumento do lucro da pessoa jurídica, eles "liberam" caixa, vale dizer, o dinheiro que iria para pagamento do ICMS permanece na conta bancária da pessoa jurídica. Com caixa "sobrando", o empresário – sócio ou administrador da pessoa jurídica – pode conseguir distribuir dividendos ainda não apurados financeiramente (por exemplo, vendas a prazo cujo preço ainda não foi recebido ou está inadimplente) ou, alternativamente, pode realizar uma operação de empréstimo de recursos da pessoa jurídica para ele próprio. Nessas duas situações, as demonstrações financeiras refletiram a operação que está sendo levada a cabo: se distribuição de dividendos ou concessão de empréstimo pela pessoa jurídica. Com isso, as movimentações percebidas através do balanço patrimonial podem servir de prova ao dolo de apropriação, sustentando a ocorrência do tipo penal. Ou, do contrário, tais movimentações podem afastar esse dolo, implicando a absolvição do empresário.

A lesão à concorrência também pode ser verificada nas demonstrações financeiras. Embora o ICMS declarado, mas não recolhido, conforme foi afirmado anteriormente, não proporciona o aumento do lucro, a deliberação pelo adimplemento do imposto repercutirá na formação do preço de venda da mercadoria ou do serviço, que será inferior ao dos similares do mercado. Essa situação pode até ser verificada como *prejuízo* na pessoa jurídica, haja vista que o preço de venda não será suficiente, por que reduzido, para suportar os custos, as despesas da operação, além do imposto que foi declarado e, dessa forma, assumido como redutor da receita de venda (em contrapartida ao reconhecimento do passivo). Mais uma vez, as demonstrações financeiras podem indicar a existência ou a inexistência do dolo de apropriação.

O financiamento das próprias atividades assemelha-se ao enriquecimento ilício. A "sobra" de caixa, decorrente do não recolhimento do ICMS declarado, além de servir como financiamento à pessoa do próprio empresário (dividendos e empréstimo), serve como financiamento das atividades da pessoa jurídica. Haverá recursos originados de credor, no caso os estados e o Distrito Federal, o que implica reconhecimento de passivo, cujas dívidas não serão saldadas.

Não é raro acontecer, no entanto, que o inadimplemento do ICMS declarado seja inevitável para a manutenção das atividades da pessoa jurídica. A escassez de recursos faz com que o empresário tenha que escolher entre seus credores qual será pago. Dentre esses credores, existem os fornecedores, os trabalhadores, os bancos e demais financiadores e o Fisco. Determinado nível de falta de recursos, causado por equívoco na gestão, crise econômica ou calamidade pública, induzirá o empresário, movido pelo instinto de sobrevivência, a preterir a dívida tributária, para conseguir manter a sua atividade em funcionamento. Nesse sentido, a pessoa jurídica precisa preferencialmente dos fornecedores e dos trabalhadores, sustentando-se na alegação de inexigibilidade de conduto adversa.

Conclusões

Diferente da sonegação fiscal, os valores de ICMS declarados, mas não recolhidos, são *normalmente* reconhecidos nas demonstrações financeiras das pessoas jurídicas. Por esse motivo, os elementos que enquadram essa conduta no crime previsto no artigo 2º, II da Lei nº 8.137, de 1990, definidos pelo Supremo Tribunal Federal – STF, no RHC nº 163.334, podem, da mesma forma, ser identificados e comprovados através das demonstrações financeiras. A análise do balanço patrimonial é instrumento importante e necessário para a verificação da contumácia do devedor e, especialmente, do dolo de apropriação. Dessa forma, essa análise do balanço patrimonial também pode servir de prova da inocência do empresário.

12

PRINCÍPIO DA CULPABILIDADE E O CRIME DE APROPRIAÇÃO INDÉBITA DE TRIBUTO INDIRETO

HELENO TAVEIRA TORRES

1. Garantismo constitucional no uso do direito penal como instrumento de cobrança tributária

A alegação de "apropriação indébita", nos termos do inciso II do art. 2º, da Lei nº 8.137/1990, no caso de tributo não cumulativo (ICMS) declarado e não pago, é recurso de desespero, típico de um "direito financeiro de crise", no qual o aparato penal tem sido demandado pelos Estados, a partir de confissões de dívidas declaradas, como meio de coação para obter êxito nas suas cobranças tributárias.

Sobre esta matéria, recentemente, o Supremo Tribunal Federal, no RHC 163.334, fixou a seguinte tese: "*O contribuinte que, de forma contumaz e com dolo de apropriação, deixa de recolher o ICMS cobrado do adquirente da mercadoria ou serviço incide no tipo penal do art. 2º, II, da Lei nº 8.137/1990*". Plenário, julgado em 18.12.2019. Portanto, o Supremo passou a exigir a prova da culpabilidade (dolo) e da contumácia dolosa como requisitos substantivos para autorizar a referida prisão. Firmou-se, assim, um modelo garantista sobre a interpretação desta regra penal tributária, numa clara interpretação conforme a Constituição, como será demonstrado.

Na origem, porém, tínhamos uma cobrança unicamente pautada pelo fato de não se realizar o pagamento do valor declarado e não pago do ICMS.

Para recorrer a expediente tão gravoso para recuperação fiscal, cabe uma indagação:[1] por que estes Estados fracassaram no federalismo fiscal?

[1] Cf. ACEMOGLU, Daron; ROBINSON, James A. *Por que as nações fracassam*: as origens do poder, da prosperidade e da pobreza. Rio de Janeiro: Elsevier, 2012.

Vamos aqui afastar o período da COVID-19 e ficarmos no limite das lutas federativas e nossas sucessivas crises econômicas.

Há respostas eloquentes e muito óbvias. Porque a maioria resolveu promover uma farra de gastos tributários, com renúncias de receitas de todo tipo, na chamada "guerra fiscal". Porque alguns Estados abusaram na irresponsabilidade fiscal, com contratação de pessoal acima dos limites permitidos pela Lei de Responsabilidade Fiscal – LRF, como demonstram diversos estudos. Outros assumiram dívidas públicas acima do permitido pela LRF. Praticamente eliminaram a indústria nacional de setores inteiros da economia com o uso abusivo e desmedido da substituição tributária. Isto sem falar no atraso e não pagamento de precatórios ou na resistência deliberada para devolução de créditos tributários, mormente nas exportações, a minar a capacidade financeira das empresas. E, apesar de todos os privilégios processuais, proliferam-se execuções fiscais intermináveis, que somam mais de 50% de todos os processos em curso nos respectivos tribunais, com pífia recuperação do passivo tributário, inferior a 2%, como evidenciam os relatórios do Conselho Nacional de Justiça – CNJ.

O caso do RHC 163334 é exemplo cristalino das pretensões arrecadatórias de uma ardilosa cultura do medo. Não se trata de imputação de crime mediante fraude que resulta em sonegação com atos não declarados ao Fisco. Ao contrário. Cuida-se de obrigação tributária confessada, por declaração do contribuinte, mas que não foi paga por razões a apurar, em valor de pouco mais de trinta mil reais.

Pouco reflete o propósito de justiça ou de fim de "impunidade" em matéria de crimes tributários, como todos desejam. Fosse essa a finalidade real, estariam sendo atacados, com inteligência investigativa, os "grandes devedores", as maiores fraudes, as dívidas dos gastos tributários cujas condições foram descumpridas, além de outros casos de grave evidência de dolo contra o erário.

Para que se tenha clara noção do absurdo jurídico e desproporcionalidade do agir estatal, basta pensar que os pacientes deste *Habeas Corpus* 399.109/SC, por terem declarado o valor do tributo devido (ICMS), e unicamente por esse agir em boa fé e com respeito às obrigações acessórias, tiveram como resposta do Estado de Santa Catarina, ao conhecer da declaração, a inscrição do débito na dívida ativa, corretamente, e, por não ter sido impugnada pelo contribuinte, a representação para fins penais, pelos supostos crimes de "apropriação indébita".

Ora, afastadas as motivações de finalidade arrecadatória, difícil explicar a estes cidadãos porque estão sendo vítimas de tamanha persecução penal. Momento oportuno para recordar o clássico de Carnelutti, sobre "as misérias do processo penal".[2]

Com a declaração, o contribuinte faz confissão dos seus débitos, e, a partir dela, o Fisco tem em suas mãos os elementos para exigir do contribuinte, pelos meios de direito e privilégios da Fazenda em juízo, todo o valor do tributo devido, com os acréscimos sancionatórios de estilo, juros de mora e multas. Este tem sido o estado de coisas.

O que o Estado prefere estimular? O dever de declaração espontânea ou a omissão como prática? O contribuinte que, de boa-fé, efetua a declaração dos seus tributos, e, por alguma dificuldade, a ser apreciada em cada caso, não paga a dívida; ou aqueles casos de frontal descumprimento das obrigações acessórias, ou agir com alguma fraude?

Parece muito simplista ao Estado, detentor da lei e de todos os meios necessários à efetividade dos meios de cobrança, preferir usar da coação, pela difusão do medo do punitivismo penal, para acelerar o recebimento de tributos, mormente quando declarados.

O *ius puniendi* estatal deve ser aplicado com rigor para todos aqueles que deixam de cumprir com suas obrigações para com o Erário. Aos sonegadores contumazes, bem como para aqueles que agem com dolo, fraude ou simulação, de forma comissiva ou omissiva, para evitar a relação jurídico-tributária.

Corretamente administrada, a tutela penal opera importante função na efetividade do princípio da isonomia do cumprimento dos deveres tributários. Seu uso desmedido, contudo, tem o efeito perverso da privação de liberdade por dívidas civis, em simbolismo repressivo que não encontra amparo constitucional, como se vê quando o contribuinte declara todo o montante da dívida de tributos e, por alguma razão, deixa de pagar em tempo o valor integral.

Neste momento de redescoberta do Direito Penal, quando parece ser ele o remédio para todos os males da sociedade, não se pode admitir que seu endurecimento chegue ao limiar de punir agentes econômicos que agiram com observância da boa-fé e da transparência em suas relações com o Fisco. Nestes casos, não há espaço para a aplicação de sanções tributárias por imputação objetiva de sanções, sejam estas penais ou administrativas.

[2] CARNELUTTI, Francesco. *Le miserie del processo penale.* Torino: ERI, 1957, 84 p.

Não se tem qualquer dúvida sobre haver aqui uma quebra de isonomia em matéria de sanções administrativas e penais, porquanto, a depender do agir estatal, contribuintes que se encontram em situação equivalente, por meras circunstâncias práticas, estão sendo tratados de modo diferente, em afronta ao art. 150, II da CF.

O caso é de contribuinte que efetua declaração das suas obrigações, de forma espontânea e de boa fé, que se vê utilizada para motivar a cobrança por persecução penal. Pois bem. Como dizer que este contribuinte será tratado com igualdade se o sonegador contumaz ou aquele que não declarou o tributo devido estarão em melhor condição perante o ordenamento, por não terem efetuado a "declaração", ou confissão da dívida?

E isto porque o contribuinte que não declara e espera o auto de infração proveniente das ações de fiscalização, ao final, terá oportunidade para impugnar a cobrança, com uso de todas as medidas de suspensão da exigibilidade do crédito tributário, observado o direito ao devido processo legal administrativo.

O Direito Penal Tributário deve ser mecanismo de violência estatal de *ultima ratio*. Seu exercício demanda cautelas, sob as garantias constitucionais que fundam o Estado Democrático de Direito. Por conseguinte, faz-se necessário que o dolo do acusado seja concretamente provado.

O ordenamento jurídico brasileiro, ante o programa constitucional de garantias em vigor, evidencia nítida permeabilidade entre princípios penais e princípios tributários, em proteção dúplice dos sujeitos passivos da tributação, que não pode ser olvidada por aqueles que aplicam as normas penais tributárias.

Como bem apregoou Luigi Ferrajoli, garantismo jurídico é meio de realização juridicamente segura de garantias constitucionais, *verbis*:

> *"(...) garantismo es una palabra de la teoría general del derecho que designa cualquier técnica de tutela de los derechos, y en particular de los derechos fundamentales; es decir, cualquier sistema de límites y vínculos, de prohibiciones y de obligaciones dirigidas a los poderes públicos, e idóneas para asegurar efectividad a los derechos fundamentales establecidos por la Constitución."*[3]

[3] FERRAJOLI, Luigi. El garantismo y el derecho penal. In: RUJANA QUINTERO, Miguel (compilador). *Derecho penal contemporáneo*. Bogotá: Ediciones Jurídicas Gustavo Ibañez Ltda., 2002, p. 18.

Deveras, o sistema normativo não é um todo caótico ou disponível para que o intérprete possa dele sacar construções hermenêuticas isoladas, por tiras e *per saltum*, a bastar-se com grupos normativos parciais. Somente o exame das relações internormativas pode colher a fiel composição de textos, com vistas à configuração de normas jurídicas consoantes com a unidade e coerência sistêmicas.

Em conclusão, o caso exige afirmar a presunção de inocência, diante de dúvidas quanto à configuração de suposto agir doloso, elemento indissociável do tipo penal de que foram acusados. A decisão do RHC 163334 é, portanto, garantista ao exigir este pressuposto. De fato, no caso em exame, tem-se a exigência da individualização da responsabilidade, pois não se admite "sanções objetivas", como uma espécie de "direito penal do inimigo" em matéria tributária, com afastamento de garantias constitucionais protetivas da liberdade. Impõe-se o exame da culpabilidade, a averiguação do dolo específico e da antijuridicidade da conduta, dadas as condições de boa fé e de *compliance tributário* daqueles que confessaram os tributos devidos por declaração própria e prévia a qualquer agir estatal. E basta essa conduta de transparência para descaracterizar qualquer dolo, se não estiverem presentes outros elementos caracterizadores do ilícito.

2. O garantismo do direito sancionador na imputação de ilícitos e sanções tributárias

O Direito Penal Tributário acompanha todo o sistema jurídico em vigor no País[4], como um todo normativo único, coerente, completo e despido de contradições ou lacunas.[5] Desse modo, o Direito Tributário Sancionador encontra seus princípios e limites nos mesmos valores que informam as garantias constitucionais do Direito Penal.

Aplicado o programa de garantias sob consideração ao âmbito do Direito Penal Tributário, chega-se à conclusão de que suas infrações e sanções, *a*

[4] LUHMANN, Nicklas. *Sistema jurídico y dogmática jurídica.* Madrid: Centro de Estudios constitucionales, 1983.

[5] CARVALHO, Paulo de Barros. O direito positivo como sistema homogêneo de enunciados deônticos. *Anuário do mestrado em direito.* n. 4. [s.l.], p. 133-138; CARVALHO, Paulo Barros de. Derivação e positivação no direito tributário. São Paulo: Noeses, 2011, 372 p.; CARVALHO, Paulo de Barros. Interpretação dos fatos jurídico-tributários e os avanços da interdisciplinaridade. In: TORRES, Heleno Taveira (coord.). *Direito tributário e ordem econômica: homenagem aos 60 anos da ABDF.* São Paulo: QuartierLatin, 2010, p. 880.

uma, deverão decorrer de lei, em sentido formal e material (*tipicidade*); *a duas*, deverão tutelar condutas que efetivamente lesionem ou possam lesionar o bem jurídico a que se volta a tutela operada por este subsistema jurídico (*antijuridicidade*); e *a três*, deverão evidenciar a responsabilidade individual dos acusados, aferida pela contrariedade ao agir conforme o ordenamento posto (*culpabilidade*).

Como exemplo, no que toca à *dimensão formal* da segurança jurídica do Direito Sancionador Tributário, destacam-se como garantias constitucionais: a dignidade da pessoa humana (CF, art. 1º, III); a legalidade para a instituição de delitos e cominação das respectivas sanções, regulação e individualização da aplicação destas (CF, art. 5º, II e XLVI); a anterioridade da tipificação penal (CF, art. 5º, XXXIX); o respeito ao ato jurídico perfeito e à coisa julgada (CF, art. 5º, XXXVI); e a irretroatividade da lei penal mais gravosa (CF, art. 5º, XL).

E relativamente à *dimensão material* da segurança jurídica, identificam-se, na Constituição de 1988, dentre outras garantias: o devido processo legal, para fins de aplicação de penas (art. 5º, XXXV e LIV), que deverão ser pessoais e individualizadas (art. 5º, XLV), mediante pleno exercício do contraditório e da ampla defesa (art. 5º, LV) e com liberdade de produção de provas lícitas (art. 5º, LVI), vedados juízos ou tribunais de exceção (art. 5º, XXXVII e LIII).

Quanto ao regime geral dos princípios, tipicidade, legalidade e apuração de culpabilidade, na aplicação de sanções fiscais, o Direito Tributário Sancionador faz parte do "Direito Administrativo Sancionador", que igualmente deve fiel observância às garantias constitucionais aplicáveis ao Direito Penal, pelo princípio de "unidade do ilícito" e da tutela estatal para exercer o *ius puniendi*.

Em vista disso, fixamos nosso *primeiro paradigma interpretativo*: o Direito Tributário Sancionador não pode ser aplicado de modo isolado e sem observância dos demais princípios e regras do sistema punitivo. Qualquer aplicação de regras sancionadoras (*tipicidade*) não pode deixar de apreciar a conduta dos agentes, tanto em relação aos fatos ilícitos dos quais decorrem as imputações alegadas (*antijuridicidade*), quanto no contexto do exercício das suas atividades (*culpabilidade*), em relação à observância da legislação vigente.

Passamos ao *segundo paradigma* fundamental: normas sancionadoras não podem ser aplicadas sem análise da conduta específica do "acusado", no caso, por força de aplicação do princípio da *pessoalidade*, da *culpabilidade* e da proibição de que a pena possa passar da pessoa do acusado.

A culpabilidade, como definiu Günther Jakobs, "*é a falta de fidelidade ao ordenamento jurídico*"[6], por isso deve ser identificada. A aplicação de sanções sem cuidado para os elementos subjetivos descumpre princípios do direito constitucional sancionatório dos mais relevantes. O exame da antijuridicidade e da culpabilidade impõe-se em todas as sanções tributárias e administrativas.

Como bem observou Silvio Dobrowolski, "não basta a ocorrência do fato típico, para a imposição de pena. Esta depende de existir a *culpabilidade*, que dela é pressuposto, além de ocorrer a antijuridicidade."[7] De fato, trata-se de *excesso* a imputação da acusação de fraude, sem provas da culpabilidade do contribuinte.

Por isso, ao analisar o art. 112 do CTN[8], Hugo de Brito Machado bem destacou a relação entre a norma tributária e os pressupostos do direito penal:

> *"Autoria é a relação entre o sujeito e a conduta a ele imputada. E autor, no sentido amplo da palavra que está sendo aqui utilizada, é aquele que se conduziu de modo a realizar o fato ilícito. Mas não basta ser autor. É preciso que o autor seja imputável. E que seja punível. Por isto o art. 112, inciso III, do Código, refere-se a autoria, imputabilidade e punibilidade."*[9]

O exame da *antijuridicidade*, portanto, pressupõe a análise da autoria, da *imputabilidade* e da *punibilidade*.

O *terceiro paradigma*, na aplicação do Direito Tributário Sancionador é o dever de prevalência do princípio da *presunção de inocência* e boa-fé,

[6] JAKOBS, Günther. *Fundamentos do direito penal*. São Paulo: Revista dos Tribunais, 2003, p. 43.

[7] DOBROWOLSKI, Silvio. Crime de omissão de recolhimento de tributos e contribuições. In: PRADO, Luiz Regis; DOTTI, René Ariel (Org.). *Direito penal tributário, previdenciário e financeiro*. São Paulo: Revista dos Tribunais, 2011. Vol. 5, 1151 p.

[8] *"Art. 112. A lei tributária que define infrações, ou lhe comina penalidades, interpreta-se da maneira mais favorável ao acusado, em caso de dúvida quanto:*
I – à capitulação legal do fato;
II – à natureza ou às circunstâncias materiais do fato, ou à natureza ou extensão dos seus efeitos;
III – à autoria, imputabilidade ou punibilidade;
IV – à natureza da penalidade aplicável, ou à sua graduação."

[9] MACHADO, Hugo de Brito. Teoria das Sanções Tributarias. In MACHADO, Hugo de Brito (Coord.). *Sanções administrativas tributarias*. São Paulo: Dialética, 2004. p. 183.

quando o contribuinte age de boa fé e de modo espontâneo para cumprir seus deveres. Presume-se a boa-fé dos particulares em todas suas relações. A exceção é a má-fé, que requer provas, cujo ônus é do Fisco.

Por fim, temos um *quarto paradigma*, o da *unidade do ilícito* para fins tributários, penais ou civis, cujas provas não poderiam deixar de ser examinadas como parte do cumprimento da legalidade no exercício da competência da autoridade fiscal. A acusação de fraude não pode afastar o exame dos pressupostos penais, do mesmo modo que a aplicação da referida sanção não se poderia afastar do exame criterioso das provas e das hipóteses tipificadas na legislação para aplicação desta penalidade.

Deveras, todas essas garantias se orientam ao exame da *individualização* da responsabilidade pela prática de infrações fiscais. Nisto, há verdadeiro controle de proporcionalidade, tanto da seleção de condutas de contribuintes ou responsáveis tributários reputadas criminosas, como da aplicação *in concreto* das penas. Como consequência, tem-se a oponibilidade da proibição de excessos punitivos.

3. A "apropriação indébita", do inciso II do art. 2º, da lei nº 8.137/1990, no caso de ICMS declarado e não pago

Como se sabe, os tipos de Direito Penal Tributário desempenham três funções de proteção. São elas: (i) *função seletiva*, segundo a qual os tipos indicariam os comportamentos protegidos pela norma penal; (ii) *função de garantia e de determinação*, por meio da qual os tipos atenderiam ao aludido princípio da legalidade, em seus aspectos formal e material, no que se refere à criação das hipóteses de incidência de incriminação, as quais, por sua vez, dependeriam, cumulativamente, de *lex scripta*, *lex praevia*, *lex stricta* e *lex certa*; e (iii) *função motivadora*, que permitiria, aos agentes, em razão da enumeração taxativa dos tipos, preconceber, com segurança, os efeitos das ações que adotam no mundo da vida, o que se traduz em previsibilidade para estes e em estabilidade para a ordem jurídico-penal.[10]

Passa-se, assim, ao exame de cada um dos elementos de que se valeu o legislador, ao tipificar o crime geral de apropriação indébita tributária, previsto no art. 2º, II, da Lei n. 8.137/1990, com necessária descrição, ainda que breve, sobre como funciona o modelo de arrecadação do ICMS.

[10] PRADO, Luiz Regis. *Curso de Direito Penal Brasileiro*. 11. ed. São Paulo: RT, 2012, Vol. I, p. 390-391.

Evidentemente, não se pode admitir a aplicação dessa regra ao contribuinte que simplesmente atrasa imposto próprio, ainda que seja sujeito passivo do imposto, sem examinar amiúde aspectos fundamentais: *(a)* o tributo e a técnica de arrecadação que seja empregada; *(b)* o tipo de sujeito passivo e a função por ele desempenhada quanto ao recolhimento; *(c)* a apuração do "valor do tributo"; e *(d)* a presença do dolo específico sobre o que "deveria recolher aos cofres públicos" e, por alguma razão, não o faz.

No Estado Democrático de Direito, a sujeição a sanções fica a depender das seguintes condicionantes, a saber: (i) prévia existência de lei, determinando o cumprimento de um dever certo e determinado; (ii) descumprimento deste dever, mediante conduta omissiva ou comissiva; e (iii) existência prévia de norma sancionadora deste descumprimento, de modo típico, por disposição expressa de lei.[11] Neste sentido, os princípios penais *nullum crimen sine legis* e *nulla poena sine lege*, vigentes no subsistema repressivo do Direito Penal Tributário.[12]

Não é só. Referida infração, penalmente tutelada por meio de lei (*tipicidade*), somente dará azo ao exercício válido do *ius puniendi* quando efetivamente lesionar, em dada situação concreta, o bem jurídico protegido pela norma em questão. Do contrário, haverá excesso punitivo intolerável. Afinal, *nulla poena sine necessitate*. Nisto reside a antijuridicidade material da conduta punível. Não basta que esta se evidencie típica.

E dito exame da *antijuridicidade* pressupõe a análise da autoria, para o que se faz necessário compreender a conduta do acusado em toda a sua extensão, inclusive, no que toca a eventuais comportamentos pós-delituais, empreendidos de boa-fé, no sentido de reparar a lesão ao bem-jurídico. É que estes últimos repercutem sobre a dimensão da *punibilidade* do ilícito.

Não basta, pois, a presunção do "fato típico", ou mesmo o indício de sua antijuridicidade para que reste configurada uma infração tributária punível penalmente. Esta antijuridicidade deverá ser comprovada à luz de dada situação concreta, a partir do exame completo do contexto em que situado os acusados e suas atividades. Isto, tendo por base a legislação vigente e a

[11] No mesmo sentido: PRATES, Marcelo Madureira. *Sanção administrativa geral:* anatomia e autonomia. Lisboa: Almedina, 2005, p. 77-80.

[12] NOGUEIRA, Ruy Barbosa. O Poder de Fiscalizar – Ilícito Tributário: Direito Tributário Penal (Infrações Fiscais – Sanções Administrativas) – Direito Penal Tributário – (Delitos Fiscais – Sanções Judiciárias) – Classificação das Infrações – Tipos de Sanções Fiscais. *Revista dos Tribunais*, v. 269, 1958, p. 30.

ofensividade ao bem jurídicamente protegido, de modo que não seja exercido o *ius puniendi* estatal diante de casos *insignificantes*, de lesão mínima ou mesmo de reparação tempestiva e integral desta lesão.

O instituto do bem jurídico promove o que Ana Elisa Liberatore S. Bechara chamou de "duplicação da antijuridicidade", compreendida em sentido *formal*, como violação de uma norma penal, e *material*, como lesão ou colocação em perigo daquilo que foi protegido pela norma violada.[13]

Bem esclarecem Cezar Roberto Bitencourt e Francisco Muñoz Conde, a partir da obra de Cobo del Rosal e Vives Anton, que a proteção a bens jurídicos constitui fundamento do Direito Penal Liberal, ademais de oferecer um critério material extremamente importante e seguro na construção dos tipos penais. É que, a partir deste referencial jurídico, pode-se objetivamente distinguir, *de um lado*, o delito das "simples atitudes interiores"; *de outro*, o delito dos "fatos materiais não lesivos de bem algum.".[14]

Rodrigo Numeriano Dubourcq Dantas bem observa: "*a limitação do poder punitivo estatal, a partir do instituto do bem jurídico, não se esgota na elaboração das normas tributárias sancionadoras que o tutelam, ressoando, ademais, nas posteriores tarefas de interpretação e aplicação dessas normas.*"[15] O instituto funcionaliza-se, pois, à demarcação do âmbito de aplicação do *princípio da lesividade*, como baliza de segurança jurídica, na contenção de excessos punitivos na seara do Direito Penal Tributário brasileiro.

Serve o bem jurídico, logo, para afastar a tipificação de infrações tributárias, assim como a aplicação de penas diante de condutas formalmente ilícitas que comprometam em grau mínimo, ou mesmo não comprometam o Erário. Tudo a conter o poder punitivo do Estado brasileiro.

Nos termos acima, a *regularidade da arrecadação tributária*[16], ou seja, a *estabilidade da ordem tributária*, mediante adimplemento do dever de contribuir, nos termos previstos em lei constitucionalmente informada (CF,

[13] BECHARA, Ana Elisa Liberatore Silva. *Bem jurídico-penal*. São Paulo: Quartier Latin, 2014, p. 139-144.

[14] BITENCOURT, Cezar Roberto; MUÑOZ CONDE, Francisco. *Teoria Geral do Delito*. São Paulo: Saraiva, 2000, p. 140.

[15] DANTAS, Rodrigo Numeriano Dubourcq. *Direito Tributário Sancionador, Culpabilidade e Segurança Jurídica*. Tese (Doutorado em Direito). Faculdade de Direito da Universidade de São Paulo. São Paulo, p. 174, 2017.

[16] Cf. KUHLEN, Lothar. *Cuestiones fundamentales del delito de fraude fiscal*.Tradução de Beatriz Cruz Márquez y Juan Luis Fuentes Osorio. Madrid: Marcial Pons, 2015, p. 66-68.

art. 150, I), constitui o bem jurídico tutelado pelo subsistema repressivo do Direito Penal Tributário brasileiro.[17]

Por certo, no Direito Tributário brasileiro, as penalidades por crimes fiscais, impostas aos sujeitos passivos da tributação, somente podem ser aplicadas diante de condutas que acarretem descumprimento da legislação que as justifique, com lesão efetiva ao bem jurídico protegido. A proibição de excesso, neste particular, opera efeitos em realização à garantia de proporcionalidade, caro à segurança jurídica no modelo de Estado Democrático de Direito em vigor.

Mesmo a pretexto de possibilitar a arrecadação fiscal, esta não pode ir *além do possível e suportável*, isto é, com extensão e intensidade desmedidas. Daí falar-se em "*justa proporção*" entre o gravame a ser suportado pelo sujeito passivo da tributação e o fim arrecadatório que se pretende atingir. Não é outra a exigência do art. 5º, XLVI, segundo o qual "a lei regulará a individualização da pena".

3.1. Apropriação indébita e criminalização de abusos possessórios. Pré-compreensões necessárias à hermenêutica do art. 2º, II da Lei nº 8.137/1990

A apropriação indébita é um ilícito cível e, como tal, define a pré-compreensão semântica e jurídica da sua repercussão em matéria tributária. Não poderia ser diferente, afinal, toda a teoria geral das obrigações informa, *ab initio*, a construção das obrigações tributárias.[18]

A criminalização do instituto afigura-se como meio apto a assegurar a vedação ao enriquecimento ilícito, que permeia todos os ramos jurídicos que se valem de categorias obrigacionais. Confira-se:

> "*Art. 876. Todo aquele que recebeu o que lhe não era devido fica obrigado a restituir; obrigação que incumbe àquele que recebe dívida condicional antes de cumprida a condição.*"

Como bem reconheceu Pontes de Miranda, "na *causa possessionis* está a razão dos vícios da posse." Eis o que ocorre quando "alguém, em

[17] Cf. PEREZ DE AYALA, Jose Luis; PEREZ DE AYALA BECERRIL, Miguel. *Fundamentos de derecho tributario*. 5. ed. Madrid: Edersa, 2002, p. 240

[18] Cf. BORGES, José Souto Maior. *Obrigação tributária: uma introdução metodológica*. SP: Malheiros, 3ª ed., 2015, p. 67 e ss.

quem o possuidor confiou, se faz possuidor", com indevida *mutatio causae possessionis.*[19]

Em matéria penal, são oportunas as palavras de Damásio E. de Jesus, em análise do art. 168, *caput*, do Código Penal – CP[20], em tudo assemelhado, teleologicamente, ao 2º, II, da Lei n. 8.137/1990:

> *"A característica fundamental deste crime é o abuso de confiança. O sujeito ativo, tendo a posse ou detenção da coisa alheia móvel, a ele confiada pelo ofendido, em determinado instante passa a comportar-se como se fosse dono ou se negando a devolvê-la ou praticando ato de disposição."*[21]

Esclarece Eros Roberto Grau que "*requisito essencial para a ocorrência do enriquecimento ilícito, pois, é a ausência de fundamento jurídico para aquisição de uma coisa.*"[22] A criminalização da apropriação indébita, portanto, volta-se à tutela corretiva de situações mais graves, envolvendo aquisições de propriedade marcadas por exercício abusivo do direito real de posse sobre coisa móvel alheia, com abuso da confiança depositada por seu titular.

Está-se diante de abuso da confiança criada em razão de situações legal ou contratualmente previstas, aptas a transferir "a posse ou a detenção" de uma coisa, em favor de outrem, que, a despeito de causa jurídica de titularidade alheia, dela resolve apropriar-se, em prejuízo ao patrimônio do titular original da coisa móvel.

Este desvio do bem é igualmente ressaltado por Miguel Reale Junior para quem "há apropriação indébita quando o comportamento do possui-

[19] MIRANDA, Francisco Cavalcanti Pontes de. *Tratado de Direito Privado* – Parte Especial. 4. ed. São Paulo: RT, 1983, T. X, p. 59.

[20] *"Apropriação indébita*
Art. 168 – Apropriar-se de coisa alheia móvel, de que tem a posse ou a detenção:
Pena – reclusão, de um a quatro anos, e multa.
Aumento de pena
§ 1º – A pena é aumentada de um terço, quando o agente recebeu a coisa:
I – em depósito necessário;
II – na qualidade de tutor, curador, síndico, liquidatário, inventariante, testamenteiro ou depositário judicial;
III – em razão de ofício, emprego ou profissão."

[21] JESUS, Damásio E. de. *Direito Penal* – Parte Especial. 11. ed. São Paulo: Saraiva: 1988, Vol. II, p. 359.

[22] GRAU, Eros Roberto. *Correção Monetária:* concordata e créditos fiscais. São Paulo: RT, 1984, p. 44.

dor excede esta qualidade, atuando como proprietário (...) ou seja, ao se dar destinação diversa ao fim específico para o qual se tem posse, deixando-se de direcioná-lo ao fim apropriado, fixado, seja em contrato, seja em lei."[23]

Por meio da mudança da causa da posse, ora referenciada, um dado possuidor, faz-se dono de coisa cuja posse lhe havia sido licitamente confiada em momento anterior. É o caso, ilustrativamente, do depositário que substitui a *causa de sua posse (por depósito)* pela *causa de propriedade*, como consta do art. 627 do atual Código Civil ("*Pelo contrato de depósito recebe o depositário um objeto móvel, para guardar, até que o depositante o reclame.*") ou do art. 647, I ("*É depósito necessário: I – o que se faz em desempenho de obrigação legal*").

Transportada a questão para o plano do direito penal, impõe-se tutelar o direito de propriedade contra o poder fático da pretensão de querer tornar-se dono da coisa originalmente alheia, retida, descontada ou depositada, a despeito da existência de justa causa jurídica para tanto.

Entretanto, não se pode olvidar, mesmo para a conduta tipificada no inciso II do art. 2º, da Lei nº 8.137/1990, que sua materialidade tem por momento consumativo aquele da assunção da posse de recursos que já sejam de titularidade da União, sem que isso se possa confundir com o "furto" ou com o "peculato".

E, como bem esclareceu Damásio E. de Jesus: "*sujeito passivo é a pessoa que, não cumprida a relação obrigacional, sofre prejuízo.*"[24] Tanto é assim que somente haverá apropriação indébita quando a detenção da coisa for de interesse de quem a cede ao terceiro no interesse de a rever. Em outras palavras: a detenção elegível como crime será aquela vigiada. Não o sendo, resta configurado o furto.[25]

A apropriação indébita, como bem observa João Florêncio de Salles, é *crime material*, que admite tentativa, ainda que esta se confunda com o átimo da sua consumação. Daí a importância da objetiva determinação deste momento. Como conclui, corretamente: "*a atribuição de natureza formal ao delito de apropriação indébita (explícita no direito italiano e implícita no direito brasileiro) acaba por levar à desproporcional punição, por crime consumado,*

[23] JUNIOR, Miguel Reale. *Reflexões sobre a apropriação indébita*. In: SILVEIRA, Renato de Mello Jorge; RASSI, João Daniel (orgs.). Estudos em homenagem a Vicente Greco Filho. São Paulo: LiberArs, 2014, p. 458.

[24] JESUS, Damásio E. de. *Direito Penal* – Parte Especial. 11. ed. São Paulo: Saraiva: 1988, Vol. II, p. 359.

[25] *Ibidem*, p. 361.

de condutas que em nada atingiram o bem jurídico protegido pelo tipo penal, qual seja, a propriedade."[26] E isso porque a externalidade da natureza material do delito desvela-se como crime contra a propriedade, ainda nas conclusões do referido autor, "*no momento em que se impõe, na realidade concreta, um obstáculo ao exercício, pelo legítimo proprietário, de um dos poderes que são imanentes*".

No caso do inciso II do art. 2º, da Lei nº 8.137/1990, esta conduta consiste em "deixar de recolher" valor de tributo "que deveria recolher aos cofres públicos". Supõe-se, assim, uma titularidade da União sobre os referidos valores.

Não se pode admitir uma imputação delituosa sem verificar a presença de elementos caracterizadores da efetiva "apropriação indébita". E esta somente se consuma quando o possuidor (contribuinte), por alguma ação ou omissão, demonstra criar obstáculo concreto ao cumprimento da prestação das obrigações de "fazer" ("deixar de fazer").

Ora, quando o contribuinte declara tributo próprio, com confissão sobre a integralidade do débito, não se pode admitir que nisso exista alguma resistência à satisfação do direito do credor, porquanto a Administração Fiscal poderá cobrar e executar patrimonialmente o devedor, pelos meios processuais disponíveis.

O mero inadimplemento não se pode converter em "apropriação indébita", como advertia Nelson Hungria, pois "*a simples mora em restituir, ou a simples desídia no omitir não é apropriação. É preciso, antes de tudo, não confundir com apropriação indébita os casos em que apenas cabe recurso ao juízo civil*".[27]

De fato, não pode, o Estado, primeiramente bater as portas do juízo penal quando seu único propósito com a alegação de apropriação indébita é o adimplemento de tributos. À semelhança do que condenava

[26] A esse respeito, o fundamental estudo da tese de doutorado: Gomes Junior, João Florêncio de Salles. *O crime de apropriação indébita no direito penal brasileiro.* São Paulo: USP, 2013, tese de doutorado, p. 148-149; e Aduz: "*De todo o exposto, pode-se concluir que o fundamental de se notar é que a posse e a detenção para os fins de caracterização da apropriação indébita devem ser, acima de tudo, entendidas como poder de fato sobre a coisa. Essa posição, ao mesmo tempo que de nenhuma forma viola o direito civil, contempla a necessidade do direito penal de, com base no processo de distinção entre os crimes de furto e apropriação indébita, poder delimitar cada uma dessas condutas, sob a ótica da necessidade de subtração ou não do bem em questão. Havendo um poder de fato sobre a coisa, não há, por óbvio, necessidade de subtração. Não havendo tal poder e sendo necessária a subtração, está-se diante de furto. Dessa forma, pode-se até mesmo asseverar que, por vezes, a partir da própria ação praticada no caso concreto, poderá se verificar se havia posse ou não, para os fins que ora se propõe.*"

[27] Hungria, Nélson. *Comentários ao Código Penal.* RJ, Forense, 1955, v. VII, p. 131.

Hungria, quanto aos inúmeros casos de recurso ao instituto para satisfação de débitos contratuais.

O *animus rem sibihabendi*, por si só, não é suficiente para caracterizar o dolo. No caso tributário, é preciso determinar o intuito deliberado de não fazer, quanto aos deveres de obrigação de fazer impostos pelo inciso II do art. 2º, da Lei nº 8.137/1990, a saber: em "*deixar de recolher*" valor de tributo "*que deveria recolher aos cofres públicos*".

Numa interpretação conforme a Constituição, as condutas tipificadas no inciso II do art. 2º, da Lei nº 8.137/1990, compreendidas no dever de "recolher" *valor de tributo* aos cofres públicos, como regra, devem ser apuradas segundo a análise de *culpabilidade*. Bem como da proteção contra o uso de prisão civil por dívida que o contribuinte declara, de forma espontânea e de boa fé, o que não se converte em *apropriação indébita*, dado que não há qualquer ocultação ou algum agir voltado para resistir à entrega dos débitos confessados, por agir que implique negativa de "recolhimento" do tributo.

Ora, no caso de débitos de ICMS que são lançados em declaração do contribuinte, como parte das suas obrigações acessórias adimplidas, no lançamento por homologação (art. 150 do CTN), o Estado tem em suas mãos todos os meios processuais para perseguir o adimplemento. E, salvo a prova de dolo da conduta de *apropriação indébita*, como "poder de fato" do sujeito passivo tributário dirigido para inibir os deveres de recolhimento do tributo, é defeso ao Estado arguir o inciso II do art. 2º, da Lei nº 8.137/1990.

A posse do tributo cujo fato gerador já ocorreu e, por força de lei, tem-se obrigação de transferência, porquanto retido (descontado ou cobrado no lugar do sujeito ativo), recolhido de terceiro, este, efetivamente contribuinte do tributo, como se verifica nos casos de retenção na fonte (IRPF), do pedágio, cobrado pelas concessionárias e não recolhidos aos cofres públicos, afora outros, justificam o emprego do inciso II do art. 2º, da Lei nº 8.137/1990, ainda que efetuada a declaração, porque houve a entrega do dinheiro pelo contribuinte. Diferentemente, no caso de obrigações próprias, a declaração não é suficiente para tal propósito.

A apropriação indébita tributária atenderá ao suporte fático relativo à posse ou detenção lícita da coisa alheia móvel com intuito de enriquecimento sem causa,[28] porquanto são valores de terceiros transferidos para o erário público. O *dolo específico* logra-se com a vantagem indevida do enri-

[28] Noronha, Edgard Magalhães. *Direito Penal*, 32ª ed. SP, Saraiva, 2001, v. 2, p. 334.

quecimento com tributo alheio. Ainda que a redação precária do inciso II do art. 2º, da Lei nº 8.137/1990 assim não o revele, como uma forma de tornar sua a coisa alheia, não se pode atribuir sentido diverso às suas notas qualificadoras do tipo. Daí exigir-se o dolo, como vontade livre e consciente de, deliberadamente, tomar para si tributo pago por terceiro e que deveria ser recolhido pelo sujeito ativo da apropriação indébita.

Quanto ao destino da apropriação do bem jurídico protegido, i.e., do *valor de tributo*, o inciso II do art. 2º, da Lei nº 8.137/1990 ocupou-se apenas de identificar o "*deixar de recolher*", logo, por retenção ou consumo do referido valor "descontado" ou "cobrado". Estas são as formas de apropriação indébita de tributo.

a. Elementos objetivos do tipo previsto no inciso II do art. 2º, da Lei nº 8.137/1990. A apropriação indébita tributária como crime próprio

Feitos esses esclarecimentos propedêuticos, cumpre-se proceder ao exame de cada um dos elementos de que se valeu o legislador, ao tipificar o crime geral de apropriação indébita tributária, previsto no art. 2º, II, da Lei n. 8.137/1990.

Basicamente, os tipos penais podem ser decompostos em elementos *objetivos*, *subjetivos* e *normativos*. Aqui, interessam os dois primeiros, posto ser, a apropriação indébita, crime omissivo, material e próprio.

Os *elementos objetivos* dizem respeito aos "elementos externos e inerentes à conduta", a descrever os fatos reputados reprováveis pelo Direito Penal.[29] De outra banda, os *elementos subjetivos*, adotada aqui a teoria normativa da ação, centram-se no dolo e na culpa, transferidos à tipicidade penal.

A apropriação indébita, crime especial contra a ordem tributária, de há muito se encontra positivada no ordenamento jurídico brasileiro, cujos elementos objetivos sempre se voltaram à tutela repressiva do não recolhimento de tributos cobrados ou descontados de terceiros.

Como exemplo, veja-se o art. 11 da Lei nº 4.357/1964, a saber:

> *"Art 11. Inclui-se entre os fatos constitutivos do crime de apropriação indébita, definido no art. 168 do Código Penal, o não-recolhimento, dentro de 90 (noventa) dias do término dos prazos legais:*

[29] Decomain, Pedro Roberto. *Crimes contra a ordem tributária*. 5. ed. Belo Horizonte: Editora Fórum, 2010, p. 51.

a) das importâncias do Impôsto de Renda, seus adicionais e empréstimos compulsórios, descontados pelas fontes pagadoras de rendimentos;

b) do valor do Impôsto de Consumo indevidamente creditado nos livros de registro de matérias-primas (modêlos 21 e 21-A do Regulamento do Impôsto de Consumo) e deduzido de recolhimentos quinzenais, referente a notas fiscais que não correspondam a uma efetiva operação de compra e venda ou que tenham sido emitidas em nome de firma ou sociedade inexistente ou fictícia;

c) do valor do Impôsto do Sêlo recebido de terceiros pelos estabelecimentos sujeitos ao regime de verba especial."

Afora a retenção de imposto de renda, pelas fontes pagadoras, veja-se que no caso do "Imposto de Consumo", do qual se origina o ICMS, qualificava-se a apropriação indébita pela conduta dolosa de creditamento indevido ou uso de notas fiscais frias. Portanto, elementos adicionais da conduta que levavam ao resultado de enriquecimento sem causa com tributo que seria devido e declarado a menor.

Com o art. 2º, II, da Lei n. 8.137/1990, a tipicidade deixou de circunscrever-se a tributos específicos, excetuada a hipótese do art. 168-A do Código Penal (contribuições) e a manutenção em vigor do art. 11 da Lei nº 4.357/1964, para o Imposto de Renda.

Na amplitude do tipo, seus elementos objetivos são genéricos e tutelam, precisamente, situações de aquisição ilícita (a apropriação), de valores "descontados" ou "cobrados", que deveriam ser recolhidos ao erário em prazo determinado. Na redação do inciso II do art. 2º, da Lei nº 8.137/1990:

"Art. 2º. Constitui crime da mesma natureza: (...)

*II – **deixar de recolher**, no prazo legal, **valor de tributo** ou de contribuição social, **descontado ou cobrado**, na qualidade de sujeito passivo de obrigação e que **deveria recolher** aos cofres públicos; (...)*

Pena – detenção, de 6 (seis) meses a 2 (dois) anos, e multa." (g.n.)

Toda a questão posta encontra-se demarcada para saber como podem ser qualificadas as condutas de quem deixa de "*recolher, no prazo legal, valor de tributo ou de contribuição social*", mas, (i), desde que seja "*descontado ou cobrado*"(ii), *na qualidade de sujeito passivo de obrigação* (iii) *e que deveria* recolher *aos cofres públicos* (iv).

Eis os elementos objetivos do tipo do art. 2º, II, da Lei n. 8.137/1990, todos eles descritivos de condutas assemelhadas ao *apropriar-se*, isto é, *fazer-*

-se dono de coisa titularizada por outrem, mediante recurso à *mutatio causae possessionis* despida de validade jurídica.

A apropriação indébita de tributos (Lei n. 8.137/1990, art. 2º, II) deve ser lida em conjunto com a apropriação indébita de contribuições previdenciárias (CP, art. 168-A). Isto em homenagem à coerência sistêmica. Nos dois casos, há idêntica conduta infratora, a ser reprimida, a aquisição de titularidade sobre coisas móveis, mediante exercício arbitrário do direito de posse, em situação de confiança, com prejuízos ao patrimônio do titular dessas coisas.

Por certo, a infração somente restará configurada quando o agente que arrecadar ou cobrar tributos, por força de lei ou contrato (*v.g.*, nos casos de concessionárias de serviços públicos, em relação às taxas e contribuições), não repassar os valores recebidos ao erário, no prazo para tanto estipulado (conduta exigida pela lei), sempre garantido o dever de apuração do dolo específico.

Ainda que para alguns isso não esteja claro, é fundamental observar que não foi criminalizada no inciso II do art. 2º, da Lei nº 8.137/1990 a simples "omissão", como ausência de conduta do sujeito passivo de obrigações tributárias, um "não fazer", representativo de *inércia* dolosa, diante do dever legal de recolher valor de tributo aos cofres públicos, no prazo legal.

Os elementos dos tipos omissivos, a exemplo da apropriação indébita de tributos, restam claros na obra de Jescheck. São eles: (i) a conduta típica; (ii) a ausência de realização da ação determinada pelo legislador; e (iii) a capacidade de realizar esta ação.[30] No caso do inciso II do art. 2º, da Lei nº 8.137/1990 tem-se a tipificação legal, a omissão definida pelo legislador e a exigência de capacidade de realizar a ação, que somente pode ser exigida daqueles que detém a capacidade de assumir para si tributo de terceiros, como aqueles que efetuam o pagamento por meio de retenção, qualquer outra técnica que o permita.

A omissão entabulada no inciso II do art. 2º, da Lei nº 8.137/1990, ou mesmo do art. 168-A do CP, reclama o dolo de *não fazer* para um proveito próprio, a partir das ações de "descontar" e "cobrar" tributo, na condição de sujeito passivo de obrigação tributária. Daí, impõe-se escrutinar as ações que permitem consumar a omissão para ter o resultado preten-

[30] JESCHECK, Hans-Heinrich. *Tratado de Derecho Penal* – Parte General. Tradução de José Luis Manzanares Samaniego. Granada: Comares, 1993, p. 559-560.

dido, pelo não recolhimento, no prazo legal, de valor de tributo que se deveria recolher.

Diante dessas características, o tipo do art. 168-A do CP, bem como o tipo do art 2º, II, da Lei n. 8.137/1990, têm por objeto material os "valores arrecadados ou cobrados". Logo, são espécies dos *crimes materiais*, com resultados concretos, os quais se perfazem com a apropriação, quando um dado particular age como dono dos valores que lhe foram entregues. E isto consuma-se imediatamente após decorrido o prazo para recolhimento destes valores ao erário.

Ademais, está-se diante de tipos que caracterizam *crimes de resultado*. Inexistente uma efetiva lesão, em dada situação concreta, ao bem jurídico protegido pelos tipos penais em questão, haverá excesso punitivo intolerável.

Com efeito, estes agentes deverão ter adentrado na posse de valores de terceiros, arrecadados ou cobrados, a título de tributos, em situação de confiança, conforme sistemáticas procedimentais devidamente previstas em lei. Neste caso, o ânimo de não recolher estes valores ao erário, em favor dos possuidores originais dos recursos, no prazo para tanto previsto, configurará o crime.

Está-se, ademais, diante de *crime próprio*, em oposição aos *crimes comuns*, que podem ser praticados por quaisquer pessoas.[31] É que os agentes que podem incorrer na pena do art. 2º, II, da Lei n. 8.137/1990 possuem deveres bastante específicos a adimplir, os quais lhes inserem no cenário de abuso de confiança. São os "sujeitos passivos de obrigações tributárias", na sua maioria, os agentes de retenção, os responsáveis com deveres jurídicos de repassar os valores de tributos que, diante da sua especial posição jurídica, como fonte pagadora ou outro, tenha poderes para tanto.

É bem verdade que a Jurisprudência do Supremo Tribunal Federal considerava a apropriação indébita previdenciária como crime omissivo próprio formal. Com isso, bastava a simples omissão no recolhimento da

[31] "Crime *comum* é o que pode ser praticado por qualquer pessoa (lesão corporal, estelionato, furto). Crime *próprio* ou *especial* é aquele que exige determinada qualidade ou condição pessoal do agente. Pode ser *condição jurídica* (acionista); *profissional ou social* (comerciante); *natural* (gestante, mãe); *parentesco* (descendente) etc. Crime *de mão própria* é aquele que só pode ser praticado pelo agente pessoalmente, não podendo utilizar-se de interposta pessoa (falso testemunho, adultério, prevaricação)." Cf. Bitencourt, Cezar Roberto. *Teoria Geral do Delito*. Coimbra: Almedina, 2007. p. 70-71.

contribuição, para que o crime fosse aperfeiçoado, independentemente do resultado.

Contudo, a realidade impôs a necessidade de revisão dessa posição, para afirmar a *apropriação indébita previdenciária* como crime omissivo próprio material, no que o resultado passou a ter importância capital, além das provas sobre as condutas dos agentes e a situação da pessoa jurídica.[32]

Considerada a apropriação indébita como delito formal, bastaria o não pagamento do tributo, afastada qualquer prova do "desconto" do tributo (i), da efetiva "apropriação", entendida como enriquecimento ou vantagem indevida por parte do sujeito passivo (ii), dos motivos que levaram à impossibilidade de "recolhimento" do tributo (iii) ou mesmo do eventual dano ao erário (iv). E tampouco se exigia a prova da posse invertida, quanto à determinação do tipo. Bastava-se com a omissão, portanto, pelo não pagamento.

Ad absurdum, seria admitir a consumação do crime de apropriação mesmo quando o sujeito passivo da retenção na fonte não operasse o dever de recolhimento e, ainda assim, por se tratar de crime formal, devesse sujeitar-se à pena do delito.

A partir do precedente do Pleno do Supremo Tribunal Federal, que tem origem no Agravo Regimental no Inquérito nº 2.537-2 – Goiás, Relator Ministro Marco Aurélio de Mello, de 10/03/2008, a qualificação do crime de apropriação indébita previdenciária mudou para delito *omissivo material*, um importante avanço na segurança jurídica dos contribuintes, pela garantia do direito de alegar a exigência de prova do dolo específico, não apenas do dolo genérico da omissão.

Conforme o Ministro Relator, "*a leitura do artigo 168-A do Código Penal revela que se tem como elemento da prática delituosa deixar de repassar contribuições previdenciárias, indispensável, portanto, a ocorrência de apropriação dos valores, com inversão da posse respectiva*". Daí a necessidade da prova de apropriação dos valores, a ensejar o pressuposto da inversão da posse do respectivo titular, como condições para que se tenha apropriação indébita.

[32] *Passim*, para importante exame da aplicação pericial na apuração da conduta dos sujeitos passivos: OLIVEIRA, Álan Teixeira de. *A relação entre o tipo penal e a prova pericial contábil: evidências nos laudos contábeis da perícia criminal federal sobre o crime de apropriação indébita previdenciária*. São Paulo: Universidade de São Paulo, 2012. 226 p.

A orientação jurisprudencial sempre foi garantista. Basta pensar que dificuldades financeiras possam justificar a inexigibilidade de conduta diversa por parte dos contribuintes, como se vê frequentemente em tempos de crise. Como seria possível aferir este estado de necessidade, sem uma adequada apuração de provas? Cabe, então, ao Ministério Público prover diligência probatória suficiente para confirmar a omissão dolosa, ou mesmo o estado de inexigibilidade de conduta diversa do sujeito passivo tributário. E isso pode ser feito com a averiguação da situação patrimonial, que pode concluir sobre eventual dilapidação patrimonial, ocultação de bens, enriquecimento sem causa e outros; mas também pode identificar a existência de outros débitos não pagos, pedidos de falência ou recuperação, execuções patrimoniais, reclamações trabalhistas, queda de negócios, inadimplência de clientes e outros. O respeito ao princípio da culpabilidade como condição para a punibilidade exigirá sempre o dolo específico, como determina o art. 137 do Código Tributário Nacional.

Apesar de a decisão acima, do Pleno da Suprema Corte, ao cuidar de contribuição previdenciária, no julgamento do Inquérito 3.141 – Minas Gerais, de 25/04/2013, Relator Gilmar Mendes (e Inquérito 3102-MG, DJe 19.03.2013), firmou-se entendimento de que "*a sistemática de imputação penal por crimes de sonegação contra a Previdência Social deve se sujeitar à mesma lógica aplicada àqueles contra a ordem tributária em sentido estrito.*" Com isso, desde então, o Supremo Tribunal Federal adota tratamento equivalente ao tipo do artigo 1º da Lei 8.137/90 e àquele previsto no art. 337-A do Código Penal.

Por certo, no caso do ICMS próprio, como visto, os consumidores de mercadorias, ao pagar pelos bens adquiridos não confiam, aos vendedores, valores para ulterior pagamento de tributos, a partir de obrigação específica que os una para este propósito. Não entregam parcela certa, a ser repassada por estes vendedores ao erário sob a forma de pecúnia, em algo assemelhado como um pagamento por conta e ordem dos adquirentes.

O pagamento do ICMS, inclusive, poderá não ensejar o dispêndio de recursos pelo vendedor, considerada a sistemática não cumulativa de créditos de ICMS. Nesta situação, o vendedor, contribuinte de ICMS próprio agirá, desde o início, como dono de todos os valores recebidos, em pecúnia, a título do preço praticado na compra e venda.

2. *Elemento subjetivo* do tipo previsto no inciso II do art. 2º, da lei nº 8.137/1990. Dolo e devido processo legal como garantia de individualização da pena

Examinados os *elementos objetivos* do tipo do art. 2º, II, da Lei n. 8.137/1990, a contemplar as condutas que devem ser realizadas, no plano da realidade, a fim de que reste configurada a infração nele consignada, importa investigar, igualmente, seus *elementos subjetivos*. É que estes últimos também integram a legalidade penal, na perspectiva sobre a culpabilidade, aqui adotada.

Todos os crimes contra a ordem tributária, previstos na Lei n. 8.137/1990, são dolosos.[33] A tipicidade das condutas, neles consignadas fica a depender, portanto, da prova do dolo do acusado. E o art. 18, I, do CP é claro ao reputá-lo configurado "quando o agente quis o resultado ou assumiu o risco de produzi-lo."

No caso do art. 2º, II, da Lei n. 8.137/1990, o dolo evidencia-se contemporâneo à apropriação. Repousa na indevida *mutatio causae possessionis*, isto é, no abuso de posse de "valores arrecadados ou cobrados", a título de tributo, com prejuízo aos possuidores originais destes valores, que não os viram recolhidos ao erário, segundo as necessárias provas da culpabilidade.

O primeiro passo, neste sentido, diz respeito ao próprio cumprimento de obrigações tributárias acessórias, como é o caso da apresentação de declarações, com vistas a definir a titularidade dos valores de tributo ao Fisco, mediante confissão, portanto, de boa fé e de modo espontâneo.

No caso de tributo próprio, como será possível falar-se de apropriação indébita, como crime omissivo próprio material, se o contribuinte declara e confessa que os tributos são devidos ao erário? Logo, na ausência de intenção dolosa de assumir como sua coisa alheia, de se ver, descabe a pretensão punitiva.

O simples fato de um contribuinte ser *inadimplente* de tributo, descontado ou cobrado de terceiros (por dever legal), quando declarado e não pago, não pode constituir *per se*, de forma automática e objetiva, em "crime tributário". Não se aperfeiçoa o tipo com o suporte fático da conduta, portanto, na ausência de outros elementos subjetivos, suficientes para caracterizar o "dolo".

[33] No mesmo sentido: DECOMAIN, Pedro Roberto. *Crimes contra a ordem tributária*. 5. ed. Belo Horizonte: Editora Fórum, 2010, p. 43.

Faz-se necessária a prova de sua vontade para *obter vantagem financeira indevida*, com exercício de posse abusivo sobre valores de outrem que lhe haviam sido confiados, por determinação legal, para ulterior recolhimento ao erário. Esta parcela subjetiva é parte indissociável da tipicidade do art. 2º, II, da Lei n. 8.137/1990 que, como visto, condensa crime de resultado, à medida que acarreta lesão aos cofres públicos.

Sobre o "delito de apropiación indebida de tributos", acerca do dolo, bem se manifestou Ingrid Meischenguiser, *verbis*:

> *"El elemento subjetivo está dado por el dolo. Deberá observarse la conducta del agente la intención de no depositar la suma de los tributos correspondientes, pese a tener la posibilidad de hacerlo. (...)*
>
> *No basta tener por acreditada la falta de depósito de las sumas retenidas, es menester discernir acabadamente el aspecto subjetivo. (...)*
>
> *En esta defraudación de rentistas y perceptores, el dolo consiste en la voluntad deliberada de no llevar a cabo el ingreso en término, no obstante la conciencia de que existe el deber concreto de hacerlo.*
>
> *El desconocimiento de que se es agente de retención o de percepción implica un error de tipo."*[34]

O art. 2º, II, da Lei n. 8.137/1990 constitui um *crime de resultado*, e não um *crime de mera conduta*, de mera omissão, na medida que enseja efetiva lesão ao bem jurídico protegido pelo Direito Penal Tributário, a saber, a regularidade da arrecadação fiscal. Diante disso, não há que se falar, no caso, em simples imputação objetiva de resultados.

Lastreado na obra de Cândido Ferreiro Conde-Pumpido, João Florêncio de Salles Gomes Junior afirma que, na apropriação indébita, há uma conjugação de um estado de ânimo, a intenção de fazer própria a coisa que é de outrem, com um comportamento material que exteriorize tal intenção.[35] Logo, não basta à configuração da apropriação indébita o elemento psíquico, isto é *animus* do agente de dono, mas também o ato externo de

[34] MEISCHENGUISER, Ingrid. El delito de apropiación indebida de tributos. In: ALTAMIRANO, Alejandro C.; RUBINSKA, Ramiro M. (coord.). *Derecho penal tributario* – Tomo I. 1ª ed. Buenos Aires: Marcial Pons de Argentina, 2008. p. 571-572.

[35] JUNIOR, João Florêncio de Salles Gomes. *O crime de Apropriação Indébita no Direito Penal Brasileiro.* Tese(Doutorado em Direito). Faculdade de Direito da Universidade de São Paulo. São Paulo, 2013, p. 69-70.

senhoria.[36] E conclui: "*Não se pode confundir a alta frequência com a que há a imediata produção do resultado típico com a afirmação da natureza formal do delito.*"[37]

Referida metodologia penal da imputação objetiva, passe o truísmo, pelo déficit de garantias constitucionais, deve ser manejada com inequívoca cautela, no limite da tutela penal de condutas geradoras de riscos, nem sempre dotados de lesividade concreta ou calculável. Não é o caso em análise.

Sobre o tema, a lição sempre segura de Wolfgang Frisch,*verbis*:

> "*De acuerdo con la actual teoría de la imputación, tres son las condiciones necesarias para la imputación objetiva del resultado:*
>
> *– En primer lugar, se requiere que el autor haya producido en términos causales a través de su comportamiento el resultado, en tanto que dicho comportamiento constituye una condición necesaria para la producción del resultado.*
>
> *– Asimismo, es necesario que el autor haya creado a través de su comportamiento un riesgo desaprobado.*
>
> *– Finalmente, en tercer lugar, debe haberse realizado en el resultado precisamente el riesgo creado por el autor.*"[38]

A caracterização do dolo dos agentes de retenção ou dos agentes arrecadadores de tributos devidos por terceiros, e tanto mais a transição, por analogia, para a cobrança de tributos próprios, não se compatibiliza com automatismos no exercício do *ius puniendi* fazendário, contrário à garantia da culpabilidade e do devido processo legal.

Em qualquer expressão de apropriação indébita, está-se a tratar de *dolo específico*, como corretamente apontou Miguel Reale Junior. Em suas palavras:

> "*Acrescenta-se a esta vontade uma particular intenção, o dolo específico, pois a apropriação deve ser feita com vistas a auferir um injusto proveito, em contraste com o objetivo próprio da posse, que deveria ocorrer* alieno domine, *ou seja, em proveito alheio.*"[39]

[36] *Ibidem*, p. 92-93.

[37] *Ibidem*, p. 115.

[38] FRISCH, Wolfgang. *La imputación objetiva del resultado* – desarrollo, fundamentos y cuestiones abiertas. Barcelona: Atelier, 2015. p. 52.

[39] REALE JUNIOR, Miguel. *Reflexões sobre a apropriação indébita.* In: SILVEIRA, Renato de Mello Jorge; RASSI, João Daniel (orgs.). Estudos em homenagem a Vicente Greco Filho. São Paulo: LiberArs, 2014, p. 459.

A garantia da culpabilidade, no âmbito do Direito Penal Tributário deve ser entendida como expressão de todo o garantismo constitucional, correspondendo à medida de estabilidade e de correção funcional da interação entre a potestade sancionadora do Estado e liberdades fundamentais, constitucionalmente garantidas aos sujeitos passivos da tributação.

Na precisa conclusão alcançada por Rodrigo Numeriano Dubourcq Dantas:

> *"Ao rejeitar o automatismo na aplicação de sanções fiscais, a garantia da culpabilidade concorre para a realização do devido processo legal, com contraditório e ampla defesa, o que é necessário à preservação da presunção de inocência e da individualização do ius puniendi do Estado; atua, assim, como medida de proporcionalidade. Por meio dela, exige-se a análise do agir dos sujeitos passivos da tributação por inteiro, o que robustece a necessidade de motivação dos atos fazendários sancionadores e facilita, inclusive, a correção de excessos na via judicial."*[40]

Deveras, para que se possa aferir, com segurança, dita reprovabilidade da conduta dos sujeitos passivos da tributação, cumprirá ao Estado analisar o agir destes por inteiro. Deverá perquirir, por exemplo, se ele cumpriu integralmente os deveres tributários que, por lei, eram-lhe impostos, bem como se amparou – ou entendia razoavelmente amparar – a conduta que adotada no mundo da vida em normas jurídicas postas.

Na orientação firmada pelo STJ, no julgamento do HC 399.109-SC, restou consagrado verdadeiro automatismo punitivo na seara penal tributária. Bastaria, ao exercício do *ius puniendi* estatal, a ausência de recolhimento ao erário do ICMS arrecadado ou cobrado de terceiros, sem qualquer consideração adicional sobre o dolo da apropriação. O mero inadimplemento de tributo, outrora tutelado sob a égide da Súmula 430 desta Corte, converteu-se automaticamente em crime.

Mantida esta decisão, ter-se-ia violação expressa à garantia do princípio de *culpabilidade*, cuja carga axiológica exige permanente observância ao princípio da *pessoalidade* na aplicação de penas. O expediente de apelo à aplicação de penas objetivas deve ser acompanhado de cautelas severas, sempre no limite dos delitos de risco. Não se pode admitir semelhante ruptura das garantias constitucionais, como são as previstas no art. 5º, XLV,

[40] DANTAS, Rodrigo Numeriano Dubourcq. *Direito Tributário Sancionador* – Culpabilidade e Segurança Jurídica. São Paulo: QuartierLatin, 2018, p. 26.

XLVI e LIV, da Constituição de 1988, quando a satisfação do crédito tributário pode operar-se por meios processuais legítimos.

4.1. Responsabilidade pessoal por atos ilícitos e o art. 137 do CTN

A responsabilidade pelos débitos e pelas infrações tributárias deve recair, exclusivamente, sobre *as pessoas que cometeram os ilícitos* e que tiveram vantagens financeiras decorrentes da fraude e simulação cometidas. Por isso, o art. 137, inciso II, do CTN, prescreve a pessoalidade da sanção, a saber

> *"Art. 137. A responsabilidade é pessoal ao agente:*
>
> *I – quanto às infrações conceituadas por lei como crimes ou contravenções, salvo quando praticadas no exercício regular de administração, mandato, função, cargo ou emprego, ou no cumprimento de ordem expressa emitida por quem de direito;*
>
> *II – quanto às infrações em cuja definição o dolo específico do agente seja elementar;*
>
> *III – quanto às infrações que decorram direta e exclusivamente de dolo específico:*
>
> *a) das pessoas referidas no artigo 134, contra aquelas por quem respondem;*
>
> *b) dos mandatários, prepostos ou empregados, contra seus mandantes, preponentes ou empregadores;*
>
> *c) dos diretores, gerentes ou representantes de pessoas jurídicas de direito privado, contra estas."*

O dispositivo legal acima prevê a *responsabilidade pessoal* para infrações que tenham como elemento o *dolo específico* do agente.

O dolo específico refere-se à *intenção de obter determinado resultado ilícito*[41], o que é elemento indispensável à configuração da fraude fiscal.

Ao examinar o art. 137 do CTN, como o fez muito bem Ives Gandra Martins, conclui-se que o *caput* do art. 137 trata de crimes ou contravenções nas quais é imputada responsabilidade pessoal ao agente. *In verbis*:

[41] *"As hipóteses tratadas levam em conta a intenção do agente, estabelecendo exceções ao artigo anterior, com o fito de evitar aplicações excessivas do princípio geral da responsabilidade objetiva. O inciso I trata de infração administrativa que de tão grave também é enquadrada como infração penal e sendo assim a responsabilidade pelo ilícito também é pessoal. O exercício regular está relacionado com o elemento subjetivo e com a consciência de antijuridicidade do ato. O inciso II cuida também de infrações administrativas cuja definição tenha por elementar a vontade livre e consciente de atingir determinado resultado. E por fim, o inciso III cuida do exercício de atividade em proveito próprio do agente, que dão causa a infrações fiscais, pelas quais, de outro modo, responderiam as vítimas da conduta (responsáveis) e não seus autores intelectuais. Pretende-se assim afastar o princípio geral do art. 136 do CTN."* MATTOS, Eloá Alves Ferreira de; MATTOS, Fernando Cesar Baptista de. In: GOMES, Marcus Lívio; ANTONELLI, Leonardo Pierro (coord.). *Curso de direito tributário brasileiro.* V. 1. São Paulo: QuartierLatin, 2005, p. 415.

> *"O primeiro ponto do art. 137 a ser analisado é aquele que cuida da responsabilidade pessoal do agente em casos definidos em lei como crime ou contravenções. Nestes, a culpa pode ser admitida como elemento constitutivo. (...)*
>
> *Em relação aos itens II e III, hipóteses de responsabilidade pessoal e excludente, cuida o legislador de infração tributária sem reflexos penais ou de reflexos penais conceituados separadamente – o mais das vezes fora do campo do direito tributário (falsificação de GUIAS, por exemplo, por funcionário da repartição fiscal)."*.[42]

Deveras, a responsabilidade *pessoal*[43] *do infrator é intransferível.* Exclui qualquer outra hipótese de responsabilidade tributária, inclusive a dos sucessores.

Ou como bem apontou Bernardo Ribeiro de Moraes:

> "Outro caso de responsabilidade por infrações da legislação tributária ser pessoal do agente é quanto as infrações em cuja definição o dolo específico do agente seja elementar (CTN, art. 137, II), isto é, seja integrada na própria infração. É o caso, v.g., de infração com intuito de fraude (dolo específico). *A pena se aplica, então, somente ao agente, à sua pessoa, não se estendendo a terceiros que porventura possam ser responsáveis pelo crédito tributário. A responsabilidade será pessoal do agente, uma vez que estamos diante de infração cometida em razão de uma intenção deliberada.*"[44]

Em casos como o presente, de suposto crime ou infração que decorre direta e exclusivamente de dolo específico, o art. 137 do CTN é contundente: o exame do dolo e da culpabilidade queda-se inafastável.[45] No

[42] MARTINS, Ives Gandra da Silva. *Da sanção tributária.* 2ª. ed., Saraiva, 1998, p. 81.

[43] "Uma interpretação na qual se leve em conta apenas o elemento literal não nos pode oferecer resposta a essa questão. O ser pessoalmente responsável pode significar tanto que o agente é o único responsável, como pode significar que ele é responsável sem prejuízo da responsabilidade da pessoa jurídica no âmbito da qual ocorrem as infrações de que se cuida. A nosso ver, porém, nos casos indicados no art. 137 do CTN a responsabilidade pessoal do agente exclui a responsabilidade de outras pessoas." MACHADO SEGUNDO, Hugo de Brito. *Comentários ao código tributário nacional.* V. 2. São Paulo: Atlas, 2004, p. 641.

[44] MORAES, Bernardo Ribeiro de. *Compêndio de direito tributário.* 3ª. ed. Rio de Janeiro: Forense, 1997, p. 624.

[45] SUANNES, Adauto. Presunção de culpa. In: BADARÓ, Gustavo Henrique (Org.). *Teoria geral do direito penal.* São Paulo: RT, 2015, Vol. I, p. 621; MOREIRA, Eduardo e FRÓES, Rodrigo D.R. DE M. Princípios Penais Constitucionais. BADARÓ, Gustavo Henrique (Org.). *Teoria geral do direito penal.* São Paulo: RT, 2015, Vol. I, p. 632.

Direito Penal Tributário, como regra, presumir-se-ão, insista-se, a inocência e a boa-fé dos sujeitos passivos da tributação. A culpabilidade e a má-fé, noutro giro, e sempre à guisa de exceção, demandam provas robustas, cujo ônus será imputado à Administração Fazendária.

4.2. Garantia de presunção de inocência para contribuintes inadimplentes de débitos próprios declarados que não tem acesso à defesa por processo administrativo. O dever de não discriminação

O uso desmedido de tipos omissivos, nos quais não se faz necessária a comprovação de fraude tributária, a exemplo do art. 2º, II, da Lei n. 8.137/1990, como mecanismo de simplificação das atividades de fiscalização[46], não pode recair, por interesses de simplificação, em indevidas flexibilizações à garantia constitucional da culpabilidade e do devido processo legal de apuração do dolo, elemento subjetivo indissociável da tipicidade dos crimes tributários.

Na linha do precedente do STJ, no julgamento do HC 399.109-SC, se houvesse sido autorizada a *presunção de má fé* ou de dolo pela simples declaração tributária sem o correspondente pagamento do débito do prazo legal, a vida negocial e os seus reflexos tributários restarão transformados em ciclo de produção de ilícitos, com inimaginável insegurança para as relações jurídicas firmadas. O STF, em boa hora, no RHC 163334, afastou totalmente este risco ao garantismo constitucional.

No modelo de Estado Democrático de Direito, toda a extensão da seara repressiva deve privilegiar a liberdade, em detrimento do punitivismo formalista e objetivista, que só tem cabimento para delitos de risco, aos quais se deve recorrer apenas em *ultimaratio.* Converter todas as declarações de obrigações tributárias de débitos próprios, quando não for acompanhado do devido pagamento, em delito formal, consumado pela mera omissão, fatalmente, servirá para converter o Direito Sancionador Tributário num típico caso de "direito penal do inimigo".

Deveras, a pena criminal constitui *posterius* à incidência da norma (lei em sentido formal e material) que reputa determinada conduta humana como ilícito penalmente tutelado. Sua incidência, porém, dependerá da

[46] Sobre a utilização problemática de tipos omissivos no Direito Penal Tributário: ADRIASOLA, Gabriel. La Omisión como tipo penal em el derecho penal tributario. In: ALTAMIRANO C. Alejandro; RUBINSKA, Ramiro M. (Coords.). *Derecho penal tributario.* Madrid: Marcial Pons, 2008, T. I, p. 185 e ss.

prova da conduta punível, e quando presente o dolo específico, na hipótese aqui examinada.[47]

Empregada no âmbito do Direito Penal Tributário, a garantia de *presunção de inocência* define que a imputação de ilícitos e respectivas penas sejam acompanhadas do devido processo legal, com contraditório e ampla defesa, bem assim que, em caso de dúvidas, prevaleçam as liberdades constitucionalmente asseguradas aos sujeitos passivos da tributação.[48]

Isto para que, *de um lado*, sejam imediatamente contidos os arroubos punitivistas do Estado Fiscal, por meros fins arrecadatórios, fosse possível o exercício automático do *ius puniendi* titularizado pela Administração Fazendária; e, *de outro*, para que seja corretamente dimensionada, nos termos do ordenamento jurídico, a responsabilidade de dado infrator, a partir do exame individualizado de seu *merecimento concreto* de sanção.[49]

Quem alega a existência de ato ilícito tem o dever de produzir, por primeiro, a prova concreta de todos os elementos – objetivos e subjetivos – inerentes à tipicidade. Tudo a demonstrar, de modo inequívoco, que o acusado cometeu determinado ilícito, apesar de situado diante de circunstâncias que lhe permitiriam se conduzir em conformidade com o Direito.[50]

Por isso, a lição de Antonio Magalhães Gomes Filho destaca ilegalidade da condenação baseada em mera presunção, sem observância da culpabilidade:

> *"O segundo limite, que guarda intima conexão com a expressão literal do princípio – presunção – é a exigência de que nenhuma condenação seja proferida sem prova da culpabilidade. Disso decorre não só que cabe à acusação demonstrar os fatos alegados contra o réu, mas também que tal prova precisa ser segura e induvidosa, pelo que tanto a ausência de provas como a dúvida gerada no espírito do juiz pelas provas produzidas no processo devem levar à absolvição (*in dubio pro reo*); pela mesma razão, também*

[47] Cf. LOZANO, Blanca. *La extincion de las sanciones administrativas y tributarias.*, Madrid: Marcial Pons, 1990, p. 74-75.

[48] DANTAS, Rodrigo NumerianoDubourcq. *Direito Tributário Sancionador* – Culpabilidade e Segurança Jurídica. São Paulo: QuartierLatin, 2018, p. 357-358.

[49] COUSO SALAS, Jaime. *Fundamentos del derecho penal de culpabilidad.* Historia, teoría y metodología. Valencia: TirantloBlanch, 2006, p. 535-536.

[50] SCHREIBER, Simone. Presunção da inocência (princípio da–). In.: TORRES, Ricardo Lobo (Org.) et al. *Dicionário de princípios jurídicos.* Rio de Janeiro: Elsevier: Campus Jurídico, 2011. p. 1009.

não cabe ao acusado fornecer provas contra si (nemotenetur se accusare), *pois tal encargo é exclusivo da acusação.*"[51]

Inválida a imposição de penas com base apenas em *indícios e presunções*, prevalece a inocência do acusado e a presunção de sua boa-fé, até que haja prova concreta do contrário, *beyond reasenable doubt*[52], como já decidido pelo STF.[53]

A *presunção de inocência* reclama a apuração da culpabilidade, o que deve ser feito com direito à defesa, por todos os meios de prova disponíveis à defesa, inclusive os de natureza contábil.[54]

É que, diante deste cenário, duas situações podem restar configuradas: *mero inadimplemento*, a ser administrativamente perquirido e sancionado, nos termos da Súmula n. 430 do STJ, ou *crime*, a ser judicialmente processado e punido.

No plano de aplicação das normas sancionadoras, merece relevo o aludido princípio do *in dubio pro reo*, o qual recebeu guarida expressa do próprio

[51] GOMES FILHO, Antonio Magalhães. Presunção de inocência e prisão processual na lei 12.403, de 2011. In.: SCAFF, Luma Cavaleiro de Macedo. *Doação de direito público e financeiro*. São Paulo: Faculdade de direito da USP, 2015, p 439, grifos nossos e do autor.

[52] *"PENAL. PROCESSUAL PENAL. PREFEITO. DESMEMBRAMENTO DO PROCESSO. LICITAÇÃO. INEXIGIBILIDADE. CRIME DO ARTIGO 89 DA LEI 8.666/93. DOLO. AUSÊNCIA DE PROVA ACIMA DE DÚVIDA RAZOÁVEL. PRESUNÇÃO DE INOCÊNCIA. ABSOLVIÇÃO. (...). 3. Inexistente indicativo de conluio, ilegalidade manifesta ou desvio de finalidade claramente perceptível, os atos de gestão praticados pelo Prefeito de acordo com as orientações técnicas dos órgãos especializados do Município, sobretudo em temáticas que envolvem juízo de legalidade – tais como ocorrem nas plurissignificativas regras de dispensa e inexigibilidade de licitação -, se qualificam com o predicado de boa-fé presumida. (...). 4. A presunção de inocência, princípio cardeal no processo criminal, é tanto uma regra de prova como um escudo contra a punição prematura. Como regra de prova, a formulação mais precisa é o standard anglo-saxônico no sentido de que a responsabilidade criminal deve ser provada acima de qualquer dúvida razoável (proof beyond a reasonable doubt) e que foi consagrado no art. 66, item 3, do Estatuto de Roma do Tribunal Penal Internacional. 5. Ação penal julgada improcedente."* STF, AP 580, Relatora: Ministra ROSA WEBER, Primeira Turma, j. 13.12.2016, DJe-139 23.06.2017.

[53] Eis o alerta feito por Fernando Gama de Miranda Netto: "*É de ser aplicado o princípio da presunção de inocência em todo Direito Público Sancionador, mesmo nas causas não penais.* A sua incidência é plena, não comportando redução de eficácia. *Assim, afigura-se inconstitucional o estabelecimento de sanções com base em indícios.*" Cf. NETTO, Fernando Gama de Miranda Netto. *Ônus da prova no direito processual público*. Rio de Janeiro: Lumen Juris, 2009, p. 285.

[54] OLIVEIRA, Álan Teixeira de. *A relação entre o tipo penal e a prova pericial contábil*: evidências nos laudos contábeis da perícia criminal federal sobre o crime de apropriação indébita previdenciária. SP: Universidade de São Paulo, 2012. 226 p.

Código Tributário Nacional, como assentado em seu art. 112, de redação consentânea com os arts. 386 e 414 do Código de Processo Penal[55],a aferir a garantia do art. 5º, LVII, da CF, *verbis*:

> *"Art. 112. A lei tributária que define infrações, ou lhe comina penalidades, interpreta-se da maneira mais favorável ao acusado, em caso de dúvida quanto:*
>
> *I – à capitulação legal do fato;*
>
> *II – à natureza ou às circunstâncias materiais do fato, ou à natureza ou extensão dos seus efeitos;*
>
> *III – à autoria, imputabilidade, ou punibilidade;*
>
> *IV – à natureza da penalidade aplicável, ou à sua graduação."*

No particular sob consideração, por força dos princípios de hierarquia do ordenamento jurídico e da segurança jurídica, impõe-se a eficácia, no subsistema repressivo do Direito Tributário Sancionador, também do art. 112 do CTN, na condição de lei complementar autoaplicável, exigida na forma do art. 146, III, da CF, como apta à estruturação de toda a seara estatal punitiva orientada à tutela de ilicitudes associadas à tributação. E ao referido dispositivo do CTN conjugam-se normas propriamente penais que igualmente consagram a garantia do *in dubio pro reo*, a restringir o exercício do poder punitivo do Estado, diante de dúvidas envolvendo o regime jurídico apto à configuração da ilicitude, a natureza ou as circunstâncias em que situada dada conduta humana, a extensão da lesividade de seus efeitos, o agente responsável por sua prática, a penalidade aplicável contra este ou sua graduação.

Da combinação entre o art. 5º, LVII, o art. 112 do CTN e os arts. 156, 386 e 414 do CPP, anteriormente transcritos, resta claro que, havendo dúvidas, impõe-se, para fins de aplicação das normas sancionadoras, que estas sejam interpretadas de modo mais favorável ao acusado, quanto à capitu-

[55] CPP, "Art. 386. O juiz absolverá o réu, mencionando a causa na parte dispositiva, desde que reconheça: I – estar provada a inexistência do fato; II – não haver prova da existência do fato; III – não constituir o fato infração penal; IV – estar provado que o réu não concorreu para a infração penal; V – não existir prova de ter o réu concorrido para a infração penal; VI – existirem circunstâncias que excluam o crime ou isentem o réu de pena (arts. 20, 21, 22, 23, 26 e § 1º do art. 28, todos do Código Penal), ou mesmo se houver fundada dúvida sobre sua existência; VII – não existir prova suficiente para a condenação."
CPP, "*Art. 414. Não se convencendo da materialidade do fato ou da existência de indícios suficientes de autoria ou de participação, o juiz, fundamentadamente, impronunciará o acusado.*"

lação do fato, às circunstâncias materiais, à natureza da penalidade e sua graduação. Na aplicação do Direito Sancionador Tributário, com efeito, a comprovação de cada um dos três momentos que compõem a metodologia de exercício juridicamente seguro do *ius puniendi* estatal – *tipicidade, antijuridicidade* e *culpabilidade* – fica a depender de atos motivados do Fisco, a partir de todo o ordenamento jurídico vigente e das garantias nele consagradas.[56] Imprescindível, assim, a conclusão do processo administrativo previamente a qualquer denúncia penal, para o correto acertamento das relações jurídicas.

Daí a importância da interpretação conforme a Constituição do art. 2º, II, da Lei n. 8.137/1990, para estabelecer parâmetros uniformes de tratamento entre o contribuinte com débitos próprios ou de terceiros, declarados ou não declarados previamente, que tem acesso ao processo administrativo fiscal antes da representação para fins penais, e aquele que declara débitos próprios e, por não efetuar o pagamento, vê-se levado à representação para fins penais sem direito de defesa e, após a decisão do STJ, no HC 399.109-SC, com sua qualificação de crime formal que se consuma com o mero inadimplemento.

Deveras, numa interpretação conforme a Constituição da norma do ilícito previsto no art. 2º, II, da Lei n. 8.137/1990, resolve-se essa discriminação com a extensão do RHC 163334 e outros julgados da Jurisprudência do STF que considera a apropriação indébita previdenciária como *crime omissivo material e próprio*, que autoriza o direito de defesa sobre os diversos aspectos objetivos e subjetivos acima destacados.

No caso de contribuinte que declara e não paga o tributo próprio, vê-se cerceado do direito de acesso ao devido processo administrativo, ao tempo que a Fazenda Pública encaminha o débito do contribuinte para a inscrição do débito na dívida ativa *(i)* e, ao mesmo tempo, faz a representação para fins penais *(ii)*. Desse modo, afasta a presunção de inocência e bloqueia a aplicação de qualquer garantia constitucional.

Vale lembrar que o Supremo Tribunal Federal (ADI nº 1571-1/DF, Rel. Min. Gilmar Mendes, *DJ* de 19-12-2003) decidiu pela constitucionalidade do art. 83 da Lei nº 9.430/96, que vedou *a representação fiscal para fins penais relativa aos crimes contra a ordem tributária* antes do término do processo administrativo tributário, ao estabelecer que esta somente "*será encami-*

[56] VILLEGAS, Hector. *Direito penal tributário.* São Paulo: Resenha tributária, 1974, p. 193.

nhada ao Ministério Público depois de proferida a decisão final, na esfera administrativa, sobre a exigência fiscal do crédito tributário correspondente."

De outra banda, para o contribuinte que não declara e não efetua qualquer pagamento do tributo devido, próprio ou de terceiro, ou seja, inclusive na hipótese do art. 2º, II, da Lei n. 8.137/1990, ao ser colhido pela Fiscalização, ao final do procedimento fiscal, será efetuada a notificação do auto de infração e imposição de multa – AIIM, com prazo para pagamento ou apresentação de defesa. Com isso, será dada oportunidade para sua integral defesa, com todos os meios de prova e recursos garantidos.

Qual motivo justifica semelhante quebra de isonomia (art. 150, II da CF)?

Entre ambos os contribuintes, portanto, abre-se um vácuo de garantias constitucionais. Se a finalidade do art. 83 da Lei nº 9.430/96 é exatamente aquela de permitir o acesso ao direito de defesa do contribuinte, então no caso de quem não paga, mas declara tributo próprio, tolhe-se todo o direito de defesa.

E aprofunda-se, tanto mais, a injustiça do agir fiscal quando se pretende configurar o art. 2º, II, da Lei n. 8.137/1990 como sendo crime formal, suficiente a omissão para sua consumação, como estatuído pelo STJ, no julgamento do HC 399.109-SC, em descompasso com a Jurisprudência do Supremo.

A aplicação de normas sancionadoras tributárias deve preservar, ao máximo, as liberdades individuais. Confirma-se, assim, o dever de garantia de proteção da presunção de inocência, do princípio da culpabilidade e do devido processo legal, para que se permita ao contribuinte que declarou seus débitos próprios, especialmente quando sequer teve acesso ao processo administrativo fiscal, o seu justo direito de defesa. Na lição sempre segura de Bettiol, citada por Fernando da Costa Tourinho Filho, o princípio do *in favor rei* é base de toda a legislação penal do Estado. Traduzindo livremente as palavras do mencionado autor italiano, asseverou o penalista: "No conflito entre o *jus puniendi* do Estado, por um lado, e o *jus libertatis* do acusado, por outro, a balança deve inclinar-se a favor deste último se se quiser assistir ao triunfo da liberdade."[57]

[57] TOURINHO FILHO, Fernando da Costa. *Processo Penal.* 12ª ed. São Paulo: Saraiva, Vol. I, 1990, p. 69.

Síntese conclusiva

Em interpretação conforme a Constituição, as condutas tipificadas no inciso II do art. 2º, da Lei nº 8.137/1990, compreendidas no dever de "recolher" *valor de tributo* aos cofres públicos, como regra, devem ser apuradas segundo a análise de *culpabilidade*. Sem prova do dolo não há como ser aplicado o referido dispositivo.

Correta a decisão do Supremo Tribunal Federal, no RHC 163.334, fixou a seguinte tese: "*O contribuinte que, de forma contumaz e com dolo de apropriação, deixa de recolher o ICMS cobrado do adquirente da mercadoria ou serviço incide no tipo penal do art. 2º, II, da Lei nº 8.137/1990*". Assim, o Supremo passou a exigir a prova da culpabilidade (dolo) e da contumácia dolosa como requisitos substantivos para autorizar a referida prisão, em evidente feição garantista.

Ora, responde pelo tributo, no ICMS, aquele que promove o ato de *circulação* de *mercadorias*, que não é o consumidor final, mas sempre o sujeito que dá ensejo à sua execução. Afora o ICMS na importação e as hipóteses de serviços, ou o sujeito é o *produtor* da mercadoria (na venda ou troca), *industrial* (que modifique a natureza, o funcionamento, o acabamento, a apresentação ou a finalidade de produto, ou o aperfeiçoe para o consumo), *atacadista* (mercadoria destinada à revenda ou à industrialização) ou *comerciante* (mercadoria destinada a uso ou consumo do próprio destinatário).

Somente a relação pessoal e direta com a situação fática de uma "operação de circulação de mercadoria" poderá originar, validamente, obrigações tributárias de pagamento de ICMS em face de um dado sujeito, pressuposto constitucionalmente como "contribuinte" deste imposto.

Qualquer conclusão em sentido diverso recai em campo extrajurídico e, por isso, deve ser afastada, sob pena de flagrante insegurança na aplicação do Direito Tributário brasileiro, fortemente marcado pela legalidade (CF, art. 150, I).

O fato contábil de incluir ou não o custo do ICMS na formação do preço não significa transferir a sujeição passiva tributária para os consumidores finais das mercadorias comercializadas. A sujeição passiva somente pode ser estabelecida por lei (CF, art. 146, III, "a"; art. 150, I; e CTN, art. 97, III).

Flagrantemente absurdo, destarte, supor que a inclusão do ICMS como custo de uma dada mercadoria seria suficiente para converter o seu consumidor final em sujeito passivo deste imposto. O caso é de transferência de ônus econômico, o que nada tem de jurídico, por falta correspondência às materialidades da competência tributária dos Estados, pressuposta pelo Constituinte de 1988.

Para dar precisão ao termo "circulação", o legislador complementar (CF, art. 146, III, "a") elegeu a "saída" como principal elemento de determinação temporal de verificação do fato jurídico tributário do ICMS, excetuadas as exceções previstas no art. 12, da LC nº 87/96. Isto em perfeita coerência com a Constituição de 1988, é a destinação de mercadorias ao comércio, logo, que enseja a incidência deste imposto, não a aquisição por consumidores finais.

A dívida do ICMS, portanto, é "própria" do produtor-comerciante ou do comerciante de mercadorias, sem qualquer relevância que se possa atribuir ao chamado "contribuinte de fato", pois todos os tributos repercutem na cadeia plurifásica de não cumulatividade. Apenas os primeiros detêm relação pessoal e direta com o fato gerador da exação. E este é o critério legalmente admitido, no País, para fins de fixação do elemento subjetivo passivo das obrigações tributárias.

Não há razão para pretender dar ao ICMS-ST tratamento distinto do ICMS Próprio. Em ambos os casos, não há desconto ou cobrança de valor de tributo. A relação entre aquele que dá saída a mercadoria e com isso realiza a hipótese de incidência do ICMS e o adquirente permanece sendo uma relação de direito privado, na qual aquele recebe deste um preço. O preço pode ser formado a partir de diversos custos, entre os quais está o ICMS, seja o próprio, seja o por substituição tributária. Contudo, da mesma maneira como não se cobra ou se desconta do comprador uma quota parte dos insumos e dos salários dos funcionários que permitiram a produção da mercadoria, também não se cobra ou desconta ICMS (próprio ou de substituição) do comprador.

São igualmente aplicáveis ao ICMS-ST as considerações antes feitas à hipótese de pagamento a prazo da mercadoria adquirida, ou de inadimplência. Se for concedido ao comprador um prazo para pagamento da mercadoria, não é aceitável que o contribuinte alegue ainda não ter recebido qualquer valor do adquirente, de modo a não ter sido exequível descontar ou cobrar o montante do ICMS-ST. Mesmo nessa hipótese, essa parcela do imposto será devida e deverá ser recolhida, independentemente de o contribuinte ainda nada ter recebido.

13

CONSIDERAÇÕES ACERCA DA SUSPENSÃO DA PRETENSÃO PUNITIVA DO ESTADO NOS CRIMES CONTRA A ORDEM TRIBUTÁRIA E O NOVEL INSTITUTO DA TRANSAÇÃO TRIBUTÁRIA

Hélcio Honda Renata Souza Rocha

Introdução: breves considerações sobre os crimes contra a ordem tributária: extinção e suspensão da pretensão punitiva do Estado

A criminalização de condutas tributárias é um fenômeno que se nota em larga expansão no ordenamento jurídico brasileiro, apoiado pela jurisprudência de nossas Cortes. Nesse contexto, pretendemos analisar através do presente artigo a criminalização do bem jurídico-tributário e, em especial, discutir o instituto da extinção da punibilidade nos crimes contra a ordem tributária. Será objeto do presente estudo também a extinção da punibilidade em face de acordos de parcelamento, englobando especificamente o novel instituto da transação tributária.

De acordo com o artigo 1º da Lei 8.137/90, que define crimes contra a ordem tributária, econômica e contra as relações de consumo, constitui crime contra a ordem tributária suprimir ou reduzir tributo, ou contribuição social e qualquer acessório, mediante uma séria de condutas, tais como omissão de informação, prestação de declaração falsa às autoridades fazendárias, fraude à fiscalização tributária, inserindo elementos inexatos, em documento ou livro exigido pela lei fiscal, falsificação/alteração de nota fiscal, elaboração, distribuição, emissão ou utilização de documento falso, negar ou deixar de fornecer, quando obrigatório, nota fiscal ou documento equivalente.

Importante dizer que, para a caracterização das condutas acima tipificadas, é condição *sine qua non* a comprovação do elemento subjetivo do dolo. Em outras palavras, a tipificação penal exige a demonstração de que as condutas foram praticadas pelos agentes de forma consciente e volitiva. Todavia, muito embora o dolo seja o elemento essencial da conduta penal, torna-se cada vez mais comum que determinados contribuintes sejam denunciados sem que haja a comprovação deste tipo em suas condutas. Por esta razão é que se torna fundamental que as autoridades fiscais, na lavratura do auto de infração, apontem sem qualquer vestígio de dúvida a conduta tributária adequada e a presença ou não do dolo. Por vezes, a mera presunção deste elemento do tipo dolo, por parte das autoridades tributárias em um auto de infração, poderá ensejar a indicação dos contribuintes de fato ou responsáveis tributários como sujeitos ativos de delito fiscal.

Considerando-se que o interesse precípuo de um Estado de Direito é a arrecadação, nos crimes previstos no artigo 1º da Lei 8.137/90 o bem jurídico tributário seria a ordem tributária e o patrimônio estatal, visto que o pagamento de tributos é um dever fundamental previsto em nossa Constituição Federal, exatamente para garantir a toda a sociedade os direitos fundamentais igualmente garantidos constitucionalmente. Posto isso, para os crimes contra a ordem tributária, a fim de suspender ou extinguir a punibilidade do agente, o ordenamento jurídico prevê a possibilidade de parcelamento ou pagamento do débito tributário, cuja legislação ao longo do tempo sofreu alterações significativas.

A redação original do artigo 14 da Lei 8.137/90 inicialmente previa a extinção da punibilidade dos crimes previstos no art. 1 desta mesma lei caso o agente realizasse o pagamento do tributo antes do recebimento da denúncia. Este artigo foi expressamente revogado pela Lei 8.383/91, mas, após 4 anos, a possibilidade de extinção da punibilidade por pagamento realizado antes do recebimento da denúncia foi expressamente restabelecida pelo artigo 34 da Lei 9.249/95.[1] Todavia, o artigo 83 da Lei 9430/96 assegurava que a representação fiscal para fins penais nos crimes contra a ordem tributária somente seria encaminhada ao Ministério Público após proferida decisão final, na esfera administrativa, sobre a exigência fiscal do crédito correspondente.

[1] Art. 34. Extingue-se a punibilidade dos crimes definidos na Lei nº 8.137, de 27 de dezembro de 1990, e na Lei nº 4.729, de 14 de julho de 1965, quando o agente promover o pagamento do tributo ou contribuição social, inclusive acessórios, antes do recebimento da denúncia.

Relativamente ao pagamento integral do débito antes do recebimento da denúncia, para fins de extinção da punibilidade dos crimes contra a ordem tributária, a questão já encontrava amparo na legislação então vigente, alhures demonstrada, e na jurisprudência das Cortes Superiores. Contudo, o parcelamento do débito tributário para fins de suspensão da punibilidade não era acolhido pela jurisprudência, em razão da aplicação literal dos dispositivos contidos nos artigos 14 da Lei nº 8.137/90 e 34 da Lei nº 9.245/95.

Com o advento da Lei 9.964/2000, que instituiu o REFIS, consolidou-se então a possibilidade da suspensão da pretensão punitiva, conforme redação de seu artigo 15, para os débitos que fossem incluídos no referido parcelamento antes do recebimento da denúncia. A extinção da punibilidade, contudo, ficava atrelada a quitação total do crédito tributário.

Posteriormente, com o advento da Lei n. 12.382/11, foi dada nova redação ao artigo 83 da Lei 9.430/96, estabelecendo que na hipótese de concessão de parcelamento do crédito tributário, a representação fiscal para fins penais somente será encaminhada ao Ministério Público após a exclusão da pessoa física ou jurídica do parcelamento. Disciplinou ainda que está suspensa a pretensão punitiva do Estado durante o período em que a pessoa física ou a pessoa jurídica relacionada com o agente dos aludidos crimes estiver incluída no parcelamento, desde que o pedido de parcelamento tenha sido formalizado antes do recebimento da denúncia criminal. A extinção da punibilidade, contudo, está condicionada a quitação do parcelamento. Nesse sentido o STJ já se posicionou em diversos julgados, tais como a decisão proferida no Agravo Regimental no Recurso Ordinário em Habeas Corpus n. 2021/0011215-1, em 13/04/2021: *"O parcelamento até o recebimento da denúncia implica suspensão da punibilidade (Lei 12.382/11, art. 6º)." (*BALTAZAR JÚNIOR*, José Paulo. Crimes Federais, 11ª ed. São Paulo: Saraiva, 2017, p. 845)."*

Como visto, o instituto do parcelamento do débito tributário para fins de suspensão da pretensão punitiva do Estado encontra lastro no ordenamento jurídico e na jurisprudência pátria. Contudo, diante da constante evolução do direito, cabe-nos aqui analisar o instituto da transação tributária (que não deixa de ser um parcelamento de débitos tributários) e seus efeitos nos crimes contra a ordem tributária. Através do presente artigo, pretendemos analisar os diversos aspectos e desafios que permeiam o instituto da transação tributária, recém regulamentado no sistema jurídico nacional.

1. O conceito de transação tributária e sua função primordial como agente de redução de litigiosidade

Inicialmente, para adentrarmos no instituto jurídico da transação tributária, é aconselhável revisitarmos a Teoria Geral do Direito que, no Brasil, graças à herança romanística encontra seus fundamentos em grande parte na lei e na doutrina. Na legislação brasileira, referido instituto sempre foi definido como um ato ou contrato jurídico pelo qual as partes previnem, decidem ou terminam litígios, mediante concessões mútuas dos direitos que entendem dispor. É o que dispõe o Código Civil Brasileiro, em seu artigo 840, no capítulo XIX, intitulado "Da transação".[2]

Assim, podemos entender que o sentido da transação está em concordar ou ceder, ou seja, uma das partes terá que abrir mão de uma parcela de seus direitos a fim de se evitar a demanda judicial. Jamais poderá este conceito se confundir com liberalidade, mais sim de composição de interesses. Em teoria geral do direito, para que a transação possa ocorrer, faz-se mister a concomitância dos quatro fatores: (a) disponibilidade do direito; (b) litígio ou iminência de litígio; (c) boa-fé e desejo genuíno na composição de interesses; (d) encerramento da controvérsia.

Em matéria tributária, a transação tributária encontra previsão no art. 156 do Código Tributário Nacional, como uma das modalidades de extinção do crédito tributário. Todavia, de acordo com o artigo 171, o instituto aguardava uma lei autorizativa a fim de possibilitar sua esperada aplicação aos administrados, o que de fato veio a ocorrer como advento da Lei 10.988/2020. Apesar de o instituto encontrar-se expressamente previsto, na seara tributária, desde 1966, de fato não havia sido ainda regulamentado, em razão de uma pretensa colisão com o dogma da supremacia do interesse público, que poderia levar à conclusão de que seria inaplicável no direito tributário, o que será desmistificado no item 3 do presente estudo.

A doutrina, majoritariamente, abraçou a causa da transação tributária. Nesse sentido, o professor Ricardo Lobo Torres[3] deixou-nos extensa biografia:

> "A transação implica no encerramento do litígio através de ato do sujeito passivo que reconhece a legitimidade do crédito tributário, mediante concessão

[2] *"Capítulo XIX – Da Transação*
Art. 840: É lícito aos interessados prevenirem ou terminarem o litígio mediante concessões mútuas."

[3] Torres, R. L. Curso de Direito Financeiro e Tributário. 14. ed. Rio de Janeiro: Renovar, 2007.

recíproca da Fazenda Pública. O objetivo primordial da transação é, por conseguinte, encerrar o litígio, tornando seguras as relações jurídicas. O seu requisito essencial é que haja direitos duvidosos ou relações jurídicas subjetivamente incertas. Para que se caracterize a transação torna-se necessária a reciprocidade de concessões, com vista ao término da controvérsia. Renúncia ao litígio fiscal sem a correspectiva concessão é mera desistência, e, não, transação."

Esta forma de solução de controvérsia se ajusta com o momento de transformação da Administração Pública, atenta a realidade da redução de despesas públicas face ao custo elevado da manutenção do contencioso tributário no Brasil. Ademais, ainda que se empreguem todos os esforços, a insuficiência da máquina judiciária do Estado brasileiro é questão latente e conhecida há décadas.

O modelo de administração pública burocrática, presenciada nos últimos anos, pouco a pouco vem cedendo lugar a um novo modelo de administração gerencial, melhor orientada para alcance de resultados e eficiência fiscal. A Emenda Constitucional 19/1999 encampou este conceito de maior efetividade de políticas públicas, no seio do que se espera de uma administração gerencial, "*de modo a tornar-se um órgão parceiro do gestor na promoção da qualidade na gestão pública, e não apenas aquele que aponta e pune irregularidades*"[4]. A possibilidade de revisão de débitos inscritos em dívida ativa (Portaria 33/2018 da PGFN), a possibilidade de se firmar negócio jurídico processual (Portaria 360/20918 da PGFN), a dação em pagamento no direito tributário (art. 156, XI do CTN, Lei Complementar 104/200, Lei 13.259/2016, alterada pela Lei 13.313/2016 e Portaria 32/2018 PGFN), além da transação tributária, objeto do presente artigo, são instrumentos louváveis para a redução do vertiginoso tributário nacional, contudo nem sempre suficientes diante de uma das mais elevadas cargas tributárias mundiais e um número absolutamente extenso e custoso de obrigações acessórias a serem adimplidas pelos contribuintes.

Nesse sentido, o Conselho Nacional de Justiça (CNJ) em parceria com o Ministério da Economia, uniram esforços para a construção de um diagnóstico atual sobre o contencioso tributário brasileiro[5], que, seguramente,

[4] Loureiro, Maria Rita. Do controle interno ao controle social: a múltipla atuação da CGU na Democracia Brasileira, pag. 57

[5] https://valor.globo.com/legislacao/noticia/2021/02/02/estudo-sobre-contencioso-deve-afetar-transacao.ghtml

deverá impactar também a possibilidade de incremento nas adesões ao instituto transacional. A partir dessa análise, esperamos que se avistem novos cenários para aplicação desse mecanismo de resolução de litígios, visando a redução da verticalização das contendas tributárias no Brasil.

2. Princípios norteadores do instituto da transação tributária

Os princípios gerais do direito são fontes materiais do direito, verdadeiro alicerces do sistema normativo, e podem estabelecer normas expressas ou implícitas no ordenamento jurídico. Em outras palavras, os princípios funcionam como verdadeiros alicerces do sistema normativo. Em se tratando de atuação dos princípios presentes na transação tributária, podemos inicialmente destacar o princípio da supremacia do interesse público, que não é outro senão a satisfação, pelo Estado, dos interesses da coletividade, propiciando o bem comum.

O segundo pilar que sustenta o chamado interesse público é a sua indisponibilidade, que deriva do entendimento de que a Administração Pública é a gestora dos bens públicos e interesses da sociedade e, portanto, não pode dispor destes bens e direitos, a menos que uma lei expressamente a autorize. Em razão da fluidez do conceito de interesse público, e para demonstrar que sua indisponibilidade não é causa impeditiva do instituto transacional, muito pelo contrário, a nova concepção de supremacia do direito público permite seu emprego, trazemos as palavras da Dra. Priscila Faricelli de Mendonça:[6]

> "O que é indisponível é o dever do Estado agir no interesse da sociedade e de acordo com os princípios constitucionais vigentes. (...) Para tanto, poderá ser necessário que disponha de determinado bem, homenageando uma solução mais adequada e menos gravosa à sociedade para determinado conflito, com o que será atendida a eficiência elevada a princípio constitucional. (...) Desse modo, tratamento adequado ao conflito deverá ser aquele que verifique qual a solução que melhor atenderá o interesse coletivo envolvido, seja em se tratando de conflito coletivo (envolvendo o meio ambiente, por exemplo), **seja de conflito envolvendo determinado indivíduo (como decorrente de contrato administrativo ou até mesmo tributário). Destarte, atualmente a mera alegação de que o Estado não poderia utilizar meios alternati-**

[6] Transação tributária no Brasil: supremacia do interesse público e a satisfação do crédito tributário.

vos ao judicial para buscar a solução das controvérsias quais se envolve em razão da inviabilidade de dispor de seus bens e direitos em razão da prevalência do interesse público sobre o particular não parece merecer guarida, pois há inúmeros aspectos a serem avaliados para que se defina qual o tratamento adequado às controvérsias envolvendo o Poder Público." (grifos nossos).

O princípio da legalidade também deve ser invocado como vetor estruturante da transação tributária. Isto porque os atos da Administração Pública devem estar expressamente previstos em lei, assim como a concessão de isenções, moratórias ou outros atos acarretem supressão de tributos. Se, por um lado, os particulares nos termos do artigo 5º, II, da Constituição Federal Brasileira, podem fazer tudo o que a lei não veda, a Administração Pública, nos termos do artigo 37 da mesma Carta, somente poderá praticar atos que estejam expressamente previstos em lei. No que se atine à transação tributária como forma de extinção do crédito tributário, suas diretrizes gerais estão contidas nos artigos 156 e 171 do Código Tributário Nacional, com regulamentação autorizativa dada pela Lei 13.988/2020.

Outro princípio constitucional que podemos trazer como supedâneo da transação tributária é o da impessoalidade, previsto no artigo 37 da Cara Magna. Referido princípio indica que a atuação da Administração Pública deve ser voltada a atender os interesses da coletividade, de forma imparcial, sem privilegiar atender seus próprios fins.

Destacamos também como fundamento da transação tributária o princípio da eficiência que, em matéria fiscal, pode ser definido como a adoção de política tributária apta a empregar mecanismos e instrumentos legais geradores de justiça fiscal, sendo a arrecadação sua necessária e natural consequência. Assim, o princípio da eficiência se relaciona diretamente com a concessão de ambas as partes para alcançarem um objetivo comum, e possui como atributos a racionalização, economia e celeridade. Sobre o princípio da eficiência tributária, oportuno trazermos as palavras do ilustre Professor Ives Gandra da Silva Martins[7]:

> "Em matéria tributária, o princípio da eficiência deve ser examinado à luz de 3 aspectos: 1) capacidade dispenditiva do Estado, que deve estar vinculada

[7] O princípio da eficiência em matéria tributária. ScientiaIvridica Separata. Out-dez 2007. Tomo LVI. n 312.

à correta utilização dos tributos arrecadados a bem da comunidade; 2) justiça da tributação e geração de desenvolvimento econômico e social, pela exata detecção dos limites da capacidade contributiva e das imposições e estímulos necessários para que a sociedade progrida; 3) justo combate à sonegação, para que não gere descompetitividade."

O princípio da efetividade da justiça também merece destaque. Este é entendido pelo alcance do melhor desfecho possível no menor tempo para ambas as partes. A noção de efetividade tem como premissa a concepção de que o Poder Judiciário tem como função possibilitar aos demandantes uma adequada, tempestiva e eficiente solução de controvérsias. Em que pese ser o acesso ao judiciário uma garantia constitucional[8], de fato o encaminhamento do litígio pela via judicial não assegura que o administrado alcançará uma maior efetividade da justiça.

Sabemos que no Brasil, o deslinde de uma medida de cobrança tributária, englobando as esferas administrativa e judicial, poderá levar anos a fio. De acordo com um estudo apresentado em novembro de 2019 e desenvolvido pelo Instituto Brasileiro de Ética Concorrencial (ETCO) e pela Consultoria Ernest & Young, denominado "Os desafios do contencioso tributário no Brasil", a conclusão de um processo tributário, na soma das etapas administrativas e judicial, poderá chegar a alarmante média de 18 anos e 11 meses[9]. Um dos principais problemas do sistema tributário brasileiro apontado no referido estudo é a sua insegurança jurídica. A forma como o Brasil cria, interpreta, fiscaliza e julga a aplicação de normas tributárias gera, muitas vezes, um excesso de burocracia, custos, incerteza e conflitos entre os contribuintes e o fisco.

Além disso, a disfuncionalidade do sistema tributário em relação aos padrões internacionais, considerando-se os altos valores em curso, foram objeto de estudo pelo INSPER e retratados no relatório apresentado em junho de 2020 sob o título "Contencioso Tributário no Brasil.[10]" A estimativa do contencioso tributário no Brasil, no exercício de 2018, representa o expressivo percentual de 73% do PIB.

[8] Art. 5º : (...)XXXV – a lei não excluirá da apreciação do Poder Judiciário lesão ou ameaça a direito.

[9] Estudo completo disponibilizado em: https://www.etco.org.br/wp-content/uploads/Estudo-Desafios-do-Contencioso-Tributario-ETCO-EY.pdf

[10] Estudo completo disponibilizado em: https://www.insper.edu.br/wp-content/uploads/2020/07/Contencioso_tributario_Relatorio2019_092020_v2.pdf

Sem sombra de dúvidas, cotejando os cenários de morosidade e vultosidade do contencioso tributário brasileiro, um programa eficiente de negociação de dívidas fiscais revela-se alternativa genuinamente atrativa.

3. A experiência estrangeira: referências comparativas

Comparado à maioria dos países (em especial aos Estados Unidos), o Brasil se mostra como principiante na solução de conflitos pela via da transação tributária.

Precursor do desenvolvimento da transação tributária, os meios de solução de conflitos nos Estados Unidos primam pela celebração de meios alternativos de solução de conflitos (chamados de *Alternative Dispute Resolution)* a qualquer tempo no curso de uma demanda tributária (judicial, administrativa ou ainda não contenciosa).

Apesar de ser um país com características pouco condescendentes na falta de pagamento de tributos, a cobrança destes é baseada em princípios de ordem democrática, onde a comunicação fisco/contribuinte é fortalecida e a capacidade contributiva do administrado considerada de forma louvável, razão pela qual a transação tributária (prevista no artigo 74 do *Internal Revenue Code – IRC*) se mostra como alternativa frequentemente utilizada. Em suma, a transação tributária nos Estados Unidos visa o pagamento dos tributos e a extinção da obrigação tributária, e as concessões feitas pelo ente tributante considerará efetivamente a situação financeira do contribuinte.

De acordo com a legislação americana, o contribuinte interessado em firmar a transação tributária deverá apresentar um "plano de viabilidade econômica", demonstrando numericamente qual é o limite de comprometimento da sua receita para adimplir a autocomposição, sem que isto enfraqueça ou coloque em risco sua atividade econômica e preserve a empresa em sua função geradora de renda e empregos. Em se tratando de pessoa física, sem deixar de prover seu sustento, preservando assim a dignidade da pessoa humana. Este modelo, denominado "*Offer in Compromise*", se aproxima do modelo desenhado pela Lei 13.988/2020, que autorizou a transação tributária no Brasil. São 3 os fundamentos possíveis para a *Offer in Compromise,* a saber: (a) dúvida quanto à possibilidade de pagamento do contribuinte (*doubt as tocollectibility*), que constitui o maior número de ofertas apresentadas; (b) dúvida sobre o mérito da dívida (*doubt as toliability*) e (c) dúvida quanto à efetividade da administração tributária (*effective tax administration*).

Na França, o instituto da transação tributária é utilizado há um século. Permitida apenas para as penalidades fiscais, ou seja, multas e juros, se assemelha ao instituto da denúncia espontânea que verificamos no Brasil. O valor do tributo principal não é transacionável, mas o contribuinte, ao assinar a composição, se obrigada a pagá-lo sem possibilidade de contestação ou modificação no Poder Judiciário. Aqui, prima-se pela segurança jurídica da transação tributária firmada entre Administração e administrado. Uma particularidade do sistema francês é que a execução fiscal está inserida no *contentieux administratif*, regulada pelo *Livro des Procedures Fiscales*. Antes do ajuizamento da execução fiscal, existente apenas na esfera administrativa, o contribuinte pode se utilizar de duas fases anteriores para discussão do débito tributário: a liquidação do tributo (que cuida da matéria imponível e quantificação da obrigação tributária) e fase fiscalizatória (que se assemelha a um despacho saneador, onde são verificadas eventuais omissões ou insuficiências na liquidação do tributo).

De outra parte, o sistema alemão não prevê expressamente a transação em matéria tributária. Contudo, é um sistema que privilegia o diálogo entre fisco e contribuinte, o que se coaduna com o espírito democrático da Lei Fundamental de Bonn (*Grundgesetz*), que tem como principal valor a garantia dos direitos mínimos fundamentais. No aspecto empresarial, este valor de base modera a fúria arrecadatória sob pena de condenar a sobrevivência dos próprios administrados (por tal razão, o sistema alemão inclusive prevê o perdão de dívidas tributárias, em casos de injusto material ou pessoal). O Estado dos Direitos Fundamentais (*Gundrechte*) está empenhado em reconhecer a inviolabilidade de princípios que tendem a preservar a dignidade da pessoa humana, física ou jurídica (art. 1º da Lei Fundamental): aqui, este se sobrepõe ao princípio da supremacia do interesse público.

Assim, muito embora não haja a previsão do instituto transacional, os acordos celebrados entre fisco e contribuinte refletem o equilíbrio do sistema, sopesando, de um lado, a necessidade da arrecadação sem escalpelar o contribuinte. Este, por sua vez, além de ser convocado para cumprir suas obrigações fiscais, é convidado para contribuir e participar das iniciativas de composição tributária, através de audiências realizadas entre as partes.

O sistema tributário francês também permite a arbitragem, realizada através das Comissões de Departamento dos Contribuintes, órgão paritários onde as partes podem eleger este instituto para resolução de controvérsias fiscais.

4. A transação tributária no âmbito federal trazida com o advento da lei 13988/2020

Norma bastante festejada entre os operadores do direito, a Lei 13988/2020 trouxe a regulamentação da transação tributária em âmbito federal. Referido instituto estava previsto no artigo 171 do Código Tributário Nacional[11] como uma das modalidades de extinção do crédito tributário, conforme artigo 156[12], III do referido *codex,* sendo finalmente regulamentado mais de cinquenta anos depois.

Um dos objetivos da referida lei, além de reduzir a litigiosidade, é estabelecer um mecanismo inovador de solução de conflitos que permita às partes credora (Administração Federal) e devedora (administrados) uma autocomposição direta e facultativa em causas de natureza fiscal e, em contrapartida, esvaziar a necessidade de criação periódica de programas de refinanciamento fiscal(REFIS) e/ou parcelamentos incentivados com reduções de multas e juros. No caso da Lei 13.988/2020, ao invés de uma previsão legal que acoberte a todos que se enquadrem nos requisitos exigidos em um programa de refinanciamento fiscal, à disposição de tempos em tempos aos contribuintes, na transação tributária há a necessidade de aceitação da proposta por parte do ente tributante. Esta particularidade tem sido muito destacada pela Procuradoria da Fazenda Nacional, por entender que sucessivos programas de refinanciamento fiscal trazem um efeito deseducador aos administrados, desestimulando a adimplência e a pontualidade. Este discrímen entre REFIS e transação tributária, sob o olhar fazendário, levaria a uma utilização mais eficientes dos institutos, concedendo benesses fiscais a quem de fato o faz por merecer, e não daqueles que sucessivamente se utilizam de parcelamentos incentivados como forma insensata de planejamento tributário.

Referida lei prevê as seguintes hipóteses elegíveis para a transação: (i) créditos tributários não judicializados sob a administração da Secretaria Especial da Receita Federal do Brasil do Ministério da Economia;

[11] Art. 171. A lei pode facultar, as condições que estabeleça, aos sujeitos ativo e passivo da obrigação tributária celebrar transação que, mediante concessões mútuas, importe em determinação de litígio e consequente extinção do crédito tributário.
Parágrafo único. A lei indicará a autoridade competente para autorizar a transação em cada caso.

[12] Art. 156. Extinguem o crédito tributário: (...)
III – a transação.

(ii) dívida ativa e tributos da União, cujas inscrição, cobrança e representação incumbam à Procuradoria-Geral da Fazenda Nacional (PGFN) e (iii) no que couber, a dívida ativa das autarquias e das fundações públicas federais, cujas inscrição, cobrança e representação incumbam à Procuradoria-Geral Federal, e aos créditos cuja cobrança seja competência da Procuradoria-Geral da União.

Estão, ainda, previstas três modalidades de transação, a saber: (a) por proposta individual ou por adesão, na cobrança de créditos inscritos na dívida ativa da União, de suas autarquias e fundações públicas, ou na cobrança de créditos que seja competência da Procuradoria-Geral da União;(b) por adesão, nos demais casos de contencioso judicial ou administrativo tributário; e(c) por adesão, no contencioso tributário de pequeno valor.

Sobreleva notar que, de acordo com a Lei nº 13.988/2020, não poderão ser objeto de transação a redução das multas de natureza penal, essas entendidas como decorrentes da prática de um crime (artigo 51, do Código Penal). As multas de ofício qualificadas, embora estivessem inicialmente vedadas na MP nº 899/19, atualmente podem ser transacionadas. A vedação das hipóteses ao instituto da transação tributária em matéria federal se estende também a concessão descontos a créditos relativos ao Simples Nacional (enquanto não editada lei complementar autorizativa), ao FGTS (enquanto não autorizado pelo seu Conselho Curador), e que envolva devedor contumaz.

A fim de trazer a importância, para o presente trabalho, da tendência atual do sistema jurídico brasileiro oferecer formas alternativas de solução de conflitos, desjudicializando todo e qualquer litígio, podemos citar a consonância da Lei n. 13.988/2020 com o novo Código de Processo Civil Brasileiro (Lei n. 13105/2015). O artigo 3º, parágrafo 2º do referido *codex* preleciona que "o Estado promoverá, sempre que possível, a solução consensual dos conflitos." De fato, esta manifestação de vontade das partes, de boa-fé, em resolver litígios, inclusive de ordem tributária, nos parece muito mais profunda do que esgotar a questão meramente jurídica. É uma questão cultural a ser firmada no âmbito da sociedade e dos operadores do direito de modo a substituir a vertente do litígio em prol da consensualidade.

Um aspecto importante a ser aqui considerado são os efeitos de uma rescisão da transação tributária. Para que esta seja celebrada, as partes fazem concessões mútuas: por parte dos jurisdicionados, há a exigência de abrir mão de discussões firmadas no bojo dos processos, com a desistência formal das ações em curso. Por seu turno, o fisco disponibiliza prazos mais elastecidos para pagamento dos tributos transacionados, por vezes com reduções de multas e juros. Nesse cenário, desatados os nós da transação, a situação jurídica retornará ao status anterior à autocomposição, evidentemente com os descontos dos montantes já pagos, mas com o retorno dos patamares de multa e juros inicialmente previstos. Na hipótese de desistência de defesas e recursos na esfera administrativa, e desfeita a transação, poderia o contribuinte levar a discussão acerca da cobrança do tributo ao Poder Judiciário. A questão mais complexa seria a existência de transação de débito já no contencioso judicial, onde há a exigência expressa da renúncia do direito que se funda a ação, o que acarreta a extinção do processo com exame do mérito (art. 3, V da Lei 13.988/2020). No nosso sentir, a renúncia é condição para a transação tributária, e está a ela intrinsecamente ligada. Em eventual rescisão, assim como o ente tributante terá o restabelecimento do *status quo*, não mais subsiste a motivação da renúncia, não podendo o contribuinte ser impedido de discutir sua dívida. Nessa toada, o Superior Tribunal de Justiça firmou seu entendimento de que a existência de confissão de dívida exigida como pré-requisito para parcelamento de dívidas fiscais não impede que o contribuinte questione seus aspectos jurídicos. [13]

Pelo que aqui se expôs, a transação tributária, indubitavelmente, se alinha com o Poder Judiciário no firme propósito de construir uma ordem jurídica contemporânea mais célere, menos dispendiosa e com soluções que consagrem o importante papel que a justiça fiscal deve exercer no seio da sociedade.

Conclusões

Não é nenhuma novidade que o contribuinte brasileiro suporta elevada carga tributária, muitas vezes inviabilizando a continuidade empresarial. Enfrenta, por um lado, uma enorme carga tributária, com uma complexa

[13] A Primeira Turma do STJ, no julgamento do recurso especial 1.133.027/SP, afetado por efeito repetitivo – tema 375 – assim se pronunciou: "a confissão de dívida não inibe o questionamento judicial da obrigação tributária, no que se refere aos seus aspectos jurídicos; e quanto aos seus aspectos fáticos sobre os quais incide a norma tributária, a regra é de que não se pode rever judicialmente a confissão de dívida efetuada com o escopo de obter parcelamento de débitos tributários."

legislação fiscal a ser cumprida e se depara, por outro lado, com a má gestão de recursos públicos, que muitas vezes o desanima o empresário a cumprir regularmente suas obrigações fiscais. A força arrecadatória do Estado por vezes leva a identificação equivocada da infração fiscal, visto que, muito embora o dolo seja o elemento essencial da conduta penal, torna-se cada vez mais comum que determinados contribuintes sejam denunciados sem que haja a comprovação deste tipo em suas condutas. Por vezes, a mera presunção deste elemento do tipo dolo, por parte das autoridades tributárias em um auto de infração, poderá ensejar a indicação dos contribuintes de fato ou responsáveis tributários como sujeitos ativos de delito fiscal.

Assim, o presente trabalho buscou apontar a transação tributária como uma novel alternativa – ao lado do parcelamento – para a suspensão da pretensão punitiva do Estado, até que haja a quitação integral do débito tributário. Vale dizer que nos crimes contra a ordem tributária a tutela penal não se visa precipuamente a ressocialização do indivíduo, mas uma via oblíqua para o recebimento de recursos por parte do Estado, visto sua função precípua de arrecadação. O instituto da transação visa a atender a um dos grandes desafios enfrentados pelo Poder Público, que é melhor eficiência na cobrança das dívidas tributárias, estreitando as relações entre o fisco e os contribuintes. Por um lado, este instrumento pode ser decisivo para abreviar a morosidade das demandas que tramitam na esfera administrativa e no Poder Judiciário, vez que é cediça a ineficácia das medidas de cobrança, pois, em grande parte dos casos, jamais atingem seu objetivo, que é a satisfação do crédito tributário. De outra parte, torna-se um atrativo aos administrados ao prever a possibilidade de transacionar seu passivo tributário em prazo mais elastecido e, por vezes, com reduções de multa e juros, o que pode alavancar as atividades negociais das empresas em face de um cenário de regularidade fiscal proporcionado por este instituto de solução de controvérsias.

A transação em matéria tributária, reconhecida como efetivo ato administrativo, se harmoniza com o princípio da legalidade, da discricionariedade, da impessoalidade, da primazia e indisponibilidade do interesse público, conforme demonstrado alhures no presente trabalho. Prevista no artigo 171 do Código Tributário Nacional e regulamentada pela Lei 13.988/2020 como modalidade de extinção do crédito tributário, pressupõe como condições, além da lei autorizadora – requisito preenchido recentemente com o advento da citada lei – o intuito de terminação do litígio e concessões mútuas das partes. Finalmente, a antiga cultura da judicialização, com a interposição de diversos e necessários recursos, começa a abrir espaço para o consensualismo, o que permite que as partes possam chegar a uma solução mais justa, célere e menos dispendiosa para ambos do que poderiam obter após longos anos de discussão no Poder Judiciário, especialmente em questões em que o contribuinte é de antemão sabedor da possibilidade de sair vencido. Como toda novidade – visto que a lei autorizadora federal festejou seu primeiro natalício – acreditamos que o contrato transacional ocupará cada vez mais espaço na esfera tributária. É neste sentido que vem tomando corpo, não apenas no Brasil, a concepção de que o Poder Judiciário não deva ser a única e tampouco a prioritária esfera de solução de conflitos.

Por fim, entendemos que a transação tributária se congraça com o Direito Penal Tributário atual, que privilegia a hipótese de parcelamento antes do recebimento da denúncia para fins de suspensão da pretensão punitiva do Estado. Ademais, este instituto incentiva uma maior participação dos administrados nas questões tributárias, possibilitando um clima de conformidade fiscal que poderá, ser uma alternativa desejável e necessária para redução da sonegação fiscal.

Referências

CONRADO, Paulo Cesar e ARAUJO, Juliana Furtado Costa. *Transação tributária na prática da Lei 13.988/2002.* 1ª.ed., editora Revista dos Tribunais, 2020.

VETORATTO, Gustavo. *Transparência tributária, custos de transação tributários e eficiência arrecadatória.*1ª ed, editora Lumen Juris, 2020.

COSTA, Regina Helena. *Código Tributário Nacional comentado – Em sua moldura constitucional,*1ª. ed., editora Forense, 2020.

CALCINI, Fabio Pallaretti, NETO, Halley Henares, CAMPOS, Rogerio, SEEFELDER, Claudio (Coordenadores). Diversos autores. *Comentários sobre a transação tributária à luz da Lei 13.988/2020 e outras alternativas de extinção do passivo tributário.*1ª ed., editora Revista dos Tribunais, 2021.

OLIVEIRA, Phelippe Toledo Pires. *A Transação em matéria tributária.* 1ª. ed., editora QuartierLatin, 2019.

FERRAZ, Beatriz Biaggi. *Transação em Matéria Tributária,* 1ª. ed, editora Lumen Juris, 2019.

FERNANDES, Tarsila Ribeiro Marques. *Transação tributária – O direito brasileiro e a eficácia da recuperação do crédito público à luz do modelo norte-americano.*1ª. ed., editora Juruá, 2014.

GODOY, Arnaldo Sampaio de Moraes. *Transação Tributária – introdução à justiça fiscal consensual,* 1ª. ed, editora Forum, 2013.

14
REFLEXÕES ACERCA DO VAZAMENTO DE INFORMAÇÕES

Ives Gandra da Silva Martins [1]

Introdução

Desde o momento em que, no Brasil, descobriram-se os fantásticos desvios de recursos dos contribuintes colocados na administração direta e indireta do Governo Federal, pela denominada Operação Lava Jato, tem-se discutido o papel do Ministério Público e os constantes vazamentos de informações que deveriam ser mantidas em sigilo e que chegam à imprensa muito antes de os próprios investigados terem conhecimento. Com isso, as detenções provisórias ou preventivas são feitas com uma espetacularização apenas vista nos grandes acontecimentos artísticos ou esportivos[2].

Antes de qualquer cidadão ser preso, tem, por estes constantes vazamentos, sua vida pessoal desventrada para o público, que forma sua opinião à luz de reportagens, por força de tais informações veiculadas. Este reiterado comportamento oferta a nítida impressão de que os acusadores

[1] Agradeço a contribuição de minha Assistente Ana Regina Campos de Sica, que resgatou textos meus, auxiliando-me na elaboração do presente artigo.

[2] "A quebra de sigilo não pode ser manipulada, de modo arbitrário, pelo Poder Público ou por seus agentes. É que, se assim não fosse, a quebra de sigilo converter-se-ia, ilegitimamente, em instrumento de busca generalizada e de devassa indiscriminada da esfera de intimidade das pessoas, o que daria ao Estado, em desconformidade com os postulados que informam o regime democrático, o poder absoluto de ascultar, sem quaisquer limitações, registros sigilosos alheios. (...)" (HC 84.758, rel. min. Celso de Meio, j. 25-5-2006, P, DJ de 16-6-2006).

públicos adotam-no para ter a pressão popular a seu favor, nos julgamentos que decorrerão de seus pedidos de investigação ou denúncias feitas[3].

Se me perguntarem o que penso da denominada operação Lava Jato, – que trouxe ao conhecimento popular o mais sofisticado esquema de concussão, corrupção, peculato, desvio de recursos públicos, lavagem de dinheiro, enriquecimento ilícito, imoralidade administrativa, aeticidade pública e privada e uma série de outros crimes -, minha resposta será que, como cidadão, alegrou-me ver o país sendo passado a limpo, apoiando a reação popular de repúdio a tal cultura do assalto às contas públicas perpetrada por tanto tempo.

Outra não foi a razão de fragorosa derrota do Governo anterior nas eleições, o qual pagou o preço de ter assistido, voluntária ou involuntariamente, a tal desfiguração de costumes políticos e à fragilização das finanças públicas para acobertar desvios de recursos da administração pública direta e indireta.

Por outro lado, como modesto jurista e velho professor universitário, embora realce minha admiração pelo bem feito trabalho de apresentação de provas e das decisões judiciais nas diversas instâncias, não posso deixar de criticar os repetidos abusos das autoridades acusatórias e o permanente pisotear do direito de defesa, que nunca esteve em igualdade de condições no patrocínio de direitos dos cidadãos acusados perante o Estado[4].

[3] O inciso XIV do art. 5º da CF, com o que a imprensa não é obrigada a dizer de onde recebeu a informação, tem a seguinte dicção:
"Art. 5º Todos são iguais perante a lei, sem distinção de qualquer natureza, garantindo-se aos brasileiros e aos estrangeiros residentes no País a inviolabilidade do direito à vida, à liberdade, à igualdade, à segurança e à propriedade, nos termos seguintes:(...) XIV – é assegurado a todos o acesso à informação e resguardado o sigilo da fonte, quando necessário ao exercício profissional;

[4] Coordenei, com Marcos da Costa, o livro "A importância do direito de defesa para a democracia e a cidadania" (Ed. OAB-Conselho Federal/OAB-São Paulo, Brasília, 2017),com a colaboração dos seguintes autores Marcos da Costa, Ives Gandra da Silva Martins, Cláudio Pacheco Prates Lamachia, José Bernardo Cabral, Antonio Cláudio Mariz de Oliveira, René Ariel Dotti, Luiz Flávio Borges D'Urso, Arnoldo Wald, Américo Masset Lacombe, Alberto Zacharias Toron, Samantha Ribeiiro Meyer-Pflug Marques, Ruy Martins Altenfelder Silva, Regina Beatriz Tavares da Silva, Tales Castelo Branco, KiyoshiHarada, DircêoTorrecilhas Ramos, Marilene Talarico Martins Rodrigues, Lênio Luiz Streck, Angela Vidal Gandra da Silva 0Martins, Ana Regina Campos de Sica, Maurício Ávila Prazak, Leonardo Rodrigues Garbin, Pierpaolo Cruz Bottini, Marco Aurélio Florêncio Filho e Juliana Abrusio, Cristiano Ávila Maronna, Elias Mattar Assad, Carmen Silvia Valio de Araujo Martins, Fernanda Marinela e Tatiany Ramalho, Fábio ToficSimantob, Roberta de Amorim Dutra, Ricardo Breier e Ricardo

Em matéria tributária, tais abusos tornam-se mais evidentes na medida em que a legislação proíbe compartilhamento de dados com outras autoridades que não a fiscalização, únicas que podem gerar autos de infração[5]. É, pois, o que passo a demonstrar.

1. Da previsão constitucional

A Constituição Federal estabelece, em seu artigo 5º, inciso XII, inviolabilidade do sigilo de dados, nos seguintes termos:

> *Art. 5º Todos são iguais perante a lei, sem distinção de qualquer natureza, garantindo-se aos brasileiros e aos estrangeiros residentes no País a inviolabilidade do direito à vida, à liberdade, à igualdade, à segurança e à propriedade, nos termos seguintes:*
>
> *(...)*
>
> *XII – é inviolável o sigilo da correspondência e das comunicações telegráficas, de dados e das comunicações telefônicas, salvo, no último caso, por ordem judicial, nas*

Luiz de Todedo Santos Filho, grande parte deles tecendo críticas ao tratamento desigual do Poder Judiciário aos advogados perante os procuradores federais.

[5] Em estudo publicado no Boletim da Faculdade de Direito da Universidade de Coimbra (vol. LXXVII, Coimbra, 2001, p. 457/458) escrevi:

"A solução brasileira foi sempre a mais correta. Para evitar-se o arbítrio fiscal ou a sonegação fiscal acobertada pelo sigilo bancário, cabe a uma autoridade neutra definir se há ou não possibilidade de quebra, ou seja, a autoridade judicial. O Ministro Maurício Corrêa, com propriedade, levantou jurisprudência a respeito, que transcrevo:

"A jurisprudência desta Corte, consolidada e cristalizada a partir do julgamento dos citados MS nº 1.047-SP e nº 1.959-DF é rica em precedentes que nunca deixaram de entender que o sigilo bancário é um direito individual não absoluto, podendo ser rompido somente em casos especiais onde há prevalência do interesse público e, mesmo assim, por determinação judicial. Além dos dois citados, anoto os seguintes precedentes que, de alguma forma, abordam o tema: RHC nº 31.611, Rel. designado Min. Afrânio Costa, j. em 25/07/51, in DJU de 28/09/53, pág. 2.880 (apenso ao nº 222); MS nº 2.172, Rel. Min. Nelson Hungria, j. em 10/07/53, in DJU de 05/01/54; RMS nº 2.574 MG, Rel. Min. Villas Boas, j. em 08/07/57, ia RTJ 2/429; RMS n. 9.057-MG, Rel. Min. Gonçalves De Oliveira, j. em 13/09/61, in RTJ. 20/84; RMS nº 15.925-GB, Rel. Min. Gonçalves De Oliveira, J.. em 20/05/66, in RTJ 37/373; AG nº 40.883-GB, Rel. Min. Hermes Lima, j. em 10/ 11 /67, in, DJU de 06/03/68; RE nº 71.640-BA, Rel. Min. Djaci Falcão, j. em 17/09/ 71, in RTJ 59/571; nº 82.700-SP, Rel. Min. Xavier de Albuquerque, J. em 11/11/75,. RTJ 76/655; MS nº 21.172-AM, Rel. Min. Soares Nunnos, j. 27/09/78, in DJU de 20/10/ 78; RE nº 94608SP, Rel. Cordeiro Guerra, j. em 06/04/84, in RTJ 110/196; AG (AgRg) nº 115.469-1/SP, Rel. Min. Rafael Mayer, j. em 28/11/86, in DJU de 12/12/86; HC nº 66.284-MG, Rel. Min. Carlos Madeira, j. em 24/05/88, in RTJ 127/891; HC nº 67.913-SP, rel, p/o ac. Min. Carlos Velloso, j. em 16/10/90, in, RTJ 134/309; PET nº 577 (Questão de Ordem) – SP, rel. Mm. Carlos Velloso, j. em 25/03/92. in RTJ 148/366; AGRINQ nº 897, Rel. Min. Francisco Rezek, ,j. em 23/11: /94, in DJU de 24/ 10//95".

hipóteses e na forma que a lei estabelecer para fins de investigação criminal ou instrução processual penal; (Vide Lei nº 9.296, de 1996) (...)" [6].

Celso Bastos, ao comentar o dispositivo, declarou que:

> *"O atual Texto procurou encontrar uma forma de não tolher de maneira absoluta a utilização de meios que importem na violação correspondência. Parece haver mesmo muitas hipóteses em que o interesse social sobreleva ao particular. É assim que o Texto acaba por permitir a violação da correspondência em sentido amplo, mas exige a satisfação prévia de quatro requisitos:*
>
> *Em primeiro lugar, é necessário estar diante de urna comunicação telefônica. Para as demais formas comunicativas, a Constituição não abre qualquer ressalva.*
>
> *A seguir faz-se mister a existência de ordem judicial. Há urna reserva, portanto, jurisdicional quanto à expedição da ordem autorizadora da violação.*
>
> *Em terceiro lugar, cumpre que ocorram algumas das hipóteses e se obedeça à forma descrita em lei. Há, pois, uma reserva legislativa quanto à definição dos casos e das situações que ensejarão a quebra do sigilo, além de também à lei estar deferida a competência para ditar o modus operandi.*
>
> *Cumpre dizer que a Lei n. 9.296, de 24 de julho de 1996, regulamenta o inciso constitucional sob comento. Segundo o disposto em seu art. 1º, "a interceptação de comunicações telefônicas, de qualquer natureza, para prova em investigação criminal e em instrução processual penal, observará o disposto nesta Lei e dependerá de ordem do juiz competente da ação principal, sob segredo de justiça. Parágrafo único, O disposto nesta Lei aplica-se à interceptação do fluxo de comunicações em sistemas de informática e telemática.*
>
> *E, em quarto e último lugar, a Constituição traça os fins em vista dos quais a ruptura do segredo é consentida: investigação criminal e instrução processual. E preciso, pois, que haja necessidade ao menos de uma medida policial de cunho investigatório.*
>
> *Pode também ensejar a quebra de sigilo a necessidade de instruir um processo"* [7].

Este direito é, de rigor, uma cláusula pétrea, por força do artigo 60, § 4º, inciso IV, da Lei Suprema, cujo discurso segue:

[6] *Consoante dispõe o inciso XII do art. 5 da CF, mostra-se inadequado o compartilhamento de prova que, no campo da exceção –afastamento da privacidade-, implicou interceptação telefônica determinada por órgão judicial e para efeito específico, ou seja, investigação criminal ou instrução processual penal (Inq. 3.014 AgR., rel. Min. Marco Aurélio, j. 13/12/2012, p., DJE. de 23/09/2013).*

[7] Comentários à Constituição do Brasil, 2º volume, Celso Ribeiro Bastos e Ives Gandra da Silva Martins, Ed. Saraiva, São Paulo, p. 81/82.

"Art. 60. (...) § 4º Não será objeto de deliberação a proposta de emenda tendente a abolir:

(...) IV – os direitos e garantias individuais.

(...)" [8].

Ainda assim, tem-se admitido que decisão judicial possa quebrar o referido sigilo, não obstante o fato de a lei suprema só falar em quebra das interceptações telefônicas. Temos, ainda, leis infraconstitucionais determinando quebras de sigilo bancário, em determinadas circunstâncias, **sem autorização judicial, desde que não sejam compartilhadas as informações.**

Neste tocante, Miguel Reale e eu escrevemos um estudo para Revista Jurídica da Universidade de Coimbra, a propósito da Lei Complementar nº 105/04, que admitiu tal quebra, mesmo sem autorização. Os Ministros da Suprema Corte, todavia, admitiram a quebra, realçando que ela não poderia ser compartilhada, senão internamente, nas repartições fiscais[9].

[8] Comentei-o:
"Os direitos e garantias individuais conformam uma norma pétrea. Não são eles apenas os que estão no artigo 5º, mas, como determina o § 2º do mesmo artigo, incluem outros que se espalham pelo texto constitucional e outros que decorrem de uma implicitude inequívoca. Trata-se, portanto, de um elenco cuja extensão não se encontra em textos constitucionais anteriores.
Tem-se discutido se, de rigor, toda a Constituição não seria um feixe de direitos e garantias individuais, na medida em que o próprio Estado deve assegurá-lo e sua preservação, de rigor, é um direito e uma garantia individual. Toda a Constituição não faz se não garantir direitos individuais, que decorrem, necessariamente, da existência do poder assecuratório (Judiciário), Legislativo (produção de leis), Executivo (executá-las a favor do cidadão).
Por esta teoria, a Constituição seria imodificável, visto que direta ou indiretamente tudo estaria voltado aos direitos e garantias individuais
Tal formulação, todavia, peca pela própria formulação do artigo, visto que se os organismos produtores, executores e assecuratórios do Direito representassem forma indireta de permanência dos direitos e garantias individuais, à evidência, todo o resto do artigo 60 seria desnecessário em face da imodificabilidade da lei suprema. O conflito fala por si só para eliminar a procedência dos argumentos dos que assim pensam.
Em posição diversa, entendo que os direitos e garantias individuais são aqueles direitos fundamentais plasmados no texto constitucional --e apenas nele-- afastando-se, de um lado, da implicitude dos direitos não expressos ou de veiculação infraconstitucional, assim como restringindo, por outro lado, àqueles direitos que são assim considerados pelo próprio texto e exclusivamente por ele" (Comentários à Constituição do Brasil, 4º vol. tomo I, Celso Ribeiro Bastos e Ives Gandra Martins, Ed. Saraiva, 1999, p. 413/415).

[9] Destaco de estudo do Professor Miguel Reale e meu (Controle concentrado de constitucionalidade de ato normativo emanado do Poder Executivo – Revista Temas de

Integração, nº 15 e 16, Almedina, Coimbra, 2003, Separata, p. 47/48), sobre compartilhamento de informações bancárias com o Ministério Público o seguinte trecho:

"Assim, exceção às CPIs, para as quais são inerentes poderes próprios de investigação judicial por outorga constitucional,não podem outros órgãos, poderes ou entidades não autorizados pela Lei Maior, quebrar o sigilo bancário e, pois, afastar o direito à privacidade independente de autorização judicial, a pretexto de fazer prevalecer o interesse público, "máxime" quando não têm o dever de imparcialidade por serem PARTE na relação mantida com o particular.

Por tais fundamentos, o Supremo Tribunal Federal negou ao Ministério Público o poder de quebrar o sigilo bancário independente de autorização judicial, no RE 215.301-0/CE, com base em lapidar voto do Ministro Carlos Velloso, de que se destaca o seguinte trecho:

"Pode o Ministério Público, portanto, presentes as normas do inc. VIII, do art. 129 da C.F., requisitar diligências investigatórias e requisitar a instauração de inquérito policial, indicando os fundamentos jurídicos de suas manifestações processuais. As diligências investigatórias e a instauração de inquérito policial deverão ser requisitadas, obviamente, à autoridade policial.

Ora, no citado inc. VIII, do art. 129, da C.F., não está escrito que poderia o órgão do Ministério Público requerer, sem a intervenção da autoridade judiciária, a quebra do sigilo bancário de alguém. E se considerarmos que o sigilo bancário é espécie de direito à privacidade que a Constituição consagra, o art. 5º, inc. X, somente autorização expressa da Constituição legitimaria a ação do Ministério Público para requerer, diretamente, sem a intervenção da autoridade judiciária, a quebra do sigilo bancário de qualquer pessoa.

No voto que proferi na Petição 577-DF, caso Magri, dissertei a respeito do tema (RTJ 148/366), asseverando que o direito ao sigilo bancário não é, na verdade, um direito absoluto – não há, aliás, direitos absolutos – devendo ceder, é certo, diante do interesse público, diante do interesse social, diante do interesse da justiça, conforme, esclareça-se, tem decidido o Supremo Tribunal Federal. Todavia, deixei expresso no voto que proferi no MS 21.729-DF, por se tratar de um direito que tem "status" constitucional, que a quebra não pode ser feita por quem não tem o dever de imparcialidade. Somente a autoridade judiciária, que tem o dever de ser imparcial, por isso mesmo procederá com cautela, com prudência e com moderação, é que, provocada pelo Ministério Público, poderá autorizar a quebra do sigilo. O Ministério Público, por mais importantes que sejam as suas funções, não tem obrigação de ser imparcial. Sendo parte – advogado da sociedade – a parcialidade lhe é inerente. Então, como poderia a parte, que tem interesse na ação, efetivar, ela própria, a quebra de um direito inerente à privacidade, que é garantido pela Constituição? Lembro-me de que, no antigo Tribunal Federal de Recursos, um dos seus mais eminentes membros costumava afirmar que "o erro do juiz o tribunal pode corrigir, mas quem corrigirá o erro do Ministério Público?" Há órgãos e órgãos do Ministério Público, que agem individualmente, alguns, até, comprometidos com o poder político. O que não poderia ocorrer, indago, com o direito de muitos, por esses Brasis, se o direito das pessoas ao sigilo bancário pudesse ser quebrado sem maior cautela, sem a interferência da autoridade judiciária, por representantes do Ministério Público, que agem individualmente, fora do devido processo legal e que não têm os seus atos controlados mediante recursos?"(grifos nossos) .

Aliás, sublinha a Suprema Corte que, mesmo o Judiciário há de agir com extrema moderação, ao autorizar a providência excepcional de ruptura da esfera de privacidade individual – o que se impõe, também, à quebra de sigilo determinada pela CPI – fazendo- exclusivamente se: a) existirem pelo menos elementos mínimos a indicar a possibilidade de prática delituosa, de sua autoria e materialidade; b) a medida for pertinente para atender ao interesse público e c) se não houver outro meio para revelar a verdade material".

2. Da previsão infraconstitucional

De rigor, o sigilo que as autoridades fiscais devem guardar, decorre dos artigos 198 e 199 do CTN, lembrando que as exceções da própria lei são, claramente, exceções "*interna corporis*", cuja dicção é a seguinte:

> *"Art. 198. Sem prejuízo do disposto na legislação criminal, é vedada a divulgação, por parte da Fazenda Pública ou de seus servidores, de informação obtida em razão do ofício sobre a situação econômica ou financeira do sujeito passivo ou de terceiros e sobre a natureza e o estado de seus negócios ou atividades. (Redação dada pela Lcp nº 104, de 2001)*[10]
>
> *§ 1º Excetuam-se do disposto neste artigo, além dos casos previstos no art. 199, os seguintes: (Redação dada pela Lcp nº 104, de 2001)*
>
> *I – requisição de autoridade judiciária no interesse da justiça; (Incluído pela Lcp nº 104, de 2001)*
>
> *II – solicitações de autoridade administrativa no interesse da Administração Pública, desde que seja comprovada a instauração regular de processo administrativo, no órgão ou na entidade respectiva, com o objetivo de investigar o sujeito passivo a que se refere a informação, por prática de infração administrativa. (Incluído pela Lcp nº 104, de 2001)*
>
> *§ 2º O intercâmbio de informação sigilosa, no âmbito da Administração Pública, será realizado mediante processo regularmente instaurado, e a entrega será feita pessoalmente à autoridade solicitante, mediante recibo, que formalize a transferência e assegure a preservação do sigilo. (Incluído pela Lcp nº 104, de 2001)*
>
> *§ 3º Não é vedada a divulgação de informações relativas a: (Incluído pela Lcp nº 104, de 2001)*
>
> *I – representações fiscais para fins penais; (Incluído pela Lcp nº 104, de 2001)*
>
> *II – inscrições na Dívida Ativa da Fazenda Pública; (Incluído pela Lcp nº 104, de 2001)*
>
> *III – parcelamento ou moratória. (Incluído pela Lcp nº 104, de 2001)*

[10] Ricardo Abdul Nour comenta:
"O agente da Administração pode e deve tomar conhecimento do patrimônio e situação econômica do contribuinte, contudo as informações que obtém devem ficar restritas ao âmbito de divulgação traçado pela lei.
Se de um lado o Código Tributário Nacional preceitua o sigilo profissional (no polo passivo da obrigação tributária), de outro, também o faz quanto ao sigilo funcional (no polo ativo).
As informações obtidas no perfeito desempenho da função fiscal não estão sob a égide do princípio da publicidade do art. 52, XXXIII, da CF/88, portanto não são de interesse coletivo ou geral." (Comentários ao CTN, 6ª. ed., coordenação Ives Gandra da Silva Martins, volume 2, Ed. Saraiva, 2011, p. 659).

Art. 199. A Fazenda Pública da União e as dos Estados, do Distrito Federal e dos Municípios prestar-se-ão mutuamente assistência para a fiscalização dos tributos respectivos e permuta de informações, na forma estabelecida, em caráter geral ou específico, por lei ou convênio.

Parágrafo único. A Fazenda Pública da União, na forma estabelecida em tratados, acordos ou convênios, poderá permutar informações com Estados estrangeiros no interesse da arrecadação e da fiscalização de tributos. (Incluído pela Lcp nº 104, de 2001)"[11],

Assim é que o "*caput*" do artigo proíbe aos servidores públicos e à Fazenda a divulgação de dados obtidos em razão de ofício. As exceções referem-se a:

1. Existência de autorização judicial impondo a divulgação;
2. Solicitação de autoridade administrativa **após** instauração do processo administrativo, para investigação de prática de infração administrativa.

É de lembrar que este próprio intercâmbio entre as autoridades da Administração Pública – não do Judiciário ou Legislativo– determinado pelo § 2º do artigo 198, impõe a guarda de sigilo.

O § 3º, por outro lado, permite para fins penais a divulgação de informações relativas ao contribuinte, como também a própria inscrição da dívida ou a concessão de parcelamento em moratória[12].

[11] Maria Helena Rau de Souza, citando Hugo de Brito Machado esclarece: *"A propósito do tema, leciona Hugo de Brito Machado: "A proibição se dirige à Fazenda Pública, vale dizer, à pessoa jurídica de Direito público, e também a seus funcionários. Violada a proibição, responde a Fazenda Pública civilmente. E obrigada a indenizar os danos que porventura a divulgação venha causar, e pode agir regressivamente contra o funcionário, se houver dolo ou culpa (leste (Constituição Federal, art. 37, § 6º). Já o funcionário, além de responder civilmente perante a Fazenda Pública, que, como se disse, pode acioná-lo regressivamente, tem ainda a responsabilidade criminal, posto que o Código Penal, no capítulo em que cuida dos crimes praticados por funcionário público contra a Administração em geral, considera crime* ***"revelar fato de que tem ciência em razão do cargo e que deva permanecer em segredo, ou facilitar-lhe a revelação" (Código Penal brasileiro, art. 325)"*** *(ob. cit., infra, p. 171). De referir, ainda, que, dependendo das circunstâncias, a quebra do segredo funcional poderá configurar crime de excesso de exação (art. 316, § L" do Código Penal)"* (Código Tributário Nacional comentado, coordenador Wladimir Passos de Freitas, Ed. Revista dos Tribunais, 1999, p. 760) (grifos não constantes do texto).

[12] É de se lembrar que a obrigação tributária definida pelo artigo 113 do CTN como: *"Art. 113. A obrigação tributária é principal ou acessória.*

Tais dispositivos decorrem de lei com eficácia de lei complementar, que, por outro lado, só considera a existência de um crédito constituído definitivamente após o encerramento de processo administrativo, nos termos dos artigos 142 e 145[13].

A própria expressão "**constituição definitiva do crédito**" está no artigo 174, cuja dicção é a seguinte:

"Art. 174. A ação para a cobrança do crédito tributário prescreve em cinco anos, ***contados da data da sua constituição definitiva.***

Parágrafo único. A prescrição se interrompe:

I – pelo despacho do juiz que ordenar a citação em execução fiscal; (Redação dada pela Lcp nº 118, de 2005)

II – pelo protesto judicial;

III – por qualquer ato judicial que constitua em mora o devedor;

IV – por qualquer ato inequívoco ainda que extrajudicial, que importe em reconhecimento do débito pelo devedor" (grifos meus) [14].

§ 1º A obrigação principal surge com a ocorrência do fato gerador, tem por objeto o pagamento de tributo ou penalidade pecuniária e extingue-se juntamente com o crédito dela decorrente.

§ 2º A obrigação acessória decorre da legislação tributária e tem por objeto as prestações, positivas ou negativas, nela previstas no interesse da arrecadação ou da fiscalização dos tributos.

§ 3º A obrigação acessória, pelo simples fato da sua inobservância, converte-se em obrigação principal relativamente à penalidade pecuniária".

A obrigação só se torna crédito tributário com a explicitação do artigo 139, assim disposto:

" Art. 139. O crédito tributário decorre da obrigação principal e tem a mesma natureza desta".

[13] Os artigos 142 e 145 têm a seguinte dicção:

"Art. 142. Compete privativamente à autoridade administrativa constituir o crédito tributário pelo lançamento, assim entendido o procedimento administrativo tendente a verificar a ocorrência do fato gerador da obrigação correspondente, determinar a matéria tributável, calcular o montante do tributo devido, identificar o sujeito passivo e, sendo caso, propor a aplicação da penalidade cabível.Parágrafo único. A atividade administrativa de lançamento é vinculada e obrigatória, sob pena de responsabilidade funcional.

(...)

Art. 145. O lançamento regularmente notificado ao sujeito passivo só pode ser alterado em virtude de:

I – impugnação do sujeito passivo;

II – recurso de ofício;

III – iniciativa de ofício da autoridade administrativa, nos casos previstos no artigo 149".

[14] O Centro de Extensão Universitária-CEU/Escola de Direito, nos seus Simpósios I a XXI cuidou do tema Decadência e Prescrição, tendo publicado dois livros com a colaboração dos seguintes autores:

1) Caderno de Pesquisas Tributárias volume I – DECADÊNCIA E PRESCRIÇÃO (Ed. CEU/ Resenha Tributária, São Paulo,3ª. tiragem, 1991).

Ora, para fins penais, apenas após a constituição do crédito definitivo pode o Fisco informar as autoridades acusatórias para instauração do processo penal, visto que, antes de completar-se o lançamento, não há como caracterizar crime tributário, à falta de crédito constituído definitivamente.

É que não seria razoável alguém ser considerado criminoso por crime tributário, no âmbito do Judiciário, e ser absolvido, no âmbito administrativo por não ter cometido ilícito algum. É como se a vítima de um homicídio assistisse, em sessão do Tribunal de Júri, a condenação de seu assassino, apesar de estar viva.

Tal entendimento mostra que as exceções dos §§ 1º, 2º e 3º do artigo 198 não permitem que haja vazamento de qualquer informação obtida de ofício para outras áreas do poder público além do Erário ou para entidades privadas[15].

– Autores: Aires Fernandino Barreto, Bernardo Ribeiro De Moraes, Carlos Da Rocha Guimarães, Edvaldo Brito, Fábio Fanucchi, Francisco De Assis Praxedes, Ives Gandra Da Silva Martins, José Carlos Graça Wagner, Leonel De Andrade Velloso, Noé Winkler, Paulo De Barros Carvalho, Rafael Moreno Rodrigues, Roberto Oscar Freytes, Rubens Approbato Machado, Sebastião De Oliveira Lima E Ylves José De Miranda Guimarães;
2) PESQUISAS TRIBUTARIAS – Nova Série – n. 13 – DECADÊNCIA E PRESCRIÇÃO (Coed. CEU/Revista dos Tribunais, 2007).
Autores: André L. Costa-Corrêa / Carlos Henrique Abrão / Edison Carlos Fernandes / Eduardo Junqueira Coelho / Fátima Fernandes Rodrigues de Souza / Fernanda Guimarães Hernandez / Hugo de Brito Machado / Hugo de Brito Machado Segundo / Humberto Martins / Ives Gandra da Silva Martins /Jorge de Oliveira Vargas /José Eduardo Soares de Melo / KíyoshiHarada / Leonardo de Faria Galiano / Marilene Talarico Martins Rodrigues / Octavio Campos Fischer / Ricardo Lobo Torres / Sacha Calmon Navarro Coelho / Schubert de Farias Machado e Vittorio Cassone.

[15] O CEU – CENTRO DE EXTENSÃO UNIVERSITÁRIA/ESCOLA DE DIREITO, em seu XXII Simpósio de Direito Tributário cuidou do tema "CRIMES CONTRA A ORDEM TRIBUTÁRIA" com a edição do livro PESQUISAS TRIBUTÁRIAS – NOVA SÉRIE 1 (coed. CEU-Escola de Direito e Ed. Revista dos Tribunais, 4ª. ed. Atualizada, São Paulo, 2002), escrito pelos seguintes autores: AntheroLopérgolo – Antonio Manoel Gonçalez – Aristides Junqueira Alvarenga – Aurélio Pitanga Seixas Filho – Cecília Maria Marcondes Hamati – Celso Ribeiro Bastos – Dejalma de Campos – Eduardo Roberto Alcântara Del-Campo – Francisco de Assis Alves – Gabriel Lacerda Troianelli – Gilberto de Ulhôa Canto – Gustavo Miguez de Mello – Hugo de Brito Machado – Ives Gandra da Silva Martins – João Mestieri – José Eduardo Soares de Meio – José Maurício Conti – Luiz Antonio Caldeira Miretti – Luiz Felipe Gonçalves de Carvalho – Márcia Regina Machado Melaré – Maria Helena Tavares de Pinho Tinoco Soares – Marilene Talarico Martins Rodrigues – Oswaldo Othon de Pontes Saraiva Filho – Pedro Luís do Amaral Marino – Plínio José Marafon – Rafael Atalla Mediria – Raquel

Mais do que isto: o próprio Código Penal, nos arts. 153 e 154, impede qualquer divulgação, lembrando-se que a Lei 13.709 de 14/09/2018 (Lei Geral de Proteção de Dados Pessoais) impõe rigoroso sistema de controle de dados, com preservação do princípio constitucional do sigilo a ser mantida pelas autoridades, em mais de 65 artigos, muito embora alguns vetados pela presidência[16].

Tais considerações são para justificar, não só meu inconformismo de velho professor, como a minha repulsa a ver tratado qualquer cidadão, por mais culpado que seja, sem a dignidade que os constituintes desejaram fosse o atributo maior resguardado pela Constituição brasileira.

3. Sobre a imprensa

Sabemos que a imprensa, embora necessária – diria mesmo imprescindível para o arejamento de todas as democracias -, tem maior visibilidade nas crises e nas exceções, como dizia respeitado jornalista brasileiro.

Mark Twain, com sua ironia permanente, dizia que o papel da imprensa é "separar o joio do trigo e publicar o joio". A que acrescento: "porque trigo não vende jornal".

Lembro a história de um jornalista do "*New York Times*", na primeira metade do século XX – quando os repórteres saiam pelas ruas à busca de

Elita Alves Preto Villa Real – Rubens Approbato Machado – Vittorio Cassone – Wagner Balera e Yoshiaki Ichihara.

[16] Os artigos 153 e 154 do Código Penal estão assim veiculados:
"*Art. 153 – Divulgar alguém, sem justa causa, conteúdo de documento particular ou de correspondência confidencial, de que é destinatário ou detentor, e cuja divulgação possa produzir dano a outrem:*
Pena – detenção, de um a seis meses, ou multa.
§ 1º Somente se procede mediante representação. (Parágrafo único renumerado pela Lei nº 9.983, de 2000)
§ 1º-A. Divulgar, sem justa causa, informações sigilosas ou reservadas, assim definidas em lei, contidas ou não nos sistemas de informações ou banco de dados da Administração Pública: (Incluído pela Lei nº 9.983, de 2000)
Pena – detenção, de 1 (um) a 4 (quatro) anos, e multa. (Incluído pela Lei nº 9.983, de 2000)
§ 2º Quando resultar prejuízo para a Administração Pública, a ação penal será incondicionada. (Incluído pela Lei nº 9.983, de 2000)
Violação do segredo profissional
Art. 154 – Revelar alguém, sem justa causa, segredo, de que tem ciência em razão de função, ministério, ofício ou profissão, e cuja revelação possa produzir dano a outrem:
Pena – detenção, de três meses a um ano, ou multa.
Parágrafo único – Somente se procede mediante representação.
Invasão de dispositivo informático *(Incluído pela Lei nº 12.737, de 2012) Vigência*".

notícias, que, ao voltar cansado no fim do dia, disse a um editor: "Infelizmente, só tenho más notícias". Perguntado por quê?, respondeu: "Porque todas as notícias são boas" [17].

À evidência, quando tudo vai bem, o leitor interessa-se pouco pelos jornais, mas quando há crise de qualquer natureza, quer colocar-se a par por mera curiosidade, medo de ser por ela atingido ou acompanhar simplesmente os acontecimentos.

Ora, exatamente por ser esta a característica maior da imprensa, uma frase mal colocada por uma personalidade pública vale mais, para manchete de qualquer jornal, do que a melhor exposição sobre um problema determinado.

E, por outro lado, uma manchete de jornal pode destruir reputações. Não se pode esquecer o que a imprensa fez com os donos da "Escola de Base", com manchetes colhidas com pessoas interessadas em denegrir seus dirigentes, e que se revelaram falsas[18].

Esta é a razão pela qual, o CTN e o Código Penal impõem sigilo, sendo profundamente aéticos os ilegais vazamentos, que constituem crime, objetivando ter o apoio popular a qualquer acusação do "*parquet*".

Infelizmente, até hoje não houve adequada investigação de todos os vazamentos para todas as prisões provisórias e preventivas, que levaram jornalistas a ter informações negadas aos advogados dos acusados, mesmo após as prisões.

[17] Manoel Gonçalves Ferreira Filho, embora reconheça a importância do sigilo da fonte para os jornalistas lembra que:
"*Sigilo de fonte. Tem-se aqui uma espécie de segredo profissional. É o segredo profissional do especialista de comunicação social em relação à fonte que lhe ministrou alguma informação. O sigilo de fonte é sem dúvida conveniente para que haja maior possibilidade de acesso à informação por parte dos comunicadores. Entretanto esse sigilo não pode ser absoluto, cedendo lugar a exceções na forma da lei, como exceções há em relação a outras espécies de segredo profissional.*" (Comentários à Constituição Brasileira de 1988, volume 1, Ed. Saraiva, São Paulo, 3ª. ed., 2000, p. 39).

[18] Não sem razão o artigo 1º da Lei Geral de Proteção de Dados Pessoais (13.853/19) declara que:
"*Art. 1º Esta Lei dispõe sobre o tratamento de dados pessoais, inclusive nos meios digitais, por pessoa natural ou por pessoa jurídica de direito público ou privado, com o objetivo de proteger os direitos fundamentais de liberdade e de privacidade e o livre desenvolvimento da personalidade da pessoa natural.*
Parágrafo único. As normas gerais contidas nesta Lei são de interesse nacional e devem ser observadas pela União, Estados, Distrito Federal e Municípios. (Incluído pela Lei nº 13.853, de 2019)".

4. Sobre o *parquet*

Tenho defendido que o processo investigatório pré judicial é de responsabilidade dos delegados de polícia de carreira, e não por membros do Ministério Público, conforme determina o § 1º, inciso IV e o § 4º do artigo 144 da CF/88 assim redigido:

"Art. 144. ....

*§ 4º Às polícias civis, **dirigidas por delegados de polícia de carreira,** incumbem, ressalvada a competência da União, as **funções de polícia judiciária** e a apuração de infrações penais, exceto as militares",*

"Art. 144. ....

*§ 1º **A polícia federal,** instituída por lei como órgão permanente, organizado e mantido pela União e estruturado em carreira, destina-se a:" (Redação dada pela Emenda Constitucional nº 19, de 1998)*

....

*IV – exercer, com exclusividade, **as funções de polícia judiciária da União.***

................" (grifos meus)..

No âmbito da Polícia, subordinada ao Poder Judiciário, é ao delegado de carreira que competem as funções de apurar infrações penais – e não o promotor ou procurador – pois é ele a autoridade neutra e não aquela que, na dúvida, deva acusar.

Determina a CF que duas são as funções essenciais à administração da Justiça: a do Ministério Público (art. 127 a 132) e a da Advocacia (art. 133 a 135)[19].

Ora, a meu ver, nos termos da Constituição, não pode o membro do Ministério Público presidir um inquérito, visto que não pode atuar, imparcialmente, autoridade que será, necessariamente, parte, e , na dúvida, não pode deixar de acusar para não ser considerada desidiosa no exercício de suas funções.

Por outro lado, por não ser Poder, à evidência, o MP depende, em suas denúncias ou acusações, de autorização judicial, não devendo, a meu ver, jamais, permitir que a imprensa seja avisada de diligências que serão realizadas, antes das partes, numa quebra de sigilo que viola a privacidade das pessoas.

[19] O título do Capítulo IV da CF é **"DAS FUNÇÕES ESSENCIAIS À JUSTIÇA".**

Conclusões

Por todo o exposto no decorrer deste artigo entendo que a Constituição Federal e o CTN não permitem compartilhamento de informações sigilosas obtidas em dever de ofício e todas as exceções dizem respeito às próprias autoridades fiscais. Sendo assim, antes do fim do processo administrativo, não pode haver compartilhamento com o público ou o Ministério Público.

Significa dizer que a autoridade fiscal apenas pode obter, segundo a Suprema Corte, informação de ofício junto ao sistema financeiro para seu uso na função fiscalizatória; não para transmiti-la, antes do fim do processo administrativo, para qualquer outra autoridade não fiscal.

O Ministério Público, por sua vez, apenas pode acionar um contribuinte, após a constituição definitiva do crédito tributário, ou seja, com o término do processo administrativo, não lhe sendo facultativo o vazamento de informações de prisões preventivas ou provisórias à imprensa, antes de consumadas as diligências, por serem sigilosas e atentarem contra o direito de defesa, sob pena de tais vazamentos serem ilegais e constituírem crime.

Ora, a privacidade dos cidadãos e o sigilo de dados só pode ser quebrado em havendo autorização judicial e as prisões provisórias e preventivas só devem ser decretadas em casos excepcionais, com a preservação da imagem do acusado. Sendo assim, a banalização de tais prisões com os holofotes da imprensa acompanhando-as, fragilizam o estado democrático de direito e seu principal fundamento: o direito de defesa, que só existe nas democracias.

Apesar de saber que o Poder Judiciário e o Ministério Público tendem a interpretar o direito de forma diferente daquela por mim exposta neste trabalho, não tenho porque modificar minha inteligência a estes direitos fundamentais daquela pessoa, cidadão ou residente, que vive no país.

Tendo participado de audiências públicas durante o processo constituinte e comentado a Constituição com o saudoso professor Celso Bastos em 15 volumes pela Editora Saraiva, estou firmemente convencido de que o Constituinte criou duas balizas essenciais para a democracia brasileira representadas pela harmonia e independência dos Poderes e pelo rol de direitos da pessoa humana.

Fragilizar tais estruturas é fragilizar a própria democracia do país, razão pela qual prefiro, aos 86 anos, continuar prestigiando o que foi decidido na Constituinte e não o consequencialismo jurídico que começa a impregnar a atuação dos operadores de direito no Brasil.

POSFÁCIO

Sob coordenação do doutor Ives Gandra da Silva Martins e do jovem jurista amazonense James Lins, prefaciado pelo relator geral da Constituição de 1988, doutor Bernardo Cabral, o livro "Do combate aos crimes financeiros e tributários" é de extrema valia no Brasil de hoje, onde, apesar de todo o avanço legislativo e do empenho das instituições, muitos ainda ousam atacar de forma voraz os cofres públicos. Em nome da Academia de Ciências e Letras Jurídicas do Amazonas (ACLJA), portanto, parabenizo os idealizadores e os autores da obra por mais essa notável contribuição à bibliografia jurídica pátria, também instrumento de autoproteção da sociedade.

JÚLIO ANTONIO LOPES

Presidente em exercício da Academia de Ciências
e Letras Jurídicas do Amazonas (ACLJA)

A Reforma Tributária que já deveria ter sido amplamente discutida e aprovada, caminha a passos de tartaruga.

Temas relevantes, como o tratamento a ser dado aos crimes financeiros e tributários foram abordados de maneira singela e incompatível com a necessária reforma.

Felizmente, os juristas James Lins e Ives Gandra da Silva Martins conseguiram reunir juristas de escol e reuniram cada trabalhos no livro *Do Combate aos Crimes Financeiros e Tributários.*

Oxalá os responsáveis pela reforma que o Brasil precisa leiam e incluam na PEC as lições detalhadas no livro em boa hora lançado.

Cumprimentos aos organizadores e estudiosos que contribuíram com o relevante trabalho.

RUY ALTENFELDER

Presidente da Academia Paulista de Letras Jurídicas (APLJ) e do Conselho Superior
de Estudos Avançados do Instituto Roberto Simonsen (Fiesp-Ciesp).